Presentación

La presente publicación trata de recopilar las actividades que desde *urbanacción* se han desarrollado en La Casa Encendida de Obra Social Caja Madrid desde el año 2007 hasta el año 2009.

Desde sus inicios *urbanacción* ha querido combinar espacios de investigación, reflexión, formación, exposición, intervención y acción, con el fin de facilitar la utilización de los solares urbanos de una manera participativa.

La publicación está dividida en tres bloques temáticos: talleres, exposición y concurso. En el primer caso hemos recogido las producciones de los talleres programados en estos años y hemos incorporado las reflexiones de los protagonistas de las acciones formativas dando cabida las visiones de los coordinadores de los mismos y los alumnos como verdaderos protagonistas de la acción. En el segundo mostramos una recopilación de las intervenciones en espacio públicos de colectivos que consideramos de referencia en el panorama internacional y que nos han permitido mostrar cuales son los criterios con los que desarrollar las acciones presentes y futuras. En el tercero, quiero agradecer la colaboración mostrada desde un principio por la Oficina de Concursos del Colegio de Arquitectos de Madrid para la convocatoria del concurso sobre *Intervenciones en solares que permitan su uso temporal*, a la que se han presentado más de doscientas propuestas.

Por último quiero agradecer a Ana Méndez de Andés, Michael Moradiellos y Pablo Saiz la labor realizada durante estos años que ha permitido mostrar el dinamismo social en torno a los solares urbanos.

Carmen Contreras Gómez
Directora Gerente de Obra Social Caja Madrid

Presentation

This publication describes the activities undertaken at La Casa Encendida of Obra Social Caja Madrid as part of the *urbanacción* programme conducted between 2007 and 2009.

From its inception, *urbanacción* set out to combine research, debate, training, exhibition, intervention and action in an attempt to facilitate the participatory use of vacant plots.

The publication is divided into three separate themes: workshops, exhibition and competition. The first section includes details of the productions resulting from the workshops held during the course of the programme, as well as the reflections of the participants in the training actions, thus incorporating the perspectives of the workshop coordinators and, as the genuine protagonists of the action, the workshop pupils. The second section describes the interventions in public spaces by collectives whom we regard as outstanding players on the international scene and who have enabled us to show the criteria for conducting these and future actions. In the third section I would to thank the Madrid Architecture Competitions Office for its cooperation from the outset in organising the competition *Projects that allow for the temporary use of vacant plots*, which attracted over 200 entries.

Finally, I am grateful to Ana Méndez de Andés, Michael Moradiellos and Pablo Saiz, whose efforts over these years have enabled us to show the social dynamics surrounding vacant plots.

Carmen Contreras Gómez
Managing Director of Obra Social Caja Madrid

CONTE-
NIDOS

ESTRUCTURA

ÍNDICE

CON-
TENTS

URBANACCIÓN 07/09

LA CIUDAD COMO ZONA DE JUEGO

Texto: Merijn Oudenampsen
Mapa: malashierbas

ESPACIOS HACKEADOS, DEVENIRES PÚBLICOS Y PRODUCCIONES UTÓPICAS

Casos de estudio: raumlabor + Recetas Urbanas/Santiago Cirugeda + Vazio S/A + aaa (atelier d'architecture autogèrèe) + Green Guerrillas + Einfach/Merhfach + Bruit du frigo + Cascoland + [R]activa04
Textos: Ana Méndez de Andés + Katja Szymczak + Klaus Obermayer + Stany Cambot

INTERVENCIÓN EN ESPACIOS RESIDUALES Y MONTAJE DE ACCIONES URBANAS

Talleres: Carlos Teixeira/meipi + Lara Almarcegui/AMPS + raumlabor/Basurama + Esterni/Operarios del Espacio Público + Pied la Biche
Texto: Michael Moradiellos

CONCURSO URBANACCIÓN2

Premios y menciones: Otro Habitat/IndizziTerrestri + collymore 300.000 + Zoohaus + Santamaría/Martínez + Lorenzo Rocha/OUT + Madland Estudio + 83arquitectos + G+Vao + Casanova+Hernández + Velasco/Berríos-Negrón + Neira/Lozano/Rivera + Todo por la Praxis + Apollonio/González/Gómez + Texidor/López
Textos: Paloma Gómez + Ángel Luis Fernández + Pablo Saiz

... SLOAPs (ESPACIOS RESIDUALES RESULTANTES DEL PLANEAMIENTO)

Gil Doron

URBANACCIÓN 07/09

THE CITY AS PLAYGROUND

Text: Merijn Oudenampsen
Map: malashierbas

HACKED SPACES, PUBLIC BECOMINGS AND UTOPIAN PRODUCTIONS

Study cases: raumlabor + Recetas Urbanas/Santiago Cirugeda + Vazio S/A + atelier d'architecture autogèrèe (aaaa) + Green Guerrillas + Einfach/Merhfach + Bruit du frigo + Cascoland + [R]activa04
Texts: Ana Méndez de Andés + Katja Szymczak + Klaus Obermayer + Stany Cambot

RESIDUAL SPACES INTERVENTION AND URBAN ACTIONS ASSEMBLY

Workshops: Carlos Teixeira/meipi + Lara Almarcegui/AMPS + raumlabor/Basurama + esterni/Operarios del Espacio Público + Pied la Biche
Text Michael Moradiellos

URBANACCIÓN2 COMPETITION

Awards and honorific mentions: Otro Habitat/IndizziTerrestri + COLLYMORE 300.000 + zoohaus + Santamaría/Martínez + Lorenzo Rocha/OUT + Madland Estudio + 83arquitectos + G+Vao + Casanova+Hernández + Velasco/Berríos-Negrón + Neira/Lozano/Rivera + Todo por la Praxis + Apollonio/González/Gómez + Texidor/López
Texts: Paloma Gómez + Ángel Luis Fernández + Pablo Saiz

... SLOAPs (SPACES LEFT OVER AFTER PLANNING)

Gil Doron

PRÓ-
LOGO

ALDO VAN EYCK Y LA CIUDAD COMO ZONA DE JUEGO

EN BUSCA DE VAN EYCK POR LAS CALLES DE AMSTERDAM

PRO-
LOGUE

ALDO VAN EYCK AND THE CITY AS PLAYGROUND

LOOKING FOR VAN EYCK IN THE STREETS OF AMSTERDAM

Aldo van Eyck y la ciudad como zona de juego

Merijn Oudenampsen

Las estrategias contemporáneas interesadas en el potencial de los terrenos vacantes, como los proyectos que se presentan en esta publicación, tienen una larga historia. Para muchos, el proyecto social desarrollado por el arquitecto holandés Aldo van Eyck constituye un hito fundamental en ella.

En 1947, Van Eyck construye su primera zona de juego en Bertelmanplein. Le siguieron varios cientos más, en un experimento espacial que ha marcado (de manera positiva) la infancia de toda una generación crecida en Ámsterdam. Aunque hoy la mayoría han desaparecido, se han extinguido o han caído en el olvido, estas zonas de juego representan una de las intervenciones arquitectónicas más emblemáticas de un momento crucial: el paso desde la organización jerárquica del espacio defendida por los modernos arquitectos funcionalistas a una arquitectura «de abajo a arriba» que tenía por objeto dotar, literalmente, de espacio a la imaginación.

Inmediatamente después de la guerra, las ciudades holandesas se encontraban en un estado de abandono. La oferta de alojamientos había disminuido de manera dramática tanto en cantidad como en calidad lo que, combinado con una infraestructura poco funcional, ponía a los urbanistas frente a una situación de clara emergencia. Además, este desolador contexto urbano tuvo que hacer frente, casi inmediatamente, al pico de natalidad causado por el *baby boom* de la postguerra, encontrándose con que apenas había espacios disponibles para los niños, ni dentro ni fuera de las casas. En aquella época existían algunas zonas de juego, pero prácticamente todas eran de carácter privado y estaban reservadas a unos pocos afortunados. Las zonas de juego de Van Eyck, inicialmente construidas en parcelas de terrenos temporalmente en desuso, pueden verse como una medida de emergencia, pero tuvieron una relevancia que fue más allá de una mera solución creativa en un momento de necesidad.

La ciudad funcional

La planificación urbanística de posguerra en los Países Bajos consistió, fundamentalmente, en una ejecución apresurada y economizada de los ideales de preguerra del movimiento modernista agrupados en torno al CIAM (*Congrès International d'Architecture Moderne*) e identificados mayoritariamente con la obra de arquitectos como Le Corbusier, Giedion y Gropius. En Ámsterdam, Cornelis van Eesteren, durante mucho tiempo presidente del CIAM, se disponía a ejecutar el Plan General de Ampliación (*Algemeen Uitbreidingsplan - AUP*) de 1934, uno de los primeros planes directores urbanos modernos basado en exhaustivas predicciones estadísticas del desarrollo demográfico y del transporte[1]. Su plan adoptaba el ideal de la separación funcional, lo que suponía que la vivienda, el trabajo, el tráfico y el ocio debían estar separados funcionalmente, y planificados de manera integral. Ésta fue la premisa básica de la construcción a gran escala de nuevas barriadas de posguerra en los años cincuenta, como Buitenveldert y Westelijke Tuinsteden, que tuvo como resultado los bien conocidos bloques de viviendas abiertos con gran cantidad de luz, aire, espacios verdes y monotonía.

Pero este programa de separación funcional tuvo también como consecuencia la conclusión de que el centro económico de Ámsterdam (el CBD) debía ser ampliado aún más y el casco histórico de la ciudad tenía que «abrirse» al tráfico. Esta visión se radicalizó en los años sesenta, cuando la ciudad entera comenzó a colapsarse debido al aumento explosivo del tráfico de vehículos, y los urbanistas lanzaron un plan para crear toda una red de líneas de metro y autopistas que atravesarían el tejido antiguo de la ciudad. Lo que se estaba planeando era una remodelación de *tabula rasa* de los barrios más populares y en estado de abandono del Ámsterdam del siglo XIX: Jordaan, Nieuwmarkt, Oostelijke Eilanden, Weesperbuurt y el Pijp[2]. Una ola de modernización urbana general que constituiría una versión actualizada de la hasta entonces irrealizada *hausmannización* de Ámsterdam, muy similar a la que Robert Moses celebremente había implantado en Nueva York con sus bulevares y pasos elevados.

Aldo van Eyck and the City as Playground

Merijn Oudenampsen

The contemporary strategies that deal with the potential of vacant plots, such as the projects presented in this publication, have a long history. For many, a milestone of this history was the social project developed by the Dutch architect Aldo van Eyck in Amsterdam.

In 1947, Aldo van Eyck built his first playground on the Bertelmanplein. Hundreds more followed, in a spatial experiment that has (positively) marked the childhood of an entire generation growing up in Amsterdam. Though largely disappeared, defunct and forgotten today, these playgrounds represent one of the most emblematic of architectural interventions in a pivotal time: the shift from the top down organization of space by modern functionalist architects towards a bottom up architecture that literally aimed to give space to the imagination.

Immediately after the war, Dutch cities were in a state of dereliction. The housing stock was falling dramatically short in both quantitative and qualitative terms which, combined with a dysfunctional infrastructure, presented planners with the situation of an outright emergency. On top of that, this ravaged urban context was soon to be confronted with the birth peak of the postwar baby boom, where almost no space for children was available, either inside or outside the house. At that time, some playgrounds existed in the city but almost all of them were of a private nature and based on the membership of the fortunate few. Van Eyck's playgrounds, initially build on temporarily unused plots of land, can therefore be seen as an emergency measure. But they had a significance far beyond that of a creative solution in a time of need.

The functionalist city

Postwar urban planning in the Netherlands mainly consisted of a rushed and economized implementation of the prewar ideals of the modernist movement, grouped around the CIAM (*Congrès International d'Architecture Moderne*) and mostly identified with the work of architects like Le Corbusier, Giedion, and Gropius. In Amsterdam, Cornelis van Eesteren, longtime president of the CIAM, was to implement the General Extension Plan (*Algemeen Uitbreidingsplan - AUP*) of 1934, one the first modern urban masterplans to be based on extensive statistical forecasts of demographic and transport developments[1]. His plan embraced the ideal of functional separation, meaning that housing, work, traffic and recreation were to be functionally separated and integrally planned. This was the basic premise of the large-scale construction of new postwar neighborhoods in the 1950s such as Buitenveldert and the Westelijke Tuinsteden, resulting in the well known open housing blocks with large amounts of light, air, greenery and monotony.

But the agenda of functional separation also resulted in the conclusion that Amsterdam's economic center (the CBD) had to be further expanded and the old city had to be 'opened up' to traffic. This vision was radicalized in the 1960s, when the entire city clogged up due to the explosive rise of car traffic and city planners introduced a plan for an entire network of metro lines and highways cutting through the old fabric of the city. What was on the agenda in the sixties was a *tabula rasa* makeover of Amsterdam's 19th century ring of popular and derelict neighborhoods: the Jordaan, Nieuwmarkt, Oostelijke Eilanden, Weesperbuurt and the Pijp[2]. A wholesale urban modernization wave that would form a 20th century version of the hitherto unrealized hausmannisation of Amsterdam, much like Robert Moses famously implemented in New York with his parkways and causeways.

The Dutch planners, however, never got that far. They were soon to find a huge protest movement on their way that effectively poured sand in the machine and finally defeated what was by then called the 'urban bulldozer'[3]. Aldo van Eyck played an important role in defining what would follow.

1

1 **ZONA DE JUEGO BERTELMANPLEIN**
BERTELMANPLEIN PLAYGROUND

2

3

2 **ZEEDIJK 106-118**
ANTES
106-118 ZEEDIJK
BEFORE

3 **ZEEDIJK 106-108**
DESPUÉS
106-108 ZEEDIJK AFTER

Sin embargo, los urbanistas holandeses nunca llegaron tan lejos, ya que pronto se cruzaría en su camino un enorme movimiento de protesta que boicoteó eficazmente la maquinaria del planeamiento y terminó por vencer al entonces llamado «*bulldozer* urbano»[3]. Aldo van Eyck jugó un importante papel en la definición de lo que sucedería a continuación.

La ruptura con el CIAM

Los caminos de Van Eyck y los de la funcional escuela modernista fueron inicialmente uno solo. Cuando comenzó con las zonas de juego, Aldo van Eyck trabajaba directamente para Cornelis van Eesteren, quien estuvo encargado del Departamento de Desarrollo Urbanístico de Ámsterdam hasta el año 1959, y empezaba también a participar de manera activa en las conferencias del CIAM. Sin embargo, la perspectiva del espacio urbano que Van Eyck desarrolló a través de sus zonas de juego le llevaría a convertirse en uno de los críticos más severos de la tendencia funcionalista que había predominado hasta entonces dentro del movimiento del CIAM. Cuando en 1953 se formó un grupo crítico de jóvenes arquitectos en el seno del CIAM[4], Van Eyck fue uno de sus miembros más destacados. «El funcionalismo ha matado la creatividad», declaró en un artículo publicado en la revista holandesa *Forum*. «Conduce a una fría tecnocracia en la que el aspecto humano es ignorado. Un edificio es más que la suma de sus funciones: la arquitectura tiene que facilitar la actividad humana y promover la interacción social»[5]. En 1959, este grupo crítico se encargó de la organización de la XI Conferencia del CIAM en la ciudad holandesa de Otterlo, en la que declararon ni más ni menos que el CIAM estaba muerto[6]. En aquella época el CIAM había perdido ya mucha fuerza y del grupo organizador de la conferencia de Otterlo surgió una nueva plataforma: el *Team X*. Sus influyentes miembros holandeses, Van Eyck y Bakema, reemplazaron el antiguo enfoque racionalista y funcionalista por una arquitectura nueva, modular y participativa, que recibió la etiqueta de «estructuralismo»[7]. Volviendo la vista atrás, podemos ver que los ingredientes para este cambio estaban ya presentes en las zonas de juego.

Entre 1947 y 1978, Van Eyck diseñó más de setecientas zonas de juego, primero como parte del Departamento de Diseño Urbano y a partir de 1952 desde su propio estudio y para el Ayuntamiento. En los primeros ocho años diseñó sesenta y después muchas más; las últimas, en los nuevos distritos de posguerra, prácticamente por lotes. De todas ellas, noventa sobrevivieron al siglo XX con su disposición original, pero, en la actualidad, las que no han sido remplazadas por edificaciones han sufrido modificaciones que las hacen irreconocibles[8]. La primera zona de juego para Bertelmanplein fue un experimento. Van Eyck diseñó un arenero rodeado por un armazón con un ancho borde. En él colocó cuatro piedras redondas y, aparte, una estructura de barras para dar volteretas. El cajón de arena se encontraba en la esquina norte de la plaza, diagonalmente opuesto a las tres barras. En los bordes de la plaza había árboles y cinco bancos. La zona de juego fue un éxito. Numerosos diseños le siguieron y, en función del emplazamiento, Van Eyck aplicó toda una serie de técnicas de composición. Para él las zonas de juego constituían una oportunidad de poner a prueba sus ideas sobre la arquitectura, la imaginación y la relatividad. Relatividad en el sentido de que las conexiones entre los elementos estaban determinadas por sus relaciones mutuas más que por un principio ordenador de jerarquía central. Como resultado, la realidad ya no estaba dominada por un centro permanente. Al contrario, todos los elementos eran equivalentes. Las zonas de juego diseñadas por Van Eyck eran ejercicios de composición no jerárquica. Debido a la utilización de elementos como bancos, árboles, setos y losas de diferentes colores, las delgadas barras metálicas para dar volteretas tenían el mismo estatus y la misma presencia enfática que el gran arenero de hormigón. Su forma circular y las esquinas redondeadas suavizaban aún más su presencia[9].

Distintos elementos de las zonas de juego representaban una ruptura con el pasado. En primer lugar y ante todo, las zonas de juego proponían una concepción distinta del espacio. Van Eyck diseñó conscientemente el equipamiento de manera muy minimalista para estimular la imaginación de sus usuarios: los niños. El objetivo era que pudieran apropiarse del espacio dejando las interpretaciones

The Break with CIAM

Van Eyck's path and that of the functional modernist school were initially one and the same. When he started on playgrounds, Van Eyck worked directly under Cornelis van Eesteren, who was in charge of Amsterdam's Urban Development Department until 1959. He also began to participate actively in the CIAM conferences[4]. However, the perspective on urban space that Van Eyck developed through his playgrounds would lead him to become one of the most fervent critics of the functionalist tendency that dominated the CIAM movement until then. In 1953, a critical group of young architects formed within the CIAM and Van Eyck was one its most vocal members. «Functionalism has killed creativity», van Eyck stated in an article in Dutch magazine *Forum*, «it leads to a cold technocracy, in which the human aspect is forgotten. A building is more than the sum of it's functions; architecture has to facilitate human activity and promote social interaction»[5]. In 1959, this critical group was in charge of the organization of the 11th CIAM conference at the Dutch town of Otterlo where they did nothing short of declaring the death of CIAM[6]. By that time the CIAM had already lost much of it's *momentum*. Out of the organizing group of the Otterlo conference emerged a new platform: *Team X*. The influential Dutch members (Van Eyck and Bakema) were to replace the old rationalist and functionalist approach with a new, modular and participative architecture under the label of 'structuralism'[7]. Looking back, we can see that the ingredients for this shift were already present in the playgrounds.

Between 1947 and 1978 Van Eyck designed hundreds of playgrounds, first as part of the Department of Urban Design and later on (in 1952) for the municipality and from his own office. In the first eight years he designed 60 of them and after that many more, the last ones almost in batches in the post-war new districts. Of all of them, 90 survived into the 21st century with their original layout. But now, most of them have disappeared under a building or have been heavily modified[8]. The first playground, for Bertelmanplein, was a test case. Van Eyck designed a sandpit bordered by a wide rim. In it he placed four round stones and a structure of tumbling bars. The pit was placed in the north corner of the square, diagonally across from three tumbling bars. Bordering the square were trees and five benches. The playground was a success. Many designs followed and, depending on the site, Van Eyck deployed a number of compositional techniques. For him the playgrounds were an opportunity to test out his ideas on architecture, relativity and imagination. Relativity in the sense that connections between elements were determined by their mutual relationships rather than by a central hierarchical ordering principle. As a result, reality was no longer dominated by a permanent centre. Instead, all elements were equal. The playgrounds designed by Van Eyck were exercises in non-hierarchical composition. Owing to the placement of elements such as benches, trees, hedges and differently colored paving stones, the slender metal tumbling bars had the same status and were as emphatically present as the big concrete sandpit. Its round form and rounded corners softened the presence of the sandpit even further[9].

Different elements of the playgrounds represented a break with the past. First and foremost, the playgrounds proposed a different conception of space. Van Eyck consciously designed the equipment in a very minimalist way to stimulate the imagination of the users: the children, the idea being that they could appropriate the space by its openness to interpretation. The second aspect is the modular character of the playgrounds. The basic elements (sandpits, tumbling bars, stepping stones, chutes and hemispheric jungle gyms) could endlessly be recombined in differing polycentric compositions depending on the requirements of the local environment. The third aspect is the relationship with the surrounding: the 'in between' or 'interstitial' nature of the playgrounds. The design of the playgrounds was aimed at interaction with the surrounding urban tissue. Temporality of the intervention was part of this 'in between' nature, recreating space through incremental adaptation instead of the *tabula rasa* approach of modernism, where the designs had an autonomy of their own based on abstract data and statistics. Of course, the use of empty plots was also a tactical solution. Because the Site Preparation Service of the Department of City Development, working together with local associations, wanted to give every neighbourhood its own playground, they often had to be placed in vacant, derelict sites.

abiertas. El segundo aspecto es su carácter modular: los elementos básicos (cajones de arena, barras para dar volteretas, piedras pasaderas, toboganes y jaulas hemisféricas) podían recombinarse de manera infinita en diferentes composiciones policéntricas, en función de las necesidades particulares de cada sitio. El tercer aspecto es la relación con el entorno; la naturaleza intermedia o intersticial de las zonas de juego. Su diseño buscaba la interacción con el tejido urbano colindante. La temporalidad de la intervención formaba parte de esta naturaleza «intermedia», recreando el espacio a través de una adaptación escalar frente al enfoque de *tabula rasa* del modernismo, en el que los diseños tenían una autonomía propia basada en datos abstractos y estadísticas. Por supuesto, el uso de parcelas vacías fue también una solución táctica. Debido a que el Servicio de Preparación de Obras del Departamento de Desarrollo Urbano, en colaboración con las asociaciones locales, quería que todos los barrios tuvieran su propia zona de juego, éstas debieron ubicarse a menudo en terrenos abandonados y en desuso.

El enfoque sobre cómo el espacio podía ser apropiado se colocaba en clara oposición a la imperante concepción modernista del espacio en la arquitectura formulada por Giedion en su clásico *Espacio, tiempo y arquitectura*, donde define la esencia de la arquitectura como la fusión de espacio y tiempo, que crea la experiencia de movimiento[10]. Las inquietudes de Van Eyck eran de una naturaleza completamente distinta: «Por mucho que el espacio y el tiempo sean importantes, el lugar y la ocasión importan más. Ya que en la mente del hombre el espacio es el lugar y el tiempo es la ocasión»[11]. La cuestión que planteaba no era la emulación del movimiento hacia algún tipo de horizonte desconocido, desarraigo arquetípico de la experiencia de la modernidad[12], sino todo lo contrario: ¿Cómo puede la gente hacer suyo el espacio y crear un «sentido de lugar» subjetivo? ¿Cómo puede sentirse en casa en la ciudad moderna, esa máquina de racionalización en masa? La zona de juego transitoria era «lugar» y «ocasión» combinados.

La zona de juego como crítica cultural

Las zonas de juego de Aldo van Eyck no eran intervenciones arquitectónicas aisladas. En cierto modo, la zona de juego es una poderosa síntesis, una destilación de algunos de los motivos más interesantes que resonaron en las últimas vanguardias en ese asombroso período de tiempo en el que el modernismo estaba siendo duramente criticado, pero el desencanto general de la era postmoderna todavía no estaba a la vista. En sí misma, una zona de juego parece una empresa dulce y exenta de controversia, pero en aquella época sirvió como punto de condensación de la crítica cultural.

En 1949, Van Eyck ejerció de anfitrión de la primera exposición del grupo CoBrA (un movimiento artístico de vanguardia de corta duración pero de gran influencia) en el Stedelijk Museum de Ámsterdam. Los miembros del grupo CoBrA se inspiraban particularmente en dibujos infantiles y creían que la espontaneidad de la imaginación del niño, aún no contaminada por el protocolo moderno, era una de las privilegiadas parcelas de autenticidad que quedaban en una sociedad en la que el hombre tenía que vivir en una «atmósfera morbosa de artificialidad, mentiras y esterilidad»[13]. La estrecha relación entre Van Eyck y los artistas de la corriente CoBrA hace probable que gran parte de su inspiración inicial para el desarrollo de las zonas de juego procediese de este grupo. Van Eyck declaró durante el CIAM X en Dubrovnik, en 1938: «El artista está siempre en los márgenes de la atención, compañero esencial del niño. Su función es demasiado decorativa»[14]. El grupo CoBrA se disolvió sólo tres años después de su fundación, pero dos de sus miembros, Constant Nieuwenhuys y Asger Jorn, volverían a aparecer en escena como co-fundadores de la Internacional Situacionista en 1958.

En este contexto, la noción de juego adquirió también una importancia simbólica. En 1938, el historiador holandés Huizinga escribió *Homo Ludens*[15], un libro sobre la importancia histórica del elemento del juego en la cultura; Constant Nieuwenhuys usó esta idea como base para su crítica al urbanismo. Al igual que Aldo van Eyck, Nieuwenhuys fue muy crítico con la arquitectura funcionalista de posguerra y, junto con Guy Debord, escribió el hoy célebre tratado sobre *Urbanismo Unitario* que proclamó la

The focus on how space could be appropriated stood in clear opposition to the prevailing modernist conception of space in architecture, most famously formulated by Giedion in his classic *Space, Time and Architecture* where he defined the essence of modernist architecture as the merger of space and time, creating the experience of movement[10]. Van Eyck's concerns were of a completely different nature: «Whatever space and time mean, place and occasion mean more. For space in the image of man is place, and time in the image of man is occasion»[11]. The question raised was not the emulation of movement towards some unknown horizon, the archetypical uprootedness of the experience of modernity[12], but exactly the opposite: how can people make space their own and create a subjective 'sense of place'? How to feel at home in the modern city, this machine of mass rationalization?
The transitory playground was 'place' and 'occasion' combined.

The playground as cultural critique

The playgrounds were not isolated architectural interventions. Somehow the playground is a powerful synthesis, a distillation of some of the most interesting motives that resonated amongst the last avant gardes in that interesting time span when modernism came under heavy fire but the general disillusionment of the postmodern era was nowhere yet in sight. In itself, a playground seems a rather sweet and uncontroversial undertaking but, at the time, it served as a condensation point of cultural critique.

In 1949, Van Eyck played host to the first exhibition of the CoBrA group, a shortly lived but influential avant garde art movement, in the Stedelijk Museum in Amsterdam. The CoBrA group drew their inspiration in particular from children's drawings. They believed that the spontaneity of the children´s imagination, untainted by modern protocol, was one of the privileged sites of authenticity in a society where man was to live «in a morbid atmosphere of artificiality, lies and barrenness»[13]. The close relationship between Van Eyck and the artists from the CoBrA current makes it probable that much of his early inspiration for the playgrounds derived from CoBrA. «On the margins of attention there is always the artist, essential companion to the child. His function is too decorative», Van Eyck stated during CIAM X in Dubrovnik in 1956[14]. The CoBrA group dissolved only three years after it was founded, but two of its members, Constant Nieuwenhuys and Asger Jorn, were to re-emerge on the stage as co-founders of the Situationist International in 1958.

In that context, the notion of play gained further symbolic importance. In 1938, the Dutch historian Huizinga wrote *Homo Ludens*[15], a book on the historical importance of the element of play in culture, and Constant Nieuwenhuys used the idea as the basis for his critique on urbanism. Much like Aldo van Eyck, he was deeply critical of the functionalist architecture of the postwar time. Together with Guy Debord, he wrote the now famous tract on *Unitary Urbanism* that proclaimed the advent of a society of mass creativity. Constant believed that, due to mechanization, *Homo Faber*, the traditional working man of industrial society[16], would be replaced by *Homo Ludens*, the playful, or creative man, in postindustrial society. The Situationists took this element of play and developed it into one of their core notions, as Debord would state: «Due to its marginal existence in relation to the oppressive reality of work, play is often regarded as fictitious. But the work of the Situationists is precisely the preparation of ludic possibilities to come»[17]. The Situationists, whose themes came to play an important role in the '68 rebellion, developed the notion of play into a subversive strategy to rebel against modern capitalism and modernist architecture where Le Corbusier's authoritarian architecture was seen as a form of fascism. With psychogeography and the famous *dérive*, they changed focus from streets, buildings and businesses to how 'people inhabit the city and the collective psychic ambiançes they project', much in parallel with Van Eyck stress on place and occasion.

After quitting the situationists, Constant was to play a role in the Dutch spirit of '68. In his later utopian architecture work *New Babylon* (Van Eyck actually assisted him when he started making scale models)

4

4 **NIÑOS EN GROTE WITTENBURGERSTRAAT**
CHILDREN IN GROTE WITTENBURGERSTRAAT

5

5 **NIÑOS EN FRANS BASTIAANSESTRAAT**
CHILDREN IN FRANS BASTIAANSESTRAAT

llegada de una sociedad de creatividad de masas. Constant creía que, debido a la mecanización, *Homo Faber*, el trabajador tradicional de la sociedad industrial, sería reemplazado por *Homo Ludens*, el hombre jovial, creativo, de la sociedad postindustrial[16]. Los situacionistas tomaron este elemento del juego y lo desarrollaron hasta convertirlo en una de sus nociones nucleares. En palabras de Debord: «Debido a su existencia marginal en relación con la opresiva realidad del trabajo, a menudo se contempla el juego como algo ficticio. Pero el trabajo de los situacionistas es precisamente la preparación de las posibilidades lúdicas venideras»[17]. Los situacionistas, cuyas disquisiciones llegaron a desempeñar un importante papel en la revolución de 1968, desarrollaron la noción de juego hasta llegar a una estrategia subversiva de rebelión contra el capitalismo moderno y contra la arquitectura modernista en la que la arquitectura autoritaria de Le Corbusier era vista como una forma de fascismo. A través de la psicogeografía y de la célebre *dérive* desplazaron el centro de atención de calles, edificios y comercios a cómo «la gente habita la ciudad y los ambientes psíquicos colectivos que proyectan», muy en sintonía con el interés de Van Eyck sobre el lugar y la ocasión.

Tras abandonar a los situacionistas, Constant jugaría un importante papel en el espíritu holandés del 68. En su posterior proyecto utópico *New Babylon* (Van Eyck de hecho le ayudó cuando comenzó a hacer las maquetas a escala), Constant creó una metáfora explícita para el advenimiento de una sociedad creativa. Vio materializadas sus ideas sobre la creatividad en masa en la cultura juvenil de los años sesenta, cuando fueron adoptadas por los *provos* (los yippies holandeses) quienes, a través de su sentido del juego y la provocación sin fin, consiguieron doblegar el espíritu autoritario holandés de los años cincuenta.

La batalla final

En los Países Bajos, la planificación urbanística modernista y el creciente espíritu de revuelta anti-modernista llegaron a protagonizar un enfrentamiento final en el barrio de Nieuwmarkt, en Ámsterdam. Éste era el emplazamiento en el que iba a construirse la primera de las líneas de metro con una autopista urbana de cuatro carriles encima, atravesando uno de los barrios populares más antiguos de la ciudad. Cientos de estudiantes, artistas y activistas se instalaron en los edificios vacíos del vecindario, en los que los *provos*, junto a una mezcla de residentes y activistas, fundaron el *Aktiegroep Nieuwmarkt*. Tras años de ardiente resistencia y unas violentas revueltas finales en 1975, los urbanistas modernistas y los políticos que los dirigían se rindieron: la línea de metro se completó pero la autopista se paralizó, y todos los demás planes de metro se eliminaron de la agenda política. La nueva izquierda subió al poder, Nieuwmarkt se salvó y se convirtió en una inspiración para otras luchas antimodernización en todo el país. Surgió entonces un nuevo modelo de desarrollo urbano, *bouwen voor de buurt* (construir para el barrio), que reemplazaría las intervenciones modernistas de gran envergadura por proyectos participativos de pequeña escala en los barrios. La filosofía arquitectónica estructuralista de Aldo van Eyck y el grupo en torno a la revista *Forum* se convertiría en un modelo durante la siguiente década. Uno de los primeros y más simbólicos proyectos fue la reurbanización del propio Nieuwmarkt y quizás no sea sorprendente que Aldo van Eyck fuese el arquitecto escogido para este trabajo. Aquí, sus ideas sobre el espacio intersticial, la composición no jerárquica y la planificación participativa condujeron a una arquitectura que podía adaptarse con facilidad al tejido existente del barrio. «El juego -como dijo Huizinga una vez- es una cosa seria».

Constant created an explicit metaphor for the advent of a creative society. He saw his ideas on mass creativity materialized in the youth culture of the 1960s, where his ideas were taken up by the Dutch yippies (the Provos), who used playfulness and endless provocation to bring the authoritarian spirit of the Dutch 1950s down on its knees[18].

End Battle

In the Netherlands, modernist urban planning and the growing anti modernist spirit of revolt were to have a final face off in the Nieuwmarkt neighborhood in Amsterdam. This was the site where the first of the metrolines with a four-lane inner city highway on top was to be constructed, cutting clear through one of the oldest popular neighbourhoods of the city. Hundreds of students, artists and activists moved into the empty buildings of the neighbourhood where Provos, together with a mix of residents and activists, founded the *Aktiegroep Nieuwmarkt*. Years of spirited resistance and a conclusive violent riot in 1975 lead to the final surrender of the modernist planners and the politicians who led them: the metroline was finished but the highway was stopped and all other metroplans were off the agenda. The new left came to power, the Nieuwmarkt was saved and became an inspiration for anti-modernization struggles elsewhere in the country. A new model for urban development emerged *bouwen voor de buurt* (building for the neighbourhood) that was to replace large scale modernist intervention for small scale participative projects in the neighbourhoods. The 'structuralist' architectural philosophy of Aldo van Eyck and the group around the magazine *Forum* was to become a template for a decade to come. One of the first and most symbolic of these projects was the redevelopment of the Nieuwmarkt itself, and perhaps un-surprisingly, Aldo van Eyck was the architect to work on it. Here, his ideas on interstitial space, non hierarchical composition and participative planning led to an architecture that could easily mold into the existing tissue of the neighbuorhood. «Play -as Huizinga once said- is a serious matter».

1
Vincent van Rossum, *Het Algemeen Uitbreidingsplan van Amsterdam: geschiedenis en ontwerp*. NAi ediciones, Rotterdam, 1993.

2
Gemeente Amsterdam. *Voorontwerp tweede nota over de binnenstad*, Ayuntamiento de Amsterdam, 1968.

3
J. Bergh y G. Keers, "De Binnenstad als Vrijetijdscentrum" en *Wonen TA/BK nr 19*, octubre 1981, pp. 2-18.

4
Lefaivre y Tzonis, *Aldo van Eyck, Humanist Rebel. Inbetweening in a Postwar World*. Ediciones 010, Rotterdam,1999.

5
Aldo van Eyck, "Het Verhaal van een Andere Gedachte" (La historia de otro pensamiento) en *Forum 7/1959*, Amsterdam y Hilversum, 1959.

6
Louis Kahn, "Talk at the conclusion of the Otterlo Congress" en *Oscar Newman, New Frontiers in Architecture, CIAM '59 in Otterlo*, Jürgen.

7
W. J. van Heuvel, *Structuralism in Dutch Architecture*. 010 Edicioness, Rotterdam, 1992.

8
Ver el mapa en páginas 38 y 39.

9
Lianne Lefaivre e Ingeborg de Roode (ed.), *Aldo Van Eyck. Playgrounds*. NAi Ediciones, Rotterdam, 2002.

10
Sigfrido Giedion, *Espacio, Tiempo y Arquitectura*. Dousaat. Madrid,1981 (1941).

11
Aldo van Eyck, 1959. Op. Cit.

12
Marshall Berman, *Todo lo sólido se desvanece en el aire*. Siglo XXI. Madrid, 1988.

13
CoBrA #4, 1949, citado en W. Stokvis, *CoBrA. Geschiedenis, voorspel en betekenis van een beweging in de kunst van na de tweede wereldoorlog*, De Bezige Bij, Amsterdam, 1980.

14
Aldo van Eyck, 1959. Op. Cit.

15
Johan Huizinga, *Homo Ludens*. Alianza Editorial, Madrid, 2002.

16
Mark Wigley (ed.), *Constant's New Babylon. The hyper-architecture of desire*. 010 Editores, Rotterdam, 1998.

17
Guy Debord , "Contribución a la definición situacionista de juego" en *Internationale Situationniste #1*, Paris, junio 1958.

18
Richard Kempton, *Provo. Amsterdam Anarchist Revolt*. Autonomedia, Nueva York, 2007.

1
Vincent van Rossum, *Het Algemeen Uitbreidingsplan van Amsterdam: geschiedenis en ontwerp*. NAi publishers, Rotterdam, 1993.

2
Gemeente Amsterdam, *Voorontwerp tweede nota over de binnenstad*. Gemeente Amsterdam, Amsterdam, 1968.

3
J. Bergh and G. Keers, "De Binnenstad als Vrijetijdscentrum". In *Wonen TA/BK nr 19*, October 1981, pp. 2-18.

4
Lefaivre & Tzonis, *Aldo van Eyck, Humanist Rebel. Inbetweening in a Postwar World*. 010 publishers, Rotterdam, 1999.

5
Aldo van Eyck, 'Het Verhaal van een Andere Gedachte' (The Story of Another Thought). In *Forum 7/1959*, Amsterdam and Hilversum, 1959.

6
Louis Kahn , 'Talk at the conclusion of the Otterlo Congress'. In: *Oscar Newman, New Frontiers in Architecture, CIAM '59 in Otterlo*, Jürgen Joedicke (ed.). Universe Books, New York, 1961.

7
W. J. van Heuvel, *Structuralism in Dutch Architecture*. 010 Publishers, Rotterdam 1992.

8
See the map at the end of the article.

9
Lianne Lefaivre and Ingeborg de Roode (eds.), *Aldo van Eyck. Playgrounds*. NAi Publishers, Rotterdam, 2002

10
Siegfried Giedion, *Space, Time and Architecture. The Growth of a New Tradition*. MIT Press, Cambridge, 1980 (1941).

11
Aldo van Eyck, 1959. Op. Cit.

12
Marshall Berman, *All That is Solid Melts into Air. The Experience of Modernity*. Simon & Schuster, New York 1982.

13
CoBrA #4, 1949, cited in W. Stokvis, *CoBrA. Geschiedenis, voorspel en betekenis van een beweging in de kunst van na de tweede wereldoorlog*, De Bezige Bij, Amsterdam, 1980.

14
Aldo van Eyck, 1959. Op. Cit.

15
Johan Huizinga, *Homo Ludens. Proeve eener bepaling van het spelelement der cultuur*. Tjeenk Willink, Haarlem, 1952 (1938)

16
Mark Wigley (ed.), *Constant's New Babylon. The hyper-architecture of desire*. 010 Publishers, Rotterdam, 1998.

17
Guy Debord , "Contribution to Situationist Definition of Play" in *Internationale Situationniste #1*, June 1958, Paris.

18
Richard Kempton, *Provo. Amsterdam's Anarchist Revolt*. Autonomedia, New York, 2007.

En busca de Van Eyck en las calles de Ámsterdam

En busca de Van Eyck en las calles de Ámsterdam es una una actualización del recorrido propuesto en el artículo "A psychogeographic cycle-tour of Amsterdam playgrounds by Aldo van Eyck" realizado por Liane Lefaivre junto a Marlies Boterman, Suzanne Loeny y Merel Miedma y que fue publicado en la revista holandesa *Archis #189* en Marzo de 2002. Desde entonces, muchas de las zonas de juego señaladas como «sin cambios» han sufrido modificaciones, otras han desaparecido y sólo unas pocas han sido restauradas.

Looking for Van Eyck in the streets of Amsterdam

Looking for Van Eyck in the Streets of Amsterdam is an update of the route proposed in the article "A Psychogeographic cycle-tour of Amsterdam playgrounds by Aldo van Eyck" written by Liane Lefaivre with Marlies Boterman, Suzanne Loeny and Merel Miedma, and published in the Dutch magazine *Archis #189* in March 2002. Since then, many of the play areas which are described in the article as «unchanged» have been modified, others have disappeared and only a few have been restored.

Zona de juegos original existente
Existing original playground

Zona de juegos original desaparecido
Original gone playground

Zona de juegos existente modificado
Existing modified playground

Zona de juegos nueva
New playground

0
Ijburg
Equipamiento original de Van Eyck (todavía en producción).
Original outfit by Van Eyck (still in production).

1
Laagte Kadijk
Sobreviven sólo las piedras, pintadas como mariquitas.
Only the stepping stones survived, painted as ladybugs.

2
Jonas Daniël Meyerplein
Desaparecida por las obras de la nueva línea del metro.
Gone due to the new metro line works.

3
Lepelstraat
Remodelada con juegos parecidos, azules.
Refurbished with similar elements, in blue.

4
Amstel Veld
Desaparecida, en obras.
Gone, work in progress.

5
Frederiksplein
Totalmente remodelada.
Fully refurbished.

6
Sarphatipark
Mezcla de elementos nuevos y antiguos.
Modified with a mix of old and new elements.

7
Eerste Jan Steenstraat
Totalmente remodelada.
Fully refurbished.

8
Handecoetersatraat
Totalmente remodelada.
Fully refurbished.

9
Bertelmanplein
Estructura original con muchos elementos originales, (menos uno) y con una valla alrededor.
Original layout with many original elements (except one) and a fence around.

10
Vondelpark (I)
Zona original regularmente conservada.
Original playground not too well preserved.

11
Vondelpark (II)
Zona original remodelada con algunos (pocos) elementos nuevos.
Original playground refurbished with some (not many) new elements.

12
Vondelpark (III)
Zona original cuidadosamente rehabilitada en 2009.
Original playground carefully restored in 2009.

13
Hasebroekstraat
Totalmente remodelada.
Fully refurbished.

14
Van Beuningenstraat
Totalmente remodelada.
Fully refurbished.

15
Westerpark (I)
Conserva los areneros, pero se han instalado nuevos elementos, así como una valla.
The sand pits are kept but new elements have been installed as well as a fence.

16

Westerpark (II)

El único de los que ha sobrevivido que no tiene valla alrededor y mantiene la conexión con el espacio público.

The only of the surviving playgrounds that has no fence around and keeps the connection with the public space.

17

Tuinstraat

Nueva zona de juego en el Jordaan, barrio donde solía haber tantas de las diseñadas por Van Eyck, ahora todas desaparecidas.

New playground in the Jordaan, a neighbourhood where used to be so many of the playgrounds designed by Van Eyck now all gone.

18

Mouthaansteeg

Otra zona de juego nueva que incluye un mural en la medianera, como solían tener las antiguas.

Another new playground with a mural in the partition wall, as the old ones used to have.

19

Herenmarkt

Una pequeña área con algunos elementos de Van Eyck, detrás de una gran zona nueva.

Small area with some Van Eyck elements behind a big new playground.

20
Dijkstraat
Templo budista en lo que fue una zona de juego hasta principio de los años noventa.
Buddhist temple in what used to be a playground until the beginning of the 1990s.

EX-
POSI-
CIÓN

A_ESPACIOS HACKEADOS

B_DEVENIRES PÚBLICOS

C_PRODUCCIONES UTÓPICAS

EX-HIBI-TION

A_HACKED SPACES

B_PUBLIC BECOMINGS

C_UTOPIAN PRODUCTIONS

ACCIONES PÚBLICAS EN EL ESPACIO POLÍTICO

PUBLIC ACTIONS IN POLITICAL SPACES

Ana Méndez de Andés

urbanacción es un espacio de encuentro que fomenta las oportunidades de que ocurran acciones urbanas a través de varios soportes. Como reflexión/acción sobre posibles (o improbables) intervenciones en el espacio urbano, surgió hace dos años con la idea de introducir, en el muy tectónico y estereotómico panorama arquitectónico madrileño, discursos y prácticas que desarrollan propuestas a la vez situadas, reflexionando sobre el territorio que se habita, y en perspectiva, teniendo en cuenta el lugar desde el que se interviene. Estrategias de actuación localizadas entre la arquitectura, la producción cultural y el diseño urbano, y que dirigen la mirada hacia situaciones específicas, a menudo marginales o poco representadas, en las que se identifica una potencia, creando procesos, mecanismos e intervenciones puntuales que permiten re/conocer, re/interpretar y re/tratar el medio. Proyectos que, premeditadamente, se sitúan en un ámbito de trabajo fronterizo a medio camino entre la reflexión teórica y la práctica constructiva, el paisajismo y la performance, la filosofía y la acción política, la arquitectura y la instalación artística[1].

¿Por qué espacio político?
No resulta difícil justificar el interés por los espacios públicos urbanos. Por una parte, la ciudad es el lugar paradigmático de las relaciones sociales. Por otra, se calcula que en 2050 el 70% de la población mundial vivirá en un entorno urbano[2]. La ciudad es, además, el lugar de la producción contemporánea inmaterial. Una producción más allá de las fábricas, basada en redes, proyectos colaborativos, manifestaciones culturales, aprovechamiento de espacios residuales y organizaciones en forma de enjambre[3]. El espacio público constituye, en este contexto, el lugar que facilita los intercambios y por tanto, el aceite que engrasa la producción creativa. Y aunque este espacio público pueda ser en gran medida tan inmaterial como la producción que alimenta[4], hay una fuerza innegable en la construcción (o destrucción) de los espacios físicos de la polis[5].

Ana Méndez de Andés

urbanacción is a meeting place that promotes opportunities for urban actions to happen using various media. As a reflection/action regarding possible (or improbable) interventions in urban space, it emerged two years ago with the idea of introducing a new paradigm into the very tectonic and stereotomic architectural panorama of Madrid. Discourses and practices which develop proposals that are, at the same time, *in situ*, reflecting on the inhabited territory, and sensitive to the *perspective*, taking into account the place from which one intervenes. Strategies for actions located between architecture, cultural production and urban design, and which direct our gaze towards specific situations, often marginal or rarely represented. These are strategies whereby a potential is identified, creating specific processes, mechanisms and interventions that allow a re/cognition, re/interpretation and re/handling of the milieu. Projects that, premeditatedly, are situated in a working environment on the border, midway between theoretical reflection and constructive practice, landscaping and performance, philosophy and political action, architecture and artistic installation[1].

Why the political space?
It is not difficult to justify an interest in public urban spaces. On the one hand, the city is the paradigmatic setting for social relationships, on the other, it is calculated that in 2050, 70% of the world's population will live in an urban environment[2]. The urban environment is, moreover, the place of contemporary intangible production. A production beyond factories, based on networks, collaborative projects, cultural manifestations, profiting from residual spaces and cluster organisations[3]. Public space is, in this context, the place that facilitates exchanges and, therefore, the oil that lubricates creative production. And although this public space can to a large extent be as intangible as the production it supports[4], there is an undeniable strength in the construction (or destruction) of the physical spaces of the polis[5].

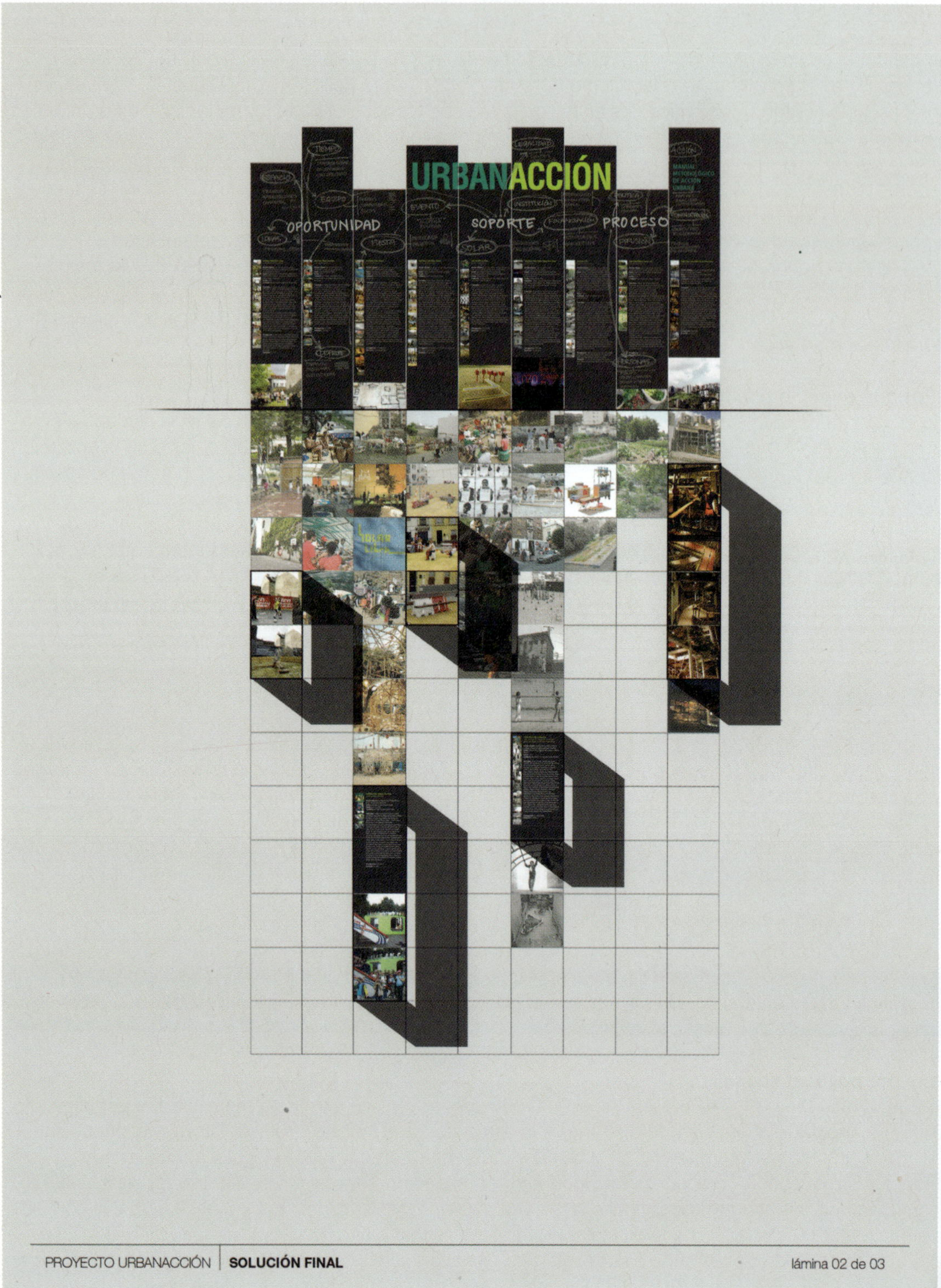

1

1 DISEÑO DE LA EXPOSICIÓN
EXHIBITION DESIGN

¿Por qué acciones públicas?

Lo que empezó como una presentación de prácticas y proyectos casi tangenciales a la profesión arquitectónica tuvo siempre una voluntad de acción encarnada, de juntar cuerpos en el tiempo y el espacio. Ya la primera serie de conferencias y exposición, desarrolladas en la Fundación del Colegio Oficial de Arquitectos de Madrid, se complementó con tres talleres prácticos donde *urbanacción* pareció encontrar su vocación: salir al espacio público y encontrarse con otros. Salir al espacio público a través de los talleres como manera de poner a prueba las ideas producidas durante las sesiones teóricas; poner los pies en la calle como exploración, puesta en cuestión, apropiación y alteración de los espacios urbanos. Encontrarse con otros para generar un conocimiento compartido.

urbanacción 07-09

En este tiempo *urbanacción* ha intentado difundir el espíritu de reapropiación de los espacios «vacíos» a través de un concurso, realizando talleres de formación que intentan poner esas mismas premisas en práctica y presentado un catálogo de ejemplos que nos resulten inspiradores, premisa básica de las exposiciones y conferencias. El presente catálogo/compilación recoge y amplía los proyectos e iniciativas que formaron parte de la exposición[6] con la intención de mostrar que las acciones en el espacio urbano no son fruto de la idea feliz de un genio individual, si no que se encuentran inmersas en un medio social, económico, político y cultural. Que la tarea de dar forma al espacio urbano es un proceso colectivo que debe trabajar desde lo que hay.

Es el caso de procesos relacionados con movimientos sociales, como el desarrollo de los huertos comunitarios en la ciudad de Nueva York según lo cuentan Liz Christy y Donal Loggins, desde los *potatos patches* y *Victory Gardens* de las posguerras, a las acciones de bombardeo de semillas de los *Green Guerrillas,* (convertidos ahora en una importante asociación sin ánimo de lucro) y las luchas

Why public actions?

What started as a deployment of practices and projects almost tangential to the architectonic profession always had an incarnate will to act, to bring bodies together in time and space. This was the case from the first series of conferences and exhibition, which took place at the *Foundation of the Architecture Association of Madrid*, and that was complemented by three practical workshops where *urbanacción* seemed to find its vocation: to go out into the public space and meet with others; to go out into the public space by means of workshops as a way of putting to the test the ideas produced during the theory sessions; to set foot in the street as an exploration, calling to question appropriation and alteration of urban spaces; to meet with others and generate shared knowledge in talks and seminars.

urbanacción 07-09

During this time, the activities proposed by *urbanacción* have tried to disseminate the spirit of re-appropriation of 'empty' spaces, via a competition, to hold training workshops in which we have attempted to put those same premises into practice; and to present a compilation of examples which can be inspiring, the basic premise of the lectures and exhibitions. This catalogue/compilation brings together and amplifies the projects and initiatives that formed part of the exhibition[6] with the intention of showing that actions in urban space are not the result of the felicitous idea of an individual genius, but rather they are immersed in a social, economic, political and cultural medium. That the task of shaping urban space is a collective process that should work from whatever is already there.

This is the case of processes related to social movements such as the development of community gardens in the city of New York, as told by Liz Christy and Donald Loggins, from the 'potato patches' and 'Victory Gardens' of the postwar, to the seed bombing actions of the *Green Guerrillas;* (now an important non-profit association) and the fights against their privatisation. Or of the playgrounds realized by the city

2

2 URBANACCIÓN EN LA CASA ENCENDIDA
URBANACCIÓN IN LA CASA ENCENDIDA

contra su privatización. O de los juegos infantiles realizados por el Ayuntamiento de Ámsterdam y el arquitecto Aldo van Eyck, y su papel en el conflicto entre el sueño modernista que los diseñadores urbanos pretendían construir y las necesidades concretas de espacio libre de sus habitantes. O del uso de la inteligencia colectiva (al más puro estilo «solo no puedes, con amigos sí»[7]) de ciertas propuestas contemporáneas refrendado en exposiciones como la del aniversario de la galería berlinesa *Aedes*, prospectiva y no retrospectiva, y que fue dedicada por completo a producciones colectivas[8].

Producciones que desarrollan un mapeado de situaciones y deseos posible, como el de los parisinos *aaa (atelier de architecture autogérée),* promotores del *ECObox*, donde resaltan la importancia de los procesos sostenidos en el tiempo con un proyecto que se entiende a través de los diagramas de relaciones creadas a lo largo de los años (y que sobrevivieron al cambio de localización física) tanto o más que con las imágenes de los espacios y artefactos multifuncionales que construyeron[9], o que hacen acopio de la inteligencia creativa disponible en el ámbito académico y profesional para catapultarla sobre el espacio público que rodea la institución, como hizo *[R]activa* en Alcalá de Henares.

Por otra parte, la capacidad de trabajar desde el cuidado a los recursos limitados, haciendo uso de técnicas de reciclaje, multiplicación y collage está especial, aunque no únicamente, representada por las *Recetas Urbanas* que fuerzan los límites de las ordenanzas, señalando y poniendo al descubierto las zonas grises de la normativa municipal sevillana. Pero se encuentra también en proyectos que surgen de las instituciones, como el de *Einfach/Merchfach*, donde la sofisticada estructura administrativa austríaca sale de los despachos para ponerse al servicio de las iniciativas de la sociedad civil. Sin olvidar el papel capital de la creación de lugares «otros», espacios heterótopos que surgen de los lugares menos obvios para crear utopías situadas, como las *Amnesias Topográficas* de *Vazio S/A*. Y su relación con la producción cultural, no sólo como agente financiador si no también como generador de

of Amsterdam and the architect Aldo van Eyck, and their role in the conflict between the modernist dream the urban designers intended to build and the specific needs for open space of the inhabitants. Or the use of collective intelligence (in the purest style «you can't do it alone, but you can with friends»[7]) of certain contemporary proposals endorsed in exhibitions such as that of the 10th anniversary of the Berlin gallery *Aedes* (prospective and not retrospective) which was completely dedicated to collective productions[8].

Productions that develop a mapping of possible situations and desires, such as that of the Parisians *aaa (atelier d'architecture autogérée)*, promoters of the ECObox, who highlight the importance of processes sustained over time with a project that is understood via the diagrams of relationships created across the years (and which survived the change of physical location) as much as or even more than through the images of the multi-functional spaces and artefacts constructed[9]. Or that stock up on the creative intelligence available in the academic and professional sphere to catapult it over the public space that surrounds the institution, as *[R]activa* did in Alcalá de Henares.

Furthermore, the capacity to work from the attention towards the limitation of resources, making use of techniques of recycling, multiplication and collage is especially (although not solely) represented by the *Recetas Urbanas* that stretch the limits of the by-laws, pointing out and uncovering the grey zones in the municipal regulations of Seville. But it is also found in projects that arise from institutions, such as that of *Einfach/Mehrfach*, where the sophisticated Austrian administrative structure leaves its offices to place itself at the disposal of the initiatives of civil society. Not to forget the key role played by the creation of places that are «other», heterotopic spaces that arise from the least obvious places to create situated utopias, like the *Topographic Amnesias* of *Vazio S/A*. And their relationship with cultural production, not only as a funder but also as generator of formats based on the synchronised participation of different

3

3 EXPOSICIÓN DE URBANACCIÓN. DETALLE
URBANACCION EXHIBITION. DETAIL

formatos basados en la participación sincronizada de distintos grupos en torno a un evento. Como los desarrollados por *Cascoland* en Suráfrica o por los franceses *Bruit du frigo*. Es posible pensar estas acciones urbanas, a la *Santiago Cirugeda* y sus solares-piloto, o *raumlabor* con *La ciudad imprevista*, como un campo de pruebas, a pequeña escala, de la ciudad que queremos. Una ciudad que constituya un mecanismo de perpetua experimentación, un proceso no acabado, frente a la imagen estática y congelada, como de *photo-finish*, de la arquitectura y el planeamiento urbanísitico habitual. Una ciudad donde imaginar la generación de todo un paisaje que haga uso de los espacios intersticiales[10].

A fin de relacionar los proyectos con reflexiones sobre el espacio público que pudieran ser interesantes, éstos se han agrupado en:

Espacios hackeados

Porque las técnicas colaborativas de la producción digital nos han enseñado la importancia de trabajar con estructuras abiertas que puedan ser apropiadas por quienes las habitan[11]. Frente a la comercialización y financialización del espacio libre, los espacios hackeados subvierten las funciones originales, abren posibilidades, dejan entrar nuevos agentes y no pretenden solucionar problemas si no crear nuevos conflictos que generen espacios de articulación y roce.

Devenires públicos

Que entienden los fenómenos urbanos como procesos colectivos que involucran habitantes, instituciones, movimientos sociales, productores y espectadores, generando procesos. Estructuras rizomáticas, organizaciones en enjambre, plataformas de coordinación de deseos, reapropiación de recursos y expresión de necesidades. Devenires que generan espacios de potencia[12], plataformas de interacción social.

groups around an event. Such as those developed by *Cascoland* in South Africa or by the French *Bruit du frigo*. It is possible to think of these urban actions, *à la* Santiago Cirugeda and his pilot-plots, or *raumlabor* with 'The sudden city', as a test bed, on a small scale, of the city we want. A city that constitutes a mechanism of perpetual experimentation, an unfinished process, confronted with the static and frozen image, like a photo finish, of the architecture and urban planning we are used to. A city where we can imagine the generation of a whole landscape that makes use of the interstitial spaces[10].

In order to relate these projects with reflections on public space that may be relevant to them, these have been grouped into:

Hacked spaces

The collaborative techniques of digital production have shown us the importance of working with open structures that can be appropriated by whoever inhabits them[11]. In contrast to the commercialisation and financialisation of open space, hacked spaces subvert the original functions, open possibilities, allow entry to new agents and do not claim to solve problems but to create new conflicts that generate spaces for articulation and friction.

Public becomings

That understand urban phenomena as collective processes that involve inhabitants, institutions, social movements, producers and spectators, generating processes. Rhizomatous structures, cluster organisations, platforms for the coordination of desires, re-appropriation of resources and expression of needs, Becomings that generate spaces for 'potentia'[12] (power *to do*, rather than power *over*), and platforms for social interaction.

4

4 **EXPOSICIÓN DE URBANACCIÓN. DETALLE**
URBANACCION EXHIBITION. DETAIL

Producciones utópicas
Propuestas interesadas tanto en la alteración y subversión de espacios como en la creación de imaginarios colectivos que revelen entornos de intervención posibles y despierten deseos activos o latentes en sus habitantes. Estructuras de acción localizada que ponen a disposición de los productores culturales un espacio (imaginario y real) para pensar otra ciudad posible. Llena de extraños objetos y aún más extraños pobladores.

Los casos de estudio que ilustran las mayoría de estas propuestas se han etiquetado según su energía principal en oportunidad, soporte o proceso; el coste material: en bajo (hasta 60 €/día), medio (entre 60 y 600 €/día) o alto (más de 600 €/día); el tipo de proyecto: en institucional, social o cultural; el tipo de agente: en único, colectivo o enjambre; y su duración temporal: en semanas (de una a dieciséis), meses (de cuatro a doce meses) o años (más de un año).

Utopian productions
Proposals interested in both the alteration and subversion of spaces and in the creation of collective imagery that reveals possible settings for intervention and awakens active or latent desires in their inhabitants. Structures for localised action that place at the disposal of cultural producers a space (both mental and physical) where they can think that another city is possible. A city full of weird objects and even weirder inhabitants.

The case studies that illustrate most of these proposals have also been labelled according to their main energy: in opportunity, support or process; the material cost: in low (up to €60/day), medium (between €60 and €600/day) or high (more than €600/day); the project type: in institutional, social or cultural; the type of agent: in single, group or swarm; and their duration: in weeks (from one to sixteen), months (from four to twelve months) or years (more than one year).

1
La primera edición de urbanacción se llevó a cabo del 19 de octubre al 13 de noviembre de 2007 en la Fundación del Colegio de Arquitectos de Madrid y La Casa Encendida. Constó de una serie de conferencias por parte de Vazio S/A, aaa, [ecosistema urbano], Lara Almárcegui, raumlabor, echelle incunnue, MAD MADRID, Santiago Cirugeda y José Pérez de Lama, una exposición con sus trabajos y los de Space Hijackers, Frederick Ruyant, Basurama, Acciones en Mataró, Paulo Aillapán, Erik Göenrich, EXYZT y Stalker, así como tres talleres dirigidos por Carlos Teixeira, Lara Almarcegui y raumlabor.

2
esa.un.org/unup/

3
Paolo Virno, Gramática de la multitud: Para un análisis de las formas de vida contemporáneas. Traficantes de Sueños, Madrid, 2003.

4
Ver el proyecto de Wikiplaza de hackitectura en hackitectura. net/osfavelados/ 2009_proyectos_ eventos/200905_world _information /20090530 _presentacion.pdf (acceso el 20 de octubre de 2009).

5
Bruno Latour, "From Realpolitik to Dingpolitik - or How to Make Things Public" en www.bruno-latour.fr/ articles/ article/96- DINGPOLITIK2.html. (acceso el 20 de octubre de 2009).

6
La exposición Manual metodológico de acciones urbanas se inauguró el 17 de marzo de 2009 en la cubierta de La Casa Encendida. La instalación fue diseñada por Nuria Julbe con diseño gráfico de El Último Café. Posteriormente fue ampliada con los proyectos ganadores del concurso urbanaccion02 y se ha mantenido hasta la fecha (febrero de 2010).

7
La Bola de Cristal. (RTVE 1984-1988) fue un programa infantil dirigido por Lolo Rico con guiones de Santiago Rico que ha marcado (positivamente) toda una generación crecida en España en los años 80.

1
The first edition of urbanacción took place between 19th October and 20th November 2007 at the Foundation of the Architecture Association of Madrid and La Casa Encendida. It consisted on a series of lectures by Vazio S/A, aaa, [ecosistema urbano], Lara Almárcegui, raumlabor, echelle incunnue, MAD MADRID, Santiago Cirugeda and José Pérez de Lama, an exhibition that displayed their works and projects plus those of the Space Hijackers, Frederick Ruyant, Basurama, Acciones en Mataró, Paulo Aillapán, Erik Göenrich, EXYZT and Stalker, and three workshops directed by Carlos Teixeira, Lara Almarcegui and raumlabor.

2
esa.un.org/unup/

3
Virno. P. (2004) A Grammar of the Multitude: For an Analysis of Contemporary Forms of Life. New york, Semiotext.

4
See the project Wikiplaza of hackitectura hackitectura.net/ osfavelados/ 2009_ proyectos_eventos/ 200905_world _information/ 20090530 _presentacion.pdf (accessed on 20th October 2009).

5
Latour, B. "From Realpolitik to Dingpolitik - or How to Make Things Public". www.bruno-latour.fr/articles/article/ 96-DINGPOLITIK2. html. (accessed on 20th October 2009).

6
The exhibition Metodological manual for urban actions had its opening on 17th March 2009 on the roof terrace of La Casa Encendida and was designed by Nuria Julbe with graphic work of El Último Café. Later, it incorporated the winning projects from the urbanaccion02 competition and is still there (February 2010)

7
La Bola de Cristal. (RTVE 1984-1988) was a children TV program with scripts by Santiago Rico that that has (positively) marked the childhood of an entire generation growing up in Spain in the 1980s.

8
Find the Gap, Aedes Gallery. Berlin, October, 2005.

8
Find the Gap, Aedes Gallery. Berlín, octubre, 2005.

9
Ver los diagramas de las páginas 216, 218 y 220 de este libro.

10
Gilles Clement, Manifiesto del tercer paisaje. Gustavo Gili, Barcelona, 2007. Descargable con licencia copyleft en francés desde su web www.gillesclement.com.

11
Sobre arquitectura de código abierto, vease el trabajo de Usman Haque o la Open Source Architecture Network de Cameron Sinclair.

12
Delueze, G. La Potencia, el derecho natural. www.webdeleuze.com/php/texte.php?cle=19&groupe=Spinoza&langue=3 (acceso el 20 de octubre de 2009).

9
See the diagrams in this book: on pages 216, 218 and 220.

10
Clement, G. (2003) Le tiers paysage. Paris, Editions Sujet/Objet. Downloadable with copyleft licence in French from his web www.gillesclement.com

11
On open source architecture, see the work of Usman Haque or the Open Source Architecture Network of Cameron Sinclair.

12
Delueze, G. La Potencia, el derecho natural. www.webdeleuze.com/php/texte.php?cle=19&groupe=Spinoza&langue=3 (accessed on 20th October 2009).

A_
ESPACIOS HACKEADOS

A_
HACKED SPACES

Actuar en lo público
Katja Szymczak

«La ciudad nos pertenece» fue la consigna que se pudo escuchar sobre todo todo en el entorno de la llamada escena okupa de los años ochenta. Una proclama que ha sido utilizada más allá de este marco por otros grupos sociales como una manera de llamar la atención sobre su existencia y sus necesidades. Una proclama que marca un panorama de la vida urbana donde lo público reclama volver. Volver a la ciudad, al heterogéneo entramado social que da cabida a todo y a todos. El lamento por la pérdida del espacio social parecía haberse vuelto una reivindicación ya desgasta que las secuelas de la era del neoliberalismo han puesto en primerísimo plano. Aunque a medida que se completa la transformación desde una sociedad disciplinaria a una sociedad del control la reivindicación de un espacio social público parezca poco menos que obsoleta, el espacio urbano es producto de la acción social y exige establecer nuevas formas de acción social, un *acting in public*. La tendencia neoliberal hacia una gestión urbana que segrega espacialmente por clases sociales o crea espacios pseudo-públicos que están, de hecho, privatizados, como son los centros comerciales frenan el desarrollo de un urbanismo realmente social.

En los últimos años, y siguiendo una crítica a dicha tendencia, se pone en juego la búsqueda intensificada de espacios libres y propuestas de planificación alternativa. Esta aguda necesidad de acción ha producido diversos modos de abordaje que se apoyan en la idea básica de la aceptación de la singularidad y de la apropiación singular de la ciudad. Las rígidas estructuras, tanto de actuación como de pensamiento, como son los planes generales o los métodos de toma de decisiones *top-down* unicamente intensifican la desoladora situación urbana de hoy día .

Acting in public
Katja Szymczak

'The city belongs to us' was the slogan most commonly proclaimed by the activists of the house squatting movement in the 1980s. A rallying cry taken up, in the meantime, by far more groups who feel pushed to the margins of society, as a way of calling attention to their existence and their needs. A rallying cry that prefigures the longer-term outlook of urban life. The public craves a way back, back into the city, into its heterogeneous social fabric in which a place can be found for one and all. Lamenting the loss of social space had become a time-worn grievance but the fall-out from the age of neoliberalism has brought the issue very much to the fore. Even as the transformation from the disciplinary society to the society of control plays out, the issue of public, social space seems virtually obsolete though, urban space is a product of social action and social action (acting in public) is what it demands. The trend towards an urban management which segregates different social classes or creates pseudo-public privatised spaces like shopping centres inhibits the evolution of a genuinely social urbanism.

Born of the critiques of this trend, in the last few years the quest for open spaces and alternative planning approaches has been pursued with a new vigour. The acute need for action prompts a variety of responses but it is rooted in one fundamental idea: acceptance of the singularity and singular appropriation of the city. Rigid structures of thought and action, like master plans or top-down methods, only exacerbate the dismal state of the present urban situation. Past urban planning strategies have led us down a blind alley as regards to quality of life and the quality of the intermingling that is such a hallmark of city life. The city has to be reconceived. This new orientation can best be expressed in the concept of interventionist 'empowerment architecture'. Ultimately this approach stakes everything on independent initiative, self-responsibility and, most of all, activity. Back in the 1950s, the Situationists

Los caminos seguidos hasta el momento por el urbanismo en cuanto a calidad y a la capacidad de mezcla e interacción han terminado en un callejón sin salida. La ciudad ha de ser repensada radicalmente. Distintos grupos de arquitectos se inclinan por una nueva orientación que se podría definir con el concepto de «arquitectura posibilista de intervención». Un enfoque que apuesta, en definitiva, por la iniciativa independiente, la auto-responsabilidad y sobre todo, por la acción. Las actuales estrategias intervencionistas de transformación del espacio público se pueden entender como una continuación de la Internacional Situacionista (que se enfrentó a la sociedad disciplinaria de los años cincuenta con la intención de revolucionar la vida cotidiana a través de la intervención *situada*), cuando, por ejemplo, trabajan con los vecinos residentes para instalar hoteles en torres de viviendas abandonadas.

Las estrategias de esta arquitectura posibilista son de diferente tipo. Sus logros más recientes demuestran que los usos intermedios de las ocupaciones temporales, el descubrimiento y la activación de los no-lugares han resultado ser mecanismos ideales para llamar la atención sobre situaciones específicas y para oponer una estrategia social a los intentos de planificación urbana realizados hasta el momento. Quizás estas estrategias puedan aunarse bajo el concepto de «urbanismo situacionista» ya que tienen un punto común de partida: entender que los mecanismos de la planificación participativa han quedado obsoletos. Los proyectos intervencionistas, el *acting in public,* dan cabida a diversos aspectos, entre ellos el de explorar nuevos lugares, redescubrir espacios y devolverles la vida. Puesto que la ciudad es una formación en constante crecimiento en la que se superponen las historias, los edificios, las plazas y los niveles, lo que ha sido olvidado desde hace ya mucho tiempo puede ser apreciado de nuevo gracias a una historia o a una acción concretas. Así, espacios desestimados logran volver a ser el centro de atención y nudos de autopista despiertan de su profundo sueño de Bella Durmiente y ostentan su magnificencia.

revolted against the disciplinary society, aiming to revolutionise everyday life through situational interventions. Recent interventionist strategies to transform public space can be understood in continuity from this tradition - for instance, working with residents to turn deserted tower blocks into hotels.

The strategies of this 'empowerment architecture' are highly diverse. As very recent developments have shown, intermediate uses, temporary occupation of empty places and the discovery and revitalisation of so-called 'non-places' have proved to be ideal mechanisms for calling attention to the situation and using social strategies to tackle the legacy of past urban planning efforts. These concepts can perhaps most usefully be grouped under the heading of 'situative urbanism'. Despite their very disparate characteristics, they all have a common departure point: the realisation that participatory planning strategies have become obsolete. Interventionist projects, like 'acting in public', encompass a range of different aspects, the first of which is exploring new places, discovering forgotten sites and bringing life back to them. Being a mature entity, the city has layer upon layer of stories, built structures, public spaces and levels. A story or an action can instil new value into long forgotten elements, opening people's eyes to previously ignored places. Slumbering appreciation can be reawakened like a charm, so that even a road interchange becomes a thing of beauty.

Action in public, and with the public, also functions as a tool for empowering individuals to access and to appropriate the city. Intervention is often an action in public space which empowers everyone to get involved. It allows them to make use of the space and to experience it through activity. Over and above their immediate involvement, people infuse the place with an aura, which radiates from within themselves and reflects onto other users, whoever they may be.

La acción en lo público y con lo público sirve además como herramienta que posibilita al individuo el acceso a la ciudad y su apropiación. La intervención normalmente es una acción en el espacio público que permite a cualquiera tomar el espacio, hacer uso de él y experimentarlo a través de la actividad que se desarrolla. Mediante esta participación, y más allá de su implicación inmediata, las personas confieren al lugar una impronta que tiene efectos en sus propios caracteres y en los de los demás. Estas acciones, tildadas despectivamente por sus críticos de «arquitectura festivalera», rescatan para los nuevos colectivos y redes de arquitectos la capacidad de que cada una ponga a prueba sus propias aptitudes y se apropie de otras.

La transformación y revitalización de la ciudad comienza actuando en lo público. Esto significa, en esencia, usar medidas intervencionistas para lograr la apropiación del espacio. La ciudad, como lugar de interacción y coexistencia que da vida a la diversidad humana y de las sociedades, ha de ser pensada de forma activa creando lugares liberados para la experimentación. Solo así, con un espacio público que sea campo de experimentación, la ciudad llegará a palpitar.

Denigrated by critics as 'festival architecture', the interventionist strategies of young architects' collectives and networks are a way for everyone to test out their own capabilities and to contribute accordingly. The transformation and revitalisation of the city begins with acting in public. Essentially this means using interventionist measures to take possession of the space. The city as a place of interaction and co-existence for different people and societies must be conceived of actively. Open spaces for self-realisation must be incorporated. Only a public space as a field for experimentation gives cities the capacity to excite.

A1_ RAUMLABOR

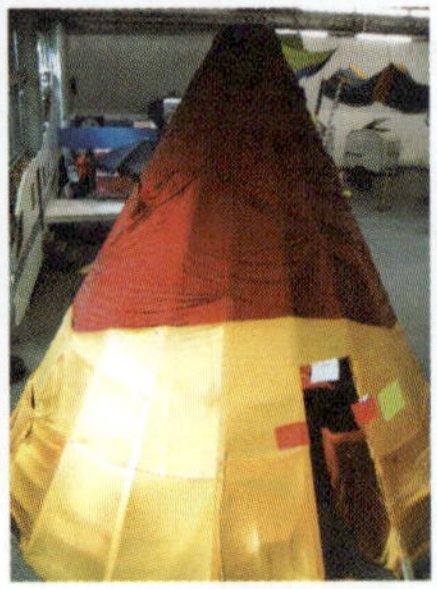

A1_ RAUMLABOR

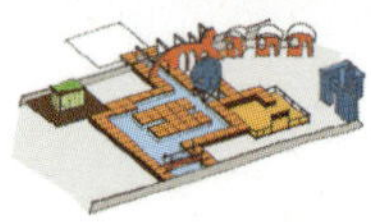

base: Berlín (DE)
web: www.raumlabor-berlin.de
descripción: raumlabor es un colectivo/red de ocho titulados en arquitectura que trabajan transversalmente en el área de la transformación y la renovación urbana. Para cada uno de sus proyectos, diseñan y ponen en acción un equipo de expertos hecho a medida que vincula a miembros de raumlabor con especialistas externos según las necesidades, trabajando desde y en medio de los campos de la arquitectura, el diseño urbano, el arte público y la acción-intervención.

caso de estudio #1

qué: Kinderstadt
quién: Thalia Theatre Halle, con Benjamin Foerster-Baldenius y Cora Hegewald
cuándo: junio 2001/julio de 2001
dónde: Halle am der Saale
cómo: el Thalia Theatre, que se ocupa de producciones para niños y adolescentes, y Benjamin Foester-Baldenius co-organizaron el diseño y construcción de la primera *Kinderstadt* (Ciudad de los Niños) de Halle. Durante un año se llevaron a cabo actividades en los colegios y escuelas de la ciudad con un taller final de construcción en junio de 2001. El resultado, llamado Halle an Salle por los niños, fue habitado por ellos durante un mes. Desde entonces y cada dos años, distintos grupos son invitados a programar la Ciudad de los Niños.
cuánto: 200.000 €
etiquetas: oportunidad / coste bajo / proyecto cultural / agente enjambre / meses

base: Berlin (DE)
website: www.raumlabor-berlin.de
description: raumlabor is a network/collective of eight trained architects, working cross-genre on the tasks of urban transformation and urban renewal. For each project, they design and put into action a custom tailored team of experts, linking raumlabor members with external specialists as required, working in and between the fields of architecture, urban planning, public art and action-intervention.

case study #1

what: Kinderstadt
who: Thalia Theatre Halle with Benjamin Foerster-Baldenius with Cora Hegewald
when: June 2001/July 2001
where: Halle am der Saale
how: the Thalia Theatre, focused on productions for children and for youth, with architect Benjamin Foerster-Baldeniuos co-organizing the first *Kinderstadt* (City for Children). Over the course of a year, different workshops were held in the schools and a final construction took place in June 2001. The result, called Halle an Salle by the children, lasted one month. Since then, every two years, different groups get to design and build their own *Kinderstadt* in a city where, now, a whole generation has had the chance to decide how a city should be.
how much: € 200,000
tags: opportunity / low cost / cultural project / swarm agent / months

caso de estudio #2

qué: Eichbaumoper
quién: Jan Liesegang, Matthias Rick, Kira Kohnen y Andreas Krauth en colaboración con los teatros Musiktheater im Revier, Schauspiel Essen y Ringlokschuppen Mülheim.
cuándo: septiembre 2008/julio 2009
dónde: Mülheim/Eichbaum
cómo: una estación de metro se transformó en teatro de ópera para albergar la *Eichbaumoper.* La música y el libreto se escribieron allí y allí se representó. La Ópera Eichbaum fue, durante casi un año, tanto un solar en construcción como una «caseta de ópera» donde se desarrollaron charlas, fiestas y debates. El proyecto se convirtió en la búsqueda de un nuevo tipo de ópera cuyo resultado final se presentó en junio de 2009.
cuánto: 400.000 €
etiquetas: oportunidad / coste medio / proyecto cultural / agente enjambre / meses

case study #2

what: Eichbaumoper
who: Jan Liesegang, Matthias Rick, Kira Kohnen and Andreas Krauth in collaboration with Musiktheater im Revier, Schauspiel Essen and Ringlokschuppen Mülheim theaters.
when: September 2008 /July 2009
where: Mülheim/Eichbaum
how: an underground station was turned into an opera house to become the *Eichbaumoper.* Compositions and libretti were written there and musical theatre was performed. The audience was involved in the creation of the opera. The Eichbaum Opera was, for almost a year, both a building site and an «opera lodge» for talks, parties and debate. A research for a new kind of opera whose end-result was a debut performance in June 2009
how much: € 400,000
tags: opportunity / low cost / cultural project / swarm agent / months

Declaración
raumlabor

raumlabor trabaja en el campo de la arquitectura. Una arquitectura generada a partir de las condiciones del espacio como herramienta para crear superficies que generen nuevas historias. Una arquitectura que fusiona espacio y experiencia descubriendo un nuevo valor del espacio, componiendo nuevas imágenes de la ciudad en la imaginación de sus usuarios. Algunos ejemplos son: *Das Überlandboot*, plataforma móvil para descubrir un paisaje transformado; *Moderato Cantabile*, centro para festivales en Graz; *Der Berg*, instalación espacial en el antiguo Palacio de la República de Berlín y *Die Eichbaumoper*, laboratorio urbano para reconquistar como espacio público una estación de metro abandonada.

raumlabor trabaja también en el plano abstracto de la planificación especializándose en estrategias de activación y planificación urbana dinámica. Una de las estrategias clave son los espacios públicos como motor de desarrollo de barrios vivos, que incorporan usuarios y activistas al proceso lo antes posible. Ejemplos de esta línea de trabajo son: *Kolorado Neustadt*, escenarios para que una «ciudad menguante» adopte una nueva diversidad urbana; la transformación del aeropuerto y el aeródromo de Tempelhof en Berlín y el nuevo plan director dinámico para la zona de la calle Dachauer de Múnich.

El tercer ámbito de trabajo de *raumlabor* es la intervención urbana, donde determinado tipo de arquitecturas y lugares son transformados en algo completamente diferente de las visiones y expectativas que parecían factibles hasta entonces. Al desplazar narrativas programáticas a los espacios urbanos residuales, se insertan nuevas atmósferas y nuevas posibilidades. A través de la participación de actores locales, junto a profesionales de todas las disciplinas creativas, se descubren, ponen a prueba y proyectan hacia el futuro nuevos campos de acción y transformación. Algunos ejemplos de esta línea

Statement
raumlabor

raumlabor works on the field of architecture. Architecture generated out of the conditions of the space as a tool to create surfaces for new histories. Architecture for merging space and experience means to discover a new value of the space, means to assemble new pictures of the city in the imagination of its users. Examples are: *Das Überlandboot*, a moving platform to discover a transformed landscape; *Moderato Cantabile*, a festival center in Graz; *Der Berg*, a spacial installation in the former palace of the republic in Berlin and *Die Eichbaumoper*, an urban laboratory to reconquer a neglected traffic junction as public space.

raumlabor works on the abstract level of planning with the specialisation into activation strategies and dynamic masterplanning. The use of public spaces as a motor of developing living city quarters, bringing uses and activists into the process as early as possible, can be seen as one of the key strategies. examples of this working line are: *Kolorado Neustadt*, scenarios for a shrinking city to adopt new urban diversity; transformation of Tempelhof airport and airfield, Berlin and a dynamic masterplan for the Dachauer street area in Munich.

The third field of *raumlabor* works is the field of the urban intervention, where specific architecture and sites are transformed into something completely different from the expectations and visions seeming feasable up to then. By displacing programatic narratives into urban leftover spaces, new atmospheres and a feeling of new possibilities are inserted. through the participation of local actors, mixed with professionals from all creative disciplines, new fields of action and transformation are discovered, tested and projected into the future. Examples of this working line are: *Hotel Neustadt*; *Die Eichbaumoper*,

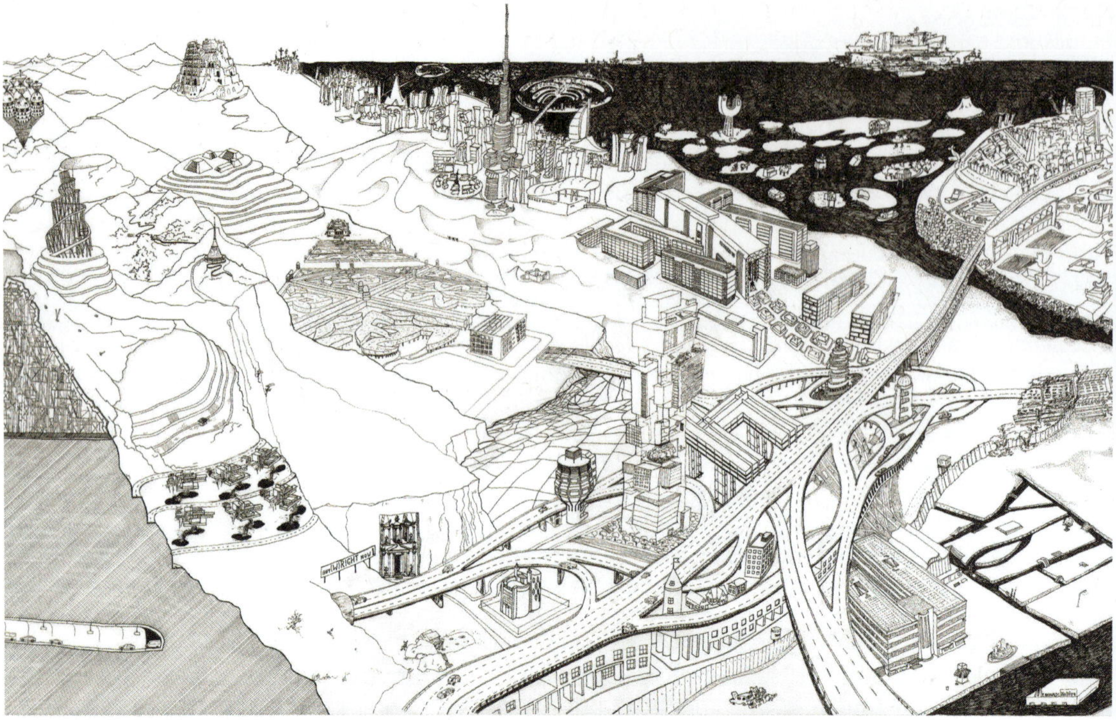

1

2

1 **STICKONCITY, BIENAL DE VENECIA. DETALLE**
STICKONCITY, VENICE BIENNIAL. DETAIL

2 **HOTEL NEUSTADT,**
HOTEL NEUSTADT,

de trabajo son: *Hotel Neustadt*; *Kinderstadt*; *Die Eichbaumoper*, ópera temporal en espacios públicos de la cuenca del Ruhr y *Küchenmonument*, objeto intervencionista para la creación de colectivos sociales temporales en Duisburgo, Liverpool, Varsovia, Múnich y Berlín.

raumlabor pretende integrar estas tres líneas de trabajo en un enfoque unitario de la transformación urbana donde la generación de arquitectura y las ideas y conceptos abstractos del campo del planeamiento se ponen en práctica y se someten al debate público a través de experimentos e intervenciones a escala 1:1. La retroalimentación entre los tres niveles permite una optimización y continuo aprendizaje de todas las partes, un discurso cada vez más abierto sobre los objetivos y los métodos de las transformaciones urbanas.

raumlabor son Francesco Apuzzo, Markus Bader, Benjamin Foerster-Baldenius, Andrea Hofmann, Jan Liesegang, Christof Mayer, Axel Timm y Matthias Ricks

temporary opera in public spaces, in the Ruhr area and, *Kuechenmonument*, interventionist object for creating temporary social collectives in Duisburg, Liverpool, Warsaw, Munich and Berlin.

raumlabor aims at closly linking the three fields of work in an integrated approach of urban transformation, where generating architecture, where abstract ideas and concepts from the planning field, are put into action and up for public discussion through 1:1experiments and interventions. The feedbacks between the three levels allow for optimisation and continuous learning for all sides, a growing wide angled discourse on the aims and methods of urban transformations.

raumlabor are Francesco Apuzzo, Markus Bader, Benjamin Foerster-Baldenius, Andrea Hofmann, Jan Liesegang, Christof Mayer, Axel Timm and Matthias Ricks

3

4

5

3 **PUENTE**
BRIDGE

4 **KINDERSTADT**
MAQUETAS EDIFICIOS
KINDERSTADT
BUILDINGS MODELS

5 **KINDERSTADT**
PLANO/MAQUETA
KINDERSTADT
PLAN / MODEL

Reconstruir la ciudad. Herramientas de trabajo para niños

Benjamin Eton

¿Qué es una ciudad y cómo la perciben los niños? ¿Cómo puede funcionar una ciudad que no tiene ayuntamiento, donde los planos municipales se desarrollan en el espacio público y hay más de un alcalde porque no tiene sentido que una sola persona lo decida todo? Una ciudad en la que los tribunales se llaman «Departamento de Cuidados». Donde en vez de comisaría hay una oficina de detectives que es también una agencia de contactos. Los niños planearon su ciudad durante un año, la construyeron en seis semanas y después la habitaron. Sus padres tuvieron que ir a la guardería de adultos.

La diferencia entre una pistola de juguete y una de verdad no reside en el peligro que conlleva la segunda. Si quiero hacer que alguien sea consciente de la responsabilidad que implica un arma de fuego, no le doy una de juguete. Si quiero explicarle a un niño cómo se cocina, no le llevo al arenero. Tampoco se aprende a conducir un coche en el parque infantil. En este sentido, se podría decir que en una ciudad de juguete no se aprende a tratar con una ciudad de verdad. Si les quiero enseñar a los niños del campo cómo se cruza la calle en una gran ciudad, una ciudad de juguete es, con toda seguridad, el lugar equivocado.

La Ciudad de los Niños (*Kinderstadt*) es mucho más que un curso para avanzados o tontos especializados. Es para niños que hasta ahora han pasado toda su vida en la ciudad. El curso se llama: «Cómo puedo constatar que mi ciudad no debería ser en modo alguno tal y como es y además llegar a saber que puedo cambiar algo en ésta y tener las ideas para hacerlo». El entendimiento de la abstracta

Rebuilding the city. Working tools for children

Benjamin Eton

What is a city and how do children perceive it? How can a city possibly function when there is no city hall, when council plenary sessions are held in public spaces and there is more than one mayor because it makes no sense for just one person to decide everything,? A city in which the courts are called «Care Departments». Where there is no police station but a detective's office, which also doubles as a dating agency. The children planned their city over the course of a year. They built it in six weeks and then inhabited it. Their parents had to go to the grown-ups' nursery.

The difference between a toy gun and a real one is not the inherent danger in the latter. If I want to make someone aware of the responsibility implied in the use of a firearm, the last thing I would do is give him a toy weapon. If I want to show a child how to cook, I wouldn't take him to the sand pit. By the same token, you can't learn to drive a car at a children's playground. In that sense, one could say that you can't learn how to engage with a real city in a toy city. If I want to show country children how to cross a road in a big city, a toy city would definitely be the wrong place to do it.

Children's City (*Kinderstadt*) is much more than an advanced course or a course for the dimwitted. It's for children who have always lived in the city. The course is called: «How can I realise that my city shouldn't at all be what it is and also discover that I can change things in it and come up with ideas of how to do it».

Understanding the abstract complexity of cities is beyond the capacity of most children as well as most adults. The experimentation process needed in order to get organised is the path in which the children's

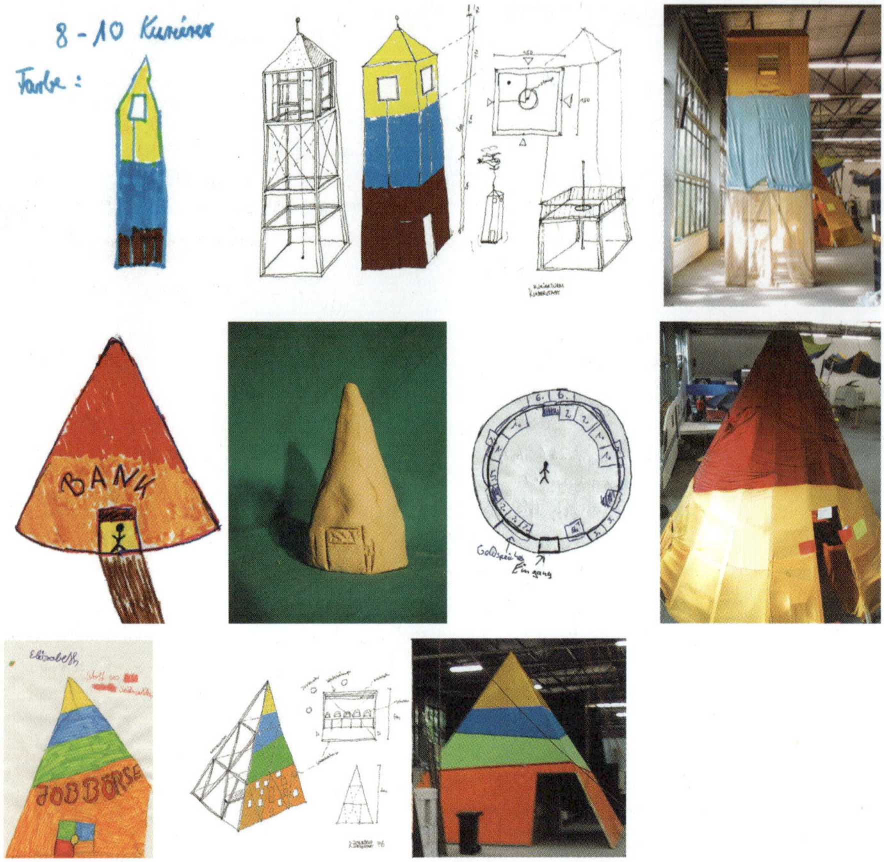

6

7

6 PROCESO DE CONSTRUCCIÓN
CONSTRUCTION PROCESS

7 ULTIMO DÍA DE KINDERSTADT
KINDERSTADT LAST DAY

complejidad de las ciudades supera la capacidad de, entre otros, la mayoría de los niños. El proceso de experimentación necesario para organizarse es el camino en el que se sitúa el proyecto de la Ciudad de los Niños. ¿Cómo puede uno de forma individual influir a diferentes niveles en el panorama general? En la ciudad de los niños se llevan a cabo tareas reales en una cotidianeidad cercana a la realidad. Los niños trabajan con herramientas de verdad y tienen que aprender a tratar con ellas. Las herramientas de transformación de la ciudad de los niños no se diferencian de las de los adultos. Sólo han de ser más seguras, pues el peligro es mayor.

Como observa Paul Glatter, los niños que han crecido en el medio rural se cohíben menos en un entorno improvisado a la hora de encargarse de tareas de verdad. Necesitan menos instrucciones y menos incentivos para ponerse en marcha; están acostumbrados a hacer y deshacer libremente. El entorno organizado propio de la ciudad brinda menos ocasiones para hacer algo por uno mismo. En un momento en el que el discurso sobre la transformación de la ciudad se basa en la inclusión de la ciudadanía y en conceptos como participación y co-gestión, se debería tener en cuenta que, hasta ahora, en este campo no se ha preguntado realmente a los ciudadanos ni se les ha dado voz. Los niños, y los adultos, necesitan una formación para poder involucrarse. Pero poco puede conseguir una ciudad infantil en cuanto a intervención cuando no hay espacios para la libre formación ciudadana. La ciudad necesita más lugares verdaderamente libres, más superficies diáfanas, sin vigilancia y con menos restricciones legales. Halle todavía no tiene ni un solo lugar de juegos de niños de construcción activa. ¿Y si los que planifican la ciudad (los arquitectos y la administración) aceptaran de forma efectiva las consecuencias que, de hecho, se derivarían de una participación proactiva? ¿que los niños tengan ideas respecto a los solares donde jugar, las pistas para *skaters* y los cafés? ¿que aprendan a ocupar los espacios vacíos o que comiencen a organizar, en su ciudad, un lugar que no les ha sido asignado? Es poco probable.

city project is situated. How can individuals influence a general condition at various levels? In the children's city, real tasks are undertaken as part of a routine that is not far from reality. Children work with real tools and have to learn to deal with them. The tools the children work with to transform the city are not different from those used by adults. They just have to be safer, because the danger is greater.

According to Paul Glatter, when faced with real tasks, children who have grown up in a rural environment are less inhibited in an improvised setting. They require fewer instructions and incentives to get going; they are used to do and undo freely. The organised environment of cities offers fewer opportunities for doing things by oneself. At a time when the debate on the transformation of cities focuses primarily on the inclusion of citizens and concepts such as participation and co-management, it should be remembered that so far no one has ever really asked the citizens what they think or given them a voice. Children, and adults, need training if they are to get involved. But there is little a children's city can achieve in terms of intervention if there are no spaces for citizens to freely acquire training. The city needs more genuinely open-plan spaces, with no surveillance and with fewer legal restrictions. Halle still doesn't have a single place where children can play active construction games. What if those who plan the city (the architects and local government) were to really accept the consequences that would in fact derive from proactive participation? Children putting forward ideas about play areas, skate parks and cafés? Learning how to occupy empty spaces or begin to organise in their own city a place that hasn't been assigned to them? It is highly unlikely.

8

8 **IMAGEN PROMOCIONAL DE EICHBAUM**
EICHBAUMOPER PROMOTIONAL IMAGE

¡Hay que convertir Eichbaum en una ópera!
Jan Liesegang + Matthias Ricks

¿Un lugar perdido?
Se tardan 18 minutos en ir desde la estación en Berliner Platz de Essen hasta la estación central de Mülheim con la línea U18 de metro. La estación de Eichbaum está después de la parada de Rosendeller Strasse y antes de llegar a la de Heiße Kirche. La mayoría de la gente que baja en Eichbaum vive cerca de allí, bien en la antigua zona residencial de Heimaterde, una de las pocas ciudades jardín construidas en los años veinte, bien en los edificios vecinos del más reciente barrio de Heißen, en Mülheim. A parte de eso, la zona no tiene mucho más que ofrecer. A un lado de la calle se encuentra el Colegio Tersteege y al otro el cementerio; un poco más arriba, está el Instituto Heißen. La estación es difícil de encontrar. Está completamente oculta entre la vegetación y las zonas verdes que se encuentran bajo la autopista A40 y se accede a ella desde un camino que sale de Krupp Strasse y conduce a la estación a través de un paso subterráneo.

Eichbaum es un lugar con mala reputación, conocido por su violencia y vandalismo. Los túneles y los vestíbulos que conducen a los andenes son oscuros y aterradores, incluso durante el día. La empresa de transporte público de Mülheim lleva años intentando ponerle solución. Se han realizado varias obras con el objetivo de reforzar la seguridad; se han colocado vallas y cámaras de vigilancia en los accesos y se ha pintado para darle un aire más agradable. Y a pesar de ello, la estación de Eichbaum se ha resistido a todas las iniciativas de mejora y ha seguido siendo un lugar poco atractivo.

¡Hay que convertir Eichbaum en una ópera!
No se interpretó ni a Mozart ni a Verdi: se creó una nueva ópera, con el lugar y con las gentes que lo

Eichbaum must become an Opera!
Jan Liesegang and Matthias Ricks

A lost place?
It takes 18 minutes on the U18 underground line to go from Berliner Platz station in Essen to Mülheim Central Station. Eichbaum station comes after the Rosendeller Strasse stop and before Heiße Kirche. Most of the people who get off there live nearby; either in the old Krupps Heimaterde residential area, one of the few garden city settlements built in the 1920s, or in the neighbouring newer buildings of Mülheim's Heißen district. Apart from that, the area doesn't have a lot to offer. There's Tersteege School on one side of the street and the cemetery on the other, while Heißen Grammar School is further up. It's hard to find the station. It is completely hidden under bushes and green areas underneath the A40 motorway, a small path leads below an underpass from Krupp Strasse to the underground station.

Eichbaum is a notorious place, well known for violence and vandalism. The tunnels and entrances that lead to its platforms are dark and creepy, even during the day. Mülheim's public transport company has been trying to deal with this place for years. Building work was repeatedly carried in order to upgrade security, fencing was erected at the entrances, video cameras watch over it, fresh paint was supposed to give it a friendlier atmosphere. Yet Eichbaum station had resisted all attempts of improvement and it remained an unattractive place.

Eichbaum must become an opera!
Neither Mozart nor Verdi were played there: a new opera was created, with the place and the people who live here. Three composers and three authors worked on the location. They begun in the «opera lodge» from where they explored the station and its environs. They met residents and passers-by,

9

10

11

9 **CASETA DE OPERA**
OPERA LODGE

10 **TALLER DE CANTO**
SINGING WORKSHOP

11 **TALLERES DE COMPOSICIÓN MUSICAL**
MUSIC COMPOSITION WORKSHOPS

habitan. Tres compositores y tres escritores se instalaron en el lugar para trabajar. Comenzaron en la «caseta de ópera», explorando la estación y sus alrededores. Conocieron a los residentes y a los transeúntes, a los vecinos y a los usuarios del metro. Realizaron entrevistas y escucharon las historias de los niños que pasan diariamente por Eichbaum de camino a la escuela. Conversaron con las mujeres a las que les da miedo pasar por la estación por la noche. Conocieron a los residentes de la ciudad: los jubilados, los paseantes y los trabajadores que cogen el metro allí a diario. Oyeron muchas historias y biografías que tienen este lugar por denominador común. Cada uno de los artistas eligió una historia y una perspectiva de ese panorama y centró su trabajo en ella. Los escritores transformaron las historias en libretos y los compositores tradujeron los sonidos, las emociones y las experiencias en música. De este trabajo surgieron tres piezas autónomas que cuentan la historia de Eichbaum y que, combinadas bajo la batuta de un director, dan forma a la *Ópera de Eichbaum*.

Los artesanos y los arquitectos del Medievo tardaban décadas en levantar edificios de la talla de la catedral de Colonia. Durante esos años, los canteros compartían una especie de galería llamada *logia* donde podían conversar sobre su obra común. El estreno de la *Ópera de Eichbaum* se celebró tras diez meses de trabajo colectivo durante los cuales los artistas, los técnicos y los arquitectos dispusieron de un espacio en el que pudieron planificar y desarrollar la ópera juntos. No obstante, la «caseta de ópera» ha sido mucho más que eso: un escenario para las lecturas y la música en el que se presentaron los primeros resultados del trabajo, un foro de debate público de las cuestiones relacionadas con la ópera y el proyecto artístico y sobre todo, un lugar de encuentro para los residentes, los transeúntes, los compositores y los escritores.

El 24 de junio de 2009, la *Neuen Philharmonie Westfalen* interpretó las obras de Ari Benjamin Meyers + Bernadette la Hengst, Isidora Žebeljan + Borislav Čičovački y Felix Leuschner + Reto Finger:

neighbours and people who use the underground. They carried out interviews and listen to stories told by pupils who go to school via Eichbaum each day. They met the women who are scared to pass through the station at night. They got to know this hometown's residents, the pensioners, the strollers, the commuters who get on and off here. They heard many stories and biographies that overlap in this place. Each of the artists picked their own story and perspective from that panorama and made it the focus of their work. The authors transformed stories into *libretti,* the composers translated sounds, emotions and experiences into music. Three autonomous parts emerged to tell the tale of Eichbaum, combining them to become the *Eichbaum Opera* under the leadership of one director. It took medieval craftsmen and architects many decades to erect such great buildings as the Dome in Cologne. Throughout those years, they shared a masons' lodge where they discussed their collaboration. The debut performance of the *Eichbaum Opera* took place after ten months of collective work. Its artists, technicians and architects had a space in which to plan and develop the opera together. However, the opera lodge was much more: a stage for readings and music, on which the first results of the work were presented, a forum for matters concerning opera and art to be openly debated within the public realm and, above all, a place for residents, passers-by, composers and authors to meet.

On the 24th of June 2009 three pieces by Ari Benjamin Meyers + Bernadette la Hengst, Isidora Žebeljan + Borislav Čičovački and Felix Leuschner + Reto Finger, together with the *Neuen Philharmonie Westfalen*, presented a new kind of opera created in collaboration, an opera that grew within the city and told of life there. The *Eichbaum Opera* wants to be an innovative type of musical theatre. In contrast to conventional opera, it is about people and matters that affect the city.

This somehow 'fitzcarraldian' project has nevertheless managed to generate a new sense of energy about the place and things are actually beginning to happen in what used to be a derelict and

12

13

14

12 **ACTUACIÓN EN LA ESTACIÓN DE EICHBAUM**
PERFORMANCE IN THE EICHBAUM STATION

13 **UN WESTERN AL AIRE LIBRE**
AN OUTDOOR-WESTERN

14 **TALLER DE OPERA. DUISMÜLSEN 2006**
OPERA WORKSHOP DUISMÜLSEN2006

un nuevo tipo de ópera creada de forma colaborativa; una ópera nacida en la ciudad que habla de la vida de la ciudad. La *Ópera de Eichbaum* pretende ser una forma innovadora dentro del género del teatro musical. En contraste con la ópera convencional, versa sobre las personas y los asuntos que afectan a la ciudad.

A pesar de su carácter «fitzcarraldiano», el proyecto ha conseguido modificar la percepción del lugar y ya han empezado a organizarse actividades en lo que hasta hace poco era una estación abandonada que daba miedo. La gente la está empezando a considerar como un lugar de encuentro. Y aunque el proyecto de la ópera haya terminado, el proyecto de Eichbaum sigue vivo. Por un lado, algunos de los vecinos participantes (desde mediana edad hasta jubilados) han constituido un grupo autogestionado interesado en efectuar algunos cambios físicos «reales» en Eichbaum y en mantener la estación como centro de eventos culturales. El bar que se construyó para la Ópera va a reabrirse con un programa de charlas, conciertos y exposiciones, como una especie de centro social y la asociación de jóvenes del barrio se reúne allí una vez a la semana. Por otro lado, *raumlabor* ha conseguido financiación gubernamental para poner en marcha un proyecto destinado a la gente joven (de 13 a 24 años), el único grupo que realmente utilizaba la estación de Eichbaum antes de la ópera como centro de reunión para sus actividades y que ya lo consideraba un «lugar». El objetivo del proyecto es cartografiar la visión que tienen del área, de sí mismos y de sus vidas. Averiguar lo que de verdad quieren hacer, plantear un modo de transformarlo y ponerlo en práctica a una escala pequeña y asequible.

Retrospectiva: *U(topia)18*

En otoño de 2006, Matthias Rick y Jan Liesegang recibieron el encargo de explorar el potencial de esperanza y utopía de la cuenca del Ruhr, en la zona acotada por las ciudades de Essen, Mülheim y Duisburgo. Entre los dos, descubrieron y examinaron el tramo de la línea de metro U18 que conecta las

frightening station. People are starting to consider the place as a meeting point. Even if the opera show is over, the Eichbaum project is going on. On one hand, some of the participating neighbours (from the middle-aged to the retired) have started a self-organized group that holds an interest on getting some 'real' physical changes in Eichbaum while they want to keep the station as a place for cultural events. The bar that was made for the Opera is re-opening with readings, concerts and exhibitions, as a kind of community centre and the local youth club is meeting there once a week. On the other, *raumlabor* has got governmental funding for a project with young people (13 to 24 years) who were actually the only ones that used the Eichbaum station, even before the opera, as a gathering space for their activities, and consider it already a 'place'. The project pretends to make a map of how they see the area, themselves and their lives. Find out what they really want to do, generate an idea of how to transform this and put it in practice in a small, affordable scale.

Retrospective: *U(topia)18*

In Autumn 2006, Matthias Rick and Jan Liesegang were commissioned to explore possible potentials of hope and utopia for the Ruhr area, somewhere between the cities of Essen, Mülheim and Duisburg. The two discovered and examined the stretch of underground line U18 that connects the cities of Essen and Mülheim to each other. It partly runs alongside the A40 and through residential areas and settlements. The underground line was planned in the 1970s as a model line for the Ruhr area as far as Duisburg. A connection right through the Ruhr area was never built, however, ambitious planning tells of a vision of a dynamic, mobile Ruhr metropolis. In May 2007, thirty years after it opened, and three years before *Ruhr 2010*, the *U(topia)18* project uncovered buried hopes, old utopias and everyday experiences around this underground line.

15

16

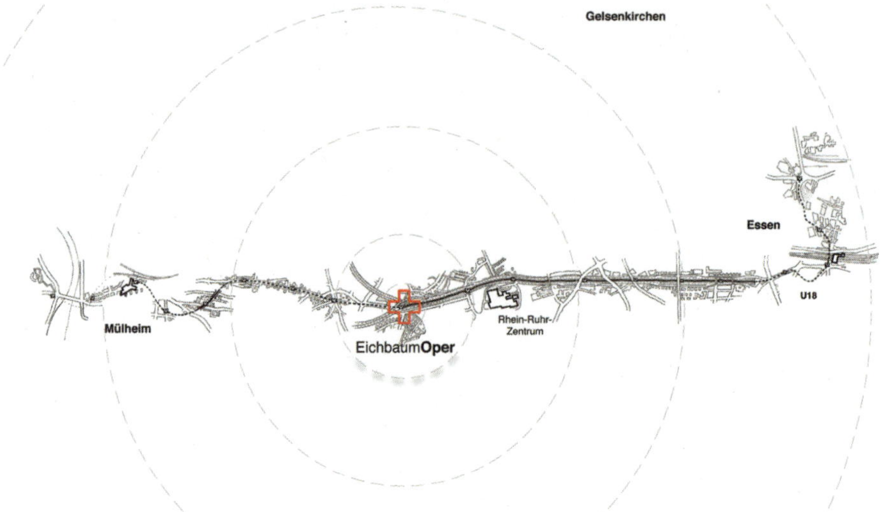

17

15 LA OPERA IN EICHBAUM
THE OPERA IN EICHBAUM

16 ESTRENO 24 JUNIO 2009
PREMIER 24TH JUNE 2009

17 PLANO DE EICHBAUM EN EL RUHRGEBIET
MAP OF EICHBAUM IN THE RUHRGEBIET

ciudades de Essen y Mülheim entre sí y que discurre parcialmente en paralelo a la A40, atravesando zonas residenciales y núcleos de población. La línea de metro se planificó en la década de 1970 como línea modelo para comunicar la cuenca del Ruhr hasta Duisburgo. Aunque esta conexión nunca llegó a construirse, la ambiciosa planificación revela la visión de una metrópolis del Ruhr dinámica y móvil. En mayo de 2007, treinta años después de la inauguración de la línea y tres años antes de *Ruhr 2010*, el proyecto *U(topia)18* sacó a la luz esperanzas sepultadas, viejas utopías y experiencias cotidianas en torno a esta línea del suburbano.

Las empresas de transporte público de Essen, Mülheim y Duisburgo y los archivos y la administración municipales permitieron conocer el desarrollo histórico y arquitectónico de esta línea de metro. No obstante, las conversaciones con los ingenieros y los urbanistas que trabajaron en el proyecto (que fueron, en definitiva, quienes dieron vida a la idea utópica de una línea de metro colectiva y, con ella, a nueva cuenca del Ruhr) fueron aún más reveladoras. Muchos residentes de la zona y usuarios del metro hablaron de sus vidas junto a la autopista. Nunca antes se había hecho una investigación tan exhaustiva de la vida junto a la autopista A40 y la línea de metro U18.

De ella surgió un panorama único de la línea que retrata el encuentro entre el conocimiento tecnológico, las aspiraciones de los planes de transporte, la visión arquitectónica y los sueños urbanísticos con las historias cotidianas de los residentes y los usuarios. Uno de los resultados fue la película *U(topia)18*, realizada en colaboración con el director Florian Riegel, estrenada en la estación de metro Passarelle de Essen y presentada en España en noviembre de 2007 durante el primer seminario de *urbanacción*.

Essen, Mülheim and Duisburg public transport companies and the city archives and administration unveiled insights into the historical and architectural development of this underground line. However, conversations with the engineers and urban planners involved were even more revealing: those who gave life to the utopian idea of a common underground line and thus a new Ruhr area. Many residents and users of the underground told of their lives along the motorway. Never before had life along the A40 motorway and the U18 underground line been so thoroughly and extensively researched.

A unique panorama of the line emerged; technological knowledge, transport planning ambition, architectural vision and urban planning hopes met with the everyday stories of residents and users. One result was the film *U(topia)18*, in collaboration with the director Florian Riegel, that has its premier at the Passarelle Underground Station of Essen and was presented in Spain in November 2007 during the first *urbanacción* seminar.

A2_ RECETAS URBANAS / SANTIAGO CIRUGEDA

A2_ URBAN PRESCRIPTIONS / SANTIAGO CIRUGEDA

base: Sevilla (ES)
web: www.recetasurbanas.net
descripción: Recetas Urbanas ofrece un catálogo de prácticas espaciales que se ponen a disposición de los ciudadanos para su uso estratégico, jurídico y formal, siempre bajo su propia responsabilidad y aconsejando el análisis previo de las circunstancias concretas de cada intervención. Las propuestas y ejemplos prácticos van desde estrategias de ocupación urbana a aplicaciones informáticas pasando por escarceos con el arte, asentamientos complejos, arquitecturas colaborativas y viviendas.

caso de estudio #3

qué: ocupación temporal de solares
quiénes: Santiago Cirugeda y el Ayuntamiento de Sevilla
cuándo: 2003/2004
dónde: centro histórico de Sevilla
cómo: propuesta de modificación de las ordenanzas municipales a fin de que parcelas que se encontraban en desuso pudieran ser utilizadas por los ciudadanos de manera temporal, sin limitar el derecho de los propietarios a edificar. Se realizó un proyecto de prueba en un solar de propiedad pública con la intención de extenderlo posteriormente a otros lugares de la ciudad.
cuánto: 3.000 € para limpieza y preparación de bancos y columpios
etiquetas: soporte / coste bajo / proyecto social / agente único / años

base: Seville (ES)
website: www.recetasurbanas.net
description: Urban Prescriptions offers a catalogue of spatial practices which are placed at the disposal of the citizenry for their strategic, legal and formal use. Citizens, who are responsible for the use they make of this information, are advised to undertake a preliminary analysis of the specific circumstances of each intervention. The proposals and practical examples range from urban occupation strategies and computer applications to dabbling in art, complex occupations, collaborative architectures and housing.

case study #3

what: temporary occupation of vacant plots
who: Santiago Cirugeda and Seville City Council
when: 2003/2004
where: Seville city centre
how: a proposal for the modification of municipal by-laws to allow vacant disused plots to be used by citizens on a temporary basis, without prejudice to the owners' right to build on the land. A trial project was undertaken on a publicly-owned plot, with the intention of later extending it to other sites in the city.
how much: € 3,000 for clearing the plot and installing benches and swings
tags: medium / low cost / social project / single agent / years

caso de estudio #4

qué: MAD03
quiénes: Santiago Cirugeda, vecinos y activistas locales
cuándo: octubre 2003/enero 2004
dónde: Lavapiés, Madrid
cómo: a través de un proyecto ligado a la producción artística se construyó una estructura con andamios alquilados y materiales reciclados de forma que un solar de la calle Olivar pudiera ser utilizado como centro social «en el exilio» durante los meses de invierno. Tanto la estructura como la articulación con el festival artístico fue gestionada por los colectivos involucrados en el proyecto.
cuánto: 450 € para el alquiler del andamio
etiquetas: soporte / coste bajo / proyecto social / agente múltiple / semanas

case study #4

what: MAD03
who: Santiago Cirugeda, local residents and activists
when: October 2003/January 2004
where: Lavapiés, Madrid
how: through a project associated with artistic production, a structure was built with rented scaffolds and recycled materials on an empty plot in Calle Olivar to be used as a social centre «in exile» during the winter months. Both the structure and the relation with the art festival was managed by the groups involved in the project.
how much: € 450 for scaffolding rental
tags: medium / low cost / social project / multiple agents / weeks

Recetas Urbanas de Santiago Cirugeda

Agustín Pérez Torres

Para la mayoría de los arquitectos contemporáneos, la necesidad de disponer de un postulado teórico sobre el que cimentar su obra parece ser requisito fundamental a la hora de posicionarse en el mundo actual de la arquitectura y de paso, proporcionar una base para posteriores investigaciones y relaciones con o contra sus contemporáneos. Una manera de guiar un camino más que marcar unos límites, de enlazar posiciones o simplemente de buscar una identidad. Y el caso que nos ocupa no es una excepción. Sin embargo, la trayectoria de Santiago Cirugeda difiere de alguna manera de esta noción de arquitecto *comprometido con su tiempo.*

Si bien en parte su obra tiene una marcada individualidad que la hace suficientemente reconocible dentro de la maraña mediática en la que nos hemos acostumbrado a leer la arquitectura, algo que por cierto aprovecha en su favor, descubrimos en su trayectoria ciertas desviaciones que desorientan al primer intento de encasillamiento. En primer lugar, porque por más que investiguemos sus proyectos y leamos sus textos no hallamos pistas sobre ningún nuevo enfoque de la arquitectura *a priori.* Podríamos decir que sus arquitecturas tratan más un concepto que una forma, a pesar de que lo más importante sean precisamente sus casi imposibles materializaciones. Para él es algo que está ahí y que sólo está esperando a ser descubierto. En segundo, porque su actitud deliberadamente directa (respuestas inmediatas a situaciones cotidianas) no conlleva una correspondencia formal en sus propuestas, como ocurre con algunos ejemplos de la arquitectura holandesa del momento. Utiliza lo que podríamos llamar una arquitectura de la acción: estructuras que por sí mismas hablan mucho más de lo que apreciamos a simple vista. Que llevan una carga política asociada en cuanto que son respuestas a problemas más sociales que arquitectónicos (que también). A pesar de todo, y aunque

Urban Prescriptions by Santiago Cirugeda

Agustín Pérez Torres

For most contemporary architects, the need to base their work on a theoretical principle appears to be a fundamental requirement when carving out a position for themselves in the current world of architecture and, in passing, laying the groundwork for subsequent investigations and relations with or in opposition to their contemporaries. A way of tracing a path, rather than marking out boundaries, by linking up positions or simply seeking an identity. And the case in hand is no exception. However, Santiago Cirugeda's career is partly at odds with the notion of the architect 'committed to his time'.

Although to a certain extent his work has a distinct individuality that makes it easily recognisable within the media jungle in which we have grown accustomed to interpreting architecture, we soon find out that his career has nevertheless taken certain detours that defy easy classification. In the first place, because no matter much we analyse his projects and read his texts, we don't find any clues that point to a new approach to architecture *a priori*. His architecture seems to deal more with a concept than a shape, despite the fact that the essence of his work is actually his almost impossible materialisations. For Cirugeda, the forms are something that already exists and is just waiting to be discovered. Secondly, because his deliberately frank attitude and immediate responses to everyday situations is not formally reflected in his projects, as is the case of certain examples of contemporary Dutch architecture. He uses what we might describe as an *architecture of action*: structures that say far more by themselves than can be appreciated at first sight, that have some associated political weight insofar as they are responses to social issues rather than (although also including) architectural issues. In spite of all of this, and although we need no more evidence to know that his is a truly singular architecture, the most striking aspect of Santiago Cirugeda's projects is probably their *no-logo* attitude, or quite simply that,

1

2

3

1 CALLE SOL, 80, SEVILLA
80 SOL STREET, SEVILLE

2 CALLE SOL, 80 CON ZONA DE JUEGOS
80 SOL STREET, WITH PLAYGROUND

3 SITUACIÓN 'A LA VAN EYCK' EN SEVILLA
'VAN EYCK LOCATION' IN SEVILLE

no haga falta nada más para saber que estamos ante una arquitectura singular, lo que hace realmente que las propuestas de Santiago Cirugeda sean objeto de nuestra atención es seguramente esa actitud *no-logo*, o simplemente eso, una *actitud*, por encima de la imagen. Echando un vistazo a su producción, podríamos entenderla no sólo como una sucesión de proyectos encadenados por una intención renovadora e inconformista, sino también como una lucha contra la arquitectura del día a día, la más cotidiana y la que precisamente por ello parece haberse convertido en inmutable, en un ser porque sí.

Primer asalto, Cirugeda vs. el Vacío

Código Civil, Licencia de Obra Menor, Protección Patrimonial, Ordenanzas de Planeamiento Urbanístico, Plan General de Ordenación Urbana. Términos referidos a la arquitectura que son prácticamente dominio de abogados y especuladores, son utilizados por Cirugeda para invertir la lógica constructiva. Estas normas están no ya para ser utilizadas de la manera obvia, sino para buscar sus resquicios y entonces, atacar. No se incumplen las leyes del juego urbanístico, se ha leído entre líneas. Proyectos que se fundamentan en la indagación de los parámetros no regulados de las leyes, aquellos no especificados o en los simplemente «según se mire», para conseguir nuestros deseos: ¿Quiero jugar delante de mi portal? Alquilo un contenedor. ¿Quiero leer en la vegetación? Monto una cabaña en un árbol. Esta idea que, como él mismo recoge en algún escrito, ya había sido utilizada por Aldo Van Eyck en Amsterdam entre los años 1947 y 1978, la usa también para generar arquitecturas-mueble, es decir, arquitecturas no permanentes y desmontables, como si de objetos almacenados en solares desocupados se tratasen y que no deterioran las condiciones del solar en el que están alojados. De esta manera, y esquivando las leyes del PGOU, Cirugeda consigue «construir» una casa-estudio en Sevilla durante un año y un mes, y un centro social en Madrid con materiales más o menos precarios y más o menos ingeniosos: casetones recuperables para forjados en lugar de paredes, estructuras estabilizadoras de fachada como estructura principal, etc. Todo este proceso, hedonista a veces,

attitude dominates over appearance. Looking at it, it would be a mistake to understand his output solely as a chain of projects linked by a nonconformist spirit of renewal; it is also a protest against routine architecture, the most ordinary type of architecture which, precisely because of its ubiquity, seems to have become immutable, a thing that is because it is.

Round one, Cirugeda vs. the Void

Civil Law, Minor Works Permit, Heritage Protection, Urban Planning By-laws, General Plan Regulating Land Use. Cirugeda uses these architectural terms, usually the prerogative of lawyers and speculators, to invert the logic of building. These regulations are no longer used in the obvious way but rather to search out the loopholes and then attack. Urban planning laws are not violated, they have just been read between the lines. Projects that basically sniff out the non-regulated or non-specified parameters of planning laws, or simply the «depending on how you look at it» parameters, to fulfil our wishes. If I want to play outside your front door, I rent a container. If I want a place to read surrounded by nature. I build a tree house. He also uses this same idea, which, as he once pointed out, Aldo Van Eyck used in Amsterdam between 1947 and 1978, to create furniture-architecture, in other words non-permanent architecture that can be dismantled (as if they were objects stored in unoccupied plots) and that do not degrade the conditions of the plot where they are located. Side-stepping the urban regulations of the Master Plan, Cirugeda thus managed to «build» a house-studio in Seville over the course of a year and a month, and a social centre in Madrid with fairly precarious and ingenious materials such as recyclable ceiling panels for walls, stabilising façade structures for the overall structure, etc.

This entire process, which can be hedonistic at times, socially committed at others, but always methodically applied, reveals, nevertheless, in its turn problems in the urban sphere that affect us. Every action undertaken in the city, and beyond it, is governed and mummified by these laws which,

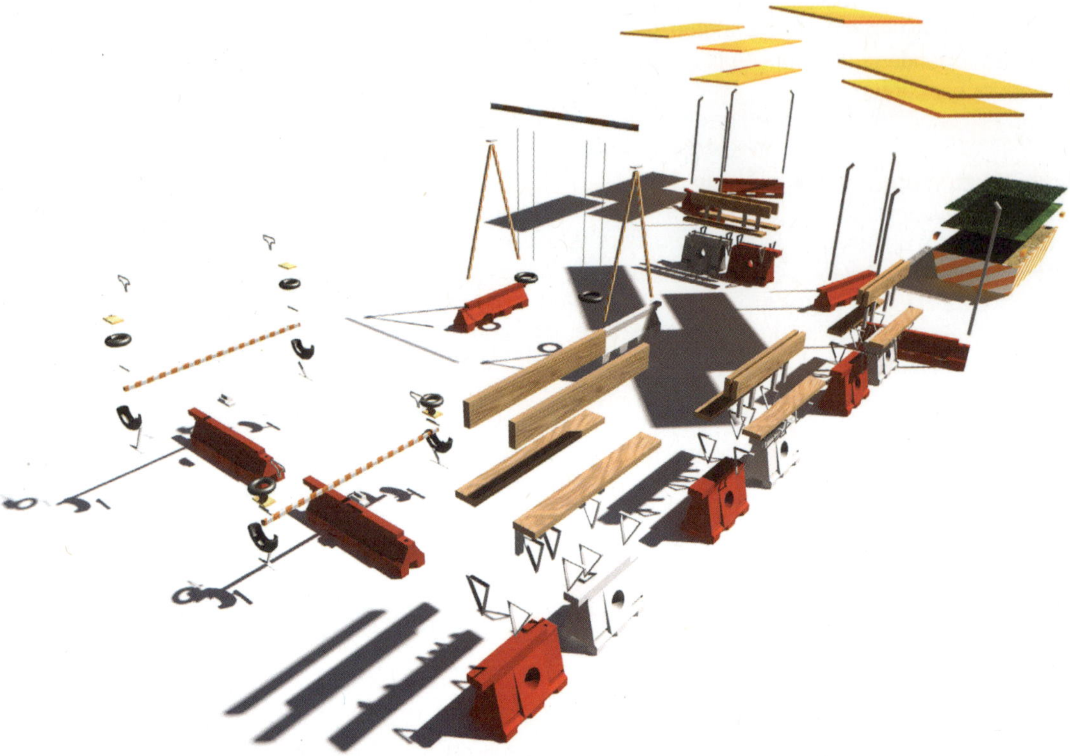

4

5

4 ESQUEMA ENSAMBLAJE DE LOS ELEMENTOS
RECYCLED ELEMENTS ASSEMBLY SCHEME

5 BANCO
BANCO

comprometido otras y siempre metódicamente utilizado, pone a su vez de manifiesto sin embargo problemas de ámbito urbano que nos afectan en cuanto que toda acción llevada a cabo en la ciudad, y también más allá, está regida (y momificada) por estas leyes que no parecen responder a las demandas del usuario, sino más bien a otro tipo de leyes de mercado, del más fuerte.

Segundo asalto, Cirugeda vs. el Lleno
Si pudiera parecer probable el pensar en el vacío urbano como material de proyecto, como espacio potencial que pueda ser manipulado, no lo parece tanto el utilizar las estructuras ya consolidadas (ya sean viviendas y edificios públicos construidos o viviendas por construir) con esa misma metodología: tratar de ir más allá de lo que se supone que está permitido. Sin embargo Cirugeda lo consigue buscando de nuevo entre la maraña de leyes y descubriendo que no todo está dicho.
Un ejemplo de ello es el proyecto *Propiedad horizontal derivada en vertical*. En este caso, el deseo de obtener una vivienda de cinco alturas en un bloque residencial le lleva a realizar alquileres parciales de distintas viviendas que se comunicarán por escaleras situadas en los patios de uso común.
Un sistema de acuerdos y contratos con el resto de vecinos (de carácter temporal) y el estudio de la Ley de Propiedad Horizontal y el Código Civil permiten llevar a cabo estructuras espaciales insólitas, dentro del marco de la legalidad. Otro proyecto, quizás el más representativo de esta nueva actitud ante la ley, es su estudio de *Ampliación de viviendas con andamios*. Como si de un proceso natural se tratase, se expone primero la necesidad de espacio en las pequeñas viviendas del colmatado caso antiguo de Sevilla para después explicar la manera de solucionarla mediante la colocación de andamios, cimentando la propuesta en el replanteamiento de las ordenanzas municipales.
Este proyecto, expuesto ampliamente en los medios de comunicación de acceso general, tenía una intención claramente concienciadora sobre qué valor tienen las leyes en la protección (o paralización) del desarrollo urbano y en qué medida cada uno de nosotros estamos también implicados

rather than serving the needs of the user, seem to serve other laws. Laws such as those of the market or survival of the strongest.

Round two, Cirugeda vs. Fullness
Although one could probably think of the urban voids as material project, as a space for potential manipulation, it seems less probable to use the same methodology with consolidated structures (whether existing homes and buildings or homes waiting to be built) and try to go beyond what is supposedly permitted. And yet this is precisely what Cirugeda manages to do by poking around in the tangle of laws and discovering that not everything is written. One example of this is the project *Propiedad horizontal derivada en vertical* (Horizontal Property Turned Vertical). In this case, the desire to obtain a five-storey home in an apartment block led him to rent parts of different apartments connected by stairs in the community courtyards. A variety of agreements and contracts with the neighbours made on temporary basis, plus a thorough knowledge of the Horizontal Property Law and the Civil Code, enabled him to legally create unprecedented spatial structures. Another project, perhaps the best example of this new attitude towards the law, was his *Ampliación de viviendas con andamios* (Extension of Homes with Scaffolding). As if the whole thing were a natural process, he began by explaining the need for space in the tiny homes situated in Seville's tightly packed old quarter and then went on to explain how to solve the issue with scaffolds, basing the proposal on a totally new approach to municipal by -laws. This project, which enjoyed extensive media coverage, (Cirugeda's usual method for publicising his work) had a very specific aim: to raise general awareness about the value of laws for protecting (or halting) urban development, and the degree to which every individual is involved in that development. This interest in personalising architecture, in everyone owning his/her own space and by extension the city, is taken to the extreme in *Individualización de vivienda* (Home Individualisation). Reviewing current legislation on the building of collective homes in modern cities, Cirugeda advocated

6

7

6 **COLUMPIOS**
SWINGS

7 **BALANCIN**
SEESAW

en ese desarrollo. Este interés por la personalización de la arquitectura, por que cada uno sea dueño de su espacio y por tanto de la ciudad, se lleva al extremo en el proyecto *Individualización de vivienda*. Revisando la normativa aplicable a los edificios de vivienda colectiva de la ciudad moderna, Cirugeda apuesta por una extensión de los elementos privados sobre algunos de los que hasta ahora se han considerado comunes, como la fachada o la cubierta. Una vez lanzada esta premisa (apoyada en el común acuerdo entre las partes implicadas) las viviendas se transforman irreversiblemente en algo que ya no es lo definido por el arquitecto. Éste tendría entonces sólo la capacidad de crear una *tabula rasa* sobre la que los habitantes pudieran mostrar sus inquietudes e intereses, configurando así un nuevo tipo de ciudad basada en la multiplicidad.

Una multiplicidad ya existente en cada uno de sus habitantes, quienes no pueden ser regulados ni legislados por leyes que impongan un criterio del denominado «buen gusto». Creo que una vez observados estos trabajos, no como parte de una arquitectura de autor sino como pequeños procesos emancipadores de la cotidianeidad, podemos decir que Santiago Cirugeda no trata de generar proyectos a la carta, a la manera de las casas prefabricadas o los kits de chalets de madera para colocar en cualquier lugar. Son más un manual de fabricación, un panfleto con el modo de empleo en su interior. Lo que es esencial para él no es tanto el proyecto en sí, sino la capacidad que éste tiene de generar sobre la gente determinadas actitudes hacia la arquitectura, además de una consciencia de su propia importancia en la creación del entorno urbano en el que vive. Son, en realidad, una *receta urbana* (término que él mismo ha acuñado) de uso extensible a cualquier ciudad y por cualquier ciudadano que tuviese las mismas necesidades. Y es que ¿acaso no tenemos todos alguna vez ese deseo de cambiar lo que parece ya definitivamente escrito?

the extension of private elements over others traditionally regarded as communal, such as the façade or roof. Having launched this premise (and with the mutual agreement of the parties involved) the homes were transformed irreversibly into something no longer defined by the architect, whose capacity was thus limited to providing a clean slate on which occupants could express their concerns and interests, creating a new type of city based on multiplicity.

This multiplicity already exists in each and every inhabitant, all of whom refuse to be regulated or governed by laws that impose the criterion of so-called «good taste». Viewing these works not as part of an architecture *de auteur* but as small ground breaking processes, it becomes clear that Santiago Cirugeda is not attempting to create *à la carte* projects, in the manner of prefabricated houses or log cabin kits for assembly wherever the user chooses. His projects are more a type of construction manual, with user instructions inside. The essential thing for Cirugeda is not so much the project *per se*, but its capacity to generate certain attitudes towards architecture and an awareness in people of their own importance in shaping the urban environment in which they live. In actual fact, and to use a term he himself coined, they are *urban prescriptions* that can be used in any city and by any citizen with the same needs. For, don't we all sometimes feel a desire to change that which is supposedly written in stone?

ISMO ■ EL ARQUITECTO CIRUGEDA PROPUGNA HABILITAR LOS TERRENOS SIN EDIFICAR PARA USO PÚBLICO

La reconquista de los solares

Ayer se recuperaron los primeros suelos, en los números 80 y 114 de la calle Sol ■ Capitales como Madrid y Barcelona se encuentran a la expectativa para adoptar también esta inciativa

ANDRÉS G. LATORRE ■ SEVILLA

Las ciudades andaluzas, desde el tiempo de los romanos, son, esencialmente, sus espacios públicos. Llegado el siglo XX, estos espacios se vieron delimitados por las acciones de la política urbanística, que los han ido reduciendo hasta convertirlos en codiciados oasis. Sin embargo, paradójicamente, esta tendencia urbanizadora ha ido aislando en medio de las ciudades grandes espacios sin ningún uso: los solares.

Para devolver el empleo de estos espacios a la ciudadanía, el arquitecto sevillano Santiago Cirugeda lleva dos años trabajando en un proyecto por el que los solares, mientras no se construye, son habilitados como espacios de ocio para la ciudadanía. "El proyecto busca que los vecinos –explicó Cirugeda– expresen su opinión sobre en qué desean que se convierta ese espacio". Cirugeda está llevando en la actualidad un taller llamado *Subversión de los Espacios Públicos*, realiz... colaboración con el C... aluz de Arte Contem... esta actividad parti... onas, 35 colombia... de la Universida... Bogotá–, y ... añoles, q... de ...

...objetivo final es ... el ciudadano ...eda obligar al consistorio a que ...ite estos lugares ... los vecinos

... En una ... onde la ... a, es im... o estas ac... ción del espacio público", declaró Cirugeda.

El proyecto se materializó por vez primera ayer, cuando fueron recuperados para el uso público dos solares en la calle Sol, en los números 80 y 114. Del éxito de este proyecto depende, en gran medida, que en septiembre se incluya esta iniciativa en las ordenanzas urbanísticas de la ciudad. "El objetivo es que los vecinos tengan capacidad legal para obligar al ayunta... haga de un solar público un espacio abierto, habilitando unas pequeñas instalaciones deportivas o un parque". De aprobarse la ordenanza, Sevilla sería la primera ciudad en emprender este tipo de iniciativas. Madrid y Barcelona están a la expectativa, y podrían adoptar esta medida si tuviese éxito.

El taller *Subversión de los espacios públicos* ha contado con el respaldo del Centro Andaluz de Arte Contemporáneo. "Es la primera vez que un centro artístico se implica tanto en el desarrollo urbanístico de una ciudad. Hemos saltado del museo a la vida ...dana de Sevilla", ...

El arquitecto Santiago Cirugeda recuperó ayer solares de la calle Sol con bancos y juegos infantiles.

JAVIER CUESTA

Encarnación

"Existe un exceso de miedo al vacío"

Respecto a la plaza de la Encarnación, el arquitecto sevillano Santiago Cirugeda, apuntó que "en la política urbanística de la ciudad existe un exceso de miedo al vacío". Expuso que el espacio quedará sobrecargado de material, de "espacio no habitable". "Yo hubiera apostado por estructura... más efímeras, de uso ci... dano más participativo"...

8

Estrategias subversivas de ocupación urbana

Santiago Cirugeda

Ordenación y ocupación temporal de solares/Sevilla
Calle Sol 80 y 114 - REF.A COD.007/SVQ/04.06

· Antecedentes: solares vacíos y falta de parques ·

La normativa municipal establece que un solar vacío se debe cerrar con un muro de 2,40 m de alto para protegerlo, aunque esto no impida que se viertan escombros y se convierta rápidamente en un lugar insalubre. La misma normativa establece que el Ayuntamiento puede expropiar el solar si pasados dos años su propietario no ha presentado un proyecto de construcción, argumentándose que un vacío dentro de la ciudad es pernicioso para la ciudadanía. Aun así, en Sevilla hay solares públicos y privados que llevan vacíos y cerrados más de veinte años.

· Estrategia y proceso ·

En marzo de 2004, presenté a la Gerencia de Urbanismo un listado con diez de solares del centro de la ciudad (de unos cien localizados) con la propuesta para abrir los solares al público de forma temporal, señalando que un simple cambio en las ordenanzas municipales podría mejorar estos espacios sustancialmente. Si en vez de levantar un muro se obligara a abrirlo al público se podrían crear pequeños jardines temporales mientras que el propietario podría disponer del solar listo el día que quisiera construir en él. Esta modificación facilitaría un mayor control sobre los solares de la ciudad y se podrían establecer medidas para que los propietarios cesionistas no perdieran sus derechos sobre ellos. Ante los claros beneficios que esta medida podría aportar, la Gerencia de Urbanismo accedió a realizar una prueba piloto y abrir dos solares de propiedad pública antes de plantearse el cambio de la ordenanza.

Strategies for a subversive urban occupation

Santiago Cirugeda

Land management and temporary occupation of empty plots/Seville
Calle Sol 80 and 114 - REF.A COD.007/SVQ/04.06

· Background: vacant plots and a shortage of parks ·

In accordance with the city's urban planning regulations, vacant plots are to be sealed off for their own protection by a 2.4-metre-high wall. In actual fact, this does not prevent the tipping of rubble and such plots quickly become unhealthy places. By virtue of the same regulations, the city council has the right to expropriate a plot if the owner does not submit a building project within two years, the argument being that an empty space in the city is detrimental to its citizens. Even so, there are public and private plots in the city of Seville that have remained vacant and sealed for over twenty years.

· Strategy and process ·

In March 2004 I gave the Urban Planning Office a list of ten empty plots in the city centre (having actually located around a hundred) and proposed they be opened temporarily to the public, pointing out that a simple amendment to the municipal by-laws could improve these spaces significantly. If the owners were required to open them to the public, rather than seal them off with a wall, small temporary gardens could be created and the owners could still claim the plot back the day they decided to build on it. This amendment would permit greater control over the vacant plots in the city and measures could be adopted to ensure that the rights of the owners/assignors would be respected. Recognising the obvious benefits to be gained from this proposal, the Urban Planning Office agreed to carry out a pilot project and open two public plots, and then decide whether or not to amend

9

9 **CALLE DEL OLIVAR, 48**
MADRID ANTES
48 OLIVAR STREET
MADRID BEFORE

De los diez que proponía el ciudadano, los técnicos sólo consiguieron definir la propiedad de seis, de los que se escogieron dos de propiedad pública en la Calle Sol nºs80 y 114.
Al día siguiente de la aparición de la noticia sobre la apertura para impieza y adecuación de ambos solares, se presentaron en el nº114 dos abogados que reclamaban la propiedad de su cliente del mismo. Ante la duda y posterior personalización de los técnicos de la Gerencia de Urbanismo se paralizaron las obras de adecentamiento del lugar y se ordenó el vallado el solar. Al revisar el expediente, se comprobó que se había producido un error y que su titular era efectivamente un particular. El error, a pesar de lo molesto que resultó para todos los implicados, demostró la necesidad de una revisión y ordenación sistemática de los archivos a fin de que el Registro de Solares estuviera actualizado y coordinado con la Gerencia de Urbanismo. El nº80 se equipó completamente con material proveniente de los depósitos municipales de la ciudad, como balizas de tráfico que se rellenaron de hormigón y estructuras auxiliares usadas como bancos y columpios. Además, se localizaron en la empresa privada que gestiona los autobuses urbanos, algunos parasoles de antiguas paradas que se adaptaron como zonas de sombra.

· Comentario crítico sobre la colaboración ciudadano-administración ·
La apertura de solares no sólo permitiría la existencia de jardines públicos, sino que se podrían montar equipamientos efímeros, lugares de reunión, escenarios para representaciones o incluso viviendas temporales. Actualmente, el nuevo plan de ordenación urbana de Sevilla incluye la ordenanza de usos temporales de solares, acompañada de normas que obligan a la coordinación y actualización del registro de solares para tener mayor capacidad de actuar y sancionar frente a faltas urbanísticas, y poder gestionar su uso temporal de una manera eficaz. Esta situación, excepcional, mejora la baja confianza en los procesos de colaboración política para la mejora de soportes legales, aunque no descarta el uso de estrategias de subversión legal.

the by-laws. Of the ten plots proposed, the planning experts only managed to establish the ownership of six, from which we chose two publicly owned sites at Calle Sol 80 and 114. The day after it was announced that the two plots were to be opened up, cleared and adapted, two lawyers turned up at no.114 claiming that their client owned the plot. The experts from the Urban Planning Office were summoned and, in view of the uncertainty created, they halted the clearing works and ordered the plot to be sealed off again. A review of the file revealed that there had been a mistake and that the plot was in fact privately owned. While clearly inconvenient for all those involved, this error nevertheless demonstrated the need to review and organise records systematically to keep the Register of Vacant Plots updated and co-ordinated with the Urban Planning Office. The plot at no.80 was furnished entirely with material from the municipal warehouses, such as traffic markers that were filled with concrete and auxiliary structures that were used as benches and swings. Meanwhile, the private company that manages the city bus service provided a number of old bus-stop shelters that were used to partially cover certain areas of the plot.

· Critical assessment on citizen-government partnerships ·
Opening up vacant plots would not only permit the creation of public gardens. They could also be used for assembling ephemeral facilities such as meeting places or as stages for performances and even as temporary homes. The new Seville Master Plan includes now a by-law on the temporary use of vacant plots. There are also new regulations stipulating the compulsory co-ordination and updating of the register of such plots to provide greater scope of action and sanction in the event of urban development offences, as well as the efficient management of temporary uses. Although this unique situation has boosted confidence in the use of government partnership processes to improve legal frameworks, it does not rule out the use of strategies for legal subversion.

10

10 ESTRUCTURA EN CONSTRUCCIÓN
STRUCTURE UNDER CONSTRUCTION

MAD03/Madrid
Calle Olivar 48, Lavapiés-REF.A COD.006/MAD/03.04

· Antecedentes ·
En 2003 fuí invitado a tomar parte en el festival de arte experimental, MAD'03. En ese momento estaba interesado en probar en otras ciudades el uso temporal de solares que sirvieran de ejemplo y referente para la aprobación de una ordenanza que regulara este uso. Así, presenté al festival la construcción de un módulo habitable en un solar en desuso que pudiera ser gestionado por una asociación vecinal durante cuatro meses.

Para que el proyecto funcionara era necesaria la implicación local, que llegaría por complicidad con algunos amigos de la Red de Lavapiés, tras lo que me puse en contacto con *El Laboratorio de Ideas*, que trabaja desde 1998 para denunciar y frenar el proceso de especulación urbanística que afecta al barrio de Lavapiés. En ese momento se encontraban sin local, después del cuarto desalojo de su historia y bajo la autodenominación de «El Labo en el exilio», ya tenían planeado la ocupación de un solar del barrio. A pesar de las reticencias iniciales ante la colaboración con un «artista» y una institución cultural, gracias a la mediación del arquitecto Pablo Saiz los agentes implicados llegaron a establecer una relación de complicidad.

· Estrategia y proceso: Probar el uso de solares fuera de Sevilla ·
Aunque el proyecto consistía en la construcción de un módulo habitable, lo más importante era recalcar que éste sería gestionado por el colectivo de forma independiente a cualquier institución, incluido el propio MAD'03. Con ello quería señalar las ventajas de que los vecinos utilizaran de forma temporal los espacios en desuso de la ciudad sin intermediarios institucionales. La estructura del módulo

MAD03/Madrid
Calle Olivar 48, Lavapiés-REF.A COD.006/MAD/03.04

· Background ·
In 2003 I was invited to take part in the experimental art festival MAD'03. At the time, I was interested in testing the temporary use of vacant plots in other cities in the hope that the experiments would serve as an example and benchmark for the introduction of a specific by-law to regulate such use. My proposal for the festival was therefore the construction of a habitable unit on an abandoned plot that would be managed by a residents' association for four months.

For the project to work I needed local involvement, which I managed to achieve thanks to a few like-minded friends in the *Lavapiés Collectives Network*, which led to my contacting the *Laboratorio de Ideas* (Ideas Laboratory) which had been denouncing and trying to reduce property speculation in the district of Lavapiés since 1988. At the time they had no premises, having been evicted from four different buildings, and were planning to occupy a vacant plot in the neighbourhood under the new banner of «El Labo en el exilio» (El Labo in exile). Despite the lab's initial reluctance to work with an 'artist' and a cultural institution, all the agents involved finally managed to establish a working relationship thanks to the mediation of the architect Pablo Saiz.

· Strategy and process: Testing the use of vacant plots outside Seville ·
Although the project consisted on the construction of a habitable module, the most important aspect was to stress that it would be managed by the collective rather than an institution or even MAD'03. The idea was to highlight the advantages to be gained from residents temporarily making use of vacant spaces in the city without any institutional intermediaries.

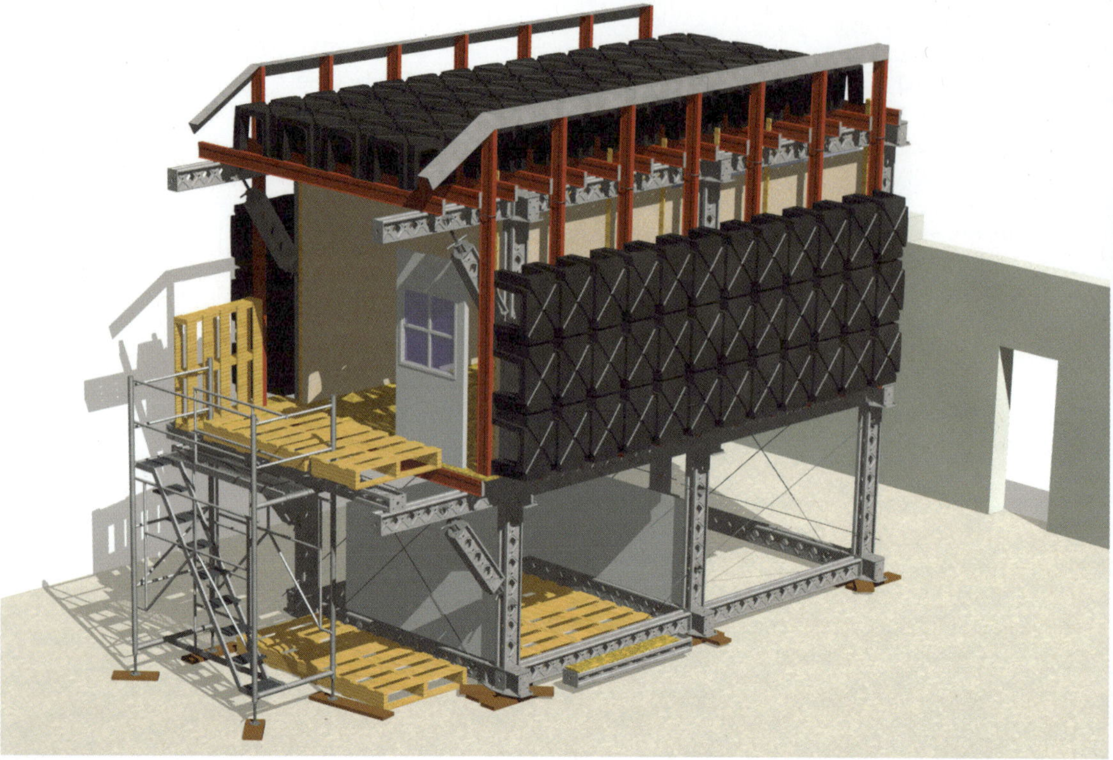

11

12

11 **ESQUEMA DE ENSAMBLAJE**
ASSEMBLY SCHEME

12 **CENTRO SOCIAL TEMPORAL**
TEMPORARY SOCIAL CENTRE

se armaría con vigas de estabilización de fachadas: ligeras, pueden ser manejadas por dos personas con comodidad y no necesitan ningún conocimiento técnico previo para su montaje.

Al organizar el montaje vimos que la única empresa que disponía de vigas para las fechas previstas era la más cara de Madrid y el presupuesto sólo alcanzaría para alquilarlas durante un mes. A pesar de la negativa inicial de los organizadores del MAD'03, los miembros del colectivo y el artista tomaron la decisión de alquilar las piezas a otra empresa, posponiendo el montaje tres semanas, aunque ello implicara que el módulo no estaría listo para el día de la inauguración. De esta forma el colectivo defendió su capacidad de autogestión y decisión, asumiendo que era más importante disfrutar del módulo durante más tiempo que tenerlo operativo para la inauguración del festival.

Una vez montada la estructura y acabado el presupuesto, se buscó un cerramiento que posibilitara su uso durante el invierno. La presencia en el mismo solar de numerosos casetones para encofrados de forjados sanitarios dio la inspiración para una solución económica y efectiva: montados a modo de pared se convierten en un cerramiento estanco, de un modo rápido y sencillo. La cubierta se realizó con una lona de plástico impermeable y el suelo se montó con tableros de madera, recuperados de exposiciones y desechos de grandes almacenes.

· Resultados ·
La instalación superó las expectativas del artista. No sólo se incorporó como nuevo equipamiento de centro social, sino que funcionó como lugar de reunión para otras asociaciones del barrio, que prefierían usar ese lugar antes que el Centro Cívico de Lavapiés, pegado al solar.

The module structure would be braced with lightweight stabilising façade beams that could be easily handled by two people and assembled without any prior technical knowledge.

When we looked into the requirements for the assembly, we discovered that the only firm that could supply the beams for the dates we needed them was the most expensive one in Madrid and that our budget would therefore only stretch to one month's rental. Despite the initial refusal of the MAD'03 organisers, the members of the collective and the artist decided to rent the pieces from another firm, thereby postponing the assembly three weeks, even if this meant that the unit would not be ready for the opening day. In this way, the collective defended its self-management and decision-making capacities, arguing that it was more important to be able to use the unit for a longer period of time than to have it ready for the festival opening.

Having assembled the structure and exhausted the budget, the next step was to find an enclosure that would permit its use during the winter. The presence on the same plot of numerous ceiling panels for plumbing formwork provided the inspiration for an inexpensive and efficient solution: assembled as a wall, they became a fast and easy way of sealing the unit. The roof was made out of waterproof plastic canvas, while wooden boards recycled from exhibitions or discarded by department stores were used for the floor.

· Results ·
The installation exceeded the artist's expectations. In addition to providing a new social centre, it also became a meeting place for other neighbourhood associations, which preferred to use this place instead of the Lavapiés Civic Centre next door.

A3_ VAZIO S/A

A3_ VAZIO S/A

base: Belo Horizonte (BR)
web: www.vazio.com.br
descripción: Vazio S/A (Vacío, Sociedad Anónima) aúna práctica y investigación en el convencimiento de la necesidad de una visión integrada entre las disciplinas de la arquitectura, el paisajismo y el diseño urbano que pueda afrontar los desafíos provocados por la complejidad de las dinámicas ecológicas y los asentamientos urbanos.
El proyecto de Amnesias Topográficas comenzó cuando la compañía de teatro callejero *Armatrux* invitó al estudio Vazio S/A a una discusión sobre la localización de su próxima obra que culminó en la elección de un espacio totalmente nuevo y latente. A través de esta colaboración y del interés compartido por los espacios urbanos abandonados (a los que «arrastraron» a los espectadores de las piezas teatrales) se desarrolló una investigación sobre el uso y sentido de los espacios residuales que, debido a las normativas urbanísticas, quedaban bajo los edificios construidos en pendiente en el barrio de Burutis.

caso de estudio #5

qué: Amnesias Topográficas I - Invento para Leonardo
quiénes: Carlos M. Teixeira y Louise Marie Ganz
cuándo: septiembre de 2001
dónde: Belo Horizonte
cómo: mediante la construcción de pasarelas de madera, rampas y escaleras se posibilitó el uso extensivo y en varios niveles de los palafitos generados bajo las construcciones de Burutis. Una estructura tubular transformó un solar vacío en una platea que, en sus proporciones, parecía la de un teatro clásico, mientras que su situación en un solar vacío entre dos bloques de apartamentos, con los palafitos de fondo, establecía una relación diferente entre los espectadores, el escenario y la ciudad.
cuánto: 28.000 €
etiquetas: proceso / coste medio / proyecto cultural / agente único / semanas

base: Belo Horizonte (BR)
website: www.vazio.com.br
description: Vazio S/A (Void, Ltd.) combines practice and research based on a firm belief in the need for a vision that integrates the disciplines of architecture, landscape design and urban planning to overcome the challenges posed by the complexity of ecological dynamics and urban settlements. The Topographical Amnesias project started when *Armatrux*, a street theatre company, invited the Vazio S/A studio to discuss the location of its next performance, and culminated in the choice of a brand-new, latent space. Through this collaboration and a shared interest in derelict urban spaces (to which they 'dragged' the audiences of their plays) the team ended up developing a research on the use and meaning of the residual spaces which are left beneath the buildings constructed on slopes.

case study #5

what: Topographical Amnesias I - Invention for Leonardo
who: Carlos M. Teixeira and Louise Marie Ganz
when: September 2001
where: Belo Horizonte
how: the construction of wooden footbridges, ramps and staircases permitted the extensive use on several levels of the stilt houses generated beneath the constructions in Burutis. A tubular structure turned an empty plot into the seating area which, because of its proportions, resembled that of a classical theatre. Meanwhile, the structure's location between two blocks of flats, with the palafittes in the background, created a different relationship between the spectators, the stage and the city.
how much: € 28,000
tags: process / medium cost / cultural project / single agent / weeks

caso de estudio #6

qué: Amnesias Topográficas II _ Nómadas
quiénes: Carlos M. Teixeira y Louise Marie Ganz
cuándo: noviembre/diciembre de 2004
dónde: Belo Horizonte
cómo: en la segunda intervención en los palafitos, se planteó una invasión de gramíneas que, como una alfombra de tonos verdes o amarronados según el grado de soleamiento, cubrió los escombros, los escorpiones y las basuras transformando un espacio previamente inhóspito en una escenografía que escalaba las estructuras e invadía el espacio residual.
cuánto: 9.000 €
etiquetas: proceso / coste medio / proyecto cultural / agente único / semanas

case study #6

what: Topographical Amnesias II _ Nomads
who: Carlos M. Teixeira and Louise Marie Ganz
when: November/December 2004
where: Belo Horizonte
how: the second intervention in the palafittes revolved around an invasion of grasses which, like a carpet in greenish or brownish tones that varied according to the degree of exposure to the sun, covered the rubble, scorpions and rubbish, transforming a once inhospitable space into a scenography that climbed up the structures and invaded the residual space.
how much: € 9,000
tags: process / medium cost / cultural project / single agent / weeks

Amnesias Topográficas

Carlos M. Teixeira y Louise Marie Ganz

1

El paisaje de las grandes ciudades se compone de muchos elementos residuales. Existen espacios despoblados, zonas vacías infrautilizadas y terrenos baldíos que configuran áreas abiertas y sometidas a las presiones económicas y sociales que generan la ciudad. Áreas próximas a vías férreas, zonas desindustrializadas, centros históricos en declive, puertos inutilizados; todos ellos van transformándose en un enorme potencial para realizar megaintervenciones, una tendencia mundial que ha dado lugar a diversas formas de revitalización y transformación urbana. *Amnesias Topográficas*, por su parte, es una iniciativa que trata de ampliar las estrategias de proyecto en esos lugares, intentando mostrar tanto los límites de las intervenciones convencionales como las posibilidades de intervenciones efímeras.

2

Los edificios de Buritis, un barrio montañoso situado en el sur de Belo Horizonte, sólo pueden tener cuatro plantas, permaneciendo sin utilizar las estructuras que, situadas en un terreno con un declive acentuado, forman los palafitos bajo los edificios. Como consecuencia de la rigidez de la Ley de Uso y Ocupación del Suelo, son elementos comunes del paisaje las construcciones cuyos palafitos tienen la misma altura o son incluso más altos que los propios edificios que sustentan. Todos los cerros de este barrio (que se abrió al mercado inmobiliario a comienzos de la década de los noventa), antes caracterizados por la presencia de *buritis*, palmeras típicas del *cerrado* o sabana arbórea brasileña, han sido rápidamente ocupados en un plazo de seis años por edificios que destacan por su uniformidad volumétrica, la falta de una relación más adecuada entre terreno y proyecto, la monotonía y, sobre todo, por la falta de imaginación de sus arquitectos.

Topographic Amnesias

Carlos M Teixeira & Louise Marie Ganz

1

The landscape of big cities is composed of many residual elements. Empty areas, underused voids and delerict land configure areas that are open and subject to the economic and social forces that produce the city. Neighbouring areas to railways, deindustrialized regions, declining urban centres, deactivated ports, all of these have been transformed into an immense urban reservoir for mega interventions, a worldwide trend that has generated several forms of revitalizations. *Topographical Amnesias*, however, is a project that intends to extend the design strategies in these latent locations, trying to show the limits of conventional interventions as much as the possibilities of ephemeral interventions.

2

The mountainous neighbourhood of Buritis started its development in the mid-1990s. In the brief years of its existence, the area (once marked by a native palm tree from which the borough gets its name) is now occupied by middle class buildings characterized by the volumetric uniformity, by the lack of a good relation between terrain and design and, mainly, by the lack of imagination of their architects. As a consequence of the strictness of building regulations that prohibits buildings to be more than four stories high, the buildings in this mountainous borough are legally unable to fully utilize the extremely hilly terrain they were built on. This peculiar circumstance endorses the so called concrete palafittes (stilted concrete structures) under the buildings; creating an eerie, suburban cityscape where the palafittes have the same height or even are taller than the buildings they sustain.

1

2

1 **BARRIO DE BURUTIS BELO HORIZONTE,BRASIL**
BURUTIS BELO HORIZONTE,BRASIL

2 **EMPLAZAMIENTO**
LOCATION

3
Los pilotes de estas construcciones son una especie de plataformas que dividen dos espacios absolutamente inconexos: abajo, un laberinto de pilares de hormigón, arriba viviendas de clase media. Y en medio, los pilotes, que hacen las veces de garaje o de zona de ocio, cuando no de ambos. Son edificios con una única estructura en una única parcela en un mismo inmueble, pero que generan dos posibilidades de ocupación independientes, radicalmente separadas y reflejadas precisamente por los pilotis.

4
Una de esas ocupaciones está determinada (las viviendas). La otra se encuentra pavorosamente abierta. Es evidente que el potencial arquitectónico de esos edificios estriba precisamente en esa organización atípica, en la lógica de asentamiento de las A*mnesias Topográficas*, en la sorpresa generada por un accidente arquitectónico. Ahora bien, el laberinto formado por la sucesión de los pilares de hormigón, la naturaleza explícitamente residual de estos laberintos y la uniformidad de los edificios sostenidos por los palafitos constituyen en su conjunto un potencial que es inversamente proporcional a la calidad arquitectónica de estas estructuras. Terrenos accidentados vencidos por una red sincopada de pilares y vigas, nervios y contravientos que juntos materializan fantasías arquitectónicas. Son espacios piranesianos no ideados por arquitectos; productos de proyectistas que no imaginaron jamás el espacio que proyectaban; sorpresas espaciales que nunca tienen lugar en el previsible universo de la arquitectura.

5
Existen dos elementos que caracterizan la esquizofrénica identidad visual de este barrio: los palafitos y la selva atlántica en las laderas. Amplias zonas verdes se extienden entre los palafitos. La topografía

3
The pilotis of these buildings are like platforms that divide two absolutely disconnected spaces: below, a labyrinth of concrete pillars; above, middle class apartments. And, in the middle, the pilotis functioning as parking and/or leisure facilities. They are buildings with one single structure built in each plot, however generating two independent possibilities of occupations, radically separated in fact, and mirrored by the pilotis.

4
One of these occupations is determined (the apartments). The other is amazingly open. It is evident that the architectural potential of these buildings lies precisely in this atypical organization, in the irrational logic of the topographical amnesias, in this surprise generated by an architectural accident. The labyrinth formed by a sequence of concrete palafittes, the explicitly residual nature of these labyrinths, and the contrasting uniformity of the apartments supported by the palafittes all configure a potential which is inversely proportional to the architectural quality of these objects. Hilly terrains are conquered through a syncopated network of pillars and beams, purlins and counter supports that, together, materialize architectural fantasies. They are piranesian spaces never devised by architects; a engineering production never imagined by their structural designers; spatial surprises that never occurs in the foreseeable world of architecture.

5
Two things set apart the schizophrenic visual identity of the borough: the palafittes and the Athlantia wooded areas on the hills. Large green expanses line the palafitted buildings. The topography of the borough is so mountainous that parts of many blocks couldn't be developed. This is why there are several natural reserves close to the series of palafittes; the reserves are not part of the urban layout

3

3 **ESPACIO BAJO LAS CONSTRUCCIONES**
PIRANESIAN SPACE UNDER THE BUILDINGS

del barrio es tan montañosa que parte de muchas manzanas no ha podido parcelarse. Por ello, hay varias reservas naturales próximas a las sucesiones de palafitos; estas reservas no forman parte del plan de ordenación urbana del barrio y tampoco fueron fruto de una exigencia legal para equilibrar la proporción de superficie verde por habitante: son una mera consecuencia topográfica. Se trata de manchas verdes aisladas y totalmente inaccesibles a causa del declive del terreno y de la hilera de palafitos que las protege y aísla de cualquier contacto con las calles y con los propios edificios.

6
En la arquitectura moderna, los pilotes de los edificios fueron concebidos como un elemento que iba a permitir separar el edificio del terreno, liberando en la zona a ras del suelo un espacio abierto, cubierto, generalmente contiguo a las zonas verdes y útil como espacio de juegos, lugar de actividades, etc. Que la casa esté sostenida por pilares, que se yerga en el aire, que el jardín penetre por debajo de la casa. De esta forma, los pilotes harían posible una continuidad del parque alrededor de los edificios o de las casas. Brasilia y sus enormes manzanas constituyen una óptima traducción de este elemento, ya que sus edificios residenciales permiten caminar libremente por las enormes manzanas, al estar siempre apoyados sobre pilotes. Por muy geométricos y «duros» que sean, estos edificios propician que el público los atraviese y penetre en los mismos, integrados como están en la rala vegetación del *cerrado*.

7
En el caso de *Amnesias Topográficas*, es como si los pilotes hubiesen sufrido una mutación como resultado de un tumor (¿maligno?), en su lugar, los palafitos conectan arquitectura y naturaleza. Con algunas semejanzas: ambos sirven para separar los edificios de la naturaleza y del contacto directo con la tierra. Y con diferencias esenciales también: contrariamente a los pilotes, que en principio sirven

and were not a legal requirement to balance the amount of green area per inhabitant: they are simply topographical consequence. They are disconnected green swatches of land totally inaccessible because of their steepness and the series of palafittes that protect and isolate them from all contact with the streets and the very buildings.

6
In modern architecture, the pilotis of residential buildings were conceived as an element that enables the building to be freed from the terrain, liberating a covered and open area on the ground floor, generally close to green areas, and used as playgrounds gathering premises, etc. Let the house be suspended by stilts, that it rises in the air, so that the garden spreads beneath the house. In this way, the pilotis would allow a continuity of the park around the buildings or the houses. Brasilia and its super-blocks are an optimal translation of this element, its housing complexes allowing to wander around freely through the blocks by being always suspended over pilotis. However «hard» and geometrical they might be, these buildings try to be permeable and penetrable by the public, integrated in the low brush lands of their surroundings.

7
In the case of *Topographical Amnesias*, it is as if the pilotis had undergone a mutation, as result of a (malign?) tumour, in its place, the palafittes make the connection architecture-nature. With some similarities: they are both to separate the buildings from nature and direct contact with the terrain. And with fundamental differences, too: as opposed to the pilotis. which, in principle, should integrate the buildings and dwellers to the green areas, the palafittes maintain nature as something untouchable. At the end, the two main elements of the borough, with woods and palafittes, both of an spectacular beauty (although an unnoticed sight) ironically are inaccessible to both the dwellers and the general public.

4

5

4 **AMNESIAS TOPOGRÁFICAS I**
TOPOGRAPHIC AMMESIAS I

5 **URBANACCIÓN, BERLÍN, 23-11-09**
URBANACCIÓN BERLÍN, 23-11-09

para integrar los edificios y sus habitantes en los espacios verdes, los palafitos mantienen la naturaleza como algo intangible. Finalmente, los dos elementos principales del barrio, selva y palafitos, ambos de espectacular belleza (aunque se trate de un espectáculo que pasa desapercibido), no resultan accesibles, irónicamente, ni para los habitantes ni para la comunidad en general.

8
Invento para Leonardo, la obra del grupo de teatro *Armatrux*, fue la primera transformación de este elemento residual en escenario de un espectáculo. Por lo tanto, partimos de algo ya existente (una estructura arquitectónica ordinaria y agresiva), que se transformó en materia plástica espacial. Los edificios vecinos se convierten aquí en una estructura única y contigua de hormigón aparente; en un *continuum* de vigas y pilares listos para acoger cualquier función. En el escenario del espectáculo, la colocación de pasarelas de madera, escaleras, rampas y plataformas hizo posible el uso extensivo de los palafitos en diversos niveles por parte de los actores. El público fue acomodado en unas gradas tubulares desmontables, que transformaron el espacio vacío de la parte trasera de los palafitos en la platea del espectáculo. La ubicación de ésta en ese espacio vacío entre dos edificios de viviendas vecinos , además de los palafitos de la parte trasera, creó otra relación entre espectadores, escenario y ciudad. De manera simultánea a la presentación de la obra, los edificios vecinos mostraban escenas cotidianas que se hicieron públicas: familias cenando, tomando un baño, conversando, durmiendo y eventualmente, asistiendo a la obra desde sus ventanas.

9
El espectáculo hizo posible también una inversión en el marco de la privatización de los espacios de la ciudad. En un país de ciudades cada vez menos públicas y más violentas, un país en el que la ciudad se considera cada vez más como una enemiga o por lo menos como un obstáculo entre la

8
Invention for Leonardo, a play by the street theatre company *Armatrux*, was the first transformation of this residual element into a performance stage. The event fit into our idea of exploiting spaces that can be activated. We started, then, from something existing, an ordinary and aggressive architectonic structure, that was transformed into spatial plastic material. Neighbouring buildings were transformed into a single, continuous bare concrete structure a continuum of pillars and beams ready to receive any function. The stage, wood walkways, stairways, ramps and platforms made it possible to extensively use the palafittes in several levels by the actors. The audience was accommodated in a tubular grand stand that transformed a vacant lot into the orchestra for the show. The situation of the stalls, between two residential apartment buildings, created another relation between the spectators, the stage and the city. Simultaneous to the presentation of the play, the neighbouring buildings displayed everyday scenes: families dining together, taking shower, talking, sleeping and, ultimately, watching the play from their windows. Private scenes became public, whereas an aggressive architectural structure was transformed into a stage for new events.

9
The play also made it possible to invert the situation of privatization of city spaces. In a country where cities are increasingly more violent, less public a country where the city is seen as an enemy or, at least, as an obstacle between home and work place, the project worked as an ephemeral urbanism exposing the urban imbalances in an unprecedented manner. In this sense, *Armatrux* was a crucial factor in this investigation: by commissioning the search of a location for their new spectacle, the street theatre company extended its theatre research to a new street concept research.

6

casa y el trabajo, el proyecto funcionó como un urbanismo efímero que muestra los desequilibrios urbanos de manera inédita. En este sentido, *Armatrux* constituyó un factor crucial de la investigación: al contratarnos para la localización de una nueva obra, este grupo con tradición de teatro callejero extendió su investigación desde el teatro al estudio de nuevos conceptos de calle.

10
La segunda intervención tuvo lugar en 2004, cuando una gran cantidad de plantas comunes y ordinarias invadió los palafitos de manera definitiva. *Amnesias Topográficas II*, la segunda y última intervención realizada conjuntamente con el grupo *Armatrux*, estuvo caracterizada por jardines colgantes, plataformas de madera, escaleras, rampas y una gran superficie de fibra de coco que revestía la ladera de los palafitos. Una sucesión de palafitos contiguos se hizo accesible a través de varias pasarelas que atraviesan dos edificios y terminan cuatro pisos por encima del nivel de acceso, que es un espacio vacío en la parte trasera de los palafitos. Ya no hay separación entre platea y público: el proyecto *Amnesias II* funde lo público y lo privado, actores y espectadores, y usa las pasarelas de circulación del público como lugar de presentación y escenificación.

11
La tela de fibra de coco fue algo más que la mera inductora de una nueva cobertura vegetal de los palafitos. Transformó aquel paisaje anterior de escombros, basura, ratones y escorpiones en una topografía escenográfica que abarcaba toda la ladera sin dejar ni un centímetro de tierra o de residuos a la vista, descendiendo y ocupa todo el terreno de las plataformas como si se tratase de una alfombra de gramíneas envolvente y omnipresente. La superficie del suelo fue recubierta toda ella por la tela; la basura fue removida u ocultada por su superficie invasora y todo se convirtió en montículos cóncavos y convexos de fibra de coco.

10
The second intervention took place in 2004, when large amounts of common, ordinary plants definitely invaded the palafittes. *Topographical Amnesias II*, the last intervention with *Armatrux*, was marked by suspended gardens, wooden platforms, ladders, ramps and a large biodegradable coconut fiber blanket that covered the backdrop of the palafittes. A sequence of contiguous palafittes was penetrated by walkways threading between two buildings and winding up four floors above the access level, which is a vacant lot behind the palafittes. No longer a separation between audience and stage: *Amnesias II* mixes public and private, actors and audience, and uses the public circulation walkways as a place for presentation and performance.

11
The biodegradable blanket was more than just a simple inductor of a new vegetable covering of the palafittes. They transformed a previous landscape of rubble, debris, rats and scorpions into a scenographic topography, embracing the entire hill without a single centimetre of soil or garbage left to the sight until descending into the lot below, occupying the entire back lot as if it was a pervasive, omnipresent gramineae rug. The entire surface of the soil was wrapped by the fabric; all rubbish was removed and/or concealed by the invading surface of the fabric, like a hill of concave and convex coconut fibers.

12
Within the blanket, oats, a rapidly growing grass, ideal for the palafitte event were planted. Italian rye grass, prairie grass, rice and birdseed are other gramineae that made up the mixture of grasses composing the coconut surface. In this way, the unfinished aspect of the palafittes was modified by typical agricultural plants.

7

12
Con la tela se plantaron semillas de avena, una gramínea de crecimiento rápido, ideal para la actuación en los palafitos. Otras de las gramíneas que componen la mezcla de matorral presente en la tela de coco son ballico italiano, pasto alambre, arroz y alpiste. De esta forma, el aspecto «inacabado» de los palafitos fue modificado mediante la introducción de plantas típicas de los campos de cultivo.

13
Más allá de esta superficie agrícola, las gramíneas también treparon por las vigas y nervios hasta llegar a la altura de los palafitos. Se utilizaron cajas de madera mediocre, las mismas que se usan para transportar fruta, para plantar más gramíneas fuera de los palafitos. Se emplearon 180 cajas con unos 28 esquejes cada una (es decir, 5.040 esquejes), que ocuparon una superficie de 100 m^2 y se apoyaron en perfiles I (Usilight serie VE, de Usiminas). Cada esqueje se plantó en bolsitas de plástico negro de 8 centímetros de diámetro y con la tierra suficientemente abonada para que todas las invasoras crecieran en un tiempo récord. El alpiste y el maíz (gramíneas célebres por su rapidez) crecieron unos 50 centímetros en un mes escaso de vida. El arroz y la hierba de melaza, un poco más lentos, resultaron importantes para generar variaciones de textura y tonalidades (verdes más claros), además de crear interesantes matices volumétricos en el «bosque de hierbas» suspendido.

14
Algunas plantas invasoras o comestibles llevadas a los palafitos fueron: ballico italiano (*Lolium multiflorum*), avena (*Bromus catharticus*), pastito de agua (*Luziola peruviana*), pasto alambre (*Brachiara decumbens*), hierba de melaza (*Melinis minutiflora*), así como alpiste (*Phalaris canariensis*), mijo (*Penisetum sp.*) y maíz (*Zea mays*).

13
Besides this agricultural surface, the grasses also rose up into the pillars and supports. Old wooden fruit-crates, were used to plant more types of grass outside the palafittes. In total, 180 crates with approximately 28 seedlings sacks each (5,040 seedlings in total) occupied an area of 100 sq. meters supported by I steel beams. Each seedling group was planted in 8-cm diameter black plastic sacks with enough fertilizer compost to allow the plants to grow in record time. Birdseed and corn, both well known for their rapid growth, grew approximately 50 cm in only one month. Rice and grass, a bit slower were important to generate variations in texture and tonality (they have a a lighter green), in addition to causing volumetric nuances in the suspended «weed forest».

14
Some of the invading plants, edible or otherwise, taken in by the palafittes were: Italian rye grass (*Lolium multiflorum*), oats (*Bromus catharticus*), rice (*Luziola peruviana*), prairie grass (*Brachiara decumbens*) and molasses grass (*Melinis minutiflora*), in addition to birdseed (*Phalaris canariensis*) and corn (*Zea mays*).

15
On the opening of the theatre show, the super fertilized grasses had grown more than anticipated. October's scorching sun and November's plentiful rainfall made the plants in the crates grow faster than the grass. Planted in a flower shop and later transported to the palafittes, humidity at the location allowed the grass filled crates to remain beautiful and exuberant for many weeks, even with the lesser luminosity of the labyrinthine Amnesias. The coconut blanket was slowly transformed into a penache of recently sprouted seedlings, less so in the deeper palafittes than in those closer to the sun, going from shades of brown to a surface of sparse green concentrated in tufts. Almost a 100 plywood sheets

8

9

8 NÓMADAS
NOMADS

9 MANTO VERDE TREPANDO A LA ESTRUCTURA
GREEN CARPET CLIMBING UP THE STRUCTURE

15

Para la fecha del estreno del espectáculo teatral, las gramíneas mezcladas ya habían crecido más de lo previsto. El tórrido sol de octubre y las caudalosas lluvias de noviembre hicieron que las plantas crecieran mucho más de lo habitual. Plantadas en un vivero y transportadas después a los palafitos, la humedad del lugar hizo que en las cajas las gramíneas permanecieran vigorosas y exuberantes durante muchas semanas, incluso bajo la baja luz de los laberintos de las Amnesias. La tela de coco se transformó lentamente en una borra de esquejes recién brotados, menos en la profundidad de los palafitos y más en las zonas más próximas al sol, pasando de los tonos marrones a una superficie de verdes dispersos y concentrados en penachos. En la construcción de las pasarelas, se emplearon casi 100 planchas de madera contrachapada de 110x220, además de varios metros lineales de piezas de madera de 15x6, centenares de metros lineares de piezas de 6x6 y 27x6, 200 tornillos de 3/8 x 5" y 10 kg de clavos, en un espacio total de escenario-platea de 250 m^2, más los 100m^2 de gramíneas colgantes apoyadas en perfiles Usilight.

16

«Personas en busca de un lugar. De alguien. De una condición ideal. Son piezas inmersas en un juego cotidiano caracterizado por la soledad y una buena dosis de placer. El tiempo es cuestión de puntos de vista. Y en cada punto del camino, una historia diferente. El hormigón es falso y la realidad es dura como un papel. El suyo. Y el de ello». *Nómadas*, un drama sobre la soledad y la esperanza del Grupo *Armatrux*, es un diálogo con las contradicciones y ambigüedades expuestas en la intervención *Amnesias Topográficas II*. Comenzando el espectáculo en la calle, el hombre cono, la mujer de las cajas, el hombre cabeza y la mujer de la TV traen el escenario a las Amnesias y recorren las pasarelas lentamente, haciendo comentarios sobre el espacio escénico y concluyendo la escena en medio del público, en el cuarto y último piso del escenario platea.

(110x220 cm) were used to make the walkways, together with several metres of wooden 15x6 planks, hundreds of metres of 6x6 and 27x6 pieces, 200 3/8x5" screws and 10 kg of nails, amounting to a stage audience area of 250 m^2, in addition to the 100 m^2 of suspended grasses supported by U shape beams.

16

«People in search of a place. Of someone. Of an ideal situation. They are pieces immersed in a daily game marked by solitude and a good dose of pleasure. Time is a matter of point of view. In each point of the path a different story. Concrete is false and reality is as hard as paper. Yours. And theirs». Nomads, a story about solitude and hope by the Armatrux Company, stablish a dialogue with the contradictions and ambiguities exposed in the *Topographic Amnesias II* intervention. It started as a street play, cone men, box lady, head man and TV woman brought the audience to the Amnesias and went through the walkways slowly, making comments about the space of the event and finishing the scene in the last floor of the stage-orchestra.

B_ DEVENIRES PÚBLICOS

B_ PUBLIC BECOMINGS

Pioneros del espacio

Klaus Overmeyer

¿Cuáles son las características básicas de las iniciativas temporales? ¿qué lugares ocupan? ¿qué tácticas emplean para conseguir un espacio? ¿qué las motiva y qué escenarios se pueden indicar para su desarrollo?

La investigación llevada a cabo en Berlín durante 2004 y 2005 documentó casi cien proyectos de uso temporal localizados en solares vacíos o edificios desocupados. El informe ulterior, respaldado por las conclusiones del proyecto europeo de investigación *Urban Catalyst* (2001-2003), arroja luz sobre las características principales de los pioneros del espacio y los proyectos de uso temporal: sus tipologías y sus medios para adquirir espacio, el perfil de cada una de las partes implicadas, sus opciones de desarrollo y los obstáculos a los que se enfrentan.

¿Quiénes son los pioneros del espacio?

Los pioneros del espacio descubren terrenos abandonados y los reinventan. Se adaptan bien a su entorno inmediato y explotan sus recursos hasta el final. Que los costes sean mínimos y la posibilidad de conseguir un espacio que puedan rediseñar por sus propios medios es más importante que tener un entorno costosamente equipado. El estatus de los pioneros del espacio suele ser el de usuarios temporales. Se entiende por uso temporal la utilización, en condiciones ventajosas, de lugares que han dejado de utilizarse para sus fines iniciales y cuyo futuro desarrollo urbanístico es aún incierto. Incluso en los terrenos en los cuales los pioneros del espacio pretenden desarrollar proyectos sostenibles a largo plazo, la amenaza de explotación comercial inminente suele verse como una tormenta acercándose en el horizonte.

Space Pioneers

Klaus Overmeyer

What are the essential characteristics of temporary initiatives? What venues do they occupy? What tactics do they employ to acquire space? What motivates them and which development scenarios are indicated?

Research conducted throughout Berlin in 2004/2005 documented almost hundred temporary use projects located on disused sites or in vacant buildings. The subsequent report, backed-up by findings from the European research project, *Urban Catalyst* (2001-2003), offers insight into the main characteristics of space pioneers and temporary use projects: their typologies and means of acquiring space, a profile of the respective parties involved, their development options and the obstacles they face.

Who are space pioneers?

Space pioneers discover abandoned sites and reinvent them. They adapt well to the environment at hand and exploit its resources to the full. Minimal costs and the opportunity of taking space they can redesign under their own steam are more important than an expensively equipped setting. Space pioneers status is often that of a temporary user. Temporary use describes the interim stage after a site's original purpose has been abandoned, its future development is still uncertain, and it can be used on favourable terms. Even at sites for which space pioneers aim to develop long-term sustainable prospects, imminent commercial exploitation generally looms as a cloud on their horizon.

El tiempo, la economía y la diversidad de proyectos son factores importantes para los usuarios temporales.

· Tiempo ·

El uso temporal es, como su propio nombre indica, de duración limitada y no corresponde con la idea que el dueño de una propiedad suele tener del uso más rentable posible. El uso temporal se da como un acuerdo contractual de corta duración o como una actividad ante la que el propietario hace la vista gorda, al menos por un tiempo. El término temporal se aplica a un abanico de proyectos extremadamente variado en lo que respecta tanto al concepto como al periodo: desde eventos únicos hasta proyectos de una temporada o iniciativas concebidas inicialmente como proyectos de corta duración cuya ulterior expansión y creciente profesionalización han contribuido a consolidarlos como actividades permanentes.

· Economía ·

Casi todos los pioneros del espacio funcionan conforme a la ecuación: espacio asequible igual a tenencia temporal. Como son muy pocos los que pueden aspirar a consolidar su iniciativa desde el punto de vista financiero, dependen de su capacidad para encontrar solares y edificios a los que puedan acceder de manera gratuita o a cambio del pago de la contribución y los gastos básicos. Los propietarios no suelen estar dispuestos a invertir en obras de construcción costosas para el beneficio de los usuarios temporales.

A diferencia de las prácticas habituales en el desarrollo inmobiliario, los pioneros del espacio operan con una inversión inicial mínima pero con una enorme cuota de implicación personal. Las iniciativas empresariales situadas en emplazamientos céntricos transitados que logran alcanzar un volumen de facturación significativo a corto plazo son una excepción ya que en ese tipo de iniciativa se suelen

Time, economics and project diversity are significant factors for temporary users.

· Time ·

Temporary use is, as it name implies, of limited duration and does not correspond to a property owner's idea of viable, more profitable uses. Temporary use occurs either as a shorthold contractual agreement or as an activity to which the owner turns a blind eye, at least for the time being. The term, temporary applies to an extremely wide range of concepts and timeframes, from one-off events through to seasonal projects and initiatives that were indeed originally intended for a short run, the successive expansion and increasing professionalism of which however, unexpectedly lead them to establish a permanent footing.

· Economics ·

Almost all space pioneers operate within the equation «affordable space means a temporary tenancy». As only very few amongst them can expect to financially consolidate their venture, they rely on finding sites and buildings available for free or for payment only of rates and utility charges. Owners are generally unwilling to invest on behalf of temporary users in costly construction work.

Compared with classical location development, space pioneers operate with minimal capital outlay but with a huge amount of personal committment. Quick turnover ventures at busy inner-city locations are an exception. These tend to pay the going market rents and invest heavily in infrastructure, for they expect to profit accordingly from ticket sales or gastronomy. Many owners forgo high returns during temporary use, yet they reckon with its indirect long-term benefits. Temporary use can raise the value of their property, improve its image and attract more profitable tenants. The higher the financial pressure on a location, the greater the competition between temporary users and investment planning.

pagar los precios de alquiler del mercado y hacer grandes inversiones en infraestructura y se aspira a obtener beneficios acordes mediante la venta de entradas o la restauración. Muchos propietarios renuncian a obtener grandes ganancias durante el uso temporal pero cuentan con sus beneficios indirectos a largo plazo. El uso provisional puede elevar el valor de la propiedad, mejorar su imagen y atraer a arrendatarios más rentables. Cuanto mayor sea la presión financiera ejercida sobre un lugar, mayor será la competencia entre los usuarios temporales y los planes de inversión.

· Diversidad de proyectos ·
Los pioneros del espacio proponen proyectos de todo tipo: iniciativas culturales, actividades deportivas y de ocio, de jardinería y paisajismo, o proyectos sociales. Un rasgo característico de muchos pioneros del espacio y de sus estrategias para adquirir espacio es la rápida formación de constelaciones de proyectos muy variados. No se desarrollan de manera aislada; de hecho, atraen otros proyectos, incluso de naturaleza muy distinta creando redes formales e informales. En la fase inicial de los proyectos, especialmente, tienden a generar las condiciones idóneas para que se produzca un rápido «crecimiento celular». Espacios asequibles, un entorno de experimentación con capacidad para atraer a un gran público y el bajo umbral riesgo para los principiantes generan rápidamente micro-comunidades y redes bien organizadas, una evolución que se ve aún más acelerada por el estado de permanente incertidumbre y la presión para reivindicar colectivamente intereses comunes frente a los del propietario.

Los pioneros del espacio, ¿trabajan como voluntarios?
Muchos pioneros del espacio gestionan espacios públicos de algún tipo. Apenas la mitad de los proyectos de uso temporal estudiados en Berlín ha elegido identificarse como negocios, aunque fueran empresas exclusivamente comerciales o culturales o negocios dirigidos a la «comunidad». El uso provisional funciona como trampolín hacia una carrera profesional y las empresas culturales, como los

· Project Diversity ·
Space pioneers come in all shapes and sizes, from cultural initiatives, sporting and leisure activities, gardening, landscape to social projects. It is characteristic of many space pioneers and their strategies for acquiring space that clusters comprising a distinct range of projects rapidly form. They do not develop in isolation; indeed, they attract further projects, even of a very different kind. They create formal and informal networks. Particularly in a project's initial phase, conditions for rapid «cellular growth» tend to be ideal. Available space, experimental milieus able to draw a large public, and low threshold risks for beginners quickly lead to well-organised micro-communities and networks, a development that is accelerated furthermore by the state of permanent uncertainty and the pressure to collectively assert common interests against those of the owner.

Do space pioneers work on a voluntary basis?
Many space pioneers run some kind of public venue. Barely half of the temporary use projects studied in Berlin chose to identify as a business, be it an exclusively commercial or cultural venture, or even a 'community-minded' business. Temporary use serves as a springboard to a professional career. Cultural ventures such as theatre and performance groups rely on gastronomy as an additional source of income. Even 'community-minded' projects do not wholly rely on public funding but seek sponsorship or sublet their venues to event promoters as additional financial 'irons in the fire'.

One third of the temporary users documented run their project on a voluntary basis. Such projects are particularly dependant on additional financial support. 62% of temporary users in Berlin receive public funding and 42% cooperate with sponsors. For a small proportion of space pioneers (those living in caravan camps or on house-boats, for example) temporary use is an opportunity to drop out of traditional social structures and create alternative forms of living and working.

grupos de artes escénicas, recurren a la restauración como una fuente de ingresos adicional. Incluso los proyectos «dirigidos a la comunidad» no se sustentan únicamente con financiación pública, sino que buscan patrocinadores o subarriendan sus locales a promotores de eventos como baza financiera adicional.

Un tercio de los usuarios provisionales documentados gestionan sus proyectos como voluntarios. Los proyectos de este tipo dependen especialmente de otras fuentes de financiación. El 62% de los usuarios provisionales de Berlín recibe financiación pública y el 42% colabora con patrocinadores. Para una pequeña parte de pioneros del espacio (los que viven en campamentos de caravanas o en casas flotantes, por ejemplo) el uso temporal constituye una oportunidad para abandonar las estructuras sociales tradicionales y crear formas alternativas de vivir y trabajar.

¿Quiénes están involucrados en los proyectos de uso provisional?
En los proyectos de uso provisional, podemos identificar diferentes constelaciones grupos de personas, cada uno con su propio programa.

· Propietarios de terrenos y edificios ·
Los propietarios desempeñan un papel esencial a la hora de facilitar los proyectos de uso temporal. El uso temporal es raramente viable sin un acuerdo contractual o, como mínimo, la tolerancia del propietario. Muchos accionistas y propietarios de terrenos y edificios temen no poder librarse nunca de los usuarios temporales. No obstante, en Berlín las condiciones generales de algunos sitios han cambiado considerablemente. A menudo, los propietarios de lugares que llevan años desocupados suelen alegrarse de encontrar a alguien que quiera utilizarlos. Asimismo, cada vez son más los que admiten las ventajas de un uso temporal con éxito, ya que impide el vandalismo y el deterioro, los grupos

Which people are involved in temporary use projects?
One can identify various constellations of people involved in temporary use projects. Each group has its own specific agenda.

· Site-owners ·
Site-owners play a key role in facilitating temporary use projects. Temporary use is scarcely practicable without a contractual agreement or at least tolerance on the part of the owner. Many stockholders and site-owners fear they will never get rid of temporary users. The overall conditions for a number of sites in Berlin have changed considerably however. Owners of sites that have been vacant for years are often more than happy to find someone that wants to use them. Site-owners also increasingly recognize the benefits of successful temporary use. It hinders vandalism and decay. Project clusters create a new identity for a site and anchor it in the public eye, and new networks generate interest amongst prospective permanent tenants.

· Key agents ·
Committed agents are almost indispensable for the creation of temporary use projects, in that they facilitate access to available spaces by maintaining an organisational network. The particular role played by local authority agents consists in maintaining close contact with temporary users, mediating between them and site-owners, counselling on permits, licences and so forth and generally, cutting through red-tape to accelerate decision-making.

In addition there exist in Berlin a number of private agencies that mediate temporary users and spaces on a commercial basis. Some of them see themselves as space pioneers. Their important role often consists in negotiating with site-owners, establishing new contacts and networks or building up

de proyectos crean una identidad nueva para el sitio y le dan visibilidad pública y las redes que surgen generan interés entre los posibles arrendatarios permanentes.

· Agentes clave ·
Para la creación de proyectos de uso temporal es casi indispensable la participación de agentes comprometidos que faciliten el acceso a los espacios disponibles mediante el mantenimiento de una red organizativa. El importante papel que desempeñan los agentes de las autoridades locales consiste en mantenerse en estrecho contacto con los usuarios temporales, mediar entre ellos y los propietarios de fincas, ofrecer asesoramiento sobre la obtención de permisos, licencias, etc. y por regla general, agilizar los trámites burocráticos para acelerar la toma de decisiones. Además, en Berlín existen una serie de agencias privadas con fines comerciales que median entre los usuarios temporales y los espacios. Algunos de ellos se consideran pioneros del espacio. Sus tareas, esenciales, suelen consistir en negociar con los propietarios, establecer nuevos contactos y redes o crear estructuras organizativas. Consideran que su papel es iniciar las explotaciones más que supervisarlas a largo plazo.

· Consumidores ·
La mayoría de los pioneros mantienen una relación simbiótica con su público. Ellos personifican estilos de vida urbana poco comunes pero atractivos y satisfacen así una demanda a la que las estructuras urbanas tradicionales no dan respuesta.

· Los políticos y el Ayuntamiento ·
El amplio abanico de proyectos de uso temporal que existe en Berlín se ha convertido en un factor de las relaciones públicas y la economía de la ciudad. Independientemente de que funcione como motor para crear empleo, catalizador de la reubicación de las empresas internacionales o atracción para

organisational structures. They consider their role to be that of initiating developments rather than supervising them on a long-term basis.

· Consumers ·
Most space pioneers maintain a symbiotic relationship with their public. They personnify unusual but attractive urban life-styles and hence cater to a demand that traditional urban structures fail to meet. The consumer base guarantees a project's financial survival and political standing and legitimisation.

· Politics and the City Council ·
The broad range of temporary use projects in Berlin has become a PR and economic factor for the city. Whether as a motor for creating jobs, a catalyst for the relocation of international companies or as an attraction for tourists, the financial stimulus generated by temporary users is increasingly important for the creative metropolis, Berlin. Temporary users' micro-economies in structurally weak city districts are also of growing interest to policymakers and the City Council. Unstable districts where classical economic regeneration programmes fail, have been successfully stabilised by support for alternative employment schemes.

Which locations and areas are occupied?
Space pioneers' activities tend to unfold on former industrial sites, land or commercial and residential properties awaiting development, in disused public service facilities or vacant apartment buildings. Such temporary spaces are niches, a constant spin-off of urban development. They occur when buildings or sites become vacant or revoke their original purpose in the wake of de-industrialistion, economic development, surges of urban migration or political events.

los turistas, el estímulo económico que generan los usuarios temporales es cada vez más importante para Berlín, la metrópolis creativa. Las microeconomías de los usuarios temporales en los barrios estructuralmente débiles también están despertando el interés de los políticos y el Ayuntamiento. Los barrios inestables donde los programas de reactivación económica clásicos fracasan han adquirido mayor estabilidad gracias al apoyo a planes de empleo alternativos.

¿Qué lugares y áreas se ocupan?
Las actividades de los pioneros del espacio suelen establecerse en antiguos solares industriales, terrenos o propiedades comerciales y residenciales pendientes de urbanizar o explotar, instalaciones públicas desocupadas o edificios de viviendas vacíos. Los espacios temporales de este tipo son nichos, un derivado constante del desarrollo urbano. Aparecen cuando los edificios o solares se quedan vacíos o dejan de cumplir su función inicial tras un proceso de desindustrialización, una época de desarrollo económico, una oleada de migración urbana o determinados acontecimientos políticos.

Los pioneros del espacio se asientan en lugares que, tras haber dejado de cumplir su finalidad inicial, se encuentran en estado bruto y resultan temporalmente inapropiadas para la explotación comercial tradicional. Por regla general, las posibilidades de que el uso temporal sea fructífero aumentan de forma directamente proporcional al estado de conservación de la infraestructura de la finca, a las posibilidades de acceso al lugar y a la vitalidad de la red de usuarios potenciales. De la misma manera, ciertos lugares, en particular los que se encuentran en las afueras de las ciudades, resultan ser menos adecuados para el uso temporal. Un sitio demasiado alejado de los lugares frecuentados, que precise de una fuerte inversión para cubrir las reparaciones básicas o que no encuentre a los usuarios adecuados permanecerá inutilizado aunque cuente con otros incentivos.

Space pioneers settle on sites that, their initial purpose having been abandoned, are in a 'raw' state and temporarily unsuited to traditional commercial exploitation. In general, the more intact the infrastructure of a site, the more accessible its location and the more vital the network of potential users, the more likely a temporary use is to succeed. By the same token, certain sites, particularly on the outskirts of cities, prove less suitable for temporary use. If a site is too far off the beaten track, if heavy investment in basic repairs is required, or if suitable users cannot be found, despite additional incentives, a site will remain disused.

In Berlin a number of sites can be found that are particularly suitable for temporary use due to specific characteristics. Ideal conditions for a distinctive 'pioneer landscape' exist at centrally located sites with available space, good transport facilities and a local population that both generates and consumes temporary projects. Once a site has become known, competing temporary use projects can trigger a veritable landslide of activity. Despite competition, clusters of similar projects attract to the site consumers that use the wide product range and hence strengthen the site in the long-term.

At locations where temporary users would personally see no reason to settle, injecting public funds creates artificial temporary use sites. Sites occupied by temporary users are also subject to the constant change engendered by urban development. Demand for land and properties, ongoing construction, the relocation and shifts of scenes and cultural trends, major events such as the World Cup, surges of urban migration or the expansion of public amenities and infrastructure significantly influence not only the locational situation of temporary use projects but also their vitality.

Why are certain locations intensively used whilst others remain permanently disused?
Space pioneers do not settle arbitrarily throughout the city but are of necessity bound to specific spatial

En Berlín hay bastantes sitios que, por sus características particulares, resultan especialmente adecuados para el uso temporal. Las condiciones ideales de un típico «terreno de pioneros» se encuentran en los lugares céntricos con espacio disponible, buen servicio de transporte y una población local que genera y, a la vez, consume proyectos. Una vez que un espacio es conocido, la proliferación de proyectos de uso temporal puede desencadenar una auténtica avalancha de actividad. A pesar de la competencia, las constelaciones de proyectos similares atraen la presencia de consumidores que utilizan una amplia gama de productos y, por tanto, consolidan el espacio a largo plazo.

En emplazamientos donde los usuarios temporales no verían por sí mismos motivos para asentarse, se crean espacios de uso temporal artificiales mediante la inyección de fondos públicos. Los lugares ocupados por usuarios temporales también están sujetos a los cambios constantes que engendra el desarrollo urbano. La demanda de terreno y propiedades, las obras de construcción, la reubicación y los cambios de las escenas y las tendencias culturales, los eventos importantes como la Copa del Mundo, las oleadas de migración urbana o la ampliación de la infraestructura y los servicios públicos influyen significativamente no sólo en el ubicación de los proyectos de uso temporal sino también en su vitalidad.

¿Por qué determinados espacios se utilizan de manera intensiva mientras otros permanecen permanentemente inutilizados?

Los pioneros del espacio no se asientan en la ciudad de manera arbitraria, sino que están necesariamente vinculados a contextos espaciales concretos. Las características clave, como la ubicación céntrica, la disponibilidad de espacio, los precios del terreno, la infraestructura de transporte y las estructuras sociales, son las que determinan si un proyecto se desarrollará de forma aislada o si llegarán incluso a surgir grupos de proyectos.

contexts. Key characteristics such as a central location, available space, land prices, transport facilities and social structures basically determine whether a project will develop in isolation or whether even, project clusters might emerge.

· Available space ·
A decisive factor for the legal tempoary use of a space is its availability and its owner's willingness to temporarily relinquish it on favourable terms. The number of users and the possible spectrum of projects will depend on the nature of all further factors.

· Size of the site ·
Large-scale sites represent a higher threshold risk for a diverse range of small-scale acquisitions of space than do areas or sites organised to accommodate the latter, where a diverse range of small-scale projects and businesses can more easily be established.

· Architectural structure ·
Commercial sites with large warehouses are better suited to temporary uses than are mere unbuilt land or vacant spaces in built-up residential districts.

· Topography ·
Topographically attractively located spaces, such as the banks of the river Spree, appeal to temporary users.

· Central location ·
Sites at a central location with good transport facilities offer better conditions than do more outlying locations.

· Espacio disponible ·
Un factor decisivo para poder utilizar un espacio temporalmente de forma legal es que esté disponible y que su propietario esté dispuesto a cederlo temporalmente en condiciones ventajosas. La cantidad de usuarios y el posible espectro de proyectos dependerá de la naturaleza de todos los demás factores.

· Tamaño del sitio ·
Los lugares de gran tamaño representan un mayor riesgo para determinadas adquisiciones de espacio a pequeña escala que las zonas organizadas para alojar este tipo de proyectos, donde una gran variedad de pequeños proyectos y negocios se pueden establecer más fácilmente.

· Estructura arquitectónica ·
Las zonas comerciales con grandes estructuras de almacenaje son más apropiadas para los usos temporales que el mero terreno no construido o los solares vacíos de los barrios residenciales muy urbanizados.

· Topografía ·
Los espacios situados en lugares atractivos desde el punto de vista topográfico como las orillas del río Spree, por ejemplo, atraen a los usuarios temporales.

· Ubicación céntrica ·
Los lugares céntricos con buen servicio de transporte ofrecen mejores condiciones que las ubicaciones periféricas.

· Milieu ·
Producers or consumers of temporary use projects are not in evidence in all population groups. Certain social groups generate temporary users whilst others require special incentives to take space. That young people and new arrivals more easily adapt disused spaces than does the long-standing population, for whom the local environment has become habitual, is confirmed by trends in Berlin.

· Imminent Development ·
If concrete development plans exist, or planning permission has been obtained for a site, its value and the pressure to commercially exploit it rise accordingly. If opportunities for development appear to be imminent, site-owners tend to hinder rather than support temporary use.

How do space pioneers acquire space?
Space pioneers apply particular criteria to their search for the right location for their agenda. Alongside the characteristics of the location itself, a personal committment to work, available networks, mutual voluntary support, creativity and a love of experimentation all play a considerable role at the start of a temporary use project. Space pioneers re-cycle the structures at hand for little cost, they repair or complement the technical infrastructure and undertake the bare minimum of construction work. Finding the right place is a question of recognizing a site's potential.

As Peter Alt says, «It isn't the current state of a place that's decisive but, rather, how inspiring it is. The original idea is considerably modified by the place one finds. The location is the sum of the local environment, the available spaces and their atmosphere, the objects found at the place and those owned by the temporary user, as well as the owner, the local residents and everything else that is somehow connected to the place. Not everything is used however; one makes a selection and develops

· Entorno ·
Los productores o consumidores de proyectos de uso temporal no están presentes en todos los grupos de población. Ciertos grupos sociales generan usuarios temporales mientras que otros requieren incentivos especiales para ocupar espacio. En Berlín, las tendencias confirman que los jóvenes y los recién llegados adoptan los espacios desocupados con más facilidad que la población que lleva más tiempo asentada, para quienes el entorno se ha convertido en una cosa habitual.

· Desarrollo urbanístico inminente ·
Cuando un lugar está sujeto a un plan de desarrollo urbanístico concreto o cuenta con un permiso de urbanización, su valor y la presión de explotarlo comercialmente aumentan proporcionalmente y cuando las oportunidades de explotación parecen inminentes, los propietarios tienden a impedir el uso temporal en lugar de permitirlo.

¿Cómo consiguen espacio los pioneros del espacio?
A la hora de buscar el lugar adecuado para sus objetivos, los pioneros del espacio se atienen a determinados criterios. Además de las características propias del lugar, los factores que desempeñan un papel considerablemente importante al comienzo de un proyecto de uso temporal son el compromiso personal con el trabajo, las redes existentes, el apoyo mutuo voluntario, la creatividad y el deseo de experimentar. Los pioneros del espacio reciclan las estructuras de las que disponen a bajo coste, reparan o complementan la infraestructura técnica y sólo acometen las obras de construcción imprescindibles. Dar con el lugar adecuado es cuestión de reconocer el potencial del sitio.

Como dice Peter Alt, «No es el estado de un lugar, si no más bien cuánto inspira, lo que resulta decisivo. La idea inicial resulta considerablemente modificada por el lugar. El lugar es la suma del entorno local,

and fleshes out the agenda (the place) bit by bit. It's about adapting an idea to a certain place (and vice versa) until that moment when the idea and the place become one and something new has been created».

Many space pioneers attempt to compensate the deficits of a peripheral location by actively networking with other temporary users. By setting up at shared locations, clusters of complementary projects succeed in generating a sustainable critical mass. They aim to make the project known beyond the immediate vicinity and to create a supra-regional catchment area.

What are the obstacles?
In many cases a temporary use cannot be undertaken, although a potential site and interested persons are available. The reasons lie either with the owner or in the location. Once a use has been revoked, the owner is interested in acquiring either an equally profitable user or (by acquiring planning permission and thereby upgrading the value of the site) in attracting even more profitable users in order to skim off the highest possible returns. He will often be content merely to undertake the necessary procedures and acquire planning permission, which increases the net asset value of the property irrespective of whether actual development is imminent.

Temporary use does not in itself influence a property's net asset value, yet many owners fear their property may depreciate because unwanted temporary users block redevelopment and frighten away more profitable users. Temporary use is sometimes not authorised because rent returns in no way match the expense and administrative effort involved.

los espacios libres y su atmósfera, los objetos que se encuentran en él y los que aporta el usuario temporal, así como el propietario, los residentes locales y todo aquello que esté de una manera u otra vinculado al sitio. Sin embargo, no todo se usa; se hace una selección y luego se desarrolla un programa (el lugar) que va cogiendo cuerpo gradualmente. Se trata de adaptar una idea a un determinado lugar (y viceversa) hasta que llega el momento en que la idea y el lugar se funden en una única cosa y surge algo nuevo».

Muchos pioneros del espacio intentan compensar las carencias de un espacio periférico mediante la creación de redes activas con otros usuarios temporales. Al asentarse en lugares compartidos, las constelaciones de proyectos complementarios logran generar una masa crítica sostenible con la pretensión de dar a conocer el proyecto más allá de la vecindad inmediata y crear una cuenca de captación supra-regional.

¿Con qué obstáculos se encuentran?
En muchos casos, no se puede acometer un uso temporal, aunque exista el lugar y haya personas interesadas. Los motivos suelen estar relacionados con el propietario o con el lugar. Una vez revocado el uso de un sitio, al propietario le interesa conseguir un usuario igual de rentable o (si consigue un permiso de urbanización que revalorice la finca) atraer a usuarios aún más rentables, a fin de sacarle el mayor beneficio posible. En la mayoría de los casos, le bastará con llevar a cabo los trámites necesarios para adquirir el permiso de urbanización, lo cual aumenta el valor neto de la propiedad independientemente de que la obra real se vaya o no a acometer de forma inmediata.

Aunque el uso temporal no influye por sí mismo en el valor neto de una propiedad, muchos propietarios temen que la propiedad se devalúe a causa de usuarios temporales indeseados que impidan su

Many temporary use projects come unstuck simply due to conditions at their chosen location however, either because the building is derelict, the technical infrastructure too bad, or the necessary investment too costly. These factors are aggravated by the fact that in most European countries, the same building and safety regulations apply to temporary projects as to permanent ventures. Space pioneers plan for the short term and often lack the financial means to fulfill all mandatory requirements. They also act spontaneously and are often unwilling to embark on long-winded procedures to acquire permits. Many temporary users therefore either gamble on being tolerated by the authorities or simply seek an alternative location.

What are the typical development scenarios?
Few space pioneers see themselves as temporary users. They are generally interested in putting their venture on a permanent footing, an aspiration that is challenged by the permanent threat of being given notice to leave. Space pioneers have therefore developed effective tactics to counter the precariousness of their situation. Yet even when only a brief timeframe is anticipated, temporary use projects are nonethless part of a location's overall development. They put their stamp on a location not only for the course of their stay, but also on subsequent development. The following development scenarios are indicated:

· Space pioneers as a gap-filler ·
In the start-up phase in particular, motivation to simply try out a location is high as is, equally, acceptance of eventual failure. Some users see the start-up phase and limited duration of their project as 'business as usual'. Permanent changes of venue and the appeal of constantly developing new agendas and ways of acquiring space have, for example become the trademark of certain clubs in Berlin. If a change of venue is unavoidable many temporary users attempt to build on experience garnered at their previous

reurbanización y ahuyenten a otros usuarios más rentables. A veces, no se autoriza el uso temporal porque el beneficio no compensa el gasto y el esfuerzo administrativo que conlleva.

No obstante, muchos proyectos de uso temporal se vienen abajo debido, sencillamente, a la ubicación elegida, ya sea porque el edificio está deteriorado, porque la infraestructura técnica es muy deficiente o porque la inversión necesaria es demasiado elevada. Estos factores se ven agravados por el hecho de que, en la mayoría de los países europeos, los proyectos temporales están sujetos a los mismos reglamentos de construcción y seguridad que las empresas permanentes. Los pioneros del espacio planifican a corto plazo y, en muchos casos, carecen de los medios financieros necesarios para cumplir todos los requisitos obligatorios. Asimismo, actúan de forma espontánea y no suelen estar dispuestos a emprender los interminables trámites necesarios para conseguir las licencias. Por tanto, muchos usuarios temporales deciden asentarse confiando en la tolerancia de las autoridades o, sencillamente, buscan un lugar alternativo.

¿Cuáles son los típicos escenarios de desarrollo?
Pocos pioneros del espacio se consideran a sí mismos usuarios temporales. Por regla general, desean establecer sus empresas sobre una base permanente, una aspiración que convive con la constante amenaza de recibir la notificación de desalojo. Por ello, los pioneros del espacio han desarrollado tácticas eficaces para contrarrestar la precariedad de su situación. Sin embargo, aun cuando se prevea un periodo de uso breve, los proyectos de uso temporal forman parte del desarrollo global del lugar. Imprimen su sello en el lugar no sólo durante el curso de su estancia, sino también durante su ulterior desarrollo. Se dan las siguientes situaciones de explotación:

location to expand at the new one. A change in venue generally leads to an organisational shake-up and has proved in some cases to be very beneficial. On the other hand, a too frequent change of venue can fundamentally menace a project's agenda and development.

· Consolidation ·
By undertaking intensive PR.and lobbying policymakers, businesses and the City Council, many temporary users succeed in establishing themselves at a permanent location. The temporary use hence mutates into a permanent use, as was the case with *Tacheles* in Berlin.

· Co-existence with more profitable ventures ·
It is however also possible that a temporary use project may co-exist with a new, more profitable venture. Temporary use is thereby often the magnet that draws a crowd whilst the established business guarantees a stable framework. Many temporary use projects, irrespective of how long they last or how successful they become, evidently give a considerable boost to future developments. Anchoring a new image of a disused location in the public eye is a major effect and indeed, a prerequisite of a change in a site's purpose or function.

If space pioneers are successful, in cases where projects either consolidate or co-exist with more profitable ventures, a new agenda for the location frequently ensues from the temporary use. Even the architectural structure of an area can be changed by temporary use, for example when a building earmarked for demolition is reassessed in the wake of its temporary use as being worth saving after all.

· Pioneros del espacio como tapa-agujeros ·
Especialmente en la fase inicial, la motivación para probar un lugar, así como la aceptación de su posible fracaso, es elevada. Algunos usuarios conciben la fase inicial y la duración limitada de sus proyectos como un hecho habitual. Los continuos cambios de emplazamiento y el atractivo de desarrollar constantemente nuevos programas y formas de adquirir espacio se han convertido, por ejemplo, en el sello característico de ciertos clubs de Berlín. Si el cambio de local es inevitable, muchos usuarios temporales intentan aprovechar la experiencia que han acumulado en el local anterior para expandirse en el nuevo. El cambio de local suele generar una remodelación organizativa que, en algunos casos, resulta ser muy beneficiosa. Por otro lado, cambiar de local con demasiada frecuencia puede constituir una auténtica amenaza para el programa y el desarrollo del proyecto.

· Consolidación ·
A través de una estrategia intensiva de relaciones públicas y de presión a los responsables políticos, las empresas y el Ayuntamiento, muchos usuarios temporales logran establecerse en un lugar de manera permanente. De este modo, el uso temporal se convierte en un uso permanente, como en el caso de *Tacheles*, en Berlín.

· Coexistencia con empresas más rentables ·
No obstante, también es posible que un uso temporal coexista con una empresa nueva, más rentable. En estos casos, el uso temporal suele ser el imán que atrae a la multitud mientras que el negocio permanente garantiza la estabilidad. Muchos proyectos de uso temporal, con independencia del tiempo que duren o del éxito que tengan, constituyen un estímulo considerable para futuras desarrollos. Dar a un lugar inutilizado una nueva imagen pública tiene una gran repercusión y es, de hecho, una condición indispensable para cambiar su finalidad o su función.

This opens up completely new prospects for urban planning, particularly regarding sites that are difficult to develop. Classical planning hereby plays a subordinate role. The location, its inherent resources, and a viable constellation of interested parties give the initial impulse for regeneration. Which form the urban creature takes is initially of only secondary importance.

Si los pioneros del espacio tienen éxito, en los casos en que los proyectos o bien se consolidan o bien coexisten con empresas más rentables, el uso temporal suele generar un nuevo programa para el local. El uso temporal puede incluso llegar a cambiar la estructura arquitectónica de una zona como, por ejemplo, cuando un edificio que va a ser demolido se reevalúa tras un uso temporal y se decide que merece la pena conservarlo después de todo. Esto abre perspectivas de planificación urbanística completamente nuevas, particularmente en lo que respecta a los solares difíciles de urbanizar, donde la planificación clásica desempeña un papel subordinado. El lugar, los recursos que contiene, y una constelación viable de agentes interesados dan el impulso inicial de regeneración. La forma que adopte la criatura urbana es, inicialmente, un asunto un asunto de importancia secundaria.

B1_ AAA

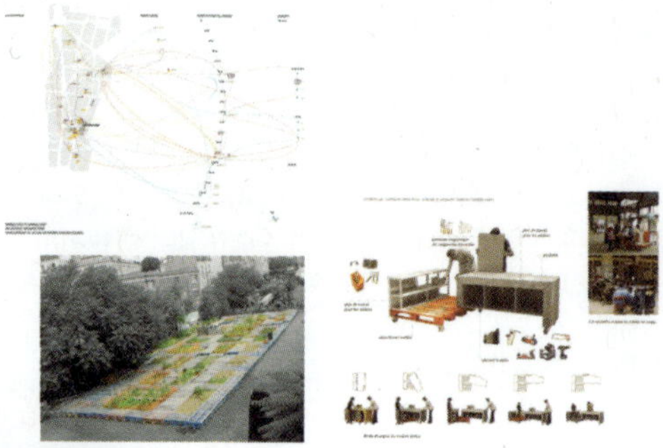

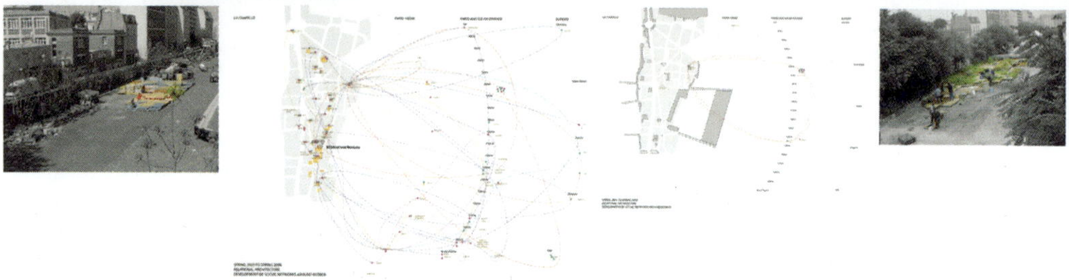

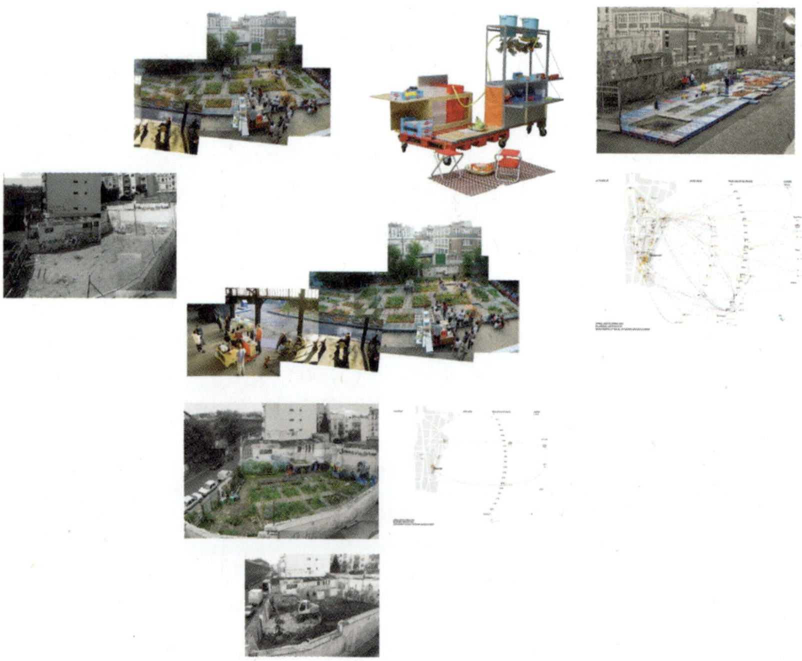

B1_ AAA

base: París (FR)
web: www.urbantactics.org
descripción: el atelier d'architecture autogérée (aaa) es una plataforma interdisciplinar que desarrolla estrategias de investigación e intervención en torno al diseño y la ordenación de la ciudad mediante la combinación de múltiples puntos de vista de arquitectas, urbanistas, artistas, investigadores, estudiantes, activistas, políticos, habitantes y usuarios de los futuros espacios habilitados. La práctica de *aaa* examina y provoca la «disponibilidad» de la ciudad a través de tácticas urbanas que apuntan a la condición intersticial y la temporalidad variable de ciertos espacios urbanos. Se trata de una producción espacial de abajo a arriba, una re-dinamización de los espacios y los usos colectivos por parte de micro dispositivos urbanos resultado de dinámicas espontáneas y prácticas cotidianas.

caso de estudio #7

qué: ECObox
quiénes: atelier d'architecture autogérée (Doina Petrescu y Constantin Petcou) en colaboración con Anne Querrien, Denis Favret, Giovanni Piovene, John Sampson, Anne Gaillard, Antoine Quenardel, Béatrice Rettig, Jean-Baptiste Bayle, Marion Baruch, *bibliomail group*, estudiantes de la Universidad de Sheffield y vecinos de La Chapelle, incluido Richard Laquitaine, Fabienne Molinier, Philippe Serret, Michèle Chevillon, Abdulaye Sy, Catherine Sachet y Belmiro Da Fonseca
cuándo: 2001/ahora (tras cinco años bajo la supervisión de *aaa*, en estos momentos es dirigido por asociaciones creadas *ad hoc*)
dónde: La Chapelle, Paris distrito 18
cómo: ECObox es una iniciativa que propone la implicación de los habitantes del barrio de La Chapelle en un espacio abandonado y la transformación de los terrenos de un antiguo almacén de material ferroviario en un jardín participativo y lugar de encuentro y debate. El proyecto concibió la producción espacial

base: Paris (FR)
website: www.urbantactics.org
description: the atelier d'architecture autogérée (aaa) is an interdisciplinary platform that develops research and intervention strategies in the field of urban design and planning by combining the multiple perspectives of architects, urban planners, artists, researchers, students, activists, politicians, residents and users of the future fitted out spaces. *aaa's* practice explores and provokes the «availability» of the city through urban tactics that point out the interstitial nature and varying temporality of certain urban spaces. The result is a bottom up spatial production , a re-vitalisation of collective uses and spaces by urban micro devices arising from spontaneous dynamics and everyday practices.

case study #7

what: ECObox
who: atelier d'architecture autogérée (Doina Petrescu and Constantin Petcou) in collaboration with Anne Querrien, Denis Favret, Giovanni Piovene, John Sampson, Anne Gaillard, Antoine Quenardel, Béatrice Rettig, Jean-Baptiste Bayle, Marion Baruch, the *bibliomail group*, students of the University of Sheffield and residents of La Chapelle, including Richard Laquitaine, Fabienne Molinier, Philippe Serret, Michèle Chevillon, Abdulaye Sy, Catherine Sachet and Belmiro Da Fonseca
when: 2001/ongoing (after five years under the supervision of *aaa*, the project is currently being directed by associations created ad hoc)
where: La Chapelle, Paris, 18th district
how: ECObox is an initiative that proposes the involvement of the residents of the La Chapelle neighbourhood in an abandoned space to transform the grounds of an old railway warehouse into a participatory garden and place of social gathering and debate. The project conceived the

como explícitamente política, social y cultural, de forma que, tras cuatro años en la Halle Pajol y su posterior desalojo, pudo ser ser trasladado a distintos emplazamientos gracias a una estructura afectiva, de colaboración e intercambio que sobrevivió a la desaparición física del proyecto original.
cuánto: 0 € los primeros dos años y 25.000 € al año durante los tres años siguientes. El proyecto se construyó mediante trabajo voluntario.
etiquetas: proceso / coste bajo / proyecto social / agente colectivo/años

spatial intervention as explicitly political, social and cultural, so that when, after four years, they were evicted from the Halle Pajol, the project could transfer to other sites.This was made possible due to an affective structure based on collaboration and exchange that survived the physical disappearance of the original project.
how much: € 0 the first two years and € 25,000 per year for the following three years. The project was constructed through volunteer work
tags: process / low cost / social project / collective agent / years

En la planta baja de la ciudad

Doina Petrescu + Constantin Petcou

El proyecto *ECObox*, del *atelier d'architecture autogérée (aaa)*, puede definirse como una plataforma de producción urbana a través de una heterogénesis de prácticas que combina los conocimientos y el saber hacer de habitantes, arquitectos, investigadores y artistas. Es una obra «heterotópica» donde la ciudad se fabrica en tiempo real, mediante un entretejer experimental de saber especializado y saber compartido que surge de las experiencias vividas; un solar en construcción en «la planta baja de la ciudad» donde cualquier habitante puede entrar sin más y proponer al resto un proyecto cultural, social o político[1].

Reapropiarse de la «ciudad contemporánea»

Desde los años noventa, los debates críticos en el campo de la arquitectura y el urbanismo empezaron a tener en cuenta las dinámicas, las mutaciones y más generalmente, los conflictos de toda índole con los que se enfrenta la ciudad contemporánea. El propio sintagma de «ciudad contemporánea» empezó a utilizarse en esa época para designar otro tipo de ciudad distinto al de «ciudad moderna», confundida y fragmentada por sus propios procesos autónomos[2].

Estos debates se han sumado, hace poco, a las discusiones entabladas en el contexto del arte contemporáneo acerca de los procesos de desmantelamiento social y espacial de la «ciudad global»: la transformación de los espacios urbanos a través de las ocupaciones ilegales, la privatización del espacio público y las *gated communities*, la artificialización del entorno urbano y los problemas medioambientales, las fracturas sociales y económicas que influyen en la movilidad de las poblaciones, los movimientos de protesta y las acciones urbanas. Estas discusiones cuestionan también el papel de

At the ground level of the city

Constantin Petcou + Doina Petrescu

The *ECObox* project by the *atelier d'architecture autogérée (aaa)* is an urban production platform featuring a heterogenesis of practices spanning the knowledge and savoir-faire of inhabitants, architects, investigators and artists; a «heterotopic» construction site where the city is manufactured in real time by the experimental interweaving of specialised knowledge and shared knowledge arising from past experience; a building site at the ground level of the city where people can walk straight in and suggest cultural, social or political projects to others[1].

Regaining the «contemporary city»

In the 1990s, critical debates in the realms of architecture and urban development began to take into account the dynamics, mutations and, more generally speaking, the conflicts of all types faced by the contemporary city. The term «contemporary city» itself was coined in that period to differentiate it from the troubled «modern city» fragmented by its own autonomous processes[2].

Similarities have recently emerged between such debates and the discussions taking place in contemporary art contexts about the social and spatial dismantling of the «global city»: the transformation of urban spaces by illegal occupants, the privatisation of public space and gated communities, the increasingly artificial urban setting and the environmental problems, social and economic fractures that affect the mobility of populations, protest movements and urban actions.

These discussions also query the part artists play in creating a «substitute city» that invents, enhances and restores in a critical fashion these new ways of winning back the contemporary city[3]. At the same

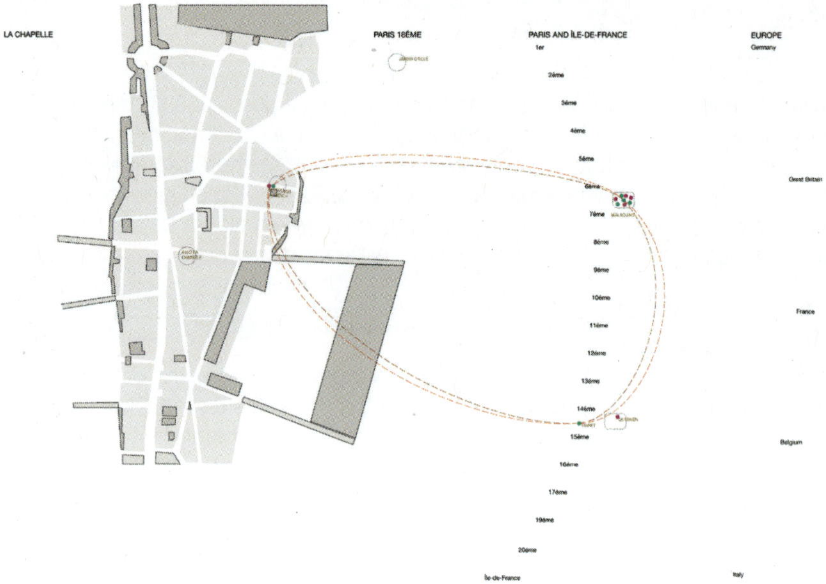

SPRING 2001 TO SPRING 2002
RELATIONAL ARCHITECTURE
DEVELOPMENT OF SOCIAL NETWORKS AROUND ECOBOX

1

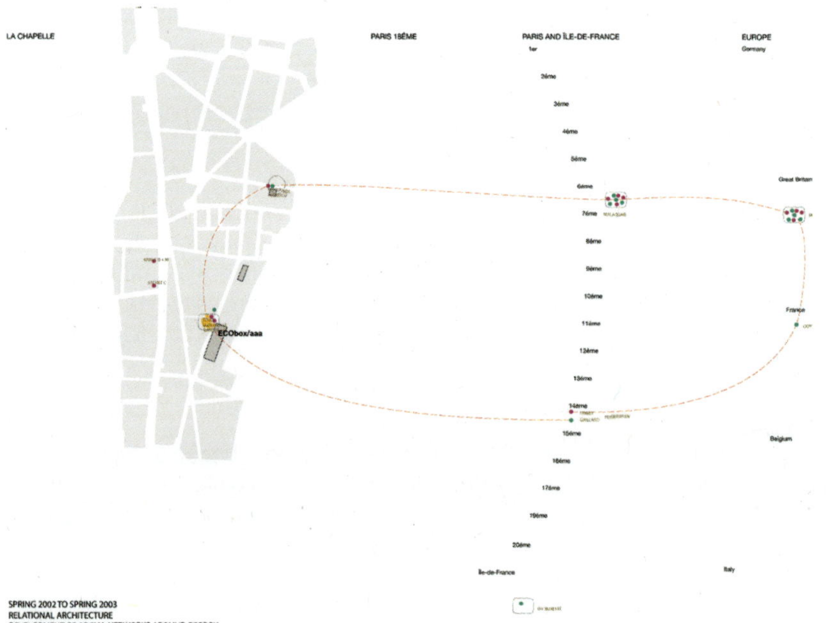

SPRING 2002 TO SPRING 2003
RELATIONAL ARCHITECTURE
DEVELOPMENT OF SOCIAL NETWORKS AROUND ECOBOX

2

1 **RED SOCIAL DE ECOBOX 2001**
ECOBOX SOCIAL NETWORK 2001

2 **RED SOCIAL DE ECOBOX 2002**
ECOBOX SOCIAL NETWORK 2002

los artistas en la creación de una «ciudad de sustitución» que invente, intensifique y restituya, de una forma crítica, estos nuevos modelos de reapropiación de la ciudad contemporánea[3]. Al mismo tiempo, los arquitectos hablan de la necesidad de restablecer el sentido de un territorio común para compartir en la ciudad, ya que a partir de ahora y como dice Lars Lerup, habrá que considerar el dominio público como una «ecología sociopolítica»[4].

En este sentido, una de las tareas de la arquitectura sería proporcionar las herramientas para esta «ecología sociopolítica» de la ciudad contemporánea. Pero está cada vez más claro que esto no puede llevarse a cabo sin la iniciativa y la participación directa de las poblaciones que viven en ella. Aunque los debates teóricos han avanzado mucho en este sentido, la práctica está dando todavía sus primeros pasos. Por ello, más que situarse en una filiación dentro de la profesión de arquitecto, la práctica de *aaa* supone una continuidad crítica con los procesos espontáneos de los años '80 desarrollados por diferentes grupos y poblaciones que reivindicaban otras maneras de vivir, y otras políticas sociales y medioambientales de la ciudad, como las distintas modalidades de okupaciones en Alemania, los Países Bajos y en el resto de Europa, las reivindicaciones intervencionistas y las acciones urbanas en Estados Unidos y en Inglaterra como *Reclaim the Street*, los *Green Guerrillas* o *The Land Is Ours (TLIO) y* los *centri sociali* en Italia, sin olvidar los experimentos comunitarios como *KraftWerk1* en Zúrich ni las iniciativas ciudadanas como los talleres populares de urbanismo en Francia *(ateliers populaires d'urbanisme)* y, más recientemente, la utilización por parte de grupos de activistas de los *tactical media* como herramientas de auto organización urbana[5].

Territorios intersticiales, disponibilidades

Generalmente, nosotras (el *atelier d'architecture autogérée*) nos situamos «en medio», como diría Deleuze. Es decir, en una posición dinámica y transversal, dentro de un proceso de elaboración basado

time, architects speak of the need to restore a sense of common land to be shared in the city, so public property must henceforth be seen as a «socio-political ecology» as Lars Lerup would say[4].

One of architecture's functions would, therefore, be to provide the tools for this socio-political ecology of the contemporary city. It is, however, increasingly clear that this would be impossible without the initiative and direct participation of the inhabitants. Although great progress has been made in theoretical debates on this subject, in practice it is still in its infancy. As a result, rather than forming part of a filiation within the architectural profession, *aaa* is a critical continuation of the spontaneous actions carried out in the 1980s by different groups and inhabitants demanding different ways of living and different social and environmental urban policies, such as the different types of squats in Germany, Holland and throughout Europe, the interventionist demands and urban movements in the USA and England as *Reclaim the Street*, *Green Guerrillas* or *The Land Is Ours* (TLIO), the *centri sociali* in Italy, and also the communal experiments such as *KraftWerk1* in Zurich and citizen initiatives such as the citizens' urban development workshops (*ateliers populaires d'urbanisme*) in France and, more recently, the use of tactical media by activist groups as instruments of urban self-organisation[5].

Interstitial land, availability

Generally speaking, we (ie. *atelier d'architecture autogérée*) position ourselves, as Deleuze would say, *in the middle*, in a dynamic, transversal position inside a production process based on the participation of many parties: residents and users, specialists and artists, politicians and institutions. Interstices, in the broadest sense, are the field of action we have established. The interstices of habits, customs and mindsets but also the spatial interstices of the city: terrains vagues, abandoned, fallow and run-down urban areas.

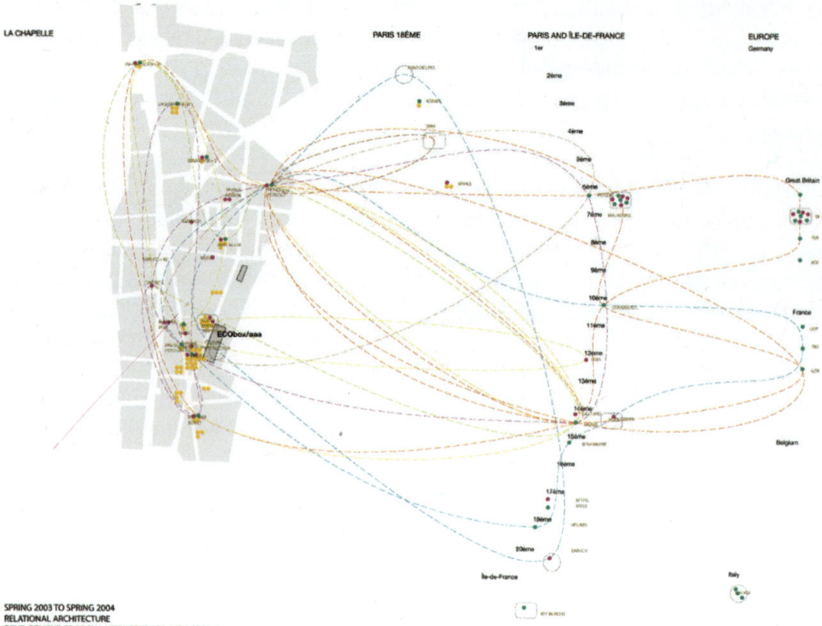

SPRING 2003 TO SPRING 2004
RELATIONAL ARCHITECTURE
DEVELOPMENT OF SOCIAL NETWORKS AROUND ECOBOX

3

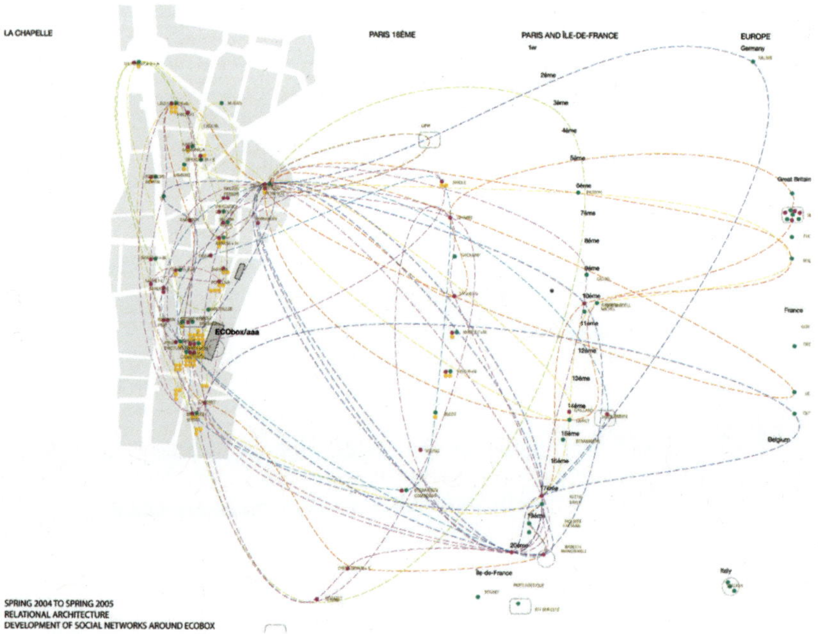

SPRING 2004 TO SPRING 2005
RELATIONAL ARCHITECTURE
DEVELOPMENT OF SOCIAL NETWORKS AROUND ECOBOX

4

3 **RED SOCIAL DE ECOBOX 2003**
ECOBOX SOCIAL NETWORK 2003

4 **RED SOCIAL DE ECOBOX 2004**
ECOBOX SOCIAL NETWORK 2004

en la participación múltiple: de los habitantes y los usuarios, de los especialistas y los artistas, de los políticos, de las instituciones. Hemos establecido los intersticios, en un sentido amplio, como terreno de actuación: los intersticios de las prácticas, de los usos, de las mentalidades, además de los intersticios espaciales de la ciudad: los solares, los descampados, los terrenos baldíos y las zonas de abandono urbano.

Los intersticios urbanos representan, en cierto sentido, los últimos reductos de resistencia, al menos temporalmente, frente a las políticas territoriales de la ordenación urbana: son la metonimia de todo lo que todavía no ha sido ocupado en una metrópolis. Es la reserva de «disponibilidad» de una ciudad. Su principal cualidad radica, sobre todo, en su resistencia a la homogeneización y a la apropiación definitiva. Situados en el extremo contrario de los espacios estereotipados por las funciones y las formas de propiedad de la ciudad moderna, los descampados, los terrenos baldíos y los solares conservan el carácter vago, indefinido, indeterminado, abierto de la ciudad[6].

La Chapelle es un barrio que, por su historia y su posición geográfica (una isla urbana aislada entre los dominios ferroviarios de la Estación del Norte y la del Este), conserva una cantidad importante de solares industriales y de terrenos abandonados, a la espera de futuras operaciones inmobiliarias. Por culpa de su estatus provisional e incierto, estos terrenos no se revalorizan en los procedimientos administrativos y urbanísticos habituales. De ahí la hipótesis de otorgarles un cierto estatus *de facto* como espacios colectivos provisionales y flexibles, que permiten una intervención con un acondicionamiento mínimo: los hemos denominado *terrains of urban vagueness* (terrenos de vaguedad urbana) para resaltar que lo vago, lo indeterminado, lo incierto, que constituyen sus atributos principales, constituyen también su calidad urbana. Podrían funcionar así según unos principios de autogestión y de programación temporal, flexible y reversible.

In a way, urban interstices represent what still withstands, temporarily at least, land development policies. They are the metonymy of everything not yet invested in a city, the city's stock of available space. Their main feature is basically their resistance to homogenisation and definitive appropriation. Lying at the other end of the spectrum from the spaces frozen by the forms and functions of ownership in the modern city, it is precisely the neglected urban and fallow land and terrains vagues that conserve the city's undefined and unspecified elements and its opening up[6].

La Chapelle is a district which, as a result of its history and geographical location (an urban island between the major rail strongholds of the Gare du Nord and the Gare de l'Est), still has considerable amounts of industrial wasteland and abandoned land awaiting future property developments. Being temporary and uncertain, standard administrative and development procedures fail to appreciate such land. This is why thought has been given to granting them a *de facto* status of flexible, provisional community spaces where some sort of action with minimum development is allowed. We have baptised them *terrains of urban vagueness* to emphasise that their vague, undefined, uncertain qualities are their urban quality too. As such, they could be run by temporary, flexible and reversible programming and self management principles.

Infrastructures and agencies

aaa provokes and puts the city's «availability» to the test by means of urban tactics aimed precisely at their interstitial condition by proposing new types of urban devices stemming from spontaneous dynamics and everyday practices, thereby enabling the city's political and social space to be constantly reinvented [7].

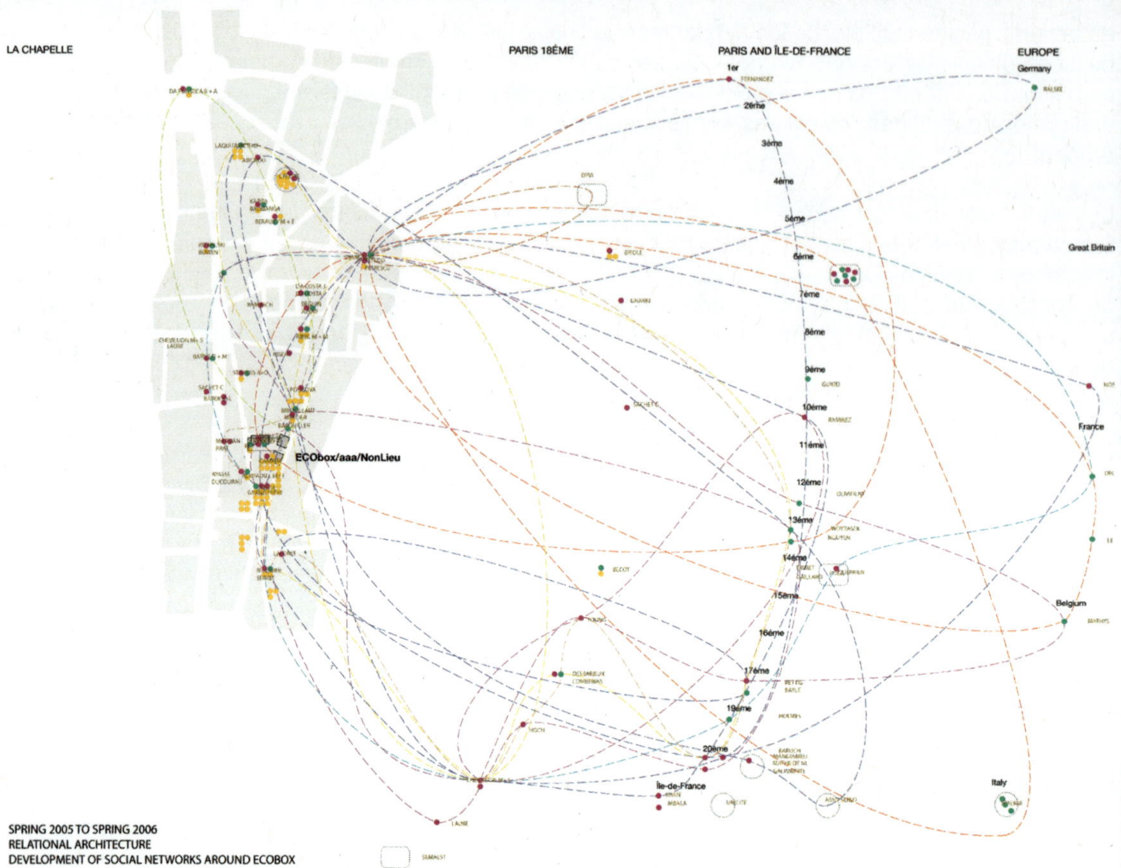

SPRING 2005 TO SPRING 2006
RELATIONAL ARCHITECTURE
DEVELOPMENT OF SOCIAL NETWORKS AROUND ECOBOX

5

5 **RED SOCIAL DE ECOBOX 2005**
ECOBOX SOCIAL NETWORK 2005

Infraestructuras y agenciamientos

La práctica de *aaa* pone a prueba y provoca la «disponibilidad» de una ciudad mediante tácticas urbanas dirigidas, precisamente, hacia la condición intersticial, que proponen los nuevos tipos de dispositivos urbanos nacidos de las dinámicas espontáneas y las prácticas cotidianas, permitiendo de este modo reinventar permanentemente el espacio social y político de la ciudad[7].

La economía de los «intersticios temporales» crea un nuevo paradigma de proyecto que se manifiesta a través de los acondicionamientos temporales, de los dispositivos nómadas y de las microdinámicas urbanas. Lo temporal se convierte, así, en un principio fundamental; la condición de temporal puede aligerar la estructura de un proyecto, salvar más fácilmente las interdicciones, hacer que un proyecto se vuelva más abierto, más creativo, más utópico.

Tras largas negociaciones, en julio de 2002 *aaa* obtuvo, para uso temporal, dos terrenos pertenecientes a la Red de Ferrocarriles de Francia. En octubre de 2002, en colaboración con la Universidad de Sheffield y con la participación de algunos vecinosy de un colegio del barrio, creamos un jardín prototipo en el patio de la Halle Pajol. El coste de construcción del jardín *ECObox* fue nulo, ya que se utilizaron palés, gravilla, botellas de plástico, materiales recogidos a partir de un mapa de desechos urbanos locales reciclables. Para adaptarnos a un terreno completamente mineral, establecimos un sistema flexible y modular que permitía la creación de una superficie de parcelas de distintos tamaños, delimitadas por filas de palés superpuestos. La superficie del jardín se construyó siguiendo un principio aditivo: cada persona o familia que deseaba una parcela, debía realizarla por sí misma, construyendo con palés las lindes de su propio terreno, así como un pequeño trozo del camino colectivo.

The economy of «temporary interstices» creates a new project paradigm in the form of temporary arrangements, mobile devices and urban micro-dynamics. The outcome is that temporary becomes an essential principle too; being temporary can streamline a project's structure and enable prohibitions to be overcome more easily, making the project more open, more creative and more utopian.

After long negotiations, in July 2002 *aaa* was granted the temporary use of two plots of land belonging to the French railway network. In October 2002, in conjunction with Sheffield University and the participation of some local residents and a school in the district, we created a prototype garden in the courtyard of Halle Pajol. The *ECObox* garden cost nothing, being built from pallets, gravel, plastic bottles and materials collected from a range of recyclable, local, urban waste. To adapt the project to a completely mineral plot of land, we set up a flexible, modular system making it possible to create a series of plots of different sizes delimited by rows of stacked pallets. An addition principle was applied to the construction of the garden: each person or family wanting a plot had to make it themselves using pallets to build the boundary of their own patch and a short stretch of the path used by all.

The garden's capacity to be dismantled and moved was complemented by a number of mobile modules providing complementary activities and making it easy for the different plots of wasteland to work as a network. These micro facilities are designed to house certain features lacking in the district: a cinema, exhibition hall, audiovisual workshops and a library. They were made by *aaa* members, eco-designers, residents and students. The series of modules includes a kitchen, a tool bench, a rainwater collector, a mobile library and a mini media lab. These mobile facilities create a social infrastructure and networks whilst stimulating desire and pleasure at a local level. Some of the facilities are used by residents as tools for appropriating the urban space. Using the kitchen module, cooking in a public space, for example, implies a certain shift in urban habits, a slight resistance to prescribed ways of city living. Rather than

6

6 **JARDÍN MÓVIL DESARROLLO 2002/07**
MOBILE GARDEN DEVELOPMENT 2002/07

El dispositivo desmontable y transportable del jardín se completaba con una serie de módulos móviles que añaden actividades complementarias y facilitan el funcionamiento en redes de los diversos terrenos. El objetivo de estos microequipamientos es poner en marcha algunos programas que no están presentes en el barrio: cine, sala de exposiciones, talleres de sonido y vídeo, biblioteca. Han sido realizados por miembros de *aaa*, diseñadores ecológicos, habitantes y estudiantes. La serie de módulos incluye una cocina, un banco de trabajo, un colector de agua de lluvia, una biblio-móvil y un mini laboratorio de medios. Estos dispositivos móviles generan infraestructura y redes sociales, además de potenciar el deseo y el placer a escala de proximidad. Algunos de ellos son utilizados por los habitantes como herramientas de apropiación del espacio urbano. Usar el módulo cocina, cocinar en el espacio público, presupone por ejemplo una cierta desviación de las prácticas urbanas, una ligera resistencia a las formas prescriptivas de habitar la ciudad. En este caso, se habla de agenciamientos, en vez de objetos[8]. Porque todo era móvil y negociable, la plataforma creada por el proyecto fue capaz de trasladarse desde su localización inicial en Halle Pajol y de ser reacomodada dos veces en los últimos cuatro años, tomando formas diferentes en los diferentes emplazamientos e involucrando nuevos usuarios. *ECObox* está autogestionada por una asociación de usuarios del mismo.

Lo que los habitantes encuentran en *ECObox* es un espacio de libertad que ofrece la posibilidad de desarrollar sus iniciativas sin ideas preconcebidas, experimentando por sí mismos estos nuevos usos: interculturalidad, autogestión colectiva, crítica política, operaciones de construcción y de ordenación urbana, participación con bienes personales, talleres de reciclaje, etc. Al participar en la construcción y la gestión del proyecto, y al tomar posteriormente iniciativas, los usuarios del jardín cambian progresivamente de posición: se convierten en sujetos activos del proyecto. Se trata, por consiguiente, de una participación que no sólo transmite los procesos del proyecto, sino también los que Deleuze y Guattari llaman *procesos de subjetivación*: «En efecto, cabe hablar de procesos de subjetivación

objects, we're talking about agencies here[8]. Because everything was mobile and negotiable, the platform created by the project was able to move from the initial location of Halle Pajol and be reinstalled for two times in the last four years, taking different forms in different locations and involving new users. Currently, *ECObox* is self-managed by a user association.

What residents find in *ECObox* is a space providing freedom and the possibility to develop their initiatives without any preconceived ideas where they can themselves experiment with new habits: inter-culturality, group self-management, political criticism, construction and arrangement activities, contributing with personal belongings, recycling workshops, etc. By taking part in building and managing the project and then taking initiatives, people using the garden gradually change their stance and become active participants in the project. The resulting participation conveys not only the project's processes but also what Deleuze and Guattari call *subjectivisation processes*: «One can indeed speak of subjectivisation processes when one considers the different ways individuals or groups emerge as subjects: such processes are only of any worth insofar as, when they are made, they elude both established knowledge and dominant powers: even if they subsequently give rise to new powers or run through new knowledge. But at the time, they certainly feature a rebellious spontaneity»[9].

One of the questions we ask is how these moments of rebellious spontaneity can be integrated into a group project. Nicolas-Le Strat talks about the *ECObox* «micrology», a dual logic of intensifying and opening up the project. Scale is also on the agenda when talking about spontaneous and rebellious practices based on subjects' desires. Desire circulates at the molecular level. Guattari also mentions the «micro-politics of desire» and a micro-political scale of institutional experimentation enabling subjects to position themselves as subjects of desire in the social realm.

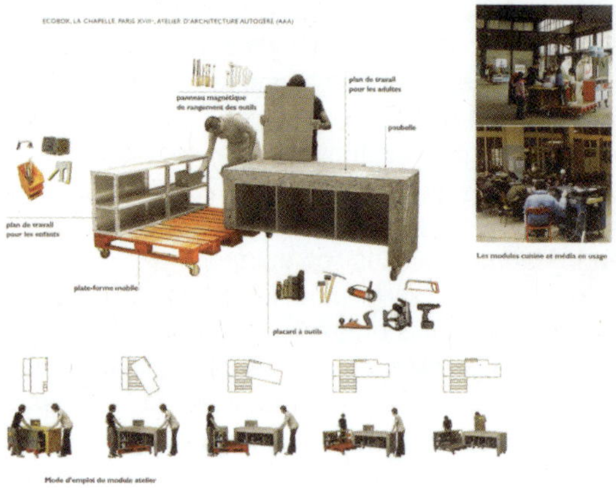

7

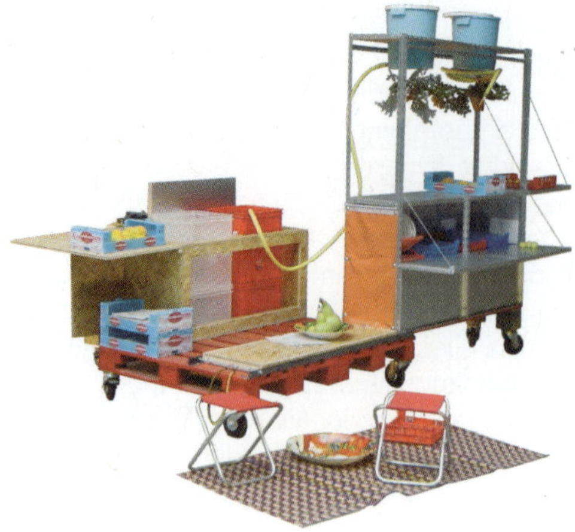

8

9

7 **ECO-BOX**
ECO-BOX

8 **COCINA MÓVIL**
MOBILE KITCHEN

9 **TALLERES Y ENCUENTROS EN ECOBOX**
WORKSHOPS AND GATHERINGS IN ECOBOX

cuando se consideran las diferentes maneras en las que los individuos o las colectividades se constituyen en sujetos: dichos procesos son solamente válidos en la medida en la que, cuando se realizan, se escapan a la vez de los conocimientos constituidos y de los poderes dominantes. Aunque más adelante engendren nuevos poderes o se transformen en nuevos conocimientos. Pero, sobre la marcha, gozan de una espontaneidad rebelde»[9].

Una de nuestras preguntas es cómo integrar estos momentos de espontaneidad rebelde en un proyecto colectivo. Nicolas-Le Strat habla de una «micrología» de la *ECObox*, de una doble lógica de intensificación y de apertura del proyecto. Ya que también interviene una cuestión de escala al hablar de prácticas espontáneas y rebeldes, basadas en el deseo de los sujetos. La circulación del deseo se produce a escala molecular. Guattari habla, asimismo, de «micropolíticas del deseo» y de una escala micropolítica de la experimentación institucional que permitiría a los sujetos posicionarse como sujetos deseantes en el campo social.

Esta «liberación de las energías del deseo» pasa, según Guattari, por «una función de agenciamiento colectiva del *socius,* que ya no pretende encuadrar a la gente en marcos preestablecidos [...]. Con esta condición es como podrán respetarse las singularidades del deseo"[10]. Guattari presenta como ejemplo la pedagogía atípica de Deligny con niños autistas en las Cevenas, donde organizó «una economía colectiva del deseo que articula personas, gestos, circuitos económicos, relacionales, etc.» para «proporcionar al deseo los medios de expresarse en el terreno social»[11]. La intención de *ECObox* es organizar una economía colectiva del *deseo de hacer la ciudad* capaz de singularizar al mismo tiempo el deseo de los habitantes y permitirles relativizar el modelo de deseo impuesto por las instituciones, las marcas y los medios de comunicación. Esto es posible gracias al trabajo en profundidad de una molecularidad micropolítica, detallada, paciente, que se toma el tiempo necesario para crear relaciones,

According to Guattari, this «release of the energies of desire» is in the form of «a function of collective agency of the *socius* no longer seeking to force people into pre-established frameworks [...]. This is the condition enabling the singularities of desire to be respected»[10]. By way of example, Guattari mentions Deligny's atypical work with autistic children in Cévennes, where he set up «a collective economy of desire that links people, gestures, economic and relational networks, etc.» in order to «provide desire with a channel of expression in the social realm»[11]. *ECObox* seeks to set up a collective economy based on the «desire to create the city» and able to singularise inhabitants' desire at the same time and allow them to relativise the model of desire imposed by institutions, brands and the media. This was made possible by the in-depth work of a painstaking, patient, micro-political molecularity that takes the time to create relationships, overcome fear and mistrust, and employ everyone's possibilities to deal with conflicts and contradictions.

Everyone's architecture

ECObox is aimed at everyone, the *whoever city dweller,* the ordinary people. *ECObox* users are not filtered or chosen by their geographical location or ideological preferences, they are simply «the ones who are there», united by a desire to share some time, space and knowledge and a desire to do something together where they live, those seeking to express their savoir-faire of an «undecidable and yet inevitable coexistence», in the words of Michel de Certeau. From this point of view, *ECObox* is a group experiment of what *everyone's architecture* would be[12]: an architecture built of the singularities of desire which are almost invisible and not vaunted and whose inventiveness and audacity lies precisely in a heterogenesis of practices, in the modest means used and solutions chosen, but also in a radical, democratic requirement of the city.

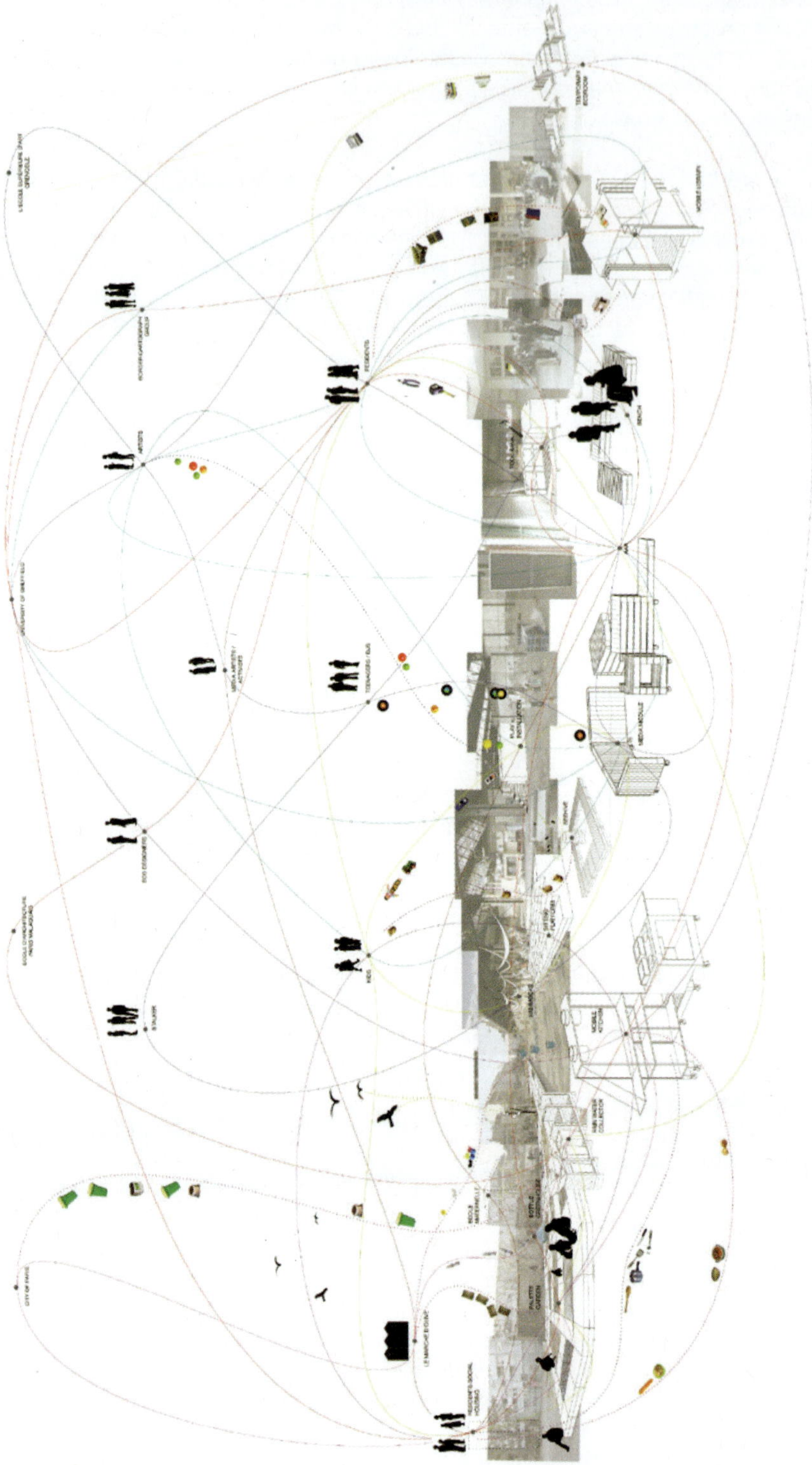

10

10 **DIAGRAMA DE RELACIONES Y PROCESOS**
RELATIONSHIPS AND PROCESSSES DIAGRAM

para superar miedos y desconfianzas, para abordar conflictos y contradicciones, con las posibilidades de cualquiera.

La arquitectura de cualquiera
ECObox se dirige a todo el mundo, al habitante cualquiera, a la gente corriente. No se escoge ni se filtra a los usuarios en función de sus pertenencias geográficas o ideológicas. Son «las y los que están ahí», reunidos por el deseo de compartir tiempo, espacio, conocimientos y por el deseo de hacer algo juntos en el lugar donde viven, los que quieren manifestar su saber hacer de una «coexistencia indeterminable e inevitable al mismo tiempo», como diría Michel de Certeau. Desde este punto de vista, *ECObox* es una experiencia colectiva de lo que sería esta *arquitectura de cualquiera*[12]: una arquitectura construida por singularidades deseantes, casi invisibles, que no se exhiben con ostentación, cuya inventiva y audacia residen, justamente, en una heterogénesis de prácticas, en una modestia de los medios empleados y de las soluciones elegidas, pero también en una exigencia democrática radical de la ciudad.

En sus investigaciones sobre los fenómenos culturales de la mundialización, Arjun Appadurai habla de la producción del imaginario como de una producción social y del derecho de todo ciudadano del mundo de participar en la producción del imaginario[13]. Observa, en este sentido, las dificultades con las que topan algunos grupos minoritarios que viven bajo un doble dominio simbólico neocapitalista y neocolonialista en distintos grados que van de lo local a lo global, y subraya la necesidad de una política que reconozca que «hasta los más pobres deberían tener la capacidad, el privilegio y la habilidad de participar en la producción del imaginario».[14] Appadurai señala, igualmente, que la tarea de producir *localidad,* en tanto que «estructura de sentimiento, propiedad de la vida social e ideología de una comunidad identificada», se asemeja cada vez más a un combate en la ciudad contemporánea, donde la producción de contextos no se genera prácticamente nunca de abajo a arriba. Creemos que *ECObox* ha

In his research into the cultural phenomena of globalisation, Arjun Appadurai speaks of the production of imagination as a social production and the right of all world citizens to take part in the work of the imaginary[13]. In this respect, he mentions the obstacles encountered by certain minority groups that exist under the dual, neo-capitalist and neo-colonialist symbolic banner on different scales, ranging from local to global, whilst emphasising the need for a policy that acknowledges that «even the poorest should have the ability, privilege and skill to take part in the work of the imagination».[14] Appadurai also mentions that the task of producing *locality,* in the sense of a «structure of feeling stemming from the social and ideological existence of a specific community», is increasingly at odds with the contemporary city where contexts are hardly ever created bottom-up. We feel that *ECObox* has successfully produced locality thanks to the gradual investment made by the different participants and the dynamics of their imaginary.

For the time being, however, the *ECObox* experience is merely an exception amongst the district's other development projects. Users see it like a heterotopy, a place unlike regulated urban spaces. In his study of heterotopic places, Foucault emphasised the contradictory relationship between these spaces and other spaces as a whole, a relationship that springs up through the type of accessibility and visibility, the segmentation of time, etc. He provides several examples including the garden which, he says, «has been a sort of happy, universalising heterotopy since the dawn of Antiquity»[15].

ECObox would like to be both a real garden and the metaphor of a certain happy, universalisation, spatial condition linked to a direct and accessible manner of making use of the city; a «place where life is *possible*», as Certeau would say, a place where possibility could indeed take off.

11

11 EL JARDÍN Y LAS ACTIVIDADES EN TORNO
GARDEN AND ACTIVITIES AROUND

conseguido poner en marcha esa producción de *localidad*, con la implicación progresiva de los distintos sujetos y con la dinámica de su imaginario.

Aunque la experiencia de *ECObox* no es, por ahora, más que una excepción entre las demás iniciativas de ordenación del barrio, sus usuarios la perciben más bien como un lugar diferente de los espacios urbanos normatizados, como una *heterotopía*. En su estudio sobre los espacios heterotópicos, Foucault señala la relación contradictoria entre estos espacios y el conjunto de los demás espacios, relación que se establece a través del tipo de accesibilidad y de visibilidad, del fraccionamiento del tiempo, etc. Pone algunos ejemplos, como el del jardín, que en su opinión, constituye «desde los tiempos remotos de la Antigüedad, una especie de heterotopía feliz y universalizante»[15].

ECObox quisiera ser a la vez un jardín real y la metáfora de una cierta condición espacial feliz y universalizante ligada a una forma directa y accesible de practicar la ciudad; un «lugar de vida posible», como diría De Certeau, un lugar donde *lo posible* podría alzar, precisamente, el vuelo.

1.
Este texto es una versión actualizada del artículo publicado en Francia en la revista *Multitudes #20*, Editions Exils, Paris, 2005.

2.
Como sugiere Michael Bell en «Nouvelles Cités de Réfugiés», *Archilab*, Orleáns, 2004, p. 14, fue la ciudad de Los Angeles la que, a principios de los años noventa, centraba muchos trabajos teóricos relevantes porque presentaba los nuevos paradigmas de la «ciudad contemporánea».

3.
ErsatzStadt en Berlín (www.etuipop.de/ErsatzStadt), la irónica *EasyCity* en Ámsterdam. (www.vrijeruimte.nl/easycity/) o *CityMin(ed)* en Bruselas (www.citymined.org).

4.
Lars Lerup, *Archilab*, Orleáns, 2004, p.19.

5.
Kraftwerk1, Zúrich (www.kraftwerk1.ch), *The Land is Ours* (TLIO) (www.tlio.org.uk), *Centro Sociale Leoncavallo* (www.leoncavallo.org) y *DASH* (eu.d-a-s-h.org).

6.
Desde los años 90, el «solar» se ha convertido en un paradigma territorial importante de la ciudad contemporánea (véase principalmente el artículo «Terrain vague» de Ignasi Solá-Morales).

7.
Hemos tomado el término «tácticas» de la sociología de Michel De Certeau que lo utiliza para describir las prácticas del día a día, las artes de hacer, los trucos y las formas de actuar mediante los cuales el «hombre corriente» resiste a la sociedad de consumo. Véase Michel de Certeau, *La invención de lo cotidiano*. Universidad Iberoamericana, Méjico, 1999.

8.
Pascal Nicolas-Le Strat, "Un project d'Eco-urbanité". *ISCRA*, p. 66.

9.
Gilles Deleuze, «Contrôle et Devenir», *Pourparlers*, Minuit, 1990/2003, p. 238.

10.
Felix Guattari, *La révolution Moléculaire*, ed. Recherches, 1977, p. 172.

11.
Ibid., p.172.

1.
This text is an updated version of an article published in French in *Multitudes #20*. Editions Exils, Paris, 2005.

2.
As Michael Bell suggests in "Nouvelles Cités de Réfugiés" (*Archilab*, Orléans 2004, p. 14), in the early 1990s, Los Angeles was the focal point of many major theoretical studies because the city featured the new paradigms of the «contemporary city».

3.
See *ErsatzStadt* in Berlin (www.etuipop.de/ErsatzStadt), the ironical *EasyCity* in Amsterdam. (www.vrijeruimte.nl/easycity/) or *CityMin(ed)* in Brussels (www.citymined.org).

4.
See Lars Lerup (2004), in *Archilab* Orléans. P. 19.

5.
See *Kraftwerk1*, Zurich (www.kraftwerk1.ch), *The Land is Ours* (TLIO) (www.tlio.org.uk), *Centro Sociale Leoncavallo* (www.leoncavallo.org) and *DASH* (eu.d-a-s-h.org/).

6.
From the 90s onwards, «terrain vague» became an important land paradigm of the contemporary city (see particularly Ignasi Sola-Morales's article «Terrain vague»).

7.
We have borrowed the term «tactics» from the sociology of Michel De Certeau who uses it to describe the everyday practices, the flair for doing things, the ruses and ways of behaving that «ordinary people» employ to avoid the consumer society. See Michel de Certeau (1980), *L'invention du quotidien*.1 Arts de faire, Unions générale d'éditions.

8.
Nicolas-Le Strat, P. (2001) "Un project d'Eco-urbanité". *ISCRA*, p-66.

9.
Deleuze, Gilles (1990/2003) "Contrôle et Devenir", in *Pourparlers*, Minuit, p. 238.

10.
Guattari, F. (1977). *La révolution Moléculaire*, ed. Recherches, p. 172.

11.
Ibid., p. 172.

12.
Giorgio Agamben,
La comunidad que viene.
Pre-textos, Valencia,
1996.

13.
Arjun Appadurai,
«The Right to
Participate in the Work
of the Imagination»
en *Transurbanism*,
V2_Publishing/NAI
Publishers, Roterdam,
2002, p. 34.

14.
Ibid., p. 46.

15.
Michel Foucault,
Dits et Écrits, vol 2.
Gallimard, Paris, 1999,
pp. 1577-1578.

12.
See Agamben, G. (1993)
The Coming Community.
University of Minesota
Press.

13.
See Appadurai, A.
(2002) "The Right to
Participate in the Work
of the Imagination",
in *Transurbanism.*
Rotterdam, V2_
Publishing/NAI
Publishers, p. 34 and
passim.

14.
Ibid., p. 46.

15.
See Foucault M. (1991),
Dits et Écrits, vol. 2, Paris,
Gallimard, pp. 1577-1578

B2_ EINFACH/ MEHRFACH

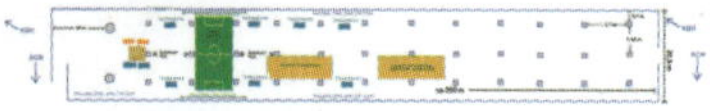

B2_ EINFACH/ MEHRFACH

base: Viena (CH)
web: www.stadtentwicklung.wien.at
descripción: Einfach/Mehrfach (Simple/Múltiple) es un ejemplo de estructura de apoyo, fundado en 1998, ofrecida por el Departamento de Planificación Urbana del Ayuntamiento de Viena y cuya actividad se desarrolla principalmente alrededor de la extensión del espacio público mediante de proyectos de uso temporal y compartido. Esta entidad coordinadora nació de la creciente necesidad de resolver la escasez de espacios públicos para niños y adolescentes en los distritos céntricos de Viena, y establece un programa que permite aprovechar los recursos existentes y que se puedan adjudicar al uso de niños y jóvenes parcelas e inmuebles inutilizados sin mayores gastos financieros. Estos usos intermedios pueden durar entre unas semanas en verano a varios meses y en los casos de uso múltiple es una actividad continua. Las tareas de la oficina *Einfach/Mehrfach* consisten en la gestión de proyectos de uso temporal, su promoción, la difusión de información a interesados y vecinos y la coordinación con los departamentos del Ayuntamiento y otros agentes involucrados. Los proyectos de uso intermedio incluyen no solamente el aprovechamiento de solares vacíos (de propiedad privada o pública), sino también la incorporación de espacios de propiedad comunal, como pueden ser patios de colegios o los recintos de piscinas públicas, a la red de espacios libres. Al no tener un presupuesto asignado, son las propias administraciones de los diferentes distritos en los que se realizan los proyectos las que normalmente se encargan de asumir los gastos o de conseguir un patrocinador. Por otra parte, se procura coordinar los proyectos con obras del propio Ayuntamiento (infraestructuras, limpieza y el desbroce, etc.) a fin ahorrar estos gastos.

base: Vienna (CH)
website: www.stadtentwicklung.wien.at
description: Einfach/Mehrfach (Simple/Multiple) is an example of a support structure founded in 1998 by the urban planning department of Vienna City Council whose activity is principally articulated around the extension of public space through temporary, shared-use projects. This co-ordinating body was created in response to the growing need to resolve the shortage of public spaces for children and teenagers in the central districts of Vienna. Taking advantage of existing resources, the programme appropriates abandoned plots and buildings for the use of children and young people at minimal cost. These intermediate-use projects can last from several weeks over the summer to several months, while multiple-use projects are ongoing activities. The *Einfach/Mehrfach* office is responsible for managing the temporary-use projects, promoting the projects, publicising them to interested parties and residents and liaising with the municipal departments and other agents involved in facilitating the projects. The intermediate-use projects not only make use of empty plots (privately or publicly-owned) but also enlarge the network of free spaces by appropriating community-owned spaces such as school yards and the grounds of public swimming pools. As there is no budget allocation for these projects, the municipal authorities of the districts where the projects are organised usually fund them or find a sponsor. Wherever possible, the projects are co-ordinated with municipal operations (infrastructure work, cleaning and clearing, etc.) to cut down on costs.

Bauspielplatz Leberberg

Tipo de proyecto
Uso intermedio al aire libre
Oferta
Parque infantil de construcción gestionado por educadores sociales en una superficie de 7.000 m^2 ubicado en una urbanización nueva en la periferia urbana cuyo parque todavía estaba sin acabar

Usuarios
Niños y adolescentes como protagonistas, adultos como invitados
Propiedad
Un promotor, quien ha cedido el terreno durante tres meses al Ayuntamiento a cambio de que el Departamento de Parques y Jardines asumiera la responsabilidad civil
Uso anterior
Solar vacío

Iniciativa y organización del proyecto

Iniciativa
Equipo de intervención regional *Regionalforum*, ente coordinador de las organizaciones sociales activas en el distrito
Mediación
Ente coordinador de uso temporal
Organización
Con el apoyo y por iniciativa de la administración del distrito: la asociación juvenil *Kids Company*, el Departamento de Parques y Jardines, y la Asociación de los Centros Sociales Vieneses para Jóvenes

Financiación
La administración del distrito
Patrocinadores
Material de construcción, vallas y suministro de electricidad por parte de los patrocinadores
Gestión
Asociación juvenil *Kids Company*
Duración del proyecto
3 meses / verano 1997

Type of project
Intermediate outdoor use
Description
Self-built playground of 7,000 m^2 managed by social educators in a new housing development on the outskirts of the city whose playground was unfinished.
Users
Primarily children and teenagers, adults as guests

Owner
Private promoter who has lent the land to the Town Hall for three months in exchange for ensuring that the Department of Parks and Gardens shoulders the liability
Previous use
Empty lot

Initiative and organiser of the project

Initiative
Regionalforum regional research team: the organisation coordinating the social organisations working the district
Mediation
Temporary use coordinating organisation
Organiser
Kids company youth association, Department of Parks and Gardens and the Association of Viennese Social Centres for Young People, with the support and initiative of the administration of the district
Financing
Administration of the district
Sponsors
Companies selling construction supplies, fences and electrical supplies
Management
Kids Company youth association
Length of the project
3 months / summer 1997

Bauspielplatz Leberberg

Einfach/Merhfach, un proyecto estratégico de la ciudad de Viena

Jutta Kleedorfer + Anna Laura Jeschke

«Debido a las crecientes exigencias provocadas por el escaso espacio (urbano) y a la necesidad de emplear los recursos disponibles de una manera económica y sostenible, la ciudad de Viena considera el uso múltiple un medio apropiado para aumentar los espacios de actividad social en la ciudad.» Cita original del decreto de la coordinadora de uso múltiple, 1998.

Esta afirmación se puede entender como una respuesta al enorme boom de la construcción en Viena que la ha convertido en una ciudad cada vez más densa, donde la oferta de espacios libres y de actividad social es cada vez más escasa, incluso en los barrios de nuevo desarrollo. Pero la situación resulta especialmente problemática en los barrios del ensanche de principios del s.XX donde los pequeños parques existentes carecen de calidad estancial y el espacio público está dominado por el tráfico. Por otra parte, y aunque los grandes espacios verdes de la ciudad de Viena (*Wienerwald*, *Lobau*, *Prater* y *Donauinsel*), tienen una importante función recreativa, para la mayoría de los ciudadanos quedan lejos de su domicilio o lugar de trabajo y su uso en la vida cotidiana y para actividades de recreo diarias resulta difícil.

En estas circunstancias, la política convencional de planificación de zonas verdes y espacios libres no siempre ofrece soluciones fáciles de llevar a cabo y, sobre todo, conlleva largos plazos de ejecución. Otro factor a tener en cuenta es que la oferta de los clubes deportivos tradicionales ya no alcanza a cubrir las necesidades de todos los aficionados y que las nuevas tendencias y modas de ocio han creado inesperadas demandas sobre el limitado espacio libre urbano.

Einfach/Mehrfach, a strategic project in the city of Vienna

Jutta Kleedorfer + Anna Laura Jeschke

«Owing to the growing demands caused by the lack of (urban) space and the need to use available resources in an economic and sustainable manner, the city of Vienna considers multiple use an appropriate measure for increasing spaces for social activity in the city». Original quotation from the decree of the temporary use coordinating organisation, 1998.

This affirmation can be understood as a response to the enormous construction boom in Vienna which has made the city increasingly densely populated, where the availability of open spaces and areas for social activity is ever more scarce, even in newly developed neighbourhoods. But the situation is especially problematic in the overspill areas built at the beginning of the twentieth century where the small existing parks lack recreational quality and the public space is dominated by traffic. Moreover, although the large green spaces of the city of Vienna (*Wienerwald*, *Lobau*, *Prater* and *Donauinsel*) fulfil an important recreational function, they are situated far from the homes or workplaces of the majority of citizens and their use in day-to-day life for daily recreational activities is difficult.

In these circumstances, the conventional planning policy for green areas and open spaces does not always offers easily implemented solutions and, above all, long periods are required for completion. Another factor to be taken into account is that the offer of the traditional sports clubs no longer covers the needs of all the enthusiasts and that the new trends and fashions in leisure have created unexpected demands for the limited amount of urban open space.

Plaza Dr. Josef-Resch

Tipo de proyecto
Uso múltiple al aire libre
Oferta
Los campos de deporte del colegio colindante ocupan dos tercios de la plaza y ofrecen asientos y elementos de juegos a la escuela que no contaba con ninguna infraestructura deportiva. Todos los días a partir de las cinco de la tarde, todos los fines de semana y durante las vacaciones estas instalaciones se abren al vecindario. El restante tercio de la plaza ofrece una zona de juegos para niños pequeños
Usuarios
Niños y adolescentes del vecindario
Propiedad
Ayuntamiento de Viena, Departamento de Parques y Jardines
Uso anterior
Parque público

Iniciativa y organización del proyecto

Iniciativa
Equipo de intervención regional *Regionalforum*: ente coordinador de las organizaciones sociales activas en el distrito
Mediación
Ente coordinador de uso múltiple
Organización
Departamento de Parques y Jardines

Financiación
La administración del distrito
Patrocinadores
Ninguno
Gestión
Asociación para la promoción del juego infantil en los parques públicos del Distrito 17
Duración del proyecto
Desde 2001

Type of project
Multiple outdoor use
Description
The sports fields of the neighbouring school occupy two-thirds of the square and offer the school seats and playground equipment with no sports infrastructure. These facilities are opened to the local residents every day starting at 5 pm, at weekends and during vacations. The other third of the square has a playground for small children.
Users
Children and teenagers in the neighbourhood
Owner
Vienna Town Hall, Department of Parks and Gardens
Previous use
Public park

Initiative and organiser of the project

Initiative
Regionalforum regional intervention team: the organisation coordinating the social organisations working the district
Mediation
Multiple use coordinating organisation
Organiser
Department of Parks and Gardens

Financing
Administration of the district
Sponsors
None
Management
Association to promote playground equipment in the public parks in the 17th District.
Length of the project
From 2001 / ongoing

Dr. Josef-Resch Square

El proyecto estratégico *Simple/Múltiple* fue fundado en 1998, no en competencia, si no como complemento a la política municipal de zonas verdes, y trabaja desde entonces con dos conceptos principales:

Uso Múltiple o Compartido - *Mehrfachnutzung*
Los campos de deportes escolares y espacios libres de los colegios podrían representar una oferta muy atractiva para niños y jóvenes fuera del horario de clase. Pero en Viena no era habitual, como en Suiza o los Países Bajos, abrir estas instalaciones al público general de manera que se incorporasen a la red de infraestructuras del barrio.

Aunque la gestión y la planificación presupuestaria de las escuelas públicas de enseñanza obligatoria (así como los viales, las zonas verdes públicas, las guarderías, los proyectos extraescolares de asistencia social y la supervisión en los parques públicos) están descentralizados, la lógica de aprovechar al máximo las infraestructuras disponibles se abre camino a un paso muy lento y se debe enfrentar con voces que critican esta estrategia por el esfuerzo extra de organización y costes que conlleva. Aún así, se han podido realizar en casi todos los distritos de la ciudad proyectos de uso múltiple con distintas dimensiones y características.

En la periferia, donde en general existe una oferta más amplia de espacios libres para niños y jóvenes, la apertura al público de las instalaciones deportivas de los colegios fuera del horario escolar funciona con más facilidad y existen menos conflictos entre los grupos involucrados en el proceso (propiedad, usuarios, vecinos, etc.). En otros lugares, los proyectos de uso múltiple sólo se pueden realizar cuando existen medidas adicionales por parte de los equipos de asistencia social y de supervisión de parques públicos. *Einfach/Mehrfach* ha demostrado que algunos proyectos con poco presupuesto pueden llegar a tener

The strategic project *Simple/Multiple* was founded in 1998, not to compete with the municipal policy on green spaces, but to complement it. Since then it has been working with two main concepts:

Multiple or Shared Use - *Mehrfachnutzung*
School sports fields and open spaces could represent a very attractive offer for children and young people outside school hours. But in Vienna it was not usual, as it is in Switzerland or the Netherlands, to open these installations to the general public and thus allow them to become incorporated into the infrastructure network of the neighbourhood.

Although the management and budgetary planning of state schools for compulsory education are decentralised (as is the case of streets, public green spaces, kindergartens, after school social welfare projects and supervision in public parks) the logic of obtaining the maximum use from available infrastructures is progressing at a very slow pace and must deal with criticism of the strategy owing to the extra effort it involves with regard to organisation and costs. Even so, it has been possible to establish multiple use projects in nearly all the districts of the city with different dimensions and characteristics.

In the suburbs, where there is generally a greater offer of open spaces for children and young people, the opening to the public of the sports installations of schools outside school hours functions more easily and fewer conflicts arise between the groups involved in the process (property owners, users, neighbours, etc.). In other places, multiple use projects can only be implemented when additional measures are made available by social welfare and public park supervision teams.

Antigua Central de Gas Leopoldau
Festival de Viena

Tipo de proyecto
Uso temporal cultural
Oferta
Nave bajo protección del patrimonio nacional (1000 m²) y el área de la antigua central de gas se utiliza como escenario para la producción del festival *Wiener Festwochen* 2009 de *Orpheus*, de Brett Bailey y The Third World Bunfight. Teatro con varios escenarios

Usuarios
Público del festival
Propiedad
Empresa municipal de energía *Wienenergie-Gasnetz*
Uso anterior
Central de gas en uso hasta 2004

Iniciativa y organización del proyecto

Mediación
Ente coordinador de uso múltiple
Organización
Festival *Wiener Festwochen*
Financiación
Festival *Wiener Festwochen*
Patrocinadores
La empresa de energia *Wienenergie-Gasnetz* facilitó el espacio

Gestión
Festival *Wiener Festwochen* y servicios contratados (empresa de seguridad)
Duración del proyecto
Temporada del festival Festwochen 2009

Type of project
Temporary cultural use
Description
Building protected as national heritage (1000 m²) and area of the former gas plant used as the venue for putting Orpheus on the Viennese festival *Wiener Festwochen 2009* by *Orpheus* Brett Bailey, and The Third World Bunfight. Theatre with several stages

Users
Persons attending the festival
Owner
Wienenergie - Gasnetz, municipal energy company
Previous use
Gas plant until 2004

Initiative and organiser of the project

Mediation
Multiple use coordinating organisation
Organiser
Wiener Festwochen festival

Financing
Wiener Festwochen festival
Sponsors
Wienenergie -Gasnetz (energy company): venue
Management
Wiener Festwochen festival and hired services (security company)
Length of the project
Festwochen 2009 festival season

Leopoldau Gas Plant
Festival of Vienna

un gran impacto, como en el caso de Pezzlgasse. Este pequeño parque colindante a un colegio público estaba dotado únicamente con una zona estancial y otra de juegos infantiles para niños pequeños. A falta de un espacio propio, los niños mayores y jóvenes que frecuentaban el parque saltaban habitualmente el vallado del recinto del colegio para acceder a sus canchas de baloncesto. Como resultado de un proceso de mediación entre los agentes involucrados, y patrocinado por un taller de cerrajería local, se añadió al cerramiento del colegio una segunda puerta que permite el uso compartido del campo entre los alumnos del colegio por las mañanas y los niños y jóvenes del barrio por las tardes y fines de semana.

Tras el éxito del proyecto de Pezzlgasse, la administración del Distrito 17 realizó otro más ambicioso en el parque Dr. Josef-Resch. Se trataba de un colegio que iba a ser cerrado por su falta de espacios exteriores y campos deportivos, cuando el parque colindante se encontraba en un estado de abandono que impedía su uso. Se optó por hacer una reforma general conjunta construyendo unas generosas instalaciones deportivas en el parque utilizadas, de nuevo, por el colegio durante las horas de clase y por el público en general después de clase, en días festivos y durante las vacaciones. El parque Dr. Josef-Resch se ha convertido desde entonces en un importante lugar de recreo para los jóvenes del vecindario, haciendo que el proyecto del estudio de paisajismo Kirchner haya merecido tanto el esfuerzo puesto en su planificación y diseño como la inversión en materiales de alta calidad.

Uso Intermedio - *Zwischennutzung*

El uso intermedio representa un programa temporal para terrenos que en su mayoría no son de la propiedad del Ayuntamiento de Viena y se desarrolla bajo el lema: «Los solares vacíos pueden ser algo más que aparcamientos de coches». Pero para poder realizar este tipo de intervenciones era fundamental encontrar primero una solución para el difícil tema de la responsabilidad civil. La solución

Simple/Multiple has demonstrated that some low-budget projects can come to have a great impact, as in the case of Pezzlgasse. This small park, adjacent to a state school, was endowed with only a recreation area and a play area for small children. Since they lacked their own space, the older children and youths who frequented the park regularly climbed over the fence into the school playground to reach the basketball courts. As the result of a mediation process between the agents involved, and sponsored by a local locksmith's workshop, a second gate was added to the school fence to allow the shared use of the playing field by the school pupils in the mornings and the children and young people of the neighbourhood in the afternoons and at weekends.

After the success of the Pezzlgasse project, the administration of the 17th District implemented another more ambitions scheme in the Dr. Josef-Resch Park. This involved a school that was going to be closed due to its lack of outdoor spaces and sports fields, when the neighbouring park was in a state of abandon that prevented its use. It was decided to carry out a general renovation jointly, building generous sports installations in the park which were used, again, by the school during school hours and by the general public after school, on public holidays and during the school holidays. Since then, the Dr. Josef-Resch Park has become an important recreation area for the young people of the neighbourhood, making the landscaping project by Kirchner worth both the effort given to its planning and design and the investment in high quality materials.

Intermediate Use - *Zwischennutzung*

Intermediate use represents a temporary programme for land which in the majority of cases does not belong to the Vienna City Council and is developed with the slogan: «Empty plots can be more than car parks». But in order to be able to carry out this type of intervention it was fundamental first of all to find a solution to the difficult matter of civil liability. The solution was provided by the proposal of the

Mädchengarten Jardín para niñas

Iniciativa y organización del proyecto

Tipo de proyecto
Proyecto para niñas
Oferta
Espacio creado para satisfacer las necesidades de tiempo libre y fortalecimiento especificas de las niñas con la posibilidad de ganar experiencia en distintas manualidades
Usuarios
Niñas entre 10 y 16 años

Propiedad
La sala de fiesta/bar *Szene Wien*
Uso anterior
Terraza/jardín de la sala de fiestas/bar

Iniciativa
Equipo de intervención regional *Regionalforum*: ente coordinador de las organizaciones sociales activas en el distrito, y sala de fiesta que ofreció su jardín
Mediación
Ente coordinador de uso múltiple
Organización
Asociacion *Wirbel*
Financiación
La administración del distrito

Patrocinadores
Sala de fiestas Szcre Win y Departamento de Parques y Jardines
Gestión
Desde 2009 por *Balu & Du* (asistencia social y de supervisión de parques públicos)
Duración del proyecto
Desde 1998

Type of project
Project for girls
Description
Space created to meet the specific free-time needs of girls and their empowerment, with the possibility of developing a variety of manual skills.
Users
Girls between the ages of 10 and 16

Owner
Festival hall/bar *Szene Wien*
Previous use
Terrace/garden of the concert hall

Initiative and organiser of the project

Initiative
Regionalforum regional intervention team: the organisation coordinating the social organisations working the district and the festival hall that offered their garden
Mediation
Multiple use coordinating organisation
Organiser
Wirbel association

Financing
Administration of the district
Sponsors
Szene Wien and the Department of Parks and Gardens
Management
Balu & Du (social assistance and supervision of public parks) since 2009
Length of the project
From 1998 / ongoing

Mädchengarten Girls' Playground

se presentó con la propuesta de la aseguradora de la ciudad de Viena (*Wiener Städtische Versicherung*) de cubrir los terrenos de propiedad ajena de la misma manera que las propiedades del Ayuntamiento sin costes adicionales siempre y cuando su uso no fuera comercial y estuvieran gestionados por un departamento municipal, como el de Parques y Jardines.

De esta forma se ha podido realizar, entre otros, el proyecto *Un verano en el distrito Hernals* que ofreció durante un verano una cancha de volei-playa en un solar vacío. Con el simple aporte de unos camiones de arena y un par de redes de voleibol se pudo ofrecer un lugar de ocio único y altamente frecuentado en uno de los distritos más densamente poblados de Viena. Lo que a simple vista parece una sencilla intervención conlleva, sin embargo, un intenso proceso de organización y negociaciones.

Cuando los primeros habitantes llegaron a Leberberg, uno de los nuevos grandes proyectos de expansión urbana en la periferia de Viena, el espacio público todavía no se había terminado de construir y la urbanización carecía de zonas verdes y equipamiento de ocio. Esta escasez de lugares de juego y estancia provocó gran cantidad de conflictos y denuncias entre los niños y jóvenes recién llegados, que debían jugar en los lugares menos apropiados como, por ejemplo, los garajes subterráneos.

En la búsqueda de soluciones, el equipo de intervención regional contactó con la entidad coordinadora de uso múltiple. Se localizó en la urbanización había una parcela para el futuro centro comercial que todavía no se había empezado a construir por la falta de promotor y se convenció al propietario para que cediera el terreno temporalmente para realizar, bajo la responsabilidad del Ayuntamiento, un proyecto con fines sociales. Durante un verano, la asociación *Kids Company* y los colaboradores del futuro centro de jóvenes organizaron un *Bauspielplatz* (parque infantil de construcción) donde niños y jóvenes podían construir, desmontar y reconstruir otra vez sus propios escenarios, cabañas y casas en los árboles,

city of Vienna insurance company (*Wiener Städtische Versicherung*) to cover land belonging to others in the same way as the properties of the Council at no additional cost provided that their use was not commercial and that they were managed by a municipal department, such as Parks and Gardens.
In this way it has been possible to complete, among others, the project *A summer in the Hernals district* which during one summer offered a beach-volleyball court on an empty plot. With the simple provision of a few lorry-loads of sand and a couple of volleyball nets it was possible to offer a unique and highly frequented leisure space in one of the most densely populated districts of Vienna. What appears at first sight to be a simple intervention involves, however, an intensive process of organisation and negotiations.

When the first inhabitants arrived at Leberberg, one of the large new urban expansion projects in the outskirts of Vienna, the building of public spaces had not yet been completed and the estate lacked green spaces and leisure facilities. This scarcity of places to play and spend time caused a great deal of conflict and accusations among children and youths, who had to play in the most inappropriate spaces such as, for example, underground car parks.

In the search for solutions, the regional intervention team contacted the temporary use coordinating organisation. A plot was located on the estate that was destined for the future shopping centre, on which building work had not yet begun owing to the lack of a developer, and the owner was persuaded to cede the land temporarily in order to implement, under the responsibility of the Council, a project with social aims. During one summer, the association *Kids Company* and the collaborators of the future youth centre organised a *Bauspielplatz* (children's construction park) where children and young people could build, dismantle and rebuild their own stages, cabins and tree houses, developing skills and enjoying experiences that parks and green spaces do not usually allow.

Espacio multiuso en la piscina municipal *Einsiedlerpark*

Iniciativa y organización del proyecto

Tipo de proyecto
Uso múltiple en espacio interior
Oferta
Complemento del parque con la oferta de un espacio interior, oprtunidad para actividades de ocio múltiples, utilizable durante todo el año
Usuarios
Niños y adolescentes entre 8 y 18 años
Propiedad
Piscinas municipales de Viena, *Wiener Bäder*, parte contratante: asociación IFEP (*Institut für Erlebnispädagogik und Outdooraktivitäten* - Instituto para la pedagogía de la vivencia y actividades al aire libre)
Uso anterior
Casa de baños municipal

Iniciativa
Equipo de intervención regional *Regionalforum*: ente coordinador de las organizaciones sociales activas en el distrito
Mediación
Ente coordinador de uso múltiple
Organización
Departamento de la Administración de Inmuebles Municipales
Financiación
La administración del distrito
Patrocinadores
Piscinas municipales: calefacción
Gestión
Institut für Erlebnispädagogik und Outdooraktivitäten - Instituto para la pedagogía de la vivencia y actividades al aire libre
Duración del proyecto
Desde 2003

Type of project
Multiple use in interior space
Description
Complement of the park with the design of an interior space, the opportunity for multiple free-time activities that can be used all year long
Users
Children and teenagers between the ages of 8 and 18
Owner
Vienna municipal swimming pools, *Wiener Bäder*, hiring party: IFEP association (*Institut für Erlebnispädagogik und Outdooraktivitäten* - Institute for Experiential Learning and Outdoor Activities)
Previous use
Municipal swimming house

Initiative and organiser of the project

Initiative
Regionalforum regional intervention team: the organisation coordinating the social organisations working the district
Mediation
Multiple use coordinating organisation
Organiser
Department of the administration of municipal property
Financing
Administration of the district
Sponsors
Municipal swimming pools: heating
Management
IFEP (*Institut für Erlebnispädagogik und Outdooraktivitäten* / Institute for Experiential Learning and Outdoor Activities)
Length of the project
From 2003 / ongoing

Multipurpose space in the *Einsiedlerpark* municipal swimming pool

desarrollando habilidades y viviendo experiencias que los parques y zonas verdes habituales no ofrecen.

Necesidades especiales de las niñas
En el marco de la estrategia *Einfach/Mehrfach* entran también proyectos enfocados a las necesidades especiales de grupos de usuarios del espacio público como son las niñas y chicas jóvenes. Los proyectos de uso compartido de «jardines para niñas» ofrecen lugares exclusivos para las jóvenes donde pueden reunirse, jugar, bailar o experimentar con distintas manualidades (actividades que no siempre se atreven hacer en los parques públicos).

Recientes estudios han mostrado que las jóvenes a partir de los doce años se suelen retirar del espacio público, especialmente en áreas conflictivas de la ciudad y muchas veces por iniciativa de sus padres. En los casos donde los equipos de asistencia social y supervisión de los parques trabajan con grupos de niñas, éstas han expresado siempre la necesidad de un lugar protegido para su uso exclusivo. Las experiencias desarrolladas han demostrado que esto ayuda a las chicas a volver a los parques y tomar un papel activo en la configuración de estos espacios formulando sus propias exigencias hacia estos lugares.

Estas observaciones se han incorporado en las recomendaciones para una planificación sensible con el genero de parques públicos publicados por el Departamento para una Planificación y Construcción Adaptada al Uso Cotidiano y a las Necesidades de las Mujeres del Ayuntamiento de Viena.

Special requirements of girls
The strategy of *Simple/Multiple* also includes within its framework projects focused on the special requirements of groups of users of public spaces such as girls of different ages. The shared use projects «gardens for girls» offer exclusive places for girls where they can meet, play, dance or experiment with different handcrafts (activities that they do not always dare to do in public parks).

Recent studies have shown that girls from the age of twelve usually withdraw from public spaces, especially in conflictive areas of the city and often on the initiative of their parents. In cases where social welfare and park supervision teams work with groups of girls, they have always expressed the need for a protected place for girls' exclusive use. The experiments performed have shown that this helps girls to return to the parks and take an active role in the configuration of these spaces, expressing their own demands regarding these places.

These observations have been incorporated in the recommendations for the gender-sensitive planning of public parks published by the Department for Planning and Construction Adapted to Daily Use and the Needs of Women of the Vienna City Council.

Partners and participatory processes
Participatory processes are of great importance to the city of Vienna and the requirements for these projects for multiple and intermediate use are always established by the affected users or by the social welfare youth sector.

The most important partners in the implementation and financing of these projects are the district administrations. The *Simple/Multiple* strategy is implemented in all the districts of the city and is

Unter der Nordbrücke
Bajo el Puente Norte

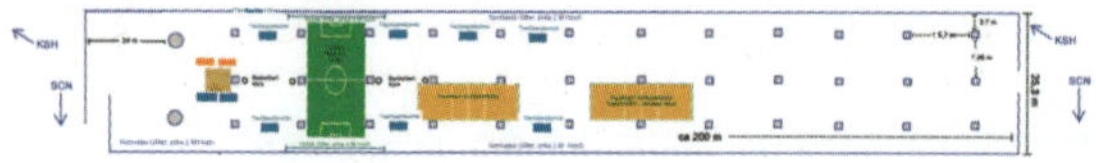

Iniciativa y organización del proyecto

Tipo de proyecto
Oferta de actividades deportivas al aire libre
Oferta
Espacios para deporte y juegos debajo de una nueva salida de autopista

Usuarios
Adolescentes y adultos jóvenes
Propiedad
ASFINAG (Sociedad anónima para la financiación de autopistas)
Uso anterior
Zona de seguridad por debajo de la estructura del puente

Iniciativa
Departamento para la construcción de puentes, MA 29. Petición de la fundación alemana para niños y adolescentes para conseguir financiación por parte de la empresa NIKE
Mediación
Ente coordinador de uso múltiple
Organización
Asociación *Juvivo*, Departamento de Parques y Jardines

Financiación
la administración del distrito, Departamento de Parques y Jardines, Nike
Patrocinadores
Convers: elementos para skater
Gestión
Asociación *Juvivo* como responsable del proceso participativo, Departamento de Parques y Jardines (parte técnica)
Duración del proyecto
Desde 2007

Type of project
Design of outdoor sports activities
Description
Areas for sports and games under a new motorway exit.
Users
Teenagers and young adults

Owner
ASFINAG (Corporation that finances motorways)
Previous use
Safety zone under the bridge structure

Initiative and organiser of the project

Initiative
Department of bridge building; MA 29, request from the German foundation for children and teenagers to secure financing from the company Nike
Mediation
Multiple use coordinating organisation
Organiser
Juvivo association, Department of Parks and Gardens

Financing
Administration of the district, Department of Parks and Gardens, and Nike
Sponsors
Converse: facilities for skaters
Management
Juvivo association, as the group in charge of the participatory process, Department of Parks and Gardens for the technical questions
Length of the project
From 2007 / ongoing

Unter der Nordbrücke
Under the North Bridge

Socios y procesos participativos
Los procesos participativos son de gran importancia para la ciudad de Viena y los requerimientos para estos proyectos de uso múltiple e intermedio siempre se establecen por parte de los usuarios afectados o por parte del sector de la asistencia social para jóvenes.

Los socios más importantes en la realización y financiación de estos proyectos son las administraciones de los distritos. La estrategia *Einfach/Mehrfach* está implementada en todos los distritos de la ciudad y cuenta con un amplio abanico de proyectos. Esto significa que el apoyo de la entidad coordinadora del uso múltiple se limita cada vez más a la concepción y la consulta en la fase inicial de proyectos y no tiene que estar involucrada por completo en todos los pasos hasta su realización.

Los nuevos retos para la entidad coordinadora son sobre todo la creciente demanda de *indoor-facilities* como complemento a las zonas libres y áreas verdes públicas. Además, se concentra la búsqueda en lugares disponibles para la cultura juvenil, eventos y deportes de tendencias.

involved with a wide range of projects. This means that the support of the co-ordinating organisation for temporary use is increasingly limited to conception and consultation in the initial phase of the projects and it does not need to be completely involved in all the steps leading to completion.

The new challenges for the coordinating organisation are, above all, the growing demand for indoor facilities as a complement to the public open spaces and green areas. Moreover, the search is centred on places available for youth culture, events and trend sports.

1

1 **POTENCIAL DE LOS SOLARES VACÍOS**
POTENTIAL OF EMPTY PLOTS

Entrevista con Jutta Kleedorfer, entidad coordinadora del uso múltiple del Ayuntamiento de Viena

Entrevista realizada por Anna Laura Jeschke

P: Después de una larga experiencia de su departamento con la gestión de espacios de uso temporal en Viena, ¿Cuáles son todavía los principales retos? ¿En qué sentido ha cambiado el trabajo del departamento?

R: En cada uno de nuestros proyectos hay todavía una difícil primera fase de protesta de los vecinos de los solares o lugares donde queremos que jueguen los niños. Aconsejamos a la administración de los distritos que aguante y que intente buscar el diálogo con los afectados con la ayuda de los agentes sociales del barrio. Pensamos que uno de nuestros retos principales es encontrar sitios de encuentro y comunicación para jóvenes cuyo acceso no dependa del dinero. Para conseguir esto tenemos que encontrar espacios que tiengan varias posibilidades de uso interior y exterior. Eso implica normalmente costes más elevados pero tenemos que esforzarnos. Bajos sin uso y locales comerciales vacíos son algunos de los lugares posibles. Hasta ahora, el trabajo de las organizaciones de trabajo social y recreativo con niños ha sido muy importante para el éxito de nuestros proyectos. Estas organizaciones funcionan como mediador en caso de conflictos y han aumentado la confianza en nuestro trabajo. Pero queremos llegar a una mayor auto-organización de los niños, darles más responsabilidad y posibilidades de decidir. Es un gran desafío pero creo que vale la pena el esfuerzo. Además, hemos empezado a trabajar en el uso temporal cultural de edificios (como se hace desde ya mucho en Berlín y otras ciudades de Alemania) y ya contamos con varios proyectos, como el *Gaswerk Leopoldau*, las naves abandonadas de una distribuidora de gas natural, donde se realizó en 2009 la produccion *Orfeo* del Festival de Viena, o la *Mission Ignition Kagran* (MIK) y pensamos que hay una gran demanda para este tipo de espacios en

Interview with Jutta Kleedorfer, Vienna City Council coordinating entity for temporary use

Interview by Anna Laura Jeschke

Q: After a lengthy experience by your department in the management of spaces for temporary use in Vienna, what continues to be the main challenges? In what way has the work of the department changed?

R: In all of our projects there is still a difficult first phase of protest by the neighbours of the plots or places where we want children to play. We advise the district administration to hold out and try to seek a dialogue with those affected, with the assistance of social partners in the neighbourhood. We consider that one of our main challenges is to find meeting and communication places for the young to which access does not depend on money. To achieve this we have to find spaces that offer various possibilities for use, indoor and outdoor. This normally implies higher costs but we have to make the effort. Unused ground floors and empty commercial premises are some of the possible places. Up to now, the work of organisations dedicated to social and recreational work with children has been very important for the success of our projects. These organisations work as mediators in the case of conflict and have increased confidence in our work. But we want to achieve greater self-organisation for the children, to give them more responsibility and decision-making possibilities. It is a huge challenge but I believe it is worth the effort. In addition, we have started working on the temporary cultural use of buildings, which is already prevalent in Berlin and other cities in Germany. We already have various projects for temporary cultural use, such as *Gaswerk Leopoldau*, abandoned warehouses and a natural gas distribution plant, where the production of *Orfeo* for the Vienna Festival was performed in 2009 or the *Mission Ignition Kagran* (MIK), a socio-cultural intervention. We believe there is a great demand for this type of project in Vienna.

Viena. Nuestro trabajo tiene mucho apoyo por parte del Ayuntamiento aunque existe aún cierta crítica de parte del Departamento de Espacios Verdes al uso temporal de los espacios libres ya que estos arreglos espontáneos no pueden sustituir una ambiciosa política de planificación y diseño del espacio urbano. Son proyectos concretos para necesidades que no puede satisfacer la planificación convencional.

P: Algunos de los proyectos realizados en los últimos años en Viena desaparecen después de una temporada, otros siguen existiendo. ¿Se puede hablar todavía de uso temporal en estos casos?

R: Sí, se puede. Porque aún los proyectos que existen a lo largo de varios años, en el contrato que hacemos con la propiedad (puede ser un privado o una entidad del Ayuntamiento de Viena) figuran como espacios temporales. Después de todos estos años de trabajo ya existe la confianza de que nosotros no ocupamos los terrenos permanentemente, sino que nos vamos cuando es necesario. Este compromiso es muy importante para el éxito de futuros proyectos.

P: El uso temporal de espacios libres tenía al principio la idea de aumentar la oferta de sitios de juego y estancia para niños y jóvenes en los barrios céntricos de Viena que carecían de parques y jardines públicos. ¿Por qué habéis empezado a trabajar también en el tejido de bloque abierto de la periferia?

R: También fue una sorpresa para nosotros. Nuestra filosofía de trabajo es que nunca buscamos las necesidades sino que trabajamos sólo si hay gente del barrio que contacta con nosotros con un plan en concreto o porque carecen de zonas de juego.

Hemos notado que la gente que opta por vivir en la periferia se van allí porque piensan que serán zonas más verdes y con más oferta para niños y jóvenes. Pero, en realidad, los nuevos proyectos de vivienda

Our work receives a great deal of support from the Council although there is still a certain amount of criticism from the green spaces department regarding the temporary use of open spaces since these spontaneous arrangements cannot substitute an ambitious policy for the planning and design of urban spaces. They are specific projects for needs that cannot be satisfied by conventional planning.

Q: Some of the projects completed in recent years in Vienna disappear after one season, others continue to exist. Is it still possible to speak of temporary use in these cases?

R: Yes, it is. Because even projects that exist for several years, in the contract that we sign with the property owner (it may be a private individual or a body of the Vienna City Council) they are described as temporary spaces. After all these years of work there is now confidence that we do not occupy these terrains permanently, but we leave when necessary. This commitment is very important for the success of future projects.

Q: In the beginning, the idea of the temporary use of open spaces was to increase the offer of playgrounds and recreation areas for children and young people in the central neighbourhoods of Vienna that lacked parks and public gardens. Why have you also started to work in the open block neighbourhoods of the outskirts?

R: It was a surprise for us too. Our philosophy of work is that we never look for needs but we work only if there are people in the neighbourhood who contact us with a specific plan or because they lack play areas. We have noticed that people who choose to live in the suburbs go there because they think these areas will be greener and with more to offer children and young people. But in reality, the new housing developments only offer play areas for children of up to three years, who are considered in the planning

ofrecen sólo zonas infantiles para niños de 0-3 años, que son los están previstos en la normativa urbanística. Cuando los niños alcanzan mayor movilidad ya no hay muchos sitios para ellos. Y a veces el proceso de urbanización va tan rápido que el Ayuntamiento no llega a tiempo con la construcción de parques y jardines, o no cuenta con suficientes medios para la implementación de zonas verdes.

P: ¿Cómo ve el trabajo de Viena en comparación con otras ciudades europeas? ¿Hay tendencias en común? ¿Todas las ciudades tienen las mismas necesidades?

R: Creo que las ciudades tienen necesidades distintas. Me sorprendí cuando me comentaban los compañeros de Italia que allí no hay iniciativas como la nuestra porque parece que no hay necesidad de este tipo de programas para el espacio libre. En Alemania, en cambio, hay muchos proyectos de uso temporal y tenemos un intercambio de experiencias con algunas administraciones, pero Francia carece también de programas parecidos. En comparación con el resto de Europa, Viena invierte mucho en el espacio público y en las necesidades de niños y jóvenes en la ciudad. No hay ninguna ciudad que tenga tantas organizaciones de trabajo social y recreativo en este entorno. Cuesta mucho dinero pero estamos convencidos de que es una inversión importante para el futuro.

regulations. When the children attain greater mobility there are no longer many places for them. And sometimes the development process goes so quickly that the Council is unable to keep up with the construction of parks and gardens, or does not have sufficient means for the installation of green spaces.

Q: How do you see the work in Vienna compared with other European cities? Are there any common trends? Do all cities have the same needs?

R: I believe that cities have different needs. I was surprised when colleagues in Italy mentioned to me that they have no initiatives like ours because there seems to be no need for this type of programme for open spaces. In Germany, on the other hand, there are many projects for temporary use and we exchange experiences with some administrations, but France also lacks similar programmes. In comparison with the rest of Europe, Vienna invests a great deal in public space and the needs of children and young people in the city. No city has so many organisations for social and recreational work in this environment. It costs a lot of money but we are convinced that it is an important investment for the future.

B3_ GREEN GUERRILLAS

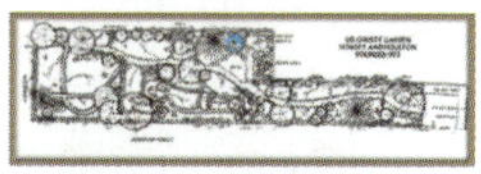

B3_ GREEN GUERRILLAS

base: Nueva York (US)
web: www.greenguerillas.org
descripción: debido al penoso estado de muchos solares del Lower East Side de Manhattan, a principios de los setenta surgieron las Green Guerrillas, grupo fundado por la artista Liz Christy, que utilizaban bombas de semillas de fabricación casera para hacer florecer estos espacios de abandono que eran literalmente bombardeados por los «comandos» de los *guerrilleros verdes*. Poco después de fundar el primer jardín colectivo autogestionado de Nueva York y debido al éxito del mismo, las Green Guerrillas comenzaron a organizar talleres y a utilizar el jardín como huerto experimental y refugio de plantas. Más de treinta años después, Green Guerrillas es una ONG que forma parte de la red de asociaciones sin ánimo de lucro que nutren y sostienen la creación y el desarrollo de huertos comunitarios y la agricultura urbana en la ciudad de Nueva York. Usando una combinación de educación, organización y campañas de defensa, Green Guerrillas ayuda a grupos auto-organizados, asociaciones y jardineros a gestionar y cultivar jardines comunitarios que prosperan como parques, granjas urbanas y centros sociales al aire libre.

Liz Christy fundó además el Open Space Greening Program de la Concejalía de Medioambiente en 1975 y poco después se creó Green Thumbs, programa que gestiona la ocupación de los solares vacíos y da actualmente asistencia a 600 jardines comunitarios.

base: New York (US)
website: www.greenguerillas.org
description: Green Guerillas was founded in the early 1970s by the artist Liz Christy in response to the terrible state of numerous vacant plots on Manhattan's Lower East Side. The «commandos» of these Green Guerrillas literally bombed abandoned spaces to make them bloom. Soon after creating New York's first locally managed community garden and due to its success, the Green Guerillas started organising workshops and using the gardens as experimental vegetable patches and as plant shelters. More than 30 years later, Green Guerillas is now an NGO and part of a network of non-profit associations which nurture and preserve the creation and development of community vegetable gardens and urban farming in the city of New York. Using a combination of education, organisation and advocacy campaigns, Green Guerillas helps grassroots groups, associations and gardeners to manage and cultivate community gardens that prosper as parks, urban farms and outdoor social centres.

Liz Christy also founded the Open Space Greening Program at the Council of the Environment of New York City (1975), and soon after that Green Thumbs was created, a programme which manages the occupation of empty plots and currently supports 600 community gardens.

caso de estudio #8

qué: Liz Christy Community Garden
quiénes: Green Guerrillas y la comunidad del jardineros del La Guardia Corner Gardens
cuándo: 1973/hoy
dónde: Bowery Street con Houston Street en Manhattan, Nueva York
cómo: en noviembre de 1973, La artista Liz Christy y los Green Guerrillas decidieron, tras limpiar y arreglar un solar de su barrio, pedir permiso para gestionarlo de forma colectiva.
Poco tiempo después, el Ayuntamiento se lo cedía por un dolar al mes y bajo el nombre de Bowery Houston Community Farm and Garden surgió el primer huerto comunitario de la ciudad de Nueva York. El *Liz Christy Community Garden*, como fue renombrado en homenaje a su fundadora, todavía subsiste a pesar de las amenazas de desaparición gracias a la presión popular.
cuánto: 600 € al año en plantas tierra y gastos generales
etiquetas: proceso / coste bajo / proyecto social / agente colectivo / años

case study #8

what: Liz Christy Community Garden
who: Green Guerillas and the gardeners at La Guardia Corner Gardens
when: 1973/ongoing
where: Corner of Bowery and Houston Streets in Manhattan, New York
how: in November 1973, the artist Liz Christy and the Green Guerillas cleaned and tidied an empty plot in their neighbourhood and then decided to ask permission to manage it collectively. Soon afterwards, the city council rented it to them for one dollar per month and the Bowery Houston Community Farm and Garden was born, the first community garden in New York City. The Liz Christy Community Garden, as it was renamed in honour of its founder, has survived to this day, despite threats of removal, and thanks to vocal popular support
how much: € 600 per year for plants, soil and general costs
tags: process / low cost / social project / collective agent / years

Jardines y huertos comunitarios de la ciudad de Nueva York

Liz Christy

En la actualidad [1983], hay en la ciudad de Nueva York más de 750 emplazamientos de proyectos de espacios abiertos patrocinados por la comunidad. Algunos de ellos son adjudicaciones de terrenos para el cultivo individual de hortalizas o flores, otros son parques que cuentan con la participación de la comunidad en las tareas de gestión y mantenimiento y otros son terrenos multiuso entre los que se incluyen áreas para la recreación tanto activa como pasiva. Casi todos contienen en sus nombres la palabra comunitario precedida de parque, jardín, huerto o granja. Prácticamente todos los proyectos son diferentes entre sí.

A lo largo de la historia, las personas se han agrupado para cultivar plantas por supervivencia y por placer, y el término jardín o huerto comunitario expresa la dependencia tradicional de dos formas de vida vinculadas por las necesidades básicas y con un resultado beneficioso para todos los participantes.

La naturaleza transitoria del periodo actual de los cultivos comunitarios se puede poner mejor en perspectiva si se analizan las siete etapas de los huertos creados en terrenos públicos en Estados Unidos: los bancales de patatas (*Potato Patches*, 1894-1917), los huertos escolares (*School Gardens*, 1900-1920), las parcelas de la ciudad jardín (Garden City Plots, 1905-1920), los huertos de la libertad (*Liberty Gardens*, 1917-1920), los huertos de auxilio (*Relief Gardens*, 1930), los jardines de la victoria (*Victory Gardens* de la Segunda Guerra Mundial) y los actuales huertos y jardines comunitarios, que datan de 1970.

New York City Community Gardens

Liz Christy

There are at present [1983] over 750 community sponsored open space project sites in New York City. Some of these are allotments for individual vegetable or flower plots; some are parks involving community participation in maintenance and management; other is multi use, including both passive and active recreation. Most have the word community in their names, followed by park, garden or farm. Almost every project is different.

People have historically joined together to grow plants for survival and pleasure and the term community garden expresses traditional dependency of two life forms, linked together by basic needs, giving benefit to each participant.

The transient nature of the current community garden period can be best put in perspective by looking at the seven ages of allotment vegetable gardens here in the United States: the *Potato Patches* (1894-1917), the *School Gardens* (1900- 1920), the *Garden City Plots* (1905-1920), the *Liberty Gardens* (1917-1920), the *Relief Gardens* (1930), the *Victor Gardens of World War II*, and the current community allotment gardens, dating from 1970.

What is striking is that vacant or what is called «lazy» or «wastrel» land is not considered permanent, but is inextricably linked with economic and social health. When we as a society are hurting, only then do we turn to community gardening as a panacea. It is my contention that Mayor Koch presently has under his jurisdiction more acres of open space than any mayor since at least the turn of the century. These vast and scattered acres of wasted land, lazy lots, acres of rubble and debris represent a tremendous

1

2

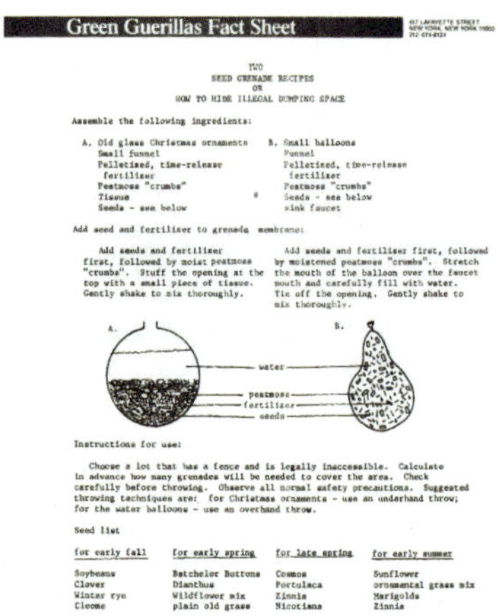

Green Guerillas Fact Sheet

TWO
SEED GRENADE RECIPES
OR
HOW TO HIDE ILLEGAL DUMPING SPACE

Assemble the following ingredients:

A. Old glass Christmas ornaments
Small funnel
Pelletized, time-release fertilizer
Peatmoss "crumbs"
Tissue
Seeds - see below

B. Small balloons
Funnel
Pelletized, time-release fertilizer
Peatmoss "crumbs"
Seeds - see below
sink faucet

Add seed and fertilizer to grenada membrane:

Add seeds and fertilizer first, followed by moist peatmoss "crumbs". Stuff the opening at the top with a small piece of tissue. Gently shake to mix thoroughly.

Add seeds and fertilizer first, followed by moistened peatmoss "crumbs". Stretch the mouth of the balloon over the faucet mouth and carefully fill with water. Tie off the opening. Gently shake to mix thoroughly.

A. B.
water
peatmoss
fertilizer
seeds

Instructions for use:

Choose a lot that has a fence and is legally inaccessible. Calculate in advance how many grenades will be needed to cover the area. Check carefully before throwing. Observe all normal safety precautions. Suggested throwing techniques are: for Christmas ornaments - use an underhand throw; for the water balloons - use an overhand throw.

Seed list

for early fall	for early spring	for late spring	for early summer
Soybeans	Batchelor Buttons	Cosmos	Sunflower
Clover	Dianthus	Portulaca	ornamental grass mix
Winter rye	Wildflower mix	Zinnia	Marigolds
Cleome	plain old grass	Nicotiana	Zinnia

3

1 **GREEN GUERRILLAS EN LOS AÑOS 70**
GREEN GUERRILLAS IN THE 70'S

2 **LIZ CHRISTY EN EL JARDÍN**
LIZ CHRISTY IN THE GARDEN

3 **BOMBA DE SEMILLAS INSTRUCCIONES DE USO**
SEED-BOMB FACT SHEET

Lo más sorprendente es que el suelo desocupado, también llamado «baldío» o «sin cultivar», está inextricablemente unido a la salud económica y social. Sólo cuando sufrimos como sociedad recurrimos a los cultivos comunitarios como si de una panacea se tratase. Creo que el alcalde Koch tiene actualmente bajo su jurisdicción más acres de espacio abierto que ningún otro alcalde, al menos desde el cambio de siglo. Estas vastas y dispersas extensiones de tierra baldía, de parcelas improductivas, acres de escombros y desechos, representan una formidable oportunidad para empezar a planificar áreas vitales y humanitarias para la ciudad y sus residentes futuros. Un planeamiento práctico, creativo y de amplio alcance llegará de la mano de los fondos aportados por los sectores público y privado y estará supervisado por la opinión y la presión públicas. Recordemos, sin embargo, que la superficie de los parques públicos ha disminuido en Manhattan desde 1915 mientras que la población del municipio ha aumentado.

El incremento registrado en el número de grupos involucrados en la defensa de ciertos parques o árboles de la vía pública y carriles para bicicletas, activos también en la lucha contra la contaminación, ha tenido un pequeño impacto en el gobierno de la ciudad de Nueva York en los últimos cinco años. Existe una red mejor comunicada y los votantes de nuestra ciudad se están convirtiendo en un electorado más concienciado y participativo. La energía de los residentes en los vecindarios y su entusiasmo por el desarrollo de los espacios abiertos no se pueden medir en términos estrictamente económicos, sociales, psicológicos o políticos.

Lo maravilloso de los proyectos de espacios abiertos es que cada uno de ellos es único, cada proyecto está adaptado a las necesidades de un vecindario y evoluciona a medida que los nuevos requisitos y usos lo exigen. En los últimos diez años, los participantes en los proyectos de espacios abiertos patrocinados por la comunidad han acumulado experiencia y madurez y se han visto obligados a evolucionar políticamente.

opportunity to start to plan humane and vital areas for the city and its future residents. Long range, practical and creative planning is going to come with money from the public and private sectors and monitored by public pressure and opinion. However, keep in mind that public park acreage has decreased in Manhattan since 1915 while the borough's population has risen.

An increase in the number of advocacy groups for particular parks, street trees, bike lanes and anti-pollution interests has made a small impact on New York City government in the last five years. There is a network, with better communication, and the voters in our city are in the process of becoming a more involved, educated constituency. The energy and enthusiasm from neighborhood residents for open space development cannot be measured in strictly economic, social, psychological or political terms.

The wonderful thing about open space projects is that each is unique; each project is tailored to the needs of the neighborhood, evolving as necessary to meet new needs and functions. In the last ten years, participants in community sponsored open space projects have gained experience, matured, and evolved politically as a necessity.

In New York City, the play lots program under Mayor Lindsay during the late 1960's demonstrated that play equipment and asphalt could not be dropped into a neighborhood as if by helicopter and enjoy more then a temporary heyday with the neighborhood residents. The absence of block resident input into the design process, and the omission of active participation of the user population in the actual construction diminished the benefits of the gift play equipment. This was especially evident when the responsibility for maintaining the site later fell on community residents, of whom only a small percentage actually used the developed space. The equipment chosen met the traditional criteria of low maintenance of the municipal bureaucracy, but the actual job of repair and maintenance fell to unprepared hands. In some

4

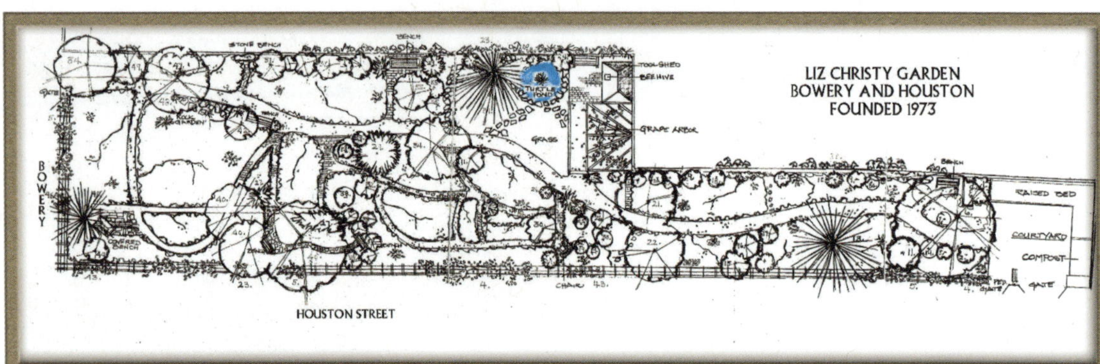

5

4 **FOTOS DEL JARDÍN LIZ CHRISTY**
LIZ CHRISTY COMMUNITY GARDEN PICTURES

5 **PLANTA DEL JARDÍN LIZ CHRISTY**
LIZ CHRISTY COMMUNITY GARDEN PLAN

En la ciudad de Nueva York, el programa de parcelas para juegos desarrollado por el alcalde Lindsay en los últimos años de la década de 1960 demostró que el equipamiento para juegos y el asfalto no se podían soltar en un vecindario como si se lanzaran desde un helicóptero si se esperaba que disfrutasen de algo más que un auge temporal entre los habitantes de la zona. La falta de comunicación con los residentes del área en el proceso de diseño y el hecho de que no hubiera participación activa de la población de usuarios en la construcción reducían los beneficios del equipo recreativo donado. Esto resultaba especialmente evidente cuando la responsabilidad del mantenimiento de estas parcelas recaía después en los residentes de la comunidad, de los que sólo un pequeño porcentaje utilizaba en la práctica el espacio creado. Los equipos elegidos cumplían los criterios tradicionales de bajo mantenimiento establecidos por la burocracia municipal, pero las tareas reales de reparación y mantenimiento terminaban en manos no experimentadas. En algunos casos, los residentes se preguntaban cuándo volvería la *City* (ese gigante amorfo del dinero y el mantenimiento) a recoger la basura y los vidrios rotos del asfalto agrietado o a cambiar el revestimiento de goma protector situado bajo el tobogán.

A finales de los sesenta, la ciudad era generosa en el reparto de materiales destinados a mantener a los residentes con rentas bajas satisfechos con sus propios vecindarios, ya que las conclusiones alcanzadas por los estudios de los disturbios urbanos subrayaban la importancia de ofrecer más instalaciones recreativas. Pero lo que se proporcionaba era equipamiento «a perpetuidad», material tan indestructible como fuera posible para reducir los requisitos de mantenimiento. Las parcelas para juegos rectilíneas y repartidas por las calles secundarias siguieron ancladas en la cuadrícula urbana, con más superficies duras como el asfalto y el hormigón y metales sensibles a la temperatura que limitaban la actividad a los juegos adecuados para estos materiales, con poco que pudiera suavizar la rudeza de aquellas áreas.

cases, residents wondered when the «City» (that amorphous money and maintenance giant) would come back to sweep up the litter and broken glass off the cracked asphalt or replace the safety rubber matting under the slide.

The City in the late 1960s was generous with materials to keep low-income residents content with their own neighborhoods because the conclusions reached in the studies of urban riots stressed increased facilities for recreation. But what was provided was in perpetuity equipment, hardware that is as indestructible as possible, lowering maintenance requirements. The side street and rectilinear play lots remained locked into the urban grid, with more hard surfaces such as asphalt, concrete and temperature sensitive metals conductive to hard play, with little to soften the roughness of those areas.

At about this time, the number of vacant lots in the City began to increase at a phenomenal rate. The combination of arson and landlord abandonment led to rows of burnt out, bricked up buildings and ugly, refuse filled vacant lots. As the City's financial condition worsened, urban renewal and other building plans were postponed; the bulldozed areas lay empty. Once land was given grudgingly to community gardens during the war and depression years. Now it is estimated that vacant land in the City may be as much as 15,000 acres. The sight of the vacant lots was an added incentive to the neighborhood groups that spring up over the past fifteen years, sometimes acting as the unifying factor and the focal point of the groups activity, starting as just a neighborhood effort to stop illegal dumping.

The Parks Council, New York City good government watchdog for urban parks and neighborhood improvement, began to investigate the potential of this vacant land. Their publication of May 1969, *A Little About Lots*, spawned many do it yourself, intimate neighborhood projects. They also sponsored a Wall Street Flower Show on the steps of Federal Hall with flowering trees and shrubs, which they

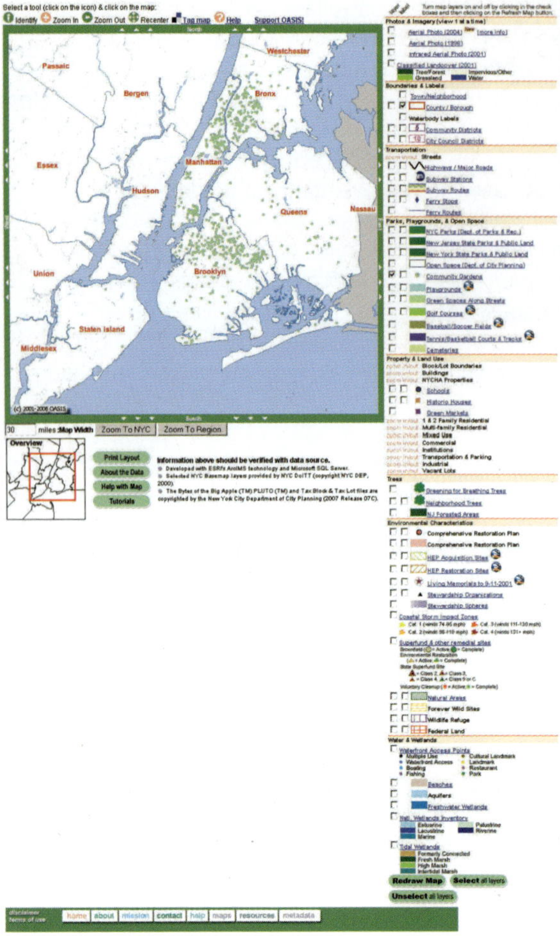

6

7

http://www.oasisnyc.net/

La Cooperativa del Sistema Abierto y Accesible de Información Espacial (OASIS: *Open Accessible Space Information System)* de la Ciudad de New York es una empresa comunitaria donde organizaciones locales diseñan y ponen a prueba el primer recurso extensivo de mapeo abierto de Nueva York. OASIS facilita y enfoca la distribución de recursos de Sistemas de Información Geográfica (SIG) que suministren información ajustada y precisa sobre la infraestructura de espacios verdes de NY. OASIS se basa en la convicción de que un inventario común, libre y abierto del espacio verde es de valor incalculable para los grupos comunitarios que trabajan con los jardines, la agricultura y el desarrollo urbanos. En Nueva York y otros lugares de los Estados Unidos, los SIG y otros Sistemas de GeoData constituyen herramientas de planeamiento fundamentales para el procesado de la visualización espacial y el análisis de datos.

http://www.oasisnyc.net/

The New York City Open Accessible Space Information System Cooperative (OASIS) is a community-based undertaking, local organizations design and test the first city wide, web-based, open space mapping resource for NYC. OASIS facilitates and focuses the delivery of Geographic Information Systems (GIS) resources to provide timely and accurate information about the green infrastructure of NYC. OASIS is based on the belief that a common, free, open space inventory is invaluable to NYC's greening and planning communities. In NYC and across the Nation, GIS and other GeoData Systems are critical planning tools for enhanced spatial visualization and data analysis.

6 **OASIS - MAPA DE LAS ZONAS VERDES DE NY**
OAISIS - NEW YOTK CITY GREEN AREAS MAP

7 **JARDINES EN EL LOWER EAST SIDE**
LOWER EAST SIDE GARDENS

Por la misma época, el número de parcelas vacías de la ciudad empezó a aumentar a una velocidad sorprendente. La combinación de incendios provocados y abandonos por parte de los propietarios dio como resultado hileras de edificios quemados y tapiados y feas parcelas desocupadas invadidas por la basura. Cuando la situación financiera de la ciudad empeoró, las reformas urbanas y otros planes de edificación se pospusieron y las áreas demolidas quedaron vacías. Durante los años de la guerra y la depresión, la tierra se cedía a regañadientes a los huertos comunitarios. Ahora se estima que el suelo sin construir de la ciudad debe de rondar las 6.070 hectáreas. La visión de las parcelas vacías, convertidas en algunos casos en factor unificador y foco de la actividad, fue un incentivo adicional para los grupos vecinales que han proliferado en los últimos quince años y que nacieron como simples iniciativas del vecindario para detener el vertido ilegal de basuras.

El *Parks Council*, el organismo de la ciudad de Nueva York encargado de supervisar las buenas prácticas en la mejora de los vecindarios y los parques urbanos, empezó a investigar el potencial de estos terrenos baldíos. Su publicación de mayo de 1969, *A Little About Lots*, impulsó muchos proyectos vecinales privados y desarrollados por los residentes con sus propias manos. Entre 1970 y 1974, este organismo patrocinó además una exposición de flores en Wall Street, en las escaleras del Federal Hall, con árboles florales y arbustos que se donaban a los grupos comunitarios que necesitaban material de cultivo para sus proyectos. Hace veinte años, si una era realmente persistente, podía crear con la ayuda de sus vecinos «algo a partir de nada» y era algo vivo, mejor que las sofisticadas parcelas para juegos construidas por la ciudad. En el mismo periodo, Mollie Parnis, la diseñadora de ropa, fundó el concurso *Dress Up Your Neighborhood*, con premios en efectivo que se entregaban directamente a la comunidad por sus esfuerzos.

gave to community groups who needed plant material for projects from 1970 to 1974. If you were really persistent twenty years ago, you and your neighbors could make «a something from a nothing», and it was alive, better than the sophisticated, metallic play lots built by the City. During the same period Molly Parnis, the dress designer, funded the *Dress Up Your Neighborhood Contest* with cash prizes going directly to community for their efforts.

The *Green Guerillas*, an organization of multi-disciplined professions and experienced volunteers was formed in 1973 to improve the quality and quantity of green open space in the city. Their help to community residents with acquiring leases, planning and design, construction and organization further spurred these efforts. Practical technical assistance on site was given where it was needed by volunteer *Green Guerillas*. Now the famous seed grenades of old Christmas tree ornaments or water balloons filled with palletized, time release fertilizer and wildflower seeds helped sow a grass roots revolution on «acres of opportunity» as they were dubbed by one Green Guerilla member.

Secure neighborhoods are beginning to respond to devastated blighted areas with the question «can it happen here?» But there is hope. The urban resident of today has an opportunity to grow vegetables as our ancestors did only in times of depression, war or other crisis. The imposed interim nature of most allotment gardens was documented in studies by the *Trust for Public Land* and various other Open Space advocacy groups.

The early seventies produced a handful of some really beautiful community open spaces such as Ruppert Green, the Village Green, and the Asphalt Green which were large, open space projects privately funded with foundation support and professionally designed. The post *flower-power* population was growing up. City residents looked more realistically upon the growing decay in housing stock, urban

8

8 JARDINES COMUNITARIOS
EN NUEVA YORK
COMMUNITY GARDENS
IN NEW YORK

Las *Green Guerrillas*, una organización integrada por profesiones multidisciplinares y voluntarios experimentados, se crearon en 1973 para mejorar la calidad y la cantidad de los espacios abiertos verdes de la ciudad. Su ayuda a los residentes de la comunidad en la adquisición de arrendamientos, la planificación y el diseño, la construcción y la organización alentó aún más estas iniciativas. Miembros voluntarios de las *Green Guerrillas* ofrecían ayuda técnica *in situ* allí donde se necesitaba. Las famosas granadas de semillas fabricadas con los adornos viejos del árbol de Navidad o los globos de agua rellenos de fertilizante granulado de liberación gradual y semillas de plantas silvestres contribuyeron a sembrar una revolución de base en «acres de oportunidad», según los calificó un miembro de las *Green Guerillas*.

Los primeros setenta alumbraron un puñado de bellísimos espacios abiertos comunitarios, como *Ruppert Green*, *Village Green* y *Asphalt Green*. Grandes proyectos de espacios abiertos con fondos privados que contaban con la ayuda de diversas organizaciones y diseños profesionales. La población posterior al *flower-powe*r estaba creciendo. Los residentes de la ciudad teníamos una visión más realista del deterioro creciente de las viviendas disponibles, las promesas de reformas urbanas, Vietnam y el Watergate, así como del hecho de que el *Parks Department* no se iba a encargar de nuestros parques: nadie iba a cuidar del vecindario, el edificio, la acera o el árbol (si lo había), excepto una misma.

renewal promises, Vietnam, and Watergate, and the fact that the Parks Department could not take care of our parks; nobody was going to take care of the neighborhood, the building, the sidewalk, the tree (if you had one) except you!

9

Una historia
Donald Loggins

Nueva York en los años setenta. Más o menos como hoy: un periodo económico difícil y unos fondos públicos insuficientes para cubrir las necesidades presupuestarias. Pero también con algunas diferencias importantes. Edificios ruinosos y destruidos por incendios provocados que es necesario demoler, ya no existen o han pasado a ser propiedad del Ayuntamiento por el impago de impuestos: la fuente de buena parte de los terrenos desocupados que integran los huertos y jardines comunitarios de *GreenThumb*. Nueva York en los setenta. Los neoyorquinos, alentados por el activismo político de los sesenta, se negaban a ver cómo se deterioraban sus vecindarios. Las parcelas vacías afeaban terriblemente el paisaje urbano. La basura se amontonaba. Las ratas campaban a sus anchas. Los terrenos invadidos por la maleza se convertían en el refugio perfecto para los delincuentes y ocultaban los trapicheos de drogas y otras actividades condenables. Los activistas vecinales hicieron lo que el ayuntamiento no podía hacer. Entendieron que los huertos y jardines comunitarios eran un medio eficaz para volver a convertir Nueva York en una ciudad completa y saludable. Sus iniciativas lograron mantener y revitalizar los vecindarios y en el proceso, estos espacios comunitarios trajeron consigo un importante cambio en el paisaje urbano.

Los huertos y jardines comunitarios ya existían en Nueva York antes de los setenta. La Depresión de la década de 1890 y la Gran Depresión de los años treinta impulsaron a numerosos municipios, a permitir que los ciudadanos cultivaran alimentos en terrenos pertenecientes al ayuntamiento. Las dos guerras mundiales, con la subsiguiente escasez de alimentos, dieron lugar a los huertos de la libertad y de la victoria. Sin embargo, se trataba de medidas temporales que se abandonaron en cuanto remitieron las crisis que las habían provocado. El movimiento de los jardines y huertos comunitarios de Nueva York

A History
Donald Loggins

New York in the 1970's. A bit like today, difficult economic times and city coffers unable to meet budgetary needs. But different in important ways, too. Rundown and arson-destroyed buildings that require demolition, no longer exist or come into city ownership for nonpayment of taxes, the source of much of the vacant land that supports GreenThumb community gardens.

New York in the 1970's. New Yorkers, propelled by the political activism of the 1960's, refused to watch their neighborhoods deteriorate. Vacant lots were terrible eyesores. Garbage mounted up. Rats roamed with abandon. Overgrown land created mugger cover hiding drug deals and other nefarious activities. Neighborhood activists did what the City could not do. They saw community gardens as a powerful way to make New York whole and healthy again. Their efforts successfully anchored and revitalized neighborhoods and, in the process, community gardens wrought a significant change on the urban landscape.

Community gardens existed in New York before the 1970's. The Depression of the 1890's and the Great Depression of the 1930's spurred many municipalities, including New York, to permit citizens to grow food on city-owned land. The two world wars with their accompanying food shortages brought about Liberty and Victory Gardens. However, these were temporary measures, abandoned as the precipitating crises passed. New York's community gardening movement grew out of the fiscal crisis of the mid-1970's, but it laid down deep roots. Its strength and vitality endures despite the recent events described below.

10

surgió por efecto de la crisis monetaria de mediados de los setenta, pero echó raíces profundas. Su fuerza y su vitalidad persisten a pesar de los sucesos recientes que se describen más adelante.

El movimiento contemporáneo de los jardines y huertos comunitarios de Nueva York está cimentado en el trabajo de tres mujeres extraordinarias: Liz Christy, fundadora de las *Green Guerillas* (1973), que «bombardeó» las parcelas vacías del Lower East Side con «granadas de semillas» caseras y creó el *Bowery-Houston Garden* [actualmente llamado *Liz Christy Garden*], el jardín comunitario más antiguo de Nueva York. Posteriormente, pasó a trabajar en el *Open Space Greening Program* (1975) para el *Council on the Environment of New York City*. Hattie Carthan, que en 1969 vio coronados por el éxito sus primeros esfuerzos, dirigidos a conservar tres construcciones de piedra rojiza del vecindario que estaban condenadas a la demolición, salvó también un árbol que, contra todo pronóstico, había crecido en Nueva York, un ejemplar de la especie *Magnolia grandiflora* en cuyo recuerdo estableció el *Magnolia Tree Earth Center*. Y la diseñadora de moda Mollie Parnis que, a finales de los sesenta, promovió las iniciativas voluntarias recompensando los proyectos de limpieza y embellecimiento de los vecindarios con un cheque de bienvenida entregado en una ceremonia de reconocimiento que se celebraba en el ayuntamiento de la ciudad.

En 1976, *Cornell University Cooperative Extension* fue la organización elegida para desarrollar el programa piloto de agricultura urbana ideado para proporcionar formación y ayuda en el campo de la horticultura a los cuidadores de los huertos comunitarios y de los situados en los patios traseros de algunas casas de Nueva York. Hacia 1978, numerosos jardines comunitarios florecían a base de trabajo duro y gracias a las plantas donadas por semilleros y al esfuerzo de los residentes que estaban replantando los espacios al aire libre. Lo único que estos jardineros no tenían era permiso para cultivar estos terrenos del ayuntamiento: técnicamente eran okupas.

New York's contemporary community gardening movement is grounded in the work of three extraordinary women: Liz Christy, founder of the *Green Guerillas* (1973), «bombed» Lower East Side vacant lots with homemade «seed grenades» and created the *Bowery-Houston Garden* [now *Liz Christy Garden*], New York's oldest community garden. She then went on to develop the *Open Space Greening Program* in1975 for the Council on the Environment of NYC. Hattie Carthan, whose successful efforts begun in 1969 to preserve three brownstones slated for demolition in her neighborhood, also saved a tree that had no business growing in New York City, the *Magnolia grandiflora* after which she established the *Magnolia Tree Earth Center*. Fashion designer Mollie Parnis who, in the late 1960's, encouraged volunteer efforts rewarding neighborhood clean-ups and beautification projects with a welcome check at a recognition ceremony hosted by City Hall.

In 1976, Cornell University Cooperative Extension was chosen to implement the pilot *Urban Agricultural Program* to provide New York's backyard and community gardeners with horticultural expertise and assistance. By 1978, scores of community gardens were flourishing by dint of hard labor and donated plants from nurseries and residents replanting their outdoor spaces. The one thing, however, that the gardeners did not have was permission to garden this city-owned land: technically they were squatters. Government resisted legitimizing gardens without liability protection. *Neighborhood Open Space* coalition created a low-cost liability program that gardeners could buy into.

This led to the creation of *Operation GreenThumb* in 1978. For a year, its sole function was to issue leases. Permission to garden the land was authorized by a city-wide land use committee that determined the disposition of city-owned land, e.g., to be sold at auction, selected for housing and commercial development, assigned to other agencies for open space, parking, or building construction. Leases were issued to community gardeners who requested land: for which no immediate use was identified. From

11

11 **JARDÍN COMUNITARIO HATTIE CARTHAN**
HATTIE CARTHAN COMMUNITY GARDEN

El resultado fue la creación de la operación *GreenThumb* en 1978. Durante un año, su única misión fue facilitar arrendamientos. El permiso para cultivar la tierra era otorgado por un comité de uso del suelo de toda la ciudad que determinaba el destino previsto para los terrenos del Ayuntamiento: la venta en una subasta, su selección para la construcción de viviendas o comercios o su asignación a otros organismos para crear espacios abiertos, aparcamientos o edificios. Los arrendamientos fueron concedidos a los horticultores comunitarios que solicitaron terrenos para los que no se había identificado ningún uso inmediato. Desde el principio, se describió como programa de «espacios provisionales», con acceso a los terrenos en el periodo comprendido entre la demolición y la urbanización.

En 1979, *GreenThumb* solicitó y recibió su primera subvención del programa *Community Development Block Grant*, lo que permitió contratar más personal y proporcionar a los horticultores materiales para desarrollar sus huertos y jardines y formación para diseñar, construir y sembrar estos terrenos. Con el tiempo se crearon otras organizaciones y aparecieron grupos que establecieron programas de ayuda para los horticultores comunitarios de la ciudad. Además de *GreenThumb*, *Green Guerillas*, *Council on the Environment of New York City* y *Citizens Committee for New York City*, entre las organizaciones que asisten a este colectivo se incluyen *Neighborhood Open Space Coalition, Trust for Public Land, Brooklyn Botanic Garden/ Brooklyn GreenBridge, New York Botanical Garden/Bronx Green-Up, New York Horticultural Society y Trees New York*. Trabajando tanto por separado como en colaboración a lo largo de los últimos 20 años, estos grupos proporcionan unos recursos que son superados con creces por los que todos los vecindarios pueden suministrar en abundancia: las personas que viven en ellos.

A mediados de la década de 1990, llegó a haber 750 jardines y huertos comunitarios de *GreenThumb*. Las dudas sobre el futuro de estos espacios se abordaron en el *Long Term Leasing Program*, que concedió arrendamientos de diez años a los huertos y jardines que cumplían los requisitos. No sólo se

the beginning, it was described as an 'interim site' program, with access to land between demolition and development.

In 1979, *GreenThumb* applied for and received its first federal Community Development Block Grant which allowed to hire more staff and provide gardeners with materials to develop their gardens and training in how to design, build and plant their gardens. Over time other organizations were created or established programs to assist the city's community gardeners. In addition to *GreenThumb*, *Green Guerillas*, Council on the Environment of New York City and *Citizens Committee* for New York City, organizations assisting gardeners include the *Neighborhood Open Space Coalition*, *Trust for Public Land*, *Brooklyn Botanic Garden/ Brooklyn GreenBridge*, *New York Botanical Garden/Bronx Green-Up*, *New York Horticultural Society* and *Trees New York*. Working singly and co-operatively for the past 20 years, the resources they provide are more than matched by the resources every neighborhood can supply in abundance: the people who live there.

Until the mid-1990's the *GreenThumb* community gardens grew to 750. The concerns about the gardens' future were addressed by the *Long Term Leasing Program*, which issued ten-year leases to qualifying gardens. Not only did over 30 gardens secure a long-term lease, but also two gardens were designated as *Preservation Sites*. However, by 1994, requests to create new gardens were no longer being approved and in 1996 a mayoral directive mandated the Department of General Services to auction its entire disposable vacant land inventory within five years and approvals ground to a halt. The Department of Housing Preservation & Development was then charged to develop not only the vacant land in its own inventory, but also city owned land for which it had an 'administrative hold'. Thus, any new *GreenThumb* gardens approved (very few) for those properties had a short life span and for the hundreds of already established gardens the future was bleak. Traditionally, if unofficially, as long

12

garantizó un arrendamiento a largo plazo a más de treinta de ellos, sino que se designó a dos como espacios protegidos. Sin embargo, en torno a 1994 se habían dejado de aprobar solicitudes para crear nuevos huertos y en 1996 una directiva municipal ordenó al *Department of General Services* sacar a subasta todos los terrenos baldíos que estuvieran disponibles en un plazo de cinco años, con lo que las aprobaciones se cortaron en seco.

El *Department of Housing Preservation & Development* recibió entonces el encargo de urbanizar no sólo los terrenos desocupados que estaban bajo su control, sino también las parcelas pertenecientes al Ayuntamiento que estuvieran en «espera administrativa». Así las cosas, los nuevos huertos y jardines aprobados dentro del programa *GreenThumb* (muy pocos) nacían con una corta esperanza de vida, y los cientos de jardines ya establecidos se enfrentaban a un futuro sombrío. La tradición establecía, si bien de forma extraoficial, que en tanto los jardines estuvieran en uso y recibieran los cuidados pertinentes, estaban exentos de la medida que obligaba a sacarlos a subasta salvo en casos especiales, como la construcción de un centro de salud en un vecindario. Ahora, sin embargo, nadie sabía si esa exención seguiría en vigor.

El único rayo de esperanza era la voluntad del *Housing Department* de liberar más de treinta huertos y jardines y transferirlos al *Parks Department* si se lograba la aprobación del consejo de la comunidad local, que dependía de dos condiciones: que el terreno ya no fuese un área prioritaria para la construcción de viviendas y que resultara más útil a la comunidad como espacio abierto permanente. Sólo unos cuantos jardines de Manhattan y Brooklyn habían obtenido la aprobación para esta transferencia cuando, en mayo de 1998, un cambio en la política municipal sobre los jardines y huertos comunitarios estuvo a punto de asestarles un golpe mortal al traspasar la gestión de todos los construidos en terrenos del Ayuntamiento al *Housing Department*. Las licencias de *GreenThumb*,

as gardens were actively used and well maintained, they were exempt from auction except in special cases, e.g., the construction of a health center in a neighborhood. Now, however, no one knew whether that exemption would continue.

The one ray of hope was the Housing Department is willingness to release over 30 gardens and transfer them to Parks pending local community board approval on two conditions: that the land was no longer a priority housing site and that it would better serve the community as permanent open space. Only a handful of gardens in Manhattan and Brooklyn had been approved for transfer when, in May 1998, a reversal in City policy regarding its community gardens nearly dealt a death blow to them when the management of all gardens on City-owned land was transferred to the Housing Department. *GreenThumb* licenses, which offered some measure of protection, were no longer valid.

The real blow came in December 1998 when the NYC official newspaper issued a list of 114 gardens that the City planned to sell at auction in May 1999. Over half of them were old gardens; well established, attractive, and activity hubs for their communities. There were not even guarantee that housing will be built on the land. Immediately, garden activists mobilized to stop the auction and took to the streets with good humored demonstrations (of a kind that had not been seen since the 1960's) and four separate lawsuits were introduced. The foundations, led by *Trust for Public Land*, joined forces to try to purchase the gardens. The day before the auction, Brooklyn State Supreme court issued an injunction to stop the auction.

Within a half-hour, City Hall agreed to sell the gardens to T*rust for Public Land* and *New York Restoration Project*. While these 114 gardens were saved, hundreds were still threatened with development.

13

13 **JARDÍN COMUNITARIO EN NUEVA YORK**
COMMUNITY GARDEN IN NEW YORK

que otorgaban cierto grado de protección, dejaron de tener validez. El golpe final llegó en diciembre de 1998 cuando el periódico oficial de la ciudad de Nueva York publicó una lista de 114 huertos y jardines que el ayuntamiento planeaba sacar a subasta en mayo de 1999. Más de la mitad de ellos eran jardines antiguos, totalmente consolidados y atractivos que se habían convertido en núcleos de actividad para sus comunidades. Ni siquiera se ofrecían garantías de que se fueran a construir viviendas en aquellos terrenos. De inmediato, los activistas de los huertos y jardines se movilizaron para detener la subasta y tomaron las calles en manifestaciones joviales (de un tipo que no se veía desde los sesenta) y se presentaron cuatro demandas independientes. Las distintas organizaciones, dirigidas por el *Trust for Public Land*, unieron sus fuerzas para comprar los terrenos. El día anterior a la subasta, el tribunal supremo estatal de Brooklyn emitió un mandamiento judicial para detenerla. En media hora, el Ayuntamiento aceptó vender los huertos y jardines al *Trust for Public Land* y al *New York Restoration Project*. Pero aunque estos 114 espacios se salvaron, cientos seguían amenazados por el desarrollo urbanístico.

En febrero de 2000, el fiscal general del Estado de Nueva York obtuvo una orden que impedía al ayuntamiento no sólo traspasar las tierras a las promotoras inmobiliarias, sino también acceder a los terrenos para realizar prospecciones. El fiscal y el *New York City Corporation Counsel* llegaron posteriormente a un acuerdo que exige la preservación de otros 200 jardines y huertos comunitarios, establece un proceso de revisión para 115 de estos espacios que el ayuntamiento desea urbanizar y permite al municipio proceder a la urbanización inmediata de otros 38. Desde 2002 hasta el presente [2010], muchos de los jardines y huertos comunitarios restantes de la ciudad de Nueva York han aumentado sus horarios de apertura al público y su producción de alimentos para ayudar a los desfavorecidos en estos tiempos de dificultades económicas.

In February 2000, the New York State Attorney General secured an order which prevented the City not only from conveying land to a developer but also from entering the garden to perform test borings. The Attorney and the New York City Corporation Counsel later made an agreement that calls for the preservation of an additional 200 community gardens, establishes a review process for 115 gardens that the City wishes to develop, and allows the City to proceed immediately with the development of an additional 38 gardens. From 2002 until the present [2010] many of the remaining NYC community gardens have increased their public hours and the production of food crops grown in the gardens to help the poor in these hard economic times

C_ PRODUCCIONES UTÓPICAS

C_ UTOPIAN PRODUCTIONS

Espacio de la cultura: ¿un «maquis» desde el que repensar la ciudad o la antesala de su reforma?

Stany Cambot

Desde hace algunos años, ciertos arquitectos están abandonando el ejercicio tradicional de la arquitectura en favor de proyectos dentro de la esfera cultural, con intervenciones en el espacio público que a menudo toman una forma colaborativa. Mientras tanto, artistas plásticos, escenógrafos y compañías teatrales que operan en el espacio público están abordando cuestiones de urbanismo y arquitectura.

Este encuentro crea aquí un campo, un claro quizás, que escapa a los modos de expresión y de intervención designados, una evasión de la disciplina para interactuar mejor con *"el otro":* el habitante, la población. Más que el espacio de expresión de una utopía, la esfera del arte o de la cultura bosquejan un espacio más parecido a un «no-lugar» que permite una práctica distinta del urbanismo o la arquitectura.

Un espacio donde es posible también que las disciplinas se puedan recombinar o hacer desaparecer. Utopía es, por lo tanto, un término que también se puede utilizar en su acepción más común ya que a veces nos gustaría ver reflejadas en estas prácticas la promesa de un mañana mejor. Un término que puede servirnos para revisar dichas prácticas, definir sus límites y sus posibilidades.

¿Desde dónde hablamos?

Utopía es un vocablo maltrecho que vuelve a estar de moda en boca de los arquitectos y los hacedores de ciudades, en la cresta de la ola milenarista y comunicativa de principios del s. XXI. Pero la utopía no puede partir sólo de la mera constatación de un fracaso, el fracaso de lo real o en lo real, la imposibilidad cierta de percibir nuevas relaciones entre los seres humanos. Este fue el caso de Tomás Moro, autor de la primera utopía, que eligió este recurso cuando fue incapaz, como *sheriff* de Londres, de luchar contra la política de

Space for culture: a resistance place from which rethink the city or the antechamber of its reform?

Stany Cambot

In recent years, certain architects have abandoned traditional architecture in favour of cultural projects, with their manifestations in public spaces usually being group efforts. Whilst artists, visual artists, set designers and theatre troupes operating in public spaces have been addressing town planning and architectural issues.

In this instance, encounters create a field, or possibly a clearing, lying beyond the realms of designated modes of expression and intervention, sidestepping discipline to interact better with «the other», the inhabitant, the population. Rather than being the space in which a utopia is expressed, the realm of art or culture sketches a space in the sense of a «nowhere» enabling different types of town planning and architecture practices.

A space where disciplines can also be brought back together or obliterated. Utopia is, therefore, a term that also makes sense in a commonplace manner because we sometimes wish to see a promise of a better future in such manifestations. A vehicle for visiting these practices and grasping their boundaries and possibilities.

What is this place we're talking about?

Utopia is a battered word that came back into fashion in the early 21st century on the crest of the millenarian and communication wave upon the lips of architects and makers of cities. Utopias cannot, however, be based on just an initial acknowledgement, an acknowledgement of failure, the failure of

represión de la mendicidad. Por tanto, Moro situó su proyecto *Utopía* en el espacio literario, no tanto como una receta para conseguir la felicidad urbana universal, si no como una contribución poética capaz de hacer explosión en lo real (ya la introducción de la obra deja caer la duda acerca de la existencia de la isla de Utopía).

Recuperación del término
En la teoría y la práctica de los agentes que nos ocupan, este término se aplica más bien en su sentido habitual de proyecto irreal y desinhibido de lo real. Utopía es, a veces, incluso el nombre de ejercicios recurrentes de talleres donde se invita a los habitantes a proponer proyectos de acondicionamiento (algunos irrealizables) de su barrio que posteriormente serán expuestos en forma de esbozo o de fotomontaje. Estos ejercicios suponen también una intención o deseo de mediar con lo imposible, creyendo que puede existir otras maneras de producir un espacio a menudo público o común.

Por un lado, estos talleres son una manera de poner en marcha un proceso de trabajo con los habitantes; por otro, y éste es el caso de numerosas intervenciones culturales ligadas a la producción espacial, una manera de mostrar y convencer a la gente de que «sí se puede», que el habitante puede ser algo más que un simple usuario. Se trata de revalorizar el espacio no sólo a sus propios ojos, sino también a los ojos del otro: el vecino, los patrocinadores, el alcalde.

Se trata entonces, quizás, de crear escuela. ¿Escuela para quién? No sólo para «el habitante» si no también para el que toma las decisiones, el especialista de la ciudad, el político; en suma, el que detenta el poder. Se trata de hacerle pensar la construcción de la ciudad de manera diferente, de descentrar su punto de vista.

reality or a failure in reality, the definite impossibility of glimpsing new human relationships. This was the case of Thomas More, the author of the first utopia. He chose this means because, as sheriff of London, he was unable to fight the repressive policy against begging. He therefore implemented his *Utopia* project in the realm of literature, not so much as a recipe or method for universal, urban happiness but more as a poetical contribution that could explode in the real world: indeed his book's introduction sows doubts about the existence of the island of Utopia.

Re-use of the term
When the agents under study here mention and apply the term utopia to their activities it is usually in its generally accepted meaning of an unrealistic project completely unrelated to reality. Utopia is even sometimes the name of recurrent workshop exercises in which residents are invited to suggest development projects (some of which are impossible) for their district which are then displayed as sketches or photomontages. These manifestations also entail an intention or desire to tinker with the impossible, or even believe that other ways of producing space, which are often communal or public, do exist.

On the one hand, these workshops are a way to trigger the possibility of working with inhabitants and, on the other, as in the case of many cultural manifestations associated with the production of space, a way of showing and convincing people that «it is possible», that inhabitants may be something other than mere users. It is a matter of enhancing the value of the space not only in one's own eyes but also in the eyes of the other, neighbours, sponsors, the mayor.

So it is sometimes a question of gaining widespread acceptance *vis-à-vis*. Not only the residents in the centre, but also the decision-maker, the city expert, the politician, in short, the person wielding

¿Pero es el político un habitante como los demás?

¿Cómo se plantean las clases políticas metropolitanas estas prácticas que no pueden existir (por el momento o por esencia, lo veremos más adelante) más que al margen del «espacio cultural»? En los últimos años asistimos a un ciclo de oscilaciones sin fin en el que los políticos, alternativamente, se toman muy en serio estas prácticas o las obvian totalmente.

En esta compleja mecánica del poder (que no podemos detallar aquí) que bascula entre «proyecto» político y *realpolitik* (política de la realidad) en función de los indicadores y de las competencias, estos trabajos se ven como alternativas posibles o como simples lujos. En la Francia de finales de los años 80, con la idea de pleno empleo considerada como algo imposible y obsoleto y el salario mínimo ya implantado, el trabajo tendía a la invención de la vida sin trabajo; los años 90 vieron el comienzo del intento de un retorno de la población a su posición inicial de productores y estos últimos años, con la ayuda de la crisis internacional, parecen confirmar esta tendencia. Del mismo modo, el análisis de los problemas de los barrios pobres, considerados a finales de los años 90 como resultado del fracaso de participación de los habitantes en la elaboración de sus condiciones de vida, se ha reorientado, desde el 11 de septiembre, y gira en torno a los problemas de seguridad.

Podemos cuestionar, además, la capacidad de las personas que han dedicado largos años de su vida a conseguir un cierto poder sobre los otros y sobre la ciudad, para aceptar despojarse de él o restituirlo.

La tentación del experto

Hace ya una década que estas prácticas en el cruce entre la arquitectura, el urbanismo y el arte (a veces el arte de la política) han sido identificadas por los críticos, los medios y, sobre todo, por los propios actores, de modo que las iniciativas se multiplican, tras ser despojadas de prácticamente todo su potencial político

the power. It is a matter of making them adopt a different or off-centre mindset as regards to the creation of the city.

But are politicians run-of-the-mill residents?

How do metropolitan, political classes envisage these practices that can (for the time being or essentially as we will see later) only exist on the fringes in «the cultural space»? Recent years have been characterised by constant u-turns with politicians alternating between taking these practices seriously or ignoring them.

With the complex mechanics of power (which we cannot describe in detail here) swinging the pendulum from the political «project» to *realpolitik* depending on indicators and expertise, these activities are looked upon as either possible alternatives or merely luxuries. In the late 1980s in France, with full employment henceforth considered to be an impossible feature of bygone times and a minimum wage already in existence, work shifted towards the invention of a work-free lifestyle. The 1990s already saw the beginning of a return of the population to its original condition as producers. And in recent years, with the help of an international crisis, this trend has apparently been confirmed. Likewise, the analysis of the problems of poor districts, considered in the late 1990s to be the result of inhabitants' failure to participate in the creation of their living environment were suddenly refocused, after 11th September, on security problems.

Questions might also be asked about the ability of people who have dedicated many years of their life to amassing a certain degree of power over others and the city to agree to relinquish or reinstate it.

(sin mencionar los grupos que se han perdido definitivamente en el mundo del arte). Con las exposiciones y los coloquios parece perfilarse un nuevo campo, a pesar de que las alambradas de espino que lo rodean sigan perteneciendo a las instituciones. Aunque posiblemente la mejor opción sería salir huyendo, la tentación para los expertos y especialistas es grande. Para algunos actores, el deseo surge del diseño de un nuevo terreno de acción, un cuerpo profesional constituido, susceptible de entrar en diálogo, sólo, con las instituciones. En suma, se trataría de tomar las riendas e incluso ocupar el puesto de los expertos tradicionales. Las ventajas de semejante institucionalización serían muchas: mayor visibilidad, más reconocimiento y capacidad financiera, mayor capacidad operativa. El resultado sería el punto de salida, con gran pompa, de la utopía, cambiando el laboratorio por la aplicación práctica.

Podemos, sin embargo, preguntarnos sobre los inconvenientes que dicha institucionalización supone. La fuerza de estas prácticas, aparentemente, reside en el hecho de que proclamaban (al contrario que los urbanistas, sociólogos o políticos) que lo único que se conoce de un territorio es lo que uno atraviesa, es decir, que no tenían (o no parecían tener) tentaciones de caer en el vicio de la creación de modelos. Ahora bien, con esta voluntad de presentarse como experto del proyecto participativo reaparecen los vocablos petrificados de los hacedores de ciudades (análisis, metodología, etc.) y, con ellos, la renovación del esquema que estas prácticas parecían querer evitar: la jerarquía que se establece en la confrontación entre el experto y el habitante, el que sabe y el que ignora (¿Ignora qué?: Lo que es él mismo y sus potenciales, evidentemente). Lo que la «disciplinarización» podría prometer con su lote de métodos, de procedimientos aplicables a todo y a todos, es ser un buen experto, o un buen superior. Adiós a la pérdida de referencia, al riesgo del encuentro con el otro, a la escucha activa de la diferencia o de la especificidad colectiva, a la aceptación del fracaso como principio. Adiós, sobre todo, al trabajo entre iguales.

The temptation of the expert

In the course of the last decade, these manifestations at the crossroads of architecture, town planning and art (sometimes the art of politics) have been identified by critics, the media and also, and above all, by the agents involved. Initiatives have multiplied, after being stripped of virtually all their political potential (this is not the place to mention groups that have definitively gone missing in the world of art). From exhibitions to talks, a new field seems to have been outlined, even if the barbed-wire fence around it is still often owned by the institutions. Although running away is perhaps the best option, the temptation for experts and specialists is enormous. For some agents, desire arises from designing a new field, an organised, professional body likely to enter into dialogue alone with institutions. Briefly, it would be a question of taking charge or even replacing traditional experts. Such institutionalisation would have many advantages: greater visibility, recognition, financial clout and greater operational capacity. The outcome would be a triumphant departure from utopia, a shift from experimentation to application.

One might, however, wonder about the drawbacks of the said institutionalisation. The weight of these manifestations apparently lies in the fact that they stated (unlike town planners, sociologists and politicians) that the only known part of a territory is the part one crosses, i.e. that they were not tempted (apparently at least) to indulge in modelling. Now, along with the desire to project oneself as an expert in participative projects, the inflexible terms of city makers (analysis, methodology, etc.) reappear and, following in their wake, the renovation of a set-up that these practices apparently wish to avoid: the hierarchy that establishes itself in the confrontation between experts and inhabitants, between those who know and those who don't (who don't know what? About themselves and their own potential, of course). Being a good expert or a good superior is what «disciplinarisation» has to offer with its bundle of methods and procedures to be applied to everything and everyone.

Si las instituciones tradicionales no han preparado todavía un departamento para esta nueva disciplina, al menos han percibido ya las ventajas que podrían sacarle. Actualmente, las grandes operaciones de renovación urbana están ávidas de proyectos con la población de los barrios pobres, pasto de la excavadora y de la destrucción masiva de la construcción urbana. Sólo una inmensa mala fe o ingenuidad podría hacer creer que estos trabajos en talleres con la población podrían tener la más mínima incidencia en un proyecto diseñado desde hace tiempo en una oficina de estudios urbanos. Como mucho, es posible aspirar a, o esperar que, se pueda explotar un fallo, ganar un jardín, un espacio verde, una parcela, más consentida que arrancada. Ya que para el hacedor de ciudades el proyecto real tiene la misma importancia que la comunicación que de él se hace; consideran las dos actividades necesariamente imbricadas y permeables.

La ciudad ya no es lo que era. Hoy en día, la ciudades son, sobre todo en el caso de las metrópolis, un argumento comercial. De ahí que las operaciones culturales y la participación de los habitantes sean no sólo vaso de agua que ayuda a tragar la píldora de la renovación urbana, si no en un medio de comunicación viral, una especie de «colocación de producto» y si hay una presentación pública, una manera lúdica de organizar una visita guiada al barrio para los que podrían convertirse en sus nuevos habitantes, mejor aún. Tanto si los espacios son parte del proyecto como si no, la intervención artística los revaloriza simbólicamente con un gasto mínimo y, de esta manera, se corre el riesgo de convertirse en un operador de la elitización. En este caso, el artista misionero se convierte en un agente de cambio, en un pacificador.

El espacio ya no es lo que era

Pero estas prácticas corren un riesgo aún mayor. Enfocándose en el «habitante» y el espacio de la calle, el deseo de diálogo o de negociación con el poder tiende a hacer olvidar los nuevos retos espaciales o, más bien, las distintas dimensiones de la ciudad contemporánea.

Gone is the lack of bearings, the danger of coming into contact with the other, attentively listening to the difference or specificity of a group, to accepting failure as a principle, and above all, gone is work between equals.

Although traditional institutions have not yet set up an office for this new discipline, they have at least already glimpsed the benefits it could provide. Today's major urban regeneration schemes are handpicked pieces of work with the inhabitants of poor areas earmarked for demolition and the mass destruction of the urban building site. Only an enormous amount of bad faith or naivety could make one believe that these workshops with inhabitants could make the slightest difference to a project designed well in advance in the paleness of a research department. At best one might aspire to, or hope for, or exploit a mistake, or achieve a garden, a park or a patch granted rather than grabbed. Because from the stance of the makers of cities, the project itself has the same importance as telling people about it, they consider the two activities to be necessarily interwoven and permeable.

The city is not what it used to be. Today's cities are a sales pitch, particularly for metropolitan areas. Hence the cultural operation, the participation of inhabitants is not only a glass of water to help swallow the pill of urban regeneration but also a vehicle for viral communication, a sort of «product placement», and if there is a public presentation, an entertaining way of organising guided tours of the area for potential residents, better still. Whether or not spaces are part of the project, artistic manifestations enhance them symbolically at a lower cost, thereby running the risk of becoming an agent of 'embourgeoisement'. In this instance, the missionary artist becomes an agent of change, a peacemaker.

El espacio ya no es lo que era. Desde los años cincuenta, el espacio de la ciudad y del espacio del poder se han ido separando. El poder político y económico se ha ido enclaustrando poco a poco en la esfera de la comunicación. La ciudad ya no es el lugar donde se localiza el poder, sino solamente el espacio donde éste se ejerce. Como ya se ha mencionado, la ciudad ocupa tanto el espacio físico como el discurso que produce sobre sí misma. La ciudad es tanto sus muros como sus redes de CCTV y es a través de sus dispositivos como se observa mejor la nueva realidad urbana. La ciudad ha dejado de ser el lugar de los ciudadanos regulados por un Estado para convertirse en una yuxtaposición de espacios, lugares y espacios de los usuario regulados por una multitud de instituciones.

En el ejercicio tradicional de la arquitectura o del urbanismo sigue siendo imposible plantear o cuestionar estas interconexiones entre ciudad y de los medios de comunicación.

Sin embargo, entre las prácticas artísticas urbanas parece que la ciudad sigue entendiéndose como hecha de calles y muros. Está pensada como la ciudad de ayer. La fascinación de los artistas por «el espacio público» suele hacerles descuidar la intervención en estas diferentes esferas. Al considerar sólo la calle, la plaza y el «habitante», estas prácticas corren el riesgo de folclorizarse. Porque cuestionar estas nuevas realidades, estos nuevos espacios y su interconexión es, en primer lugar, cuestionar y hacer legible las mecánicas del poder. Se trata, en definitiva, de entrar en el discurso político, de operar de nuevo en los lugares de poder, de correr el riesgo de perturbar significativamente las interconexiones. Es volver a ser un reto, reconquistar una cierta soberanía.

Si estos proyectos quieren mantenerse en el campo de la utopía, sólo serán válidos si exploran sus riesgos y limitaciones. Si estos trabajos quieren permanecer en los utópicos paréntesis de la acción artística, están inevitablemente obligados a explorar los límites, a asumir el riesgo de lo insoportable, del discurso crítico, a

Space is not what it used to be

But these activities run an even bigger risk. Focussing on the «inhabitant», the space on the street, the desire for dialogue or negotiating with power tends to make us overlook the new spatial issues or rather the different dimensions of the contemporary city.

Space is not what it used to be. Since the 1950s, city space and the space of power have been gradually moving apart. Political or economic power has gradually vectorised itself into the realms of communication. The city is no longer the location of power but merely the space that power acts upon. As mentioned earlier, the city occupies both the physical space and the discourse it produces around itself. The city is both its walls and its CCTV networks. It is through its devices that the new, urban reality is best seen. The city is no longer the place of the citizen governed by the state but the juxtaposition and interconnection of user spaces and places governed by a variety of institutions.

These links between the city and the media remain unthinkable and undeniable in the practice of traditional architecture and urbanism.

In artistic manifestations in urban settings, however, the city still seems to be seen as made of streets and walls, designed like the city of bygone times. Artists' fascination with public space tends to make them overlook manifestations involving other realms. By taking into account only the street, the plaza and the inhabitant, these manifestations run the risk of treating them as folklore. But an analysis of these new realities, these new spaces and their links is above all an analysis of the machinery of power and a way of rendering it understandable. It is, in short, a gateway to political discourse, a return to taking part in spheres of power, at the risk of considerable disruption to the links. It's a question of becoming an issue once again, recuperating a certain sovereignty.

pensarse como un maquis, como un escondrijo para un francotirador. Pero persiste el riesgo de considerar este espacio como el vestíbulo del poder, el lugar de elaboración de la reforma.

Si estos espacios, estas fisuras, quieren eludir la vacuidad deberán convertirse en espacio de desconcierto.

If these projects are to remain within the realms of utopia, they will only be valid if they explore its dangers and boundaries. If these works are to remain inside the utopian parentheses of artistic manifestations, they are undeniably obliged to explore its boundaries, assume the risk of the unbearable, of criticism, of seeing themselves as a resistance space or a hidden sniper. But there is still the danger of thinking that this space is a gateway to power, the place where the reform will be created.

If such spaces, or rifts, are to elude vacuity, they must become disconcerting spaces.

C1_ BRUIT DU FRIGO

C1_ BRUIT DU FRIGO

base: Burdeos (FR)
web: www.bruitdufrigo.com
descripción: Bruit du frigo es un híbrido entre un estudio de urbanismo, un colectivo de producción cultural y una estructura de educación popular, que se dedica al estudio y la acción sobre la ciudad y el territorio habitado a través de iniciativas contextualizadas, participativas, artísticas y culturales. Los proyectos de Bruit du frigo proponen maneras alternativas de imaginar y fabricar nuestro entorno vital: talleres de urbanismo participativo, intervenciones artísticas en el espacio público, asesoramiento en implantación de proyectos y acciones pedagógicas.

caso de estudio #9

qué: Atelier d'urbanism utopique
quiénes: Bruit du frigo y los centro sociales y culturales St Michel y Queyries de Burdeos
cuándo: talleres anuales desde 2006
dónde: Burdeos
cómo: proyecto co-gestionado que tiene por objeto desarrollar una metodología participativa que permita a los ciudadanos de Burdeos imaginar proyectos posibles e imposibles, casi inimaginables, que puedan transformar distintas situaciones urbanas. La llamada «fábrica de imaginario urbano» engloba todo tipo de actores y se desarrolla en colaboración con arquitectos y artistas que entran en este juego de construir visiones alternativas. Las propuestas se presentan a través de paneles gráficos y algunas de ellas son simuladas a escala real y probadas *in situ*: pequeñas intervenciones urbanas que instalan la semilla que inicia el cambio.
cuánto: 30.000 €
etiquetas: oportunidad / coste medio / proyecto cultural / agente enjambre / meses

base: Bordeaux (FR)
website: www.bruitdufrigo.com
description: Bruit du frigo is a cross between an urban planning study, a collective engaged in cultural production, and a structure for popular education. It analyses and intervenes in the city and inhabited territory through a series of contextualised, participatory, artistic and cultural initiatives. The projects undertaken by Bruit du frigo propose alternative ways of imagining and constructing the environment we live in: workshops on participatory urban planning, artistic interventions in the public space, advice on launching projects, and pedagogic actions.

case study #9

what: Ateliers d'urbanisme utopique
who: Bruit du frigo and the St Michel and Queyries social and cultural centres in Bordeaux
when: annual workshops since 2006
where: Bordeaux
how: co-managed project to develop a participatory methodology enabling the citizens of Bordeaux to imagine possible and impossible, almost unimaginable, projects to transform different urban locations. This so-called «factory of urban imagination» involves all kinds of players and is carried out in collaboration with architects and artists willing to join in this game of constructing alternative visions. The proposals are presented on graphic panels, and some of them are simulated on a real scale and tested in situ: small urban interventions that sow the seed which sparks change.
how much: € 30,000
tags: opportunity / medium cost / cultural project / swarm agent / months

caso de estudio #10

qué: Lieux possibles
quiénes: Bruit du frigo
cuándo: 31 mayo/8 junio de 2008
dónde: Burdeos
cómo: ni festival, ni exposición, ni espectáculo, *Liuex possibles 2008* se propuso generar un desplazamiento y activación temporal de los espacios urbanos a partir de intervenciones artísticas, revelador de espacios ignorados, menospreciados o inaccesibles. Instalaciones sonoras, espectáculos, pic-nics, un taller de urbanismo utópico, la construcción de mobiliario urbano *ad hoc*, proyecciones multimedia y campeonatos de petanca que llenaron el espacio público de Burdeos durante nueve días con la intención de convertirse en un evento periódico.
cuánto: 60.000 €
etiquetas: oportunidad / coste alto / proyecto cultural / agente enjambre / semanas

case study #10

what: Lieux possibles
who: Bruit du frigo
when: 31th May/8th June 2008
where: Bordeaux
how: neither a festival, nor an exhibition, nor a show, *Lieux possibles 2008* aimed to generate a temporal activation and shift of urban spaces by using artistic interventions, revealing ignored, underestimated or inaccessible spaces. Sound installations, performances, picnics, a utopian urban planning workshop, the *ad hoc* construction of street furniture, multimedia screenings and *petanque* championships filled public spaces in Bordeaux for nine days, with the intention of making this a regular event.
how much: € 60,000
t ags: opportunity / high cost / cultural project / swarm agent / weeks

Ciudad creativa y desarrollo deseable

Bruit du frigo

Si el desarrollo de proyectos democráticos sigue siendo un reto para nuestras sociedades, es evidente que la invención de nuevas forma urbanas está todavía pendiente. Un número creciente de individuos debería encontrar las posibilidades de actuar sobre la fabrición permanente del mundo en el que vivimos. ¿Debe ser el urbanismo alternativo el hermano pobre del urbanismo planificado hecho para durar?

Un urbanismo flexible, evolutivo, inventivo, temporal, capaz de adaptarse a las evoluciones de nuestras formas de habitar, de nuestros deseos de espacios. Un urbanismo que actúa como una exploración para abrir camino y probar posibilidades. Un urbanismo experimental, permisivo y reversible, basado en intervenciones livianas, y flexibles, que aporte una contenido real y concreta a las iniciativas de apropiación ciudadanas, es decir colectivas pero *open source*. Un urbanismo que revela y aumenta el potencial poético y de uso de los lugares de la ciudad sin bloquear su evolución. Un urbanismo que contribuye a luchar contra el empobrecimiento del espacio público y la tendencia a encerrarse en sí mismo, contra la apatía y el aburrimiento consiguientes.

Nuestra contribución a estas cuestiones consiste en situarnos en unas prácticas que se preguntan sobre las posibilidades de coproducción espacial, el potencial creativo y prospectivo de las acciones de urbanismo temporal y de activación social y artística del espacio público. Dichas prácticas se fundamentan en una ética de la cooperación con las poblaciones en las que interferimos, en un ir y venir entre la puesta en marcha de acciones y la formulación de saberes. Por lo que respecta a la reflexión, se trata de desarrollar un intercambio prospectivo sobre lo que pueden ser las acciones de desarrollo urbano deseable y lo que pueden aportar los procesos de urbanismo temporal a las prácticas más

Creative City and Desirable Development

Bruit du frigo

As long as democratic projects remain an issue in our societies, new forms of urbanities will be invented. Increasing numbers of people must get involved in the search for different ways of grasping the ongoing creation of the world in which we live. Should alternative town planning be the poor relative of made-to-last town planning?

A flexible, evolving, innovative, temporary form of town planning able to adapt to changes in the way we live and our spatial requirements. A form of town planning that scouts the city, paving the way and trying out possibilities. An adaptable, reversible petri-dish town planning that is underpinned by lightweight, flexible interventions making a real, specific contribution to citizens' appropriation initiatives, i.e. initiatives by groups, and yet open source. A type of town planning that highlights and increases the poetic potential and uses of locations in the city without hampering their evolution. A type of town planning that would stop public spaces from becoming rundown, and thereby prevent the ensuing introspectiveness, insipidness and boredom.

Our contribution to these questions consists of situating ourselves inside practices that query the possibilities of spatial co-production, the creative and envisaged potential of contemporary urban planning programmes and the social and artistic activation of public space. Such practices are based on a philosophy of cooperating with the affected segments of population, shifting between implementing activities and formulating lessons to be learnt. As for giving thought to this matter, the aim is to carry out a prospective exchange of the desirable town planning activities that are possible and what temporary urban planning approaches could contribute to the more traditional (and yet constantly evolving)

1

2

1 **LE BISTROT DU PORSCHE EN NANTES**
LE BISTROT DU PORSCHE EN NANTES.

2 **CAPTURAS14: TOPOTÁCTICAS**
CAPTURES14: TOPOTACTICS

tradicionales (aunque en perpetua evolución) que rigen la planificación de las condiciones de vida. Este intercambio aborda los cuatro campos que enmarcan estas prácticas:

· El campo de los valores de uso de nuestros espacios contemporáneos y de las políticas urbanas
· El campo de lo reglamentario, de lo jurídico y de la confrontación con las prácticas profesionales tradicionales
· El campo de las técnicas de producción y de ordenación urbana (materiales, técnicas de puesta en marcha, estructuras modulares, etc.)
· El campo económico

Actuar a partir de lo real
· Una ética de cooperación con la población ·
Nuestro colectivo trata de participar en la producción y la evolución del espacio habitado, a pequeña y gran escala, a partir de una inmersión concreta en lo real y de una atención particular a las prácticas cotidianas. Actuamos a partir de las condiciones del sitio, de sus necesidades, de sus potenciales poéticos y humanos. Situados en la encrucijada entre territorio, arte y población, estamos convencidos de las necesidades creativas de las cosas cotidianas. Experimentamos y acompañamos los distintos modos de cooperación con los usuarios, además de poner en práctica métodos de colaboración con los agentes públicos y técnicos responsables de la transformación urbana.

Consideramos que nuestro papel no sólo como acompañantes de la acción, si no como agentes poéticos y activistas de lo cotidiano, entre los otros.

practices that govern the development of living environments. This exchange addresses the four types of considerations forming the framework for these practices:

· The value attached to the uses of our contemporary spaces and urban policies
· Statutory and legal considerations and the clash with traditional, professional practices
· Production and urban planning techniques (materials, implementation techniques, modular structures, etc)
· Economic considerations

Reality as a trampoline for action
· A philosophy of cooperating with population segments ·
Our group strives to participate in the production and evolution of inhabited space on small and large scales, starting with a deliberate immersion in reality and paying particular attention to everyday practices. Our action depends on the site's condition and requirements and its poetical and human potential. Situated as we are at the crossroads of land, art and population, we are well aware of the creative needs of everyday things. We experiment with and accompany different ways of cooperating with users whilst implementing methods of collaborating with the general public and the technical agents responsible for urban transformation.

We see ourselves as not only companions in action but also, inter alia, as poetical and activist agents in everyday realms.

3

3 **TALLER DE URBANISMO UTÓPICO EN MARSELLA**
UTOPIAN URBANISM WORKSHOP. MARSEILLES

Algunos principios de acción:

· Parasitar ·
Al igual que escribir un *haiku*, acto disponible y gratuito, es saludable parasitar, instalarse en la discreción y dejar hacer.

· Desviar ·
Desviar un lugar de sus funciones habituales, proponiendo un uso real, mejorando los parámetros con un acondicionamiento temporal (auto o coproducido). No dudar en suscitar alianzas entre distintas complicidades que permitan que la situación funcione.

· Trocar ·
Actuar en la calle activando el intercambio (trueque de palabras u objetos) suscitando el comentario público (ser «agentes de conversación» como lo llama el grupo *ICI même* de Grenoble).

· Derivar ·
Practicar y difundir la exploración permanente de lo ordinario, invitar y practicar el paseo y la excursión urbana.

Nos situamos dentro de una corriente de ideas que propone que una redistribución de los papeles y del poder entre dirección del proyecto, dirección de obra y gestión del uso. Esta corriente aboga por:

· Una mayor inversión en la acción cultural y la educación continua en torno a lo que construye la habitabilidad de nuestro entorno de forma que los ciudadanos estén mejor equipados a la hora de formalizar y defender sus ideas y puntos de vista.

Some principles of our projects:

· Be a parasite ·
Since the available, gratuitous *haiku* action at the bend in the path is beneficial, let's be a parasite, settle discreetly and allow things to happen.

· Diverting ·
Divert a site from its usual functions, suggest a real use for it, enhance its parameters by a temporary development (individual or co-produced). Never hesitate to provoke alliances and actions in collusion to enable situations to work.

· Bartering ·
Take action on the street by prompting exchanges (bartering of words or materials), provoking public comment (be a «conversation agent» in the words of the *ICI même* group from Grenoble).

· Drifting ·
Practice and disseminate the on-going exploration of everyday things, encourage and practice wandering, city walking.

We take our bearings from a school of thought which suggests that parts and power be redistributed amongst contracting, project management and usage management. The demands of this movement are:

· Greater investment in cultural activities and ongoing education about what makes our settings habitable, thereby equipping citizens better to formulate and uphold their ideas and standpoints

Fonctions possibles autour le la pépinière du quartier Plan d'Aou

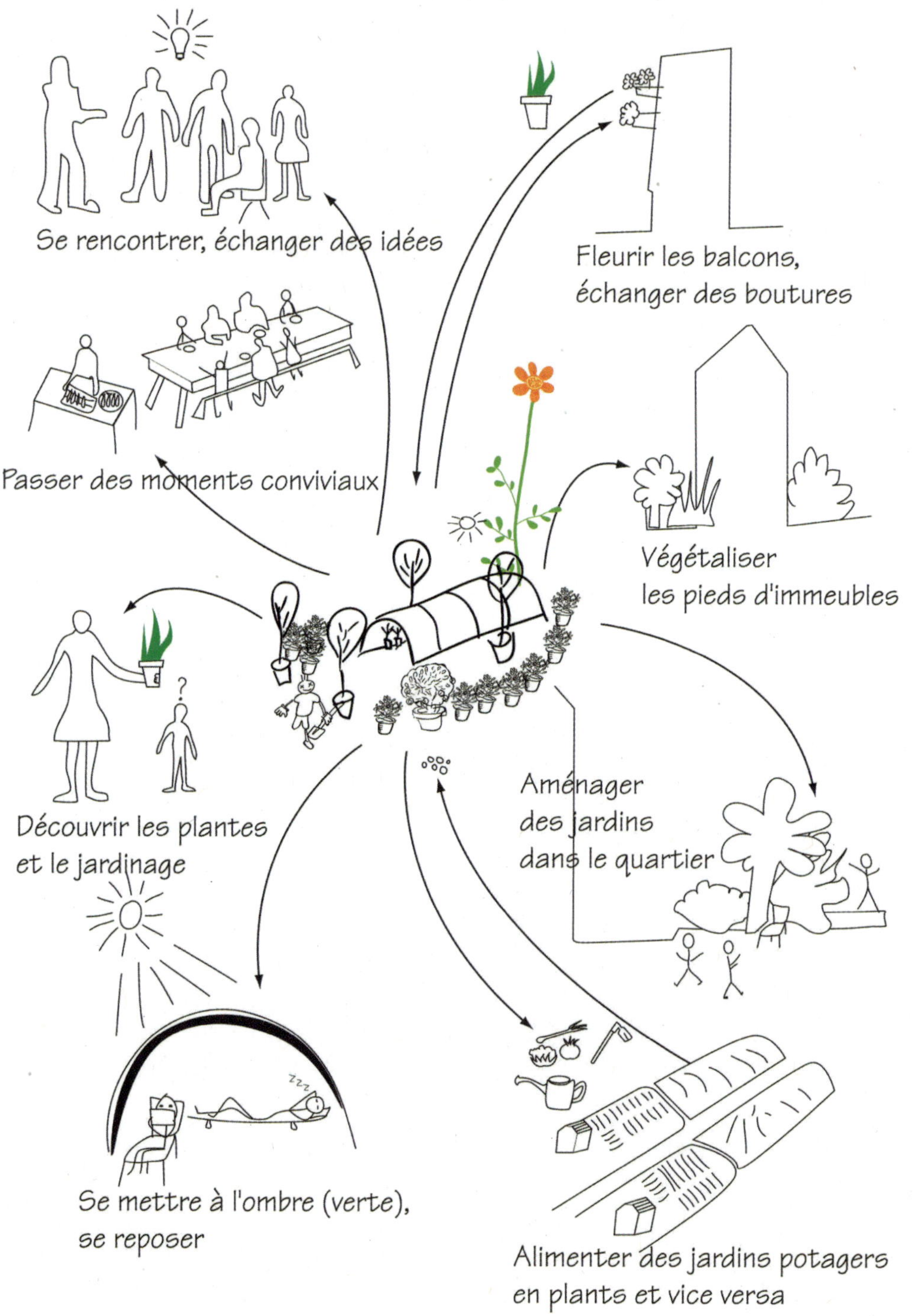

4

· La creación de espacios públicos dialécticos que dejen un mayor espacio a la expresión de proyectos alternativos populares, individuales o colectivos
· Un urbanismo dispuesto a aceptar las iniciativas de los habitantes
· Un urbanismo más flexible y reactivo, que articule la temporalidad a largo plazo del proyecto urbano con otras temporalidades más inmediatas: la del usuario, del habitante y de las recalificaciones temporales del espacio
· Reposicionar de forma más operativa la arquitectura dentro de una conducta interdisciplinar al servicio de la habitabilidad de nuestros espacios, considerando que la arquitectura sola ni la protagoniza, ni la garantiza

Finalmente, y en términos de producción espacial, no se trata de cultivar una ilusión funcionalista, sino de considerar al usuario como múltiple y potencial. La producción cooperativa del espacio para la multitud debe estar abierta a los valores de uso, ser permisiva con las prácticas de apropiación, siempre dentro de la posibilidad permanente asumida de negociación.

Por su dimensión contextual, nuestras acciones exigen un tiempo de inmersión, el tiempo de encontrar espacios habitados, sus relatos, sus conflictos y sus potenciales, pero también los espacios vacíos y, quizás, lo que puede pasar entre ambos.

Consideramos que la aprehensión de los espacios contemporáneos no puede basarse en una visión cartográfica forzosamente obsoleta (la *google temptation*), o en una lectura estática fijada por modelos analíticos si no y que debe completarse con un trabajo de exploración permanente de los territorios físicos y relacionales aún no bloqueados en nuestras ciudades, desde los espacios más cotidianos a los espacios relegados o pendientes de urbanización.

· The creation of dialectic, public spaces making more room for popular counter-projects by groups or individuals
· A form of urban planning more willing to accept citizens' initiatives
· A more flexible, reactive form of urban planning that links the long-term temporality of the urban project to more immediate temporalities such as those of users, inhabitants, and temporary spatial reclassifications or uses
· To put architecture back in its context in a more operative manner within an interdisciplinary channel serving the habitability of our spaces, considering that architecture alone is neither a mainstay nor a guarantee for this

In short, as far as the production of space is concerned, it's not a matter of entertaining functionalist fantasies but of understanding users as multiple and potential. The cooperative production of space for the masses must be willing to embrace different appreciations of uses and appropriation practices, accepting that some room must always be left to negotiate.

Because of their contextual dimension, our actions require a period of immersion, time to find inhabited spaces and their narratives, conflicts and potential, as well as empty spaces and maybe time to imagine how they interact.

We believe that an understanding of our contemporary spaces cannot be based on cartographic viewpoints that are necessarily obsolete (*google temptation*) or on interpretations rigidly governed by analytical models, but must be complemented by constantly exploring the physical and relational sites not yet immobilised in our cities, ranging from the most everyday places to the sites that are overlooked or awaiting development.

5

6

5 **TALLER DE URBANISMO UTOPICO EN BURDEOS**
UTOPIAN URBANISM WORKSHOP, BURDEAUX

6 **TALLER DE URBANISMO UTOPICO EN MAZIERE**
UTOPIAN URBANISM WORKSHOP, MAZIERE

Se trata de conceder una atención privilegiada a las potencialidades de los entornos en los que intervenimos.

Ateliers d'Urbanisme Utopique **(Talleres de Urbanismo Utópico)**
«Lo posible es el modo de existir de lo pensable [...] existir es el emplazamiento de un posible». Paul Ricoeur, *Phénoménologie de l'homme capable.*

Si las estéticas íntimas se volvieran hacia el exterior, transformarían nuestro marco de vida. Si no es posible irse, que podamos al menos construirnos un imaginario en el lugar donde vivimos.

El Taller de Urbanismo Utópico es un reclutamiento de los ciudadanos (individuos, usuarios, voluntarios) para acometer una acción de prospectiva urbana. Tiene por objeto sensibilizar y movilizar a los habitantes acerca del tema de la ciudad y sus transformaciones, así como favorecer la aparición y la puesta en marcha de proyectos de ordenación urbana pensados junto a ellos.

Este proceso es una fuente de propuestas en materia de planificación urbana que la colectividad puede reconquistar y cuyo objetivo final es construir unas dinámicas de coproducción con los encargados de la toma de decisiones y los profesionales (técnicos, diseñadores).

El Taller de Urbanismo Utópico actúa como una fábrica de imaginarios urbanos, siguiendo un proceso libre, autónomo y abierto a todos.

Los sujetos y lugares incluidos en el debate, así como las modalidades de trabajo, no se definen por adelantado, sino que se negocian con los participantes, ya que el proceso parte del sitio, de sus

It is a question of paying particular attention to the potentialities of the settings in which we intervene.

Ateliers d'Urbanisme Utopique **(Utopian Town Planning Workshops)**
"The realm of things possible is the mode of existence of things thinkable [...] existing is the starting point of something possible". Paul Ricoeur, *Phénoménologie de l'homme capable.*

If innermost aesthetic qualities could be turned inside out, they would transform our living environment. If it's impossible to move elsewhere, one must at least be able to build an imaginary world where one lives.

Utopian Town Planning Workshops call upon citizens (individuals, users, volunteers) to take part in an urban prospect project intended to make people rally round and increase their awareness of the city and its transformations in addition to fostering the creation and implementation of urban development projects designed in conjunction with residents.

This approach is a force for proposing urban developments that can be wielded by the community, an approach that ultimately seeks to build co-production dynamics in conjunction with decision-makers and professionals (engineers, designers).

Utopian Town Planning Workshops operate like a factory producing imaginary urban worlds on the basis of an unfettered, autonomous approach open to everyone. The subjects, places and modus operandi under discussion are not defined beforehand but negotiated with participants; a bottom-up approach based on the wants and needs of those taking part. Architects, whilst still a force for proposing, become a mediator of negotiated representations with which they do not necessarily agree.

7

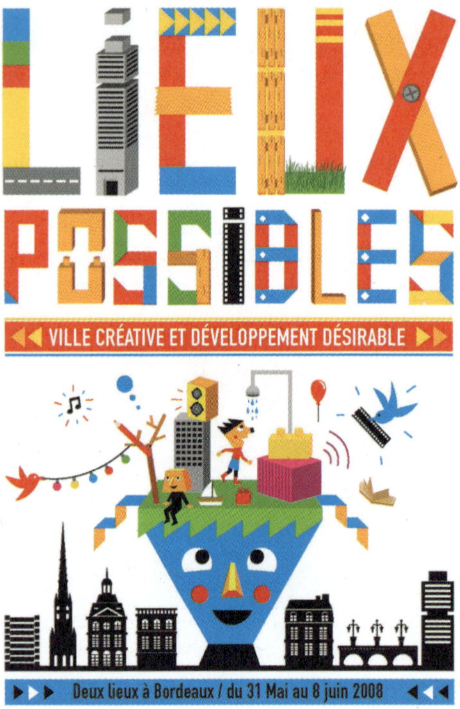

8

7 **TALLER DE URBANISMO UTÓPICO EN BURDEOS**
UTOPIAN URBANISM WORKSHOP, BURDEAUX

8 **CARTEL DE LUGARES POSIBLES**
LIUEX POSSIBLES POSTER

necesidades y deseos. El arquitecto, sin perder su calidad de fuente de propuestas, se transforma en mediador de representaciones negociadas, que no tienen por qué ser obligatoriamente suyas.

· Principios metodológicos de trabajo ·
El *Taller de Urbanismo Utópico* alterna momentos de vagabundeo colectivo para explorar, descubrir cuestiones, sujetos, lugares, ideas potenciales para poner en práctica con momentos de trabajo, de intercambio y de diseño en taller.

Se trata de imaginar proyectos que podrían transformar o mejorar ciertas situaciones. Durante las sesiones, mostramos cómo se resuelven y se tratan estas situaciones en otras partes de la ciudad o en otras ciudades. Los participantes traen fotos de sus desplazamientos y realizaciones para ser comentandas y criticadas. Luego se desarrolla el trabajo. Entre analogía y creación, las representaciones se fabrican, en su gran mayoría por ensamblaje. El objetivo consiste más en formalizar una idea espacial que en diseñar un proyecto en detalle. Estas representaciones pueden ser modificadas varias veces, pudiendo servir de base a una realización real, efímera o duradera. Una vez configuradas, estas producciones visuales se hacen públicas, exponiéndose y mostrándose en los propios lugares objeto de los proyectos. Sirven también de diálogo entre los habitantes y la colectividad y/o son objeto de una simulación *in situ*, como por ejemplo en el marco del evento *Lieux Possibles* (Lugares Posibles).

Mediante este tipo de proceso, pretendemos romper el ciclo de lo imposible y lo impensable. En efecto, la coproducción democrática el espacio pasa por unos procesos que favorezcan el enunciado de visiones múltiples por parte de una diversidad de autores. Es decir, instruir las condiciones del contraproyecto en el «Otro». Aquí, el contraproyecto no es especialmente el proyecto *contra*, sino el proyecto *otro*. Esta postura oposicionista puede entenderse como una voluntad de favorecer un

· Work methodology principles ·
Utopian Town Planning Workshops alternates group think tanks to pave the way, unearth questions, subjects, places, potential ideas to start work on with workshop sessions for working, exchanging ideas and designing.

The aim is to imagine projects that could transform or enhance certain situations. In these sessions we show how these situations are dealt with or remedied elsewhere in this and other cities. Participants will show photos of their own trips for others to comment on and evaluate. Work then evolves. The representations, half way between analogy and creation, are mainly assembled products. The intention is to formalise spatial ideas rather than to directly design a project in detail. These representations can be modified several times and can be the basis for an actual production: fleeting or long-lasting. Once these visual productions take shape, they are then revealed to the public in exhibitions or set up on the actual project sites. They will also enable dialogues between inhabitants and the community and/or be the object of on-site simulations, for example, within the framework of the *Lieux Possibles* (Possible Places) exhibition.

We adopted this type of approach in order to break away from the impossible/unthinkable mindset. Indeed, the democratic co-production of space entails approaches that foster the projection of many visions by different artists, that is to inform about the conditions of the «Other». In this instance, the project is not so much *a counter*-project as an *other*-project. In this case, the oppositional stance can be seen as a desire to foster an ordinary, popular counter-power aimed at balancing the spatial margin for negotiating our futures. Above all, it's a question of sharing.

9

9 **LUGARES POSIBLES EN BURDEOS**
LIUEX POSSIBLES EN BORDEAUX

contrapoder popular, ordinario, para reequilibrar el espacio de negociación de nuestros devenires. Se trata, por encima de todo, de compartir.

Lieux Possibles: la intervención artística como principio activo de la dialéctica urbana

En la estela de los *Talleres de Urbanismo Utópico*, *Lieux Possibles* es un acontecimiento de prospectivas urbanas concretas. La primera edición permitió probar los valores de uso, a escala real, de las propuestas de transformación de espacios imaginadas con habitantes de la aglomeración de Burdeos.

Protocolo de intervención:
· Ingredientes ·
Lugares de una ciudad, banales y extraordinarios, habituales o poco conocidos, relaciones humanas, imaginario, deseo, presencias artísticas

· Acción ·
Agitar el conjunto hasta irrupción de situaciones temporales listas para consumir

· Resultado ·
Alimentar el imaginario urbano, activar el potencial creativo de esos lugares y cuestionar nuestros usos en el día a día de nuestra ciudad.

A partir de acondicionamientos efímeros de los que se adueñan intervenciones artísticas pluridisciplinares y otras propuestas de uso, *Lieux Possibles* es un proyecto de desviación poética y de activación temporal de espacios urbanos ordinarios, infraexplotados, ignorados o inaccesibles.

Lieux possibles: Artistic intervention as the active principle of urban dialectics

Lieux Possibles, a continuation of *Ateliers d'Urbanisme Utopique*, features specific urban possibilities. The first time it was held it presented an opportunity to check the assessment of uses, on a scale of 1:1 of the spatial transformations envisaged in conjunction with the inhabitants of Bordeaux and its suburbs. Intervention protocol.

· Ingredients ·
Ordinary and extraordinary places both well known and otherwise in a city; human relations; imagination, willingness, artistic presence.

· Action ·
Shake well until temporary situations for consumption appear.

· End product ·
Feed the urban imaginary world, activate the creative potential of these places and query their everyday uses in our city.

Lieux Possibles is a project based on temporary developments delimited by multi-disciplinary, artistic interventions and other proposed uses, designed to temporarily activate and poetically divert ordinary, underused, neglected or inaccessible urban spaces.

10

Lieux Possibles no es un festival, ni una exposición, ni un espectáculo. Nosotros lo vemos como un «obrador de ciudad potencial». En cada una de sus ediciones, *Lieux Possibles* elige ubicaciones diferentes de una ciudad, construye complicidades con sus vecinos e invita a intervenir a artistas y activistas urbanos de aquí y de allí.

El *modus operandi* de estas intervenciones se basa en el modo de irrupción y desfase de lo ordinario, adoptando la forma de una acción poética que reverbera en los contextos humanos y espaciales que nos acogen. Lo que pretendemos con estas acciones es crear un vehículo de intensidad existencial: la percepción de una brecha hacia otro mundo posible y hasta entonces inimaginable, la sorpresa de la irrupción, así como de una realidad que no se desactiva convirtiéndose en espectáculo. Vector de apertura y de desplazamiento del punto de vista sobre nuestro entorno, sobre sus formas y usos posibles, que pueda desplazar las conveniencias y, posiblemente, favorecer un espacio para la conversación. Nuestra intención es generar proyectos que no sean ajenos al espíritu de los lugares, pero que ejerzan al mismo tiempo una capacidad, un potencial de extrañamiento, que los ligan con otros sitios y con otros posibles.

Como explica Eric Chauvier en su obra *Une Anthropologie*, el deseo de los otros (incluyéndonos a nosotros mismos), es pasar a la acción: en su vida, en su época, en su sociedad, un deseo ordinario, extraordinario, modesto o intrépido, dependiendo de las circunstancias, que es rechazado sistematicamente. Evoca e ilustra nuestra propensión a encauzar la extrañeza sobrevenida, aprendiendo de la intensidad existencial, de la situación que provoca. Éste es el sentido en el que utilizamos la noción de extrañamiento, ese deseo que en algunos casos nos mueve, estas dos tendencias que cohabitan. Sugiere, asimismo, que normalmente nos hallamos frente a una posibilidad de superación (cuyo coste puede ser importante) donde se sitúa la apertura hacia otros espacios posibles.

Lieux Possibles is not a festival or exhibition or show. We look upon it as an atelier for a possible city. Each time *Lieux Possibles* is held, a different venue in the city is chosen. The venues are created in close cooperation with residents. Local artists are invited to participate along with artists from elsewhere. The *modus operandi* of these activities is to burst in on and displace an everyday context in the form of a poetical action in line with the human and spatial backdrops of the chosen venues. Our intention is for these actions to create a vehicle for existential intensity: a window onto another possible world never imagined before, the surprise of an unexpected arrival but also a reality that does not end in a show. They are a vehicle for opening up and shifting the vision of our environment and its forms and possible uses, thereby enabling affinities to be repositioned and possibly fostering a terrain for conversation. · We aim to create projects which, whilst not unrelated to the spirit of the sites chosen, have an estrangement ability or potential that bonds them, furthermore, to another possible outcome.

As Eric Chauvier says in *Une Anthropologie*, what others (including ourselves) seek is to act: in their lifetime, in their times and in their society. Regularly running up against ordinary or extraordinary, discreet or bold actions depending on the circumstances. It evokes and illustrates our proclivity to contain the ensuing strangeness of the situation it causes, whilst experiencing an existential intensity. It is in this sense that we use the notion of estrangement and this desire that some belief drive us on. Two co-existing tendencies. It also recalls that 'I' usually face the possibility of seeking new challenges (the cost of which may be very high), i.e. a window into other possible spaces.

11

11 **LUGARES POSIBLES EN BURDEOS**
LIUEX POSSIBLES IN BORDEAUX

Todo lo que sugiere la eventualidad de otros posibles, de otras presencias humanas activas, de otros lugares abiertos, permite luchar contra el sentimiento de resignación y contra la sensación de lo ineludible y finito en nuestras sociedades.

Anything suggesting other possibilities, other active human presences or other open places makes it possible to combat a sense of resignation and the impression of inevitability and finiteness in our societies.

C2_ CASCOLAND

C2_ CASCOLAND

base: Amsterdam (NL)
web: www.cascoland.com
descripción: Cascoland es una red internacional de artistas, arquitectos, diseñadores e intérpretes surgida del Oerol Festival en la isla de Terschelling que promueve intervenciones multi-disciplinares en el espacio público con el fin de generar una conciencia activa en relación al uso y diseño del espacio público en un entorno positivo y creativo. Cascoland promueve el trabajo internacional en red a través de procesos de intercambio y colaboración.

caso de estudio #11

qué: J'bourg 2007
quiénes: Cascoland y Joubert Park Project
cuándo: febrero/marzo de 2007
dónde: Drill Hall, Johanesburgo
cómo: a partir de la experiencia de su anterior intervención surafricana en Ciudad del Cabo con *NewXds2006*, el proyecto pretende continuar un proceso orientado, más que a la creación de objetos, a la participación y mobilización de la audiencia. El contexto central del Drill Hall de Johanesburgo determinó el reclamo de su apertura y funciones públicas con una intervención que trató de atraer una audiencia local interesada en el arte, el desarrollo urbano y una genuina preocupación por la regeneración del centro de la ciudad de Johanesburgo.
cuánto: 100.000 €
etiquetas: soporte / coste alto / proyecto cultural / agente enjambre /semanas

base: Amsterdam (NL)
website: www.cascoland.com
description: Cascoland is an international network of artists, architects, designers and performers that originated at the Oerol Festival on the island of Terschelling. It promotes multidisciplinary interventions in public spaces in order to create an active awareness of the use and design of public space within a positive and creative framework. Cascoland also promotes international networking through exchange and collaboration

case study #11

what: J'bourg 2007
who: Cascoland and Joubert Park Project
when: February/March 2007
where: Drill Hall, Johannesburg
how: based on their earlier South African intervention in Cape Town *eNewXds2006*, with the project strove to continue a process aimed at encouraging the participation and mobilisation of the audience rather than the creation of objects. The central context, the Drill Hall in Johannesburg, advocated the opening of its space and public functions through an intervention that attempted to attract a local audience interested in art and urban development, with a genuine interest in the regeneration of Johannesburg's city centre
how much: € 100,000
tags: medium / high cost / cultural project / swarm agent / weeks

caso de estudio #12

qué: D'urban Experience 2008
quiénes: Cascoland
cuándo: febrero/marzo de 2008
dónde: Durban
cómo: proyecto artístico de intervenciones en los recorridos urbanos suburbiales llevados a cabo por los grandes grupos de personas que cada día se desplazan desde la periferia al centro de Durban en busca de trabajo. *Cascoland Durban 2008* consistió en cinco semanas de talleres con y sobre esta gente a lo largo de sus rutas informales. Esta activación y dinamización de los recorridos peatonales se realizó a través de intervenciones artísticas y arquitectónicas de conexión entre zonas suburbanas y el centro urbano, y condujo a nuevas formas de experimentar tanto la ciudad como el estatus de ciudadanía.
cuánto: 130.000 €
etiquetas: soporte / coste alto / proyecto cultural / agente enjambre/semanas

case study #12

what: D'urban Experience 2008
who: Cascoland
when: February/March 2008
where: Durban
how: a project of artistic interventions in suburban urban routes undertaken by the large groups of people who travel from the outskirts of Durban to the city centre every day in search of work. The project *Cascoland Durban 2008* consisted of five weeks of workshops with and about these people along their informal routes. Pedestrian routes were activated through artistic and architectural interventions that connected the suburbs and the city centre, and eventually led to new forms of experiencing both the city and the status of citizenship.
how much: € 130,000
tags: medium / high cost / cultural project / swarm agent / weeks

Cascoland
Fiona de Bell + Roel Schoenmakers

J'burg, 2007
· Derribar barreras ·
Dejando de lado su importancia histórica (allí tuvieron lugar en los años cincuenta y los sesenta los juicios por traición), Drill Hall, junto con el área de Hillbrow y el parque Jubert, ha experimentado en la última década una radical transformación física y social. Se ha convertido en el hogar de inmigrantes procedentes de toda África, miles de personas a la búsqueda de un techo sobre sus cabezas y un empleo en la ciudad. Con una densidad de vivienda excepcionalmente alta y una demografía en constante cambio, esta zona deprimida de la ciudad carece, sin embargo, de las instalaciones públicas básicas que requiere un entorno urbano de tales dimensiones e intensidad.

Mientras tanto, Drill Hall, en un estado de deterioro progresivo, fue ocupado ilegalmente y habitado por cientos de personas durante varios años. El incendio que se produjo en 2003 proporcionó una oportunidad para restaurar el complejo y declararlo monumento nacional, pero lo dejó aislado y vallado en medio de su trepidante entorno. El objetivo de *Cascoland* era tratar, a pesar de lo limitado de los recursos, de activar este espacio público con la intención de usar la valla, la barrera física entre el complejo y el mundo exterior, como infraestructura para un diálogo. Las aceras que rodean el Drill Hall albergan un gran número de pequeños negocios que ofrecen servicios a los cientos de taxis monovolumen que circulan por los alrededores: lavacoches, mecánicos, electricistas, técnicos de estéreos para los vehículos, vendedores de refrigerios y cigarrillos, etc. Esta microeconomía está bien organizada, genera trabajo para mucha gente y ofrece un servicio rápido y eficiente, pero no cuenta con la aprobación de las autoridades de la ciudad. Es evidente que faltan instalaciones para sentarse,

Cascoland
Fiona de Bell + Roel Schoenmakers

J'burg 2007
· Defencing ·
Besides its historical importance (the treason trials took place there in the 1950s and 1960s), the Drill Hall, and the Hillbrow Jubert park area, have gone over the past decade a dramatic physical and social transformation. It has become the home to immigrants from all over Africa, thousands of people in search of a roof over their head and a job in the city. With exceptionally high densities of housing and revolving demography, the inner-city lacks, however, basic public facilities of an urban environment of this size and intensity.

The Drill Hall itself meanwhile, in a state of decay, was squatted and inhabited by hundreds of people for a few years. A fire that took place in 2003 was a chance to restore the compound and declare it a national monument, but the place stood isolated and fenced in the midst of its vibrant surrounding. The goal of Cascoland was to try and activate this public space despite limited resources, and the intention was to use the fence, the physical barrier between the compound and the outside world, as the infrastructure for a dialogue.

The sidewalks surrounding the Drill Hall are home for numerous small businesses providing services for the hundreds of mini-van taxis around: car washers, mechanics, electricians, car-stereo technicians, snacks and cigarettes vendors, and so on. This micro-economy is well organised, creating jobs for many and providing quick and efficient service, but is not approved by the city authorities. The need for seating facilities is obvious, as big parts of the day is spent waiting for clients, a work table to replace the floor

1

1 D-FENCING ELEMENTO-
SILLA J'BURG 2007
D-FENCING SITTING-
ELEMENT J'BURG 2007

dado que buena parte del día transcurre a la espera de clientes. También parece obvia la necesidad de disponer de una mesa de trabajo que remplace al suelo. No hay asientos para el público que espera los taxis, el único medio de transporte desde y hasta los barrios periféricos. Como es imposible instalar un mobiliario permanente en las aceras, la solución era entrelazar los objetos (bancos, asientos, mesas de trabajo) a la propia valla. Se trata de objetos que se pueden empujar o deslizar hacia dentro o hacia fuera y que se pueden usar tanto en el patio de Drill Hall como en la calle. Si la mesa de trabajo se empuja de nuevo al interior de la valla al final del día y los bancos se devuelven al área de Drill Hall, no se puede aducir un uso ilegal de las aceras de la ciudad. La valla, que normalmente define la frontera entre la legalidad y la ilegalidad, se emplea para difuminarla.

· Columpios ·

Transformación de un espacio público no utilizado en un lugar de encuentro social y de juegos durante un festival de arte intercultural e interdisciplinar donde trabajar, vivir e intercambiar experiencias con los artistas locales en las áreas deprimidas de la ciudad de Johannesburgo. La ausencia de zonas recreativas nos impulsó a instalar 30 columpios fabricados con neumáticos reciclados en los arcos de la fachada de un viejo cine desocupado. Tras limpiar la zona, instalamos luces con el fin de hacer el lugar menos atractivo para la actividad criminal y los drogadictos. El éxito inmediato de las instalaciones para niños fue mayor de lo esperado y llevó a muchos padres y a sus hijos a las calles y a reivindicar este espacio. Justo lo que queríamos.

· Poesía peatonal ·

En su producción artística, Maja Marx busca siempre los signos de cambio. Aquellas inscripciones que le hablan de los habitantes de un espacio y de cómo lo perciben. En el proyecto *Poesía peatonal* trabajó con una versión urbana de la inscripción paisajística mediante la creación de seis pasos de cebra

also seems obvious. There are no seating facilities for the public waiting for the taxis, which is the only means of transport to and from the townships. Because it is impossible to place anything permanent on the sidewalks, the solution is to weave objects (benches, seats, work tables) in the fence itself. Objects that could be pushed or flipped in and out, and could be used inside the Drill Hall courtyard as well as on the street. As long as the work-table is pushed back through the fence at the end of the day, and the benches are flipped back into Drill Hall territory, there could be no claim for illegal use of the city's sidewalks. The fence, which normally defines the border between legality and illegality, is used to diffuse it.

· Chainriders ·

Transformation of unused public space into social meeting place and playground during an intercultural and interdisciplinary art festival. Working, living, and exchanging experiences with local artists in the inner city of of Johannesburg. The absence of playgrounds motivated us to install 30 swings made from recovered car tires on the façade arches of an old unused movie theatre. After cleaning the location we installed lights to make the place less attractive for criminal activity and drug abusers. Then the immediate success of the installations for children was more than expected and it brought many parents and their children to the streets and to claim this place. Exactly how we wanted.

· Pedestrian Poetry ·

In producing her artwork Maja Marx looks out for marks of change. Inscriptions that tell her about the people in that space and how they read the space. For the *Pedestrian Poetry* project she worked with an urban version of landscape inscription by creating six zebra-crossings out of poetry lines and performing on them with her 'pad potrollie'. Challenging the informal surrounding of the Drill Hall with an unofficial but formal looking intervention. The specific locations chosen for the project are crucial: as one of the inner cities thorough fares, Twist Street represents a dynamic combination of different modes of

2

2 **D-FENCING ELEMENTO-MESA J'BURG 2007**
D-FENCING TABLE-ELEMENT J'BURG 2007

con líneas de poemas y la realización en ellos de una *performance* con su *pad potrollie*. Desafió así el entorno informal de Drill Hall con una intervención no oficial pero de apariencia formal. Las ubicaciones elegidas para el proyecto son cruciales: Twist Street, una de las vías públicas de estas zonas deprimidas, representa una combinación dinámica de diferentes modos de movimiento, un intercambio de distintas nacionalidades y un espacio general de negociación cultural. En su conjunto, las afirmaciones funcionan de forma libre como un poema y cada cruce se convierte en una declaración independiente que dialoga con su emplazamiento.

D'urban Experience 2008
En esta ocasión decidimos hacer que el público recorriera a pie una parte de la ruta peatonal informal que *Cascoland* pretendía activar organizando un desfile callejero diario que se denominó *D'urban Experience*. El desfile callejero atravesaba un nodo importante de la ciudad,-un área plagada de comercios formales e informales de diversa índole y, sobre todo, de personas que viajan entre las distintas zonas de la ciudad. Durante el festival, este entorno se transformó y activó una visión y una percepción alternativas de la manera en que la gente se mueve por el espacio. También fue esencial para atraer a los espectadores. Comoquiera que en Sudáfrica existe una rica cultura política de manifestaciones públicas, el desfile divertía y confundía a la gente a partes iguales, hasta el punto de que un transeúnte quiso saber por qué protestábamos. La iniciativa promovió así un cambio en la percepción de la importancia de los eventos culturales, en los que las reuniones públicas también pueden tener un componente de solidaridad en la celebración.

· Casillas de correo ·
El centro de acogida *Umthombo* para niños de la calle fue la ubicación que Jair Straschnow y Gitte Nygaard eligieron para trabajar en el contexto de *Cascoland Durban 2008*. Hay unos 3.000 niños

movement, an exchange of different nationalities and a general space of cultural negotiation. As a whole, the statements function loosely as a poem, with each crossing serving as an independent declaration that speaks back to its specific location

D'urban Experience 2008
It was decided to make the audience actually walk part of the informal pedestrian route that *Cascoland* chose to activate, by organizing a daily street parade called *D'urban Experience*. The street parade moved through a core node of the city, which is densely populated by various formal and informal trade, and more importantly by commuters moving between all parts of the city. For the duration of the festival, these spaces were transformed, activating an alternative approach to, and perception of the way people move through space. It was also integral for attracting audiences. As there is a rich political culture of public demonstrations in South Africa, the parade both excited and confused people to the point where someone passing asked what we were complaining about. It therefore incited a shift in thinking about the importance of cultural events where public gatherings can also be about solidarity in celebration.

· Postbox Lockers ·
Umthombo drop-in centre for street children was the location Jair Straschnow and Gitte Nygaard chose to work at as part of *Cascoland Durban 2008*. There are around 3,000 street kids in Durban, and *Umthombo* is one of the organizations working for the children. Umthombo's work mainly focuses on after care (bringing children back to their families) and a back to school program. Each day approximately seventy children come to the drop in centre. They get simple food three times a day, but aren't allowed to sleep there and have no storage space for their (very few) personal belongings. The postbox-lockers is both a practical solution, to provide the kids with a space of their own, tiny as it

3

4

3 **POESÍA PEATONAL J'BURG 2007**
PEDESTRIAN POETRY J'BURG 2007

4 **CASILLAS DE CORREO D'URBAN 2008**
POSTBOX LOCKERS D'URBAN 2008

de la calle en Durban y Umthombo es una de las organizaciones que trabaja para ellos. La actividad de *Umthombo* se centra principalmente en el seguimiento (devolver los niños a sus familias) y en un programa de regreso a la escuela. Diariamente van unos setenta niños al centro de acogida. Se les proporcionan tres comidas sencillas al día, pero no pueden dormir allí y no disponen de espacio de almacenamiento para sus (escasísimas) pertenencias personales. Las casillas de correo son una solución práctica que proporciona a los niños un espacio propio, por diminuto que sea y a la vez sirve como reclamo para dar a conocer a los habitantes de Durban el problema de los niños de la calle.

· Spaza-de-move-on ·

A principios de los sesenta, se podían encontrar *café-de-move-ons* o cantinas móviles allá donde hubiera un buen número de viandantes o trabajadores africanos necesitados de un refrigerio. Con frecuencia, había redadas policiales en las que se arrestaba a los vendedores, que eran multados o encarcelados. Desde el *apartheid*, Sudáfrica ha sufrido un fenómeno de urbanización en el que miles de trabajadores van a diario de los distritos periféricos a las ciudades para ganarse el sustento. Esto ha dado lugar al renacimiento del comercio de refrigerios, cigarrillos sueltos, dulces y patatas fritas en las rutas peatonales. Los vendedores siguen siendo, sin embargo, objeto de un trato discriminatorio por parte de las autoridades. La *spaza-de-move-on* es una respuesta de diseño a la necesidad de contar con una solución eficiente y fácil de transportar para estos vendedores. Su evolución es el resultado de una colaboración con Moses Gwiba (un vendedor callejero) con quien Doung Jahangeer ha entablado una relación a lo largo de años de paseos por la ciudad de Durban. Su saludo «¿Cuándo vas a hacer algo para mí?» fue la chispa que inspiró esta solución sudafricana.

might be, and at the same time use the postboxes as a sign to announce the street children issue to the people of Durban.

· Spaza-de-move-on ·

In the early 1960s *café-de-move-ons* could be seen wherever there were substantial numbers of African workers or passers by in need of refreshment. Vendors were frequently arrested in police raids and fined or imprisoned. Since apartheid, South Africa witnessed the phenomenon of urbanization. And now thousands of workers move daily from the township's into the cities for their livelihood. This has given rise to the re-birth of the trade in refreshments, loose cigarettes, sweets and chips along pedestrian routes. Similarly these vendors too face victimisation by the powers that be. The *spaza-de-move-on* is a design response to the need for an efficient, easily transportable solution for these vendors. Its evolution, involved bottom-up collaboration with Moses Gwiba (a street vendor) who Doung Jahangeer has formed a relationship over a number of years of walking in the city of Durban. His greeeting «when you make something for me?» sparked the inspiration for this South African solution.

5

5 DESFILE D'URBAN 2008
PARADE D'URBAN 2008

Las personas en los sitios crean espacios

Bronwyn Lace

Conocí a Fiona de Bell (directora artística) y a Roel Schoenmakers (co-iniciador) en 2005, cuando vinieron a Johannesburgo desde Ámsterdam para investigar y entablar relaciones para el proyecto *Cascoland*. Recuerdo estar sentada al ordenador con Fiona viendo las fotos del proyecto que pusieron en marcha en el *Festival Oerol*, en la isla de Terschelling, en los Países Bajos. Tuvo lugar en 2004 y en él participaron cinco artistas de distinta formación pero con un interés común: la arquitectura *Do It Yourself* o «bricolage». Antes del festival, se montó un poblado *Cascoland* que el público siguió desarrollando durante el certamen. Aunque me fascinó el trabajo que hicieron para el festival, recuerdo que me pregunté cómo sobreviviría este tipo de obra en el contexto sudafricano.

Han pasado tres años y ya se ha celebrado la tercera intervención de *Cascoland* en Sudáfrica, en Durban. La creación de Fiona no sólo ha sobrevivido en este país, sino que cobra cada vez más fuerza. Como era de esperar, el modelo original de *Cascoland* ha cambiado, pero esta flexibilidad es precisamente lo que más me impresiona. Como proceso de trabajo, *Cascoland* se ha configurado en cada una de sus ediciones en función del entorno, pero también ha contribuido ampliamente a conformar ese mismo entorno.

Todos los proyectos giran en torno al arte público. De acuerdo con su declaración de objetivos, «el arte público es una herramienta importante para activar y desarrollar el espacio público. *Cascoland* promueve un tipo de arte público en el que un grupo de artistas interdisciplinares trabajan con los miembros de las comunidades y los espectadores con el objetivo de desarrollar su espacio público mediante el diálogo y la participación. Se pretende motivar y movilizar a los espectadores para que se impliquen activamente

People in Places Make Spaces

Bronwyn Lace

I met Fiona de Bell (artistic director) and Roel Schoenmakers (co-initiator) in 2005 when they came out from Amsterdam to Johannesburg to do research and form relationships for this project they called *Cascoland*. I remember sitting down behind a computer with Fiona and going through images of the project that was initiated at the *Oerol Festival* on the island of Terschelling, in the Netherlands. It took place in 2004 and brought together a group of five artists from different backgrounds all researching Do It Yourself (DIY) architecture. A *Cascoland* village was erected in three weeks prior to the festival and kept developing during the festival through audience-participation. While I was fascinated by the work produced for this festival, I remember wondering how this type of work would survive in a South African context.

It's now three years later, *Cascoland*'s third intervention in South Africa took place in Durban. Fiona's brainchild has not only survived in this country but it is thriving. The original model of *Cascoland* has of course shifted, but it is exactly this pliable quality that impresses me most. *Cascoland* as a working process has shaped itself each year to ensure a relevance to its environment but at the same time it makes sure it does its fair share of environmental shaping.

The focus for all projects is public art. According to the mission statement «Public art is an important tool in activating and developing public space. In the kind of public art Cascoland promotes, interdisciplinary artists engage themselves in communities to collaborate with audiences and members of the communities in shaping their public space through dialogue and participation. The intention is to motivate and mobilize audiences to become an active participant in the process initiated by the artists

6

7

6 **DESFILE D'URBAN 2008**
PARADE D'URBAN 2008

7 **SPAZA-DE-MOVE-ON**
QUIOSCO INFORMAL
SPAZA-DE-MOVE-ON
INFORMAL KIOSK

en el proceso iniciado por los artistas y en el que la obra de arte resultante no es tanto un objeto físico como un cambio en la percepción del espacio público que tienen los espectadores.» (www.cascoland.com)

Este año, los *Paseos Urbanos* del artista y arquitecto Doung Anwar Jahangeer, radicado en Durban, han inspirado una de las propuestas del festival. Doung lleva diez años caminando por las calles de Durban. En un artículo describíamos a Doung y sus paseos así: «La «*obra de arte*» de Doung, una especie de camaleón cultural de orígenes difíciles de precisar, es como un proyecto social a largo plazo que nos insta a revisar nuestras ideas preconcebidas, estereotipos y relaciones interpersonales. Recorrer la obra de Doung, a todas luces idealista, es una invitación a creer; a riesgo de que pueda sonar excesivamente sentimental, su optimismo y su fe en la humanidad son absolutamente contagiosos, y su proyecto es más que un gesto por el empoderamiento: funciona». (www.saartsemerging.org)

El paseo de Doung marca una ruta y pone de relieve el acto de caminar. Como el reto planteado en *Cascoland Durban 2008* era activar esta ruta, Fiona organizó un desfile.

El objetivo del desfile era activar los espacios públicos a través de la participación de los espectadores. La relación con los espectadores implica mucho más que el mero acto unilateral de mirar. *Cascoland* empujó a espectadores que por regla general no pasan por estas zonas a recrear el fenómeno natural de caminar, una forma de transporte no reconocida que miles de personas utilizan diariamente. Con el hecho de implicar a los espectadores en el desfile se pretendía embarcarlos en un viaje que cuestiona las perspectivas y en el que la mirada se transforma en experimentación y, posteriormente, en algo más importante, participación. Convertir a los espectadores en participantes genera una experiencia de una gran carga social cuyos subproductos, en comparación con el proceso, tienen una importancia secundaria.

and in which the eventual artwork is not as much a physical object but a change in perception of public space with the audience». (www.cascoland.com)

This year Durban based artist and architect Doung Anwar Jahangeer's *City Walks* inspired one of the focuses. Doung has been walking the streets of Durban for ten years. In an article written in 2006 by Nathaniel Stern, Simon Gush and myself we describe Doung and his walk as «A kind of cultural chameleon of difficult-to-place origins, Doung's 'art-work' is more like a long-term social project that asks us to look again at our preconceptions, stereo-types, and interpersonal relations. Obviously idealistic, a walk through Doung's efforts is an invitation to believe; it may sound overly-sentimental, but his optimism and faith in humanity are utterly infectious, and his project is more than a gesture towards empowerment: it works». (www.saartsemerging.org)

Doung's walk highlights a route and the act of walking. As the challenge for *Durban 2008* lied in activating this route, Fiona developed a parade.

The intention of the parade was to activate public spaces through audience participation. The relationship to it's audience is far more than the one sided act of looking. *Cascoland* pulled audience members who would not normally find themselves in these areas into re-enacting this natural phenomenon of walking, an unrecognised form of transport taken by thousands of people each day. The intention of having outside audience par take in the parade is that they are taken on a journey in which perspectives are challenged, and the act of looking shifts to experiencing and then very importantly participating. Having the audience become performatory created a socially charged experience, whose by-products are secondary to process. The parade aimed to connect the informal settlements outside of the city center with the inner city context through engaging these informal

8

8 **CRUCE DE PEATONES D'URBAN 2008**
ZEBRA CROSSING D'URBAN 2008

El desfile pretendía conectar los asentamientos informales del extrarradio con las zonas urbanas deprimidas del centro a través de estas rutas informales. Los artistas de *Cascoland* estaban esparcidos por todo Durban. A partir de un taller con base en Dala, los artistas desarrollaron tres emplazamientos clave: Warwick Triangle Park, el centro de día para niños *Umthombo* y Little Cato Manor. Para estimular la conexión, se organizaron diversas intervenciones a lo largo del «eje» urbano-suburbano con las que se pretendía espolear al público para que se implicase en las rutas.

Algunas de las intervenciones físicas realizadas en estos emplazamientos consistieron en una piscina portátil, mesas de juego, un área de juego infantil hecha con trastos, muebles construidos con neumáticos y letreros fabricados con mosaicos de tapones de botellas. No obstante, estos objetos no son el único producto de *Cascoland*, sino más bien el símbolo de las interacciones y las relaciones desarrolladas entre los artistas y las comunidades que habitan esos espacios. El proceso de trabajo en cada una de estas comunidades fue delicado y difícil, y cada una de ellas planteó su propio conjunto de retos y gratificaciones. Una vez que todo ha terminado, surgen las preguntas implícitas de hasta qué punto estas relaciones habrán sido beneficiosas para las comunidades y, en caso de que lo hayan sido, hasta qué punto son sostenibles sus logros.

Son cuestiones que Fiona y Roel ya están atajando. *Cascoland 2008* es sólo el principio. Durban sigue trabajando para cumplir una serie de objetivos. En primer lugar, crear un colectivo en Dala, en el taller de Alice Street, con el que se pretende aumentar las oportunidades de interacción entre los creativos que trabajan en este campo tanto en Durban como en el resto de Sudáfrica. En segundo lugar, *Cascoland* también está dirigido al público internacional. A través del nuevo colectivo de Dala, se pueden establecer relaciones con diversos grupos implicados en la planificación urbanística y en el uso del espacio público a nivel internacional, y que van desde los responsables de políticas a los

routes, the *Cascoland* artists were dispersed across Durban. With a base workshop at Dala, the artists developed three key sites, Warwick Triangle Park, *Umthombo*/drop-in centre and Little Cato Manor. Connection was stimulated through various interventions that ran along the 'axis' between urban and suburban and aimed to mobilise audiences into engaging with these routes.

The physical interventions on these three sites included a mobile swimming pool, board game tables, a junk playground, car tire furniture and plastic bottle-top mosaic signage to name a few. These objects are however not the only products of *Cascoland* but rather symbols for the interactions and relationships developed between the artists and the existing communities inhabiting these spaces. The process of working in each of these communities was a sensitive and difficult one, each with it's own sets of challenges and rewards. The underlying questions when all is said and done are, of course, to what extent these relationships have been beneficial to the communities? And if they were beneficial to what extent are the achievements sustainable?

These are questions Fiona and Roel are tackling head-on. *Cascoland 2008* is only the beginning. There are a number of on-going goals for Durban, firstly setting up a Dala collective at the workshop space on Alice Street, it aims to strengthen networking opportunities for creatives working in this field within Durban and to the rest of South Africa. Secondly *Cascoland* also addresses an international audience, through the new Dala collective networking can take place with a variety of parties internationally involved with urban planning and the use of public space, ranging from policy makers, architects and designers, to the users on a street level. Longer term objectives include creating awareness about activating public space through public art and sharing the experience of being part of an international project and what this requires from individuals and organizations.

9

9 **RECOLECCIÓN DE DESEOS D'URBAN 2008**
WISH COLLECTING D'URBAN 2008

propios usuarios, pasando por los arquitectos y los diseñadores. Los objetivos fijados a largo plazo son concienciar de la activación del espacio público a través del arte público y difundir la experiencia de participar en un proyecto internacional y los requisitos que plantea a los individuos y las organizaciones.

Si bien al modelo de *Cascoland* nunca le ha interesando especialmente la arquitectura de ladrillo y mortero, este año ha realizado un cambio difícil, bonito y muy real hacia esos *espacios intermedios* de los que Doung ha hablado tanto; pero lo más importante es que parece que por fin se ha iluminado a esas personas completamente olvidadas que los habitan.

While the *Cascoland* model was never particularly interested in the brick and mortar of architecture, this year saw a difficult, beautiful and very real shift into those *spaces of in-between* that Doung has so often spoken about, most importantly light seems to have finally reached those oft-forgotten people that inhabit them.

C3_ [R]ACTIVA04

Las calles, al servicio de los estudiantes de Arquitectura

Además de trabajo, entretenimiento

C3_ [R]ACTIVA04

base: Escuela Superior de Arquitectura y Geodesia de la Universidad de Alcalá de Henares (ES)
web: www2.uah.es
descripción: frente a la no-intervención por parte de los servicios públicos del Ayuntamiento en zonas urbanas creadas en los años sesenta, la Delegación de Estudiantes de Arquitectura organizó diez talleres dirigidos por jóvenes arquitectos de Madrid, con el objetivo de que idear y acometer una intervención en el espacio público en menos de una semana y con 400 € de presupuesto para la ejecución material. Además, cada equipo dispuso de una caseta de obra para reunirse y trabajar en grupo. Los talleres de [R]activa04 consiguieron atender a los deseos de los vecinos y mejorar varias zonas degradadas colindantes a la estaciónde tren de Cercanías a través de una estructura mixta de estudiantes y profesionales, Universidad y Ayuntamiento.

caso de estudio #13

qué: diez talleres de acción urbana
quiénes: estudiantes de arquitectura y otras gentes
cuándo: 27 septiembre/1 octubre de 2004
dónde: diversos espacios públicos de Alcalá de Henares
cómo: talleres de una semana dirigidos por distintos estudios y arquitectos
cuánto: 12.000 €
etiquetas: soporte / coste alto / proyecto institucional / agente enjambre / semana

base: Faculty of Architecture and Geodesics, University of Alcalá de Henares (ES)
website: www2.uah.es
description : confronted with the non-intervention of the city council in urban areas that were created in the 1960s, the Architecture Student Delegation organised ten workshops led by young from Madrid architects with the goal of devising and undertaking an intervention in a public space in less than one week and with a budget of € 400 for material costs. Each team also had a site office for meetings and teamwork. Through a mixed group-structure that included students, professionals, university and town council, the [R]activa04 workshops managed to meet the needs of residents and improve various derelict areas near the suburban railway station

case study #13

what: ten urban action workshops
who: architecture students and other people
when: 27th September/1st October 2004
where: various public spaces in Alcalá de Henares
how: a week-long series of workshops conducted by different studios and architects
how much: € 12,000
tags: medium / high cost / institutional project / swarm agent / one week

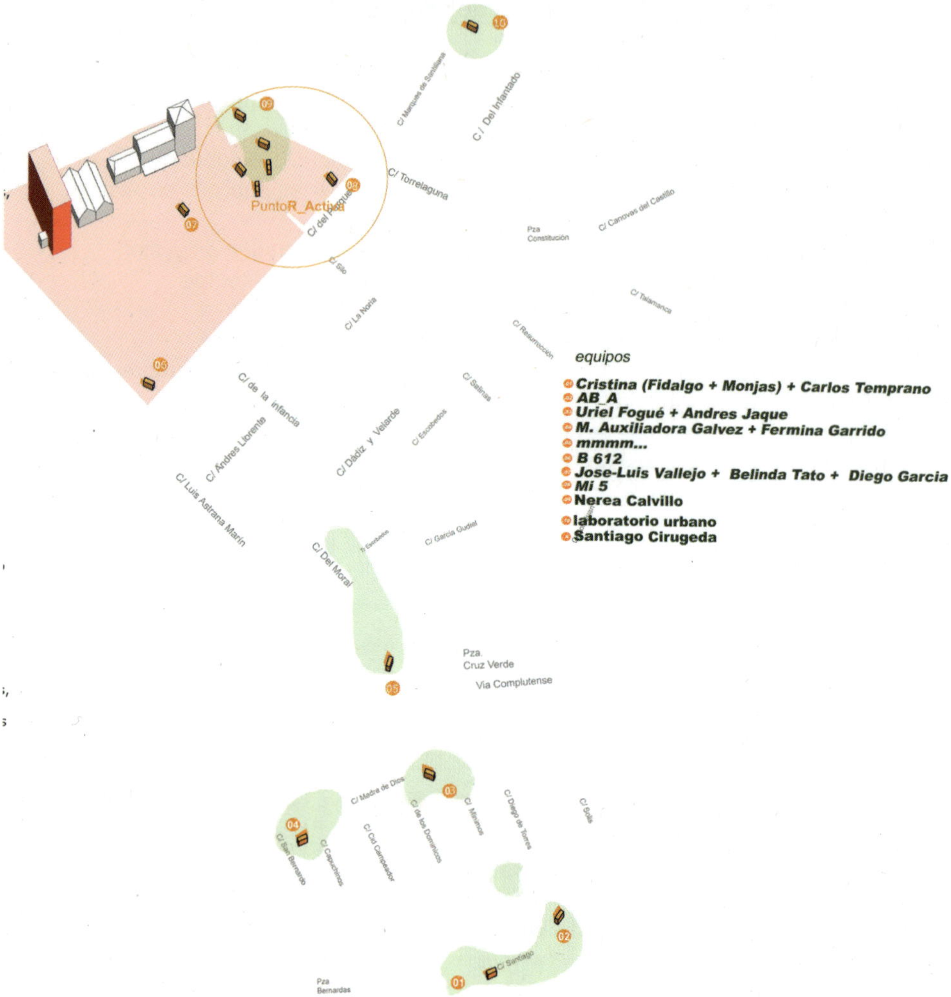

1

1 **MAPA DE LOCALIZACIÓN DE LAS INTERVENCIONES**
INTERVENTIONS LOCATION MAP

[R]activa04
Michael Moradiellos

me he formado en una escuela de arquitectura de Bruselas en la cual cada año se organiza un evento llamado «Esquisse Commune». Este ejercicio se realiza fuera de la escuela, en el espacio publico o/y en un edificio abandonado, a lo largo de una semana, y se organiza en talleres verticales. Están coordinados por los propios profesores y la asociación de alumnos, de la cual fui presidente.

El panorama de los talleres de arquitectura en España hacia el año 2003 se podría resumir en el evento organizado por un conocido profesor de la ETSAM *Isla Ciudad. Arquitectura y Energía en Mallorca*: elitista y caro (supone la necesidad de disponer de un portátil), se centra, una vez más, en el desarrollo por parte de los estudiantes de un ejercicio teórico con arquitectos de prestigio.
en un momento profesional en el cual mi antiguo cliente y arquitecto maestro me pone de patitas en la calle, decido montar un evento que responda a mi necesidad de proponer talleres de intervenciones dirigidas a mejorar los espacios públicos colectivos.

En este contexto, Michael Moradiellos, arquitecto formado en Bélgica, organiza un encuentro con la Delegación de Alumnos de la Escuela de Arquitectura de Alcalá de Henares, universidad joven localizada en una ciudad periférica que quiere destacar ofreciendo a sus alumnos otros formatos de enseñanza - con el fin de desarrollar unos talleres que involucren a profesores, alumnos e instituciones.
en realidad, les propongo encargarme de todo y, de alguna forma, formarlos para que los años siguientes puedan seguir con el proyecto, como se hace en mi escuela. Tengo que convencer a todo el mundo, desde la directora de la escuela hasta el mismísimo alcalde de Alcalá de Henares.

[R]activa04
Michael Moradiellos

i studied at a school of architecture in Brussels which every year organises an event called Esquisse Commune. The exercise is conducted outside the school, in a public space and/or abandoned building, and lasts for a week, during which vertical workshops are organised. These are co-ordinated by the professors and the students' association, of which I was the president.

Around 2003, virtually the only architecture workshop held in Spain was the event organised by a well-known professor from the ETSAM, namely *Island City: Architecture and Energy in Majorca*. Elitist and expensive (requiring the use of a personal laptop), its focus was, yet again, students engaging in a theoretical exercise with prestigious architects.
at a particular point in my career, when my former client and maestro architect kicked me out, I decided to organise an event that would fulfil my need to propose intervention workshops aimed at improving collective public spaces.

It was within this context that Michael Moradiellos, who trained as an architect in Brussels, organised a meeting with the Student Delegation of the Alcalá de Henares School of Architecture, part of a young university located in an outlying city that strives to differentiate itself from other universities by offering its students alternative teaching formats, with a view to developing a series of workshops involving professors, students and institutions.
in actual fact, I offered to organise the whole thing and, in a way, train them so that in the following years they would be able to continue with the project, as it is done at my school. I had to convince everyone, from the director of the school and to the mayor of Alcalá Henares.

2

Interfaces urbanas: paisajes elásticos en la ciudad consolidada

Directores: Cristina Monjas, Cristina Hidalgo y Carlos Temprano

Participantes: Jaime López, Pablo Magnán, Javier Carrera, Alejandra Farina, Elena González, Noelia Segura, Rubén Alba y Luis García

3

El intercambiador vecinal

Directores: Hugo Araujo y Marien Brieva

Paticipantes: Teresa Torres, Cristina Braschi, Naama de Miguel, Diego Pascual, Eduardo Cuenca y Jaime Salido

2 TALLER 1
TALLER 1

3 TALLER 2 AB-A
WORKSHOP 2 AB-A

Para la presentación de lo que fueron los talleres se propone un formato a modo de prospecto de medicamento o manual de usuario. También se puede consultar la flamante publicación editada en 2009.
sí, sí, son cinco años más tarde. Sólo la parte que corresponde a cómo sacar una publicación merecería un artículo aparte.

Propiedades:
Creación de puentes entre la Universidad y la ciudad que la acoge
las escuelas de arquitectura deberían dirigir parte de su trabajo docente hacia la ciudad, mediante un servicio de asistencia técnica al ciudadano
Generación de una dinámica de grupo entre los estudiantes
a fin de evitar que los alumnos vayan a clase para ver lo que les cuentan los profesores y cuando salen de la escuela apaguen la conexión y estén en otro mundo
Apertura de la Universidad a nuevos métodos de enseñanza
los libros no son los únicos que enseñan, la ciudad es una experiencia de vida mucho más potente
Creación de prácticas lúdicas
porque la enseñanza no es aburrida y se aprende lo que se quiere saber
Puesta a disposición de la ciudadanía
siempre y cuando dicha ciudadanía esté dispuesta a aceptarlo

Composición:
9 [r]activos locales
1 coordinador extranjero
10 equipos formados por 27 jóvenes arquitectos madrileños
75 estudiantes repartidos en 9 grupos

The format for publicising the workshops was a cross between a patient information leaflet and a user guide. The brand new publication produced in 2009 can also be consulted.
yes, yes, it's five years later. Just the part on how to publish a leaflet or guide would merit its own article.

Properties
Building bridges between universities and the cities in which they are located
schools of architecture should focus part of their teaching on the city, offering citizens a technical assistance service
Generating group dynamics among students
to avoid students simply attending classes to hear what their professors say, and then disconnecting when they graduate and find themselves in another world
Introducing universities to new teaching methods
books aren't the only teaching tools, cities offer a much more powerful life experience
Creating fun practices
because education isn't boring and people learn what they want to know
Offering something to citizens
as long as they are willing to accept it

Composition
9 local [r]actives
1 foreign co-ordinator
10 teams made up of 27 young architects from Madrid
75 students divided into 9 groups
16 site offices

4

La vivienda se expande

Directores: Andres Jaque, Uriel Fogué, Eva Gil, Marcelo Ruiz y Mercedes Simón

Paticipantes: Guillermo Ramos, Juan Miguel Herreros y Maria del Carmen Rodriguéz

16 casetas de obra
1 semana de intensa actividad
8 meses de preparativos
4 autorizaciones publicas
2 fuentes de financiación (pública y privada)

Dosificación y administración:
1. Contactar con un par de estudiantes de la escuela
no tienen que ser los mejores pero sí muy motivados
2. Reparar un dossier con ideas
buenas o malas, no importa, lo importante es tener algo que decir
3. Convencer a la dirección tanto de la utilidad del evento como de la propia capacidad de gestión
en otras palabras: vender el producto
4. Contactar con el alcalde y conseguir una entrevista presentárselo bonito y un poco confuso,
sin muchos detalles, para que sólo pueda decir que sí
5. Llamar a miles de empresas relacionadas con el sector de la construcción
algunas responden, pero al no conocer la escuela, les interesa muy poco
6. Volver a llamar a otras miles de empresas
incluso las que no tienen que ver con nuestro sector mencionando las que ya han aceptado es más fácil, pero se tarda lo mismo en convencerlas
7. Contactar con arquitectos jóvenes y atrevidos
la selección salió bastante bien, lástima que no pudimos hacer algo con Santi (Cirugeda)
8. Convencerles para que participen
es la parte más fácil, están ávidos de este tipo de ejercicios

1 week of intense activity
8 months of preparation
4 public permits
2 sources of funding (public and private)

Dosage and administration
1. Contact a couple of students at the school
they don't need to be the best but they do need to be motivated.
2. Put together a report with ideas
good or bad it doesn't matter; the important thing is having something to say
3. Convince the school management of the usefulness of the event and the capacity to organise it
in other words: sell the product.
4. Contact the mayor and arrange an interview describe the project
in glowing but slightly confusing terms, without giving away too many details, so that he / she has no choice but to say yes
5. Call thousands of companies in the construction sector
some reply, but since they don't know the school they tend not to be very interested
6. Call another several thousand companies
even those not involved in the sector, mentioning the ones that have already accepted is easier, but it still takes just as long to convince them
7. Contact young adventurous architects
this is the easy bit, they're longing for this kind of exercise

5

Bienvenido a la plaza 200.000 V

Directores: Manuel Collado y Nacho Martin

Paticipantes: Elena santin, Oscar Gutierrez, Jaime Tarazona, Rafael Acedo, Enrique Berenguer, Raul Cobos, María Tellez y Esperanza Marques

9. Afinar el proyecto una vez que van encajando todas las partes externas del proyecto
es necesario trabajar el fondo del ejercicio
10. Tomar decisiones
no tienen porque ser perfectas, sólo hay que tomarlas y asumir las consecuencias
11. Hacer reuniones efectivas de manera regular
o por lo menos intentarlo, por definición un colectivo es una agrupación libre de personas con objetivos y predisposiciones muy diversas
12 Convencer a la Comunidad de Madrid, elegir una consejería a la que le interese e insistir
incluso dar con algún subdirector que apoye la idea
13. Encontrar al propietario de los silos, reunirse con él y convencerle para definir un convenio que nos permita usarlo como base de operaciones
aunque luego el convenio se pierda durante los trámites administrativos, es un buen ejercicio llamar a media España hasta dar con la persona adecuada, en este caso en el Ministerio de Agricultura
14. Conseguir el máximo de recursos gratis
importante poseer un móvil que tenga buena batería y acepte facturas elevadas
15. Consolidar el equipo de estudiantes
hacerles trabajar juntos, beber juntos, dormir juntos, lo que sea
16. Mostrar seriedad organizando una jornada temática cultural de presentación de los talleres con altos cargos políticos que apoyen la propuesta
nada menos

9. Fine tune the project as all the external pieces of the project begin to fit together
the nitty-gritty needs to be worked out
10. Make decisions
they don't have to be perfect, just make a few decisions and accept the consequences
11. Hold efficient meetings on a regular basis
or at least try to, by definition, a collective is a free association of people with very different aims and tendencies
12. Convince the Madrid Regional Government choose a regional ministry that might be interested and be insistent
even try to find a deputy director to support the idea
13. Identify the owner of the silos, meet with him and convince him to draw up an agreement allowing you to use them as a home base
even if the agreement is later lost in all the bureaucracy, it's still a good exercise to call everyone you can think of until you find the right person, in this case the Ministry of Agriculture
14. Get as many resources as you can for free
a mobile with a good battery is vital, as well as a willingness to accept high bills
15. Consolidate the team of students
get them to work together, drink together, sleep together, whatever it takes
16. Prove you're serious by organising a one-day seminar on a cultural theme to present the workshops to senior politicians who might support the proposal
no problem
17. Have high self-esteem to be able to cope with all the sceptics, such as the team of students
it helps if you're foreign, make everything look easy and don't quite understand everything

6

Drop and recover

Directores: Auxiliadora Galvez y Fermina Garrido

Paticipantes: Noa Cereijo, Miguel Diaz, Daniel García, Berta González, Nereda Gutierrez, Sara Jimenez, ría Tellez y Estefanía Muñoz

7

¡Me bajo a la calle!

Directores: LU y basurama

Paticipantes: Margaríta Álvarez, Erica Ciffo, Alfonso Constante, Sandra González, Ana Jimenez, Manuel Ruiz, Julian Uceda y Elena Zapico

6 TALLER 4
WORKSHOP 4

7 TALLER 10 LU
WORKSHOP 10 LU

17. Tener una alta estima de sí mismo para poder asumir las dudas del entorno cercano, como el equipo de estudiantes
ayuda ser extranjero, hacer como que todo es fácil y no acabar de entenderlo todo
18. Obtener resultados positivos cada mes a fin de mantener elevada la moral de la tropa
y olvidar los negativos
19. Conservar el control en cada momento
eso además a mi me gusta
20. Tener un jefe algo comprensivo
o interesado o paternalista
21. Iniciar un pensamiento único y circular: si os piden la hora, responder con algo que tenga que ver con los talleres
siempre hay alguien que tiene algo que te puede interesar y se lo puedes pedir
22. Ser flexible e improvisar
encontrar un par de gitanos trompeteros la mañana del día de la presentación de los equipos porque ha fallado el equipo de música
23. Conseguir que se apunten por lo menos siete alumnos por taller
pueden inscribirse primas o amigos belgas de paso
24. Hacer una rueda de prensa y llorar a todos los periódicos con el fin de conseguir fotos con texto en algunas paginas
es importante tener visibilidad en los medios, sin eso no se puede llegar a realizar un trabajo con los vecinos y da legitimidad
25. Asegurar una semana sin clases en el calendario escolar para el desarrollo de los talleres
los calendarios son imprevisibles, así que luego sí que hay clases y hay que trabajar con lo que hay

18. Get positive results every month to keep the troop's morale high
and forget about the negative ones
19. Stay in control at all times
which I like to be anyway
20. Have an understanding boss
or at least one who's interested, or paternalistic
21. Become totally single-minded: if someone asks the time, answer with something related to the workshops
there's always someone who has something that might interest you, which you can then ask them for
22. Be flexible and improvise
such as finding a couple of gypsies to blow their trumpets on the morning of the presentation of the teams because the music system has broken down
23. Get at least seven pupils to sign up for each workshop
and don't forget cousins and Belgian friends passing through
24. Hold a press conference and beg every newspaper to run the story with a few photos media coverage can't be underestimated
without it, you can't involve the residents, besides, it gives you credibility
25. Secure a week without any classes in the school calendar to hold the workshops
calendars are unpredictable, so you'll probably find that there are classes after all and you'll just have to work with that
26. Be ambitious so that even if a few of the options don't come off there'll always be something to keep you going
perseverance, perseverance, perseverance

8

Codifica tus deseos

Directores: Nerea Calvillo y Manuel Gonzalez

Participantes: Angel Almendro, Ismael Languis, Laura Valderrama, Ximena Cabello, Charo Vazquez, Jonathan Cañavate, Maite Sanchéz y Pedro Pablo

9

Arquitectura mediática

Directores: mmmmm

Paticipantes: 80 alumnos de primer curso de la ETSAHG

8 TALLER 8
WORKSHOP 8

9 TALLER 5
WORKSHOP 5

26. Tener ambición para que, por mucho que se te escapen varias opciones, siempre quede algo que te incite a seguir adelante la perseverancia
no hay otra cosa.
27. Conseguir la colaboración de empresas serias que asuman las lentitudes de la administración pública
gracias Teresa, un tema más para otro artículo
28. Ser capaz de hacer el mismo trabajo que todo el equipo cuando ellos están con los exámenes de septiembre
por eso, las vacaciones canceladas
29. Tener preparadas tareas para que no tengan un respiro en cuanto acaben los exámenes
muy importante mantener el ritmo
30. Ser muy paciente
las cosas llegan cuando tienen que llegar, nunca antes.
31. Insistir en cada cosa, no tener miedo a repetir mil veces una tarea por muy pequeña que sea
esto es como para cualquier cosa en la vida
32. Ser amable en todas las ocasiones
mi lado belga
33. En cuanto el equipo esté dispuesto, delegar al máximo
con buena voluntad todos somos capaces tienen que hacer como mínimo lo mismo que nosotros e, inversamente, tenemos que darlo todo
34. Incorporar a toda persona que muestra interés por los talleres
sea un periodista o un futuro patrocinador o uno actual
35. Iniciar los talleres con brío y acabarlos con las felicitaciones del jurado
importante valorar el esfuerzo realizado en su justo valor

27. Work with reliable companies who can cope with the government dragging its feet
thanks Teresa, a subject for another article
28. Be able to perform the same tasks as the whole team for when they're busy with exams in September
so forget about any holidays
29. Have tasks lined up for them as soon as they finish their exams
keeping up the pace is vital
30. Be very patient
things arrive when they're meant to arrive, never before
31. Pay attention to every detail, don't be afraid of repeating a task a thousand times, however insignificant
like all things in life
32. Be friendly at all times
my Belgian side
33. When the team is up and running, delegate as much as possible
where there's a will there's a way, everyone has to do at least as much as you, and you have to give it your all
34. Recruit everyone who shows an interest in the workshops
whether they're journalists or future sponsors, or current ones
35. Begin the workshops with verve and end them with praise for the jury
it's important to appreciate efforts for what they're worth
36. Give it your all for the duration of the week's workshops, don't lose your head once everything is ready, keep up the pace
If you sit down for too long, you won't be able to get up again.

10

Parking

Directores: Jose Luis Vallejo, Belinda Tato y Diego García-Setién

Participantes: Hani Javier Avila, Miguel Plaza, María Gil, Jaime Eizaguirre, María Mon, Patricia Lucas, Laura Martín, Victor Dieguez, Natalia Matesanz, Guillermo García, Fátima Mendez, Jose Manuel Gomez.

11

Taller 6

Directores: Pablo Sáiz y Alberto Marcos

Participantes: Carolina, Bruno, David, Guillermo, Paco, Devora, Illera, Carlos. Oscar, Marco y más

10 TALLER 7 [ECOSISTEMA URBANO] WORKSHOP 7 [ECOSISTEMA URBANO]

11 TALLER 6 B612 WORKSHOP 6 B612

36. Darlo todo durante la semana no perder la cabeza una vez que está todo preparado, seguir el ritmo
si te sientas demasiado rato luego no puedes levantarte
37. Una vez que está todo sobre ruedas, dejar trabajar el equipo
para que ellos lo pasen bien y aprendan el oficio
38. Ampliar al máximo el tiempo de una semana
dormir poco in situ, en las casetas de obra
39. Improvisar
de nuevo
40. Dedicarse a las gestiones importantes sin cometer fallos
hasta el último minuto todo está en el aire
41. Mantener las ilusiones vivas y agradecer su participación a todos
con el corazón
42. Tener en cuenta las tareas de desmontaje y recogida de las casetas, el montaje de los documentales, de la exposición y la preparación de la publicación
el trabajo nunca se acaba
43. Tomar un mes de descanso e iniciar la preparación de la siguiente edición
nunca hay tiempo para tenerlo listo
44. Consolidar los contactos y el efecto sorpresa de modo que la actividad se convierta en un momento clave del calendario de la Universidad
importante
45. Ser positivo
pase lo que pase

37. Once everything is running smoothly, let the team do its job
so that they can enjoy themselves and learn the trade
38. Squeeze as much time as possible out of the week
by sleeping little, in situ, in the site offices
39. Improvise
again
40. Take care of the important arrangements and make sure there are no mistakes
until the last minute everything is in the air
41. Keep the enthusiasm pumping and thank everyone for participating
and really mean it
42. Don't forget about dismantling and removing the portable offices, editing the documentaries, mounting the exhibition and getting the publication ready
there's always more work to be done
43. Take a month off then start preparing the next edition
there's never enough time to get it ready
44. Consolidate your contacts and the factor of surprise so that the activity becomes a highlight of the university calendar
important
45. Be positive
whatever happens

12

13

12 EQUIPO [R]ACTIVA
[R]ACTIVA TEAM

13 BOA MISTURA
INTERVENCIÓN
BOA MISTURA
INTERVENTION

Contraindicaciones:
Tener familia cercana
Tener miedo a coger el tren después de unos atentados trágicos
Tener un doctorado que hacer

Efectos secundarios:
Montar talleres puede llevar a: ser famoso, vaciar tu cartera, olvidar la dulzura de tu cama, hacer amigos, tomar el sol, hacer buenos contactos
querer más, siempre más

Posología:
Una vez al año
el riesgo de sobredosis puede ser mortal

Coste
22.000 €
y algo de sudor por parte de todos

Contraindications
Having relatives nearby
Being afraid of taking the train after a tragic terrorist attack
Having to work on a thesis

Side effects
Organising workshops can lead to: fame, empty pockets, forgetting how delicious your bed is, winning new friends, sunbathing, making good contacts
an irrepressible desire for more, always more

Dosage
Once a year
an overdose could be fatal.

Cost
22,000 €
and a little sweat from everyone involved

URBANISMO ■ '(R)ACTIVA', EN MARCHA HASTA EL VIERNES

Las calles, al servicio de los estudiantes de Arquitectura

Este programa formativo pretende llevar a cabo pequeños cambios en algunas zonas de dos distritos de la ciudad

Los vecinos tuvieron la oportunidad de dar sugerencias a los participantes de este programa

BORJA MONTERO ■ ALCALÁ

"A lo mejor lo que hagamos solamente dura una semana, pero si logramos que quede en el recuerdo de la gente que ahí se puede hacer algo bueno ya ha sido un éxito". Esta frase es de Carolina, una de las estudiantes de Arquitectura que participa en el programa *(R)eactiva*. Junto a sus compañeros de grupo, David, Dévora, Carlos, Ignacio y Guillermo tiene una semana para aplicar sus ideas con el fin de mejorar una parte de las Eras del Silo. Se trata de una idea que tuvo un arquitecto belga, que se llevó a cabo por primera vez en Bruselas y que una serie de estudiantes de la Universidad de Alcalá han conseguido que se practique durante esta semana en la ciudad.

Así, los estudiantes que han decidido participar en este programa han sido repartidos en once grupos, cada uno de ellos encargados de una zona del Distrito VII o del Centro para que, hasta el viernes, intenten mejorar, resaltar la utilidad, solucionar los problemas o crear nuevos usos a algunos rincones de la ciudad.

"Intentamos sacar de una zona que no vale para nada algo que sirva al barrio", comenta Carlos, otro de los estudiantes que, gracias a sus ideas, pretende dotar de nuevos usos a un descampado que normalmente es utilizado para el aparcamiento. Y para conseguir este objetivo, lo primero es conocer el terreno, por lo que durante el fin de semana su pudo ver a algunos de los participantes en este programa preguntando a los vecinos cuáles eran sus propuestas o midiendo y trazando planos de las zonas en las que trabajaban.

Otro grupo está formado por Esperanza, Elena, Óscar y Rafa. Su objetivo es llamar la atención de los viandantes sobre la pequeña plaza que hay sobre el subterráneo de la calle Torrelaguna, un rincón de la ciudad que no es muy frecuentado por los vecinos de la zona. "El movimiento empezará el martes, ahora estamos recopilando datos", comenta Rafa. Las propuestas que han recogido entre los vecinos son diversas, desde la instalación de más bancos hasta el acondicionamiento de la zona para que los niños puedan jugar allí.

Otro objetivo tienen los integrantes del grupo encargado de la plaza que hay en la calle San Bernardo. "La ciudad ya tiene elementos urbanos y la gente no los sabe aprovechar, así que nosotros queremos observar las reacciones de la gente cuando se introducen elementos nuevos", explica Estefanía Muñoz, que junto a Miguel Díaz y Félix Toledo ya se pudo manos a la obra instalando muebles de baño en plena calle. "Nos interesa la relación del cuerpo con la ciudad, que ya se ha perdido", comenta Miguel Díaz. ■

Lo primero es conocer la zona

Los vecinos no dudaron en opinar

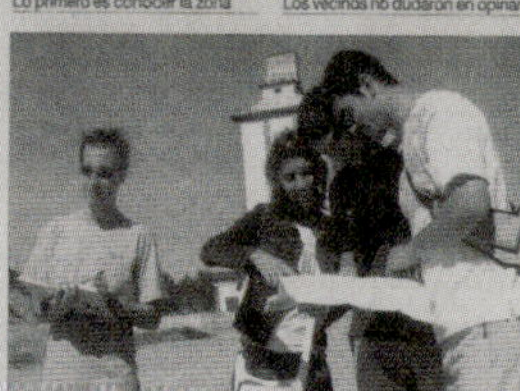

Los estudiantes tomaron notas de las características de la zona

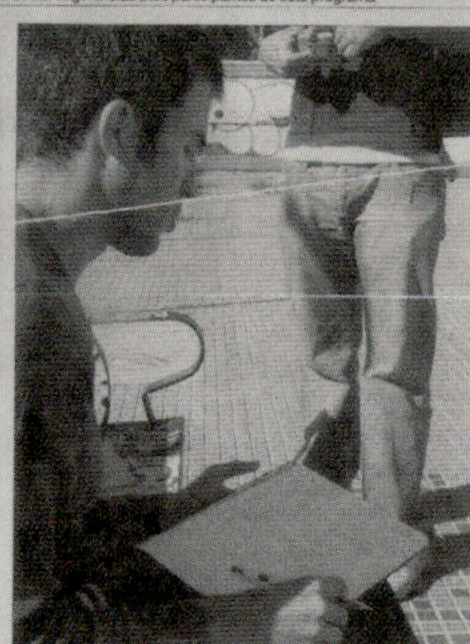

Un plano también es útil para conocer la zona

CINE, MÚSICA Y ACTUACIONES CALLEJERAS COMPLETAN EL PROGRAMA

Además de trabajo, entretenimiento

ALCALÁ ■ Aunque el programa *(R)activa* tiene el principal objetivo de dotar de experiencia a los jóvenes arquitectos antes de su salto al mundo profesional, no todo va a ser trabajo en las Eras del Silo. Así, además de los proyectos de cada uno de los grupos, se han organizado una serie de talleres que versan sobre diferentes aspectos de la arquitectura y las relaciones dentro de la ciudades y de los individuos con el entorno. Cada taller será impartido por un grupo, con la ayuda de jóvenes arquitectos profesionales y se llevarán a cabo durante toda la semana.

Y además de las actividades relacionadas con esta disciplina, también hay una serie de actos organizados que van dirigidos al ocio. Así, hoy a las 21 horas se proyecta la película *Días de fútbol* en las Eras del Silo. Mañana, el cine dejará paso a la música y, a partir de las 20 horas, actuarán grupos de la Escuela de Arquitectura y, para cerrar la noche, el conjunto DjangoFM. La animación en este recinto continuará hasta el viernes, día de clausura de este programa, con música, actuaciones callejeras y cuentacuentos. ■

Cartel de las actividades

Los talleres fueron un éxito. Se realizaron nueve intervenciones en el espacio público, varios eventos organizados por el equipo coordinador y una sesión critica el ultimo día que recibió los aplausos del jurado. Por otra parte, el equipo de jóvenes alumnos quedó exhausto y muy pocos estuvieron dispuestos a trabajar en una segunda edición. A pesar de ello, se organizó un equipo, formado por antiguos y nuevos *[R]activos* que preparó una propuesta de talleres más ambiciosa todavía.
siempre impulsado por mi deseo de no dejar pasar la oportunidad que brindaba haber realizado la primera edición.

El proyecto de talleres [R]activa murió cuando el director adjunto de la Escuela dinamitó la iniciativa con todo el peso de la administración.
y yo decidí no tener que pelearme una segunda vez para una actividad en la cual no era remunerado, ni respetado. Es entonces cuando, a través de Pablo Saiz, tuve la oportunidad de sumarme a otra iniciativa.

En el año 2007 se inicia el ciclo de *urbanacción.*

Equipo [R]activa
Michael Moradiellos (Coordinador), Cristina Delgado, Jóse Estebaranz, Pablo García, Victor Jiménez, Javier Serrano, Félix Toledo y Alejandro Valdivieso.

The workshops were a success. There were nine interventions in public spaces, several events organised by the co-ordinators and a round-up session on the last day that earned a round of applause from the jury. Meanwhile, the team of young students burnt themselves out and very few were willing to sign up for a second edition. A team was nevertheless organised comprising old and new *[R]actives* who proposed an even more ambitious series of workshops.
driven by my desire not to pass up the opportunity that presented itself as a result of having organised the first edition.

The [R]activa workshops project came to an end when the assistant director of the school pulverised the initiative under the full weight of the administration.
and I decided not to fight a second time for an activity for which I was neither paid nor respected. That's when, thanks to Pablo Saiz, I got the chance to join in another initiative.

The *urbanacción* series began in 2007.

[R]activa team
Michael Moradiellos (Coordinador), Cristina Delgado, Jóse Estebaranz, Pablo García, Victor Jiménez, Javier Serrano, Félix Toledo y Alejandro Valdivieso.

TALLE-
RES

T0_CINCO ACCIONES URBANAS

T1_ESPACIOS RESIDUALES

T2_EL RESIDUO URBANO

T3_UTOPÍA REAL 4 "LA CIUDAD IMPREVISTA"

T4_MONTAJE DE ACCIONES URBANAS

T5_MICHEL & BRIGITTE

WORK-SHOPS

T0_FIVE URBAN ACTIONS

T1_RESIDUAL SPACES

T2_URBAN WASTE

T3_UTOPÍA REAL 4 "THE SUDDEN CITY"

T4_URBAN ACTIONS ASSEMBLY

T5_MICHEL & BRIGITTE

T0_
CINCO ACCIONES URBANAS

T0_
CINCO ACCIONES URBANAS

Dentro del formato que parecía implícito a un seminario de acciones urbanas, desde el primer momento nos interesaba completar la difusión de prácticas arquitectónicas anómalas con la posibilidad de incidir de forma práctica en la ciudad de Madrid en colaboración con algunos de los agentes y activistas que habíamos invitado a presentar sus trabajos en el Colegio de Arquitectos de Madrid.

Habiendo encontrado en el barrio de Lavapiés el lugar adecuado y gracias al apoyo de *La Casa Encendida*, se puso en marcha una dinámica de talleres que alternó espacios de reflexión e investigación con momentos de acción e intervención en solares urbanos vacíos.

Desde *urbanacción* se ha pretendido servir de apoyo logístico, creando las mejores condiciones de trabajo posibles para que tanto los participantes como los colectivos/artistas/arquitectos invitados pudieran realizar las intervenciones según sus propios criterios. Ya desde muy pequeños hemos soñado con las acciones de Santiago Cirugeda. Esa capacidad fuera de lo común de llegar a donde quiere ir. Y a la vez, nos interesaba el debate sobre los solares urbanos y su reconversión en espacios colectivos. La experiencia previa de uno de nuestros miembros que colaboró con Santi en la intervención del solar de la calle Olivar nos ayudó a sentar las bases de estos talleres.

El primer ciclo lo comenzamos con un taller de Carlos Teixeira que, mediante un *Meipi*, localizó los espacios detectados por los alumnos como posibles huecos urbanos y propuso unas sesiones teóricas, como la de la paisajista Anna Laura Jeshcke sobre Viena, que planteaban herramientas posibles a la hora de planificar una acción. El taller de Lara Almarcegui, junto a *AMPS arquitectos*, trabajó sobre el estudio de los lugares como proyectos en si mismos con el *no hacer* como referencia.

La primera intervención en el espacio público fue dirigida por *raumlabor* en colaboración con *basurama* y creó en un solar de la calle Embajadores un jardín de té que sobrevivió cuatro meses. Tiempo necesario para que los propietarios, con la llegada del buen tiempo, decidieran seguir con el proyecto de construcción. Fue sorprendente ver la progresión del solar, convertido en la *Playa de la Bola*, cada día más cuidado y personalizado. Y fue una pena verlo desaparecer bajo un edifico de viviendas sin ningún carisma.

El segundo ciclo de talleres, tuvo una dinámica muy similar. Un taller teórico de formación sobre gestiones y prácticas del activismo urbano fue seguido de un taller de acción, esta vez centrado en un solar público, que contó con la participación masiva de los quince miembros del colectivo *Esterni* de Milán.

From the outset, within the format that seemed implicit to a seminar on urban actions, we were interested in the dissemination of anomalous architectural practices with the possibility of performing practical interventions in the city of Madrid, in collaboration with some of the agents and activists we had invited to present their projects at the Association of Architects.

After a suitable site was found in the district of Lavapiés, and thanks to the support of *La Casa Encendida*, a series of workshops were set in motion that alternated spaces of reflection and research with moments of action and intervention in empty urban plots.

urbanacción has provided logistical support, attempting to create the best possible working conditions so that both participants and guest collectives/ artists/ architects could carry out the interventions as they saw fit. From very early on, we dreamt of the actions of Santiago Cirugeda, of that uncommon ability to get where he wants to go. And, at the same time, we were interested in the debate surrounding urban plots and their conversion into collective spaces. The past experience of one of our members, who worked with Santi on the intervention in the Calle Olivar plot, helped us to define the basic guidelines for these workshops.

We kicked off the first series with a workshop by Carlos Teixeira who, using a *Meipi* or collaborative map, located the spaces identified by students as possible urban gaps, and proposed theoretical sessions, such as the one offered by landscape designer Anna Laura Jeshcke on Vienna, which addressed possible tools for planning an action. The workshop led by Lara Almarcegui and *AMPS arquitectos* worked on the analysis of places as projects in themselves, based on the concept of *non-action*. The first intervention in a public space was directed by *raumlaborberlin* in collaboration with *basurama*, and it resulted in the creation of a tea garden on a plot in Calle Embajadores which survived for four months, after which the owners, with the arrival of fairer weather, decided to resume their building plans. It was surprising to watch the progression of the plot, transformed into an urban beach known as *Playa de la Bola* (The Ball Beach), as it became more carefully maintained and personalised each day. We were sorry to see it disappear beneath an impersonal block of flats.

The second round of workshops had similar dynamics. A theoretical training workshop on managing and practising urban activism was followed by a hands-on workshop, in this case focused on a public plot, which boasted the tremendous participation of the fifteen members of the *Esterni* collective

La mayoría de los alumnos del primer taller seguir en este segundo y se comprometieron con el espacio que se creó posteriormente a través del colectivo *Operarios del Espacio Público*.

Cerrando este bucle de acciones en solares abandonados, el taller del multi-colectivo *Pied La Biche*, resultó una reflexión corporeizada de la importancia en la configuración del espacio público de las acciones que se llevan a cabo en él frente a su construcción volumétrica y material.

El ejercicio de transposición de acciones resultante arrojó alguna luz en cuanto a las posibilidades de intervención no ya desde los objetos si no desde los cuerpos. Este taller extendió el ámbito de reflexión en el que se habían enmarcado los talleres previos al espacio público en general y, en el aspecto instrumental, introdujo la imagen y su generación (la imaginación) como herramienta eficaz en la reflexión sobre la naturaleza del espacio público, en este caso particular.

Mientras tanto, el seminario de otoño de 2009 trató de recoger temas planteados tanto en el concurso como en los talleres anteriores para, una vez más, proponer una reflexión teórica sobre la articulación entre la producción cultural, la relación con las instituciones y los procesos sociales que se puedan concretar durante los talleres, en propuestas a realizar en los (pocos) espacios libres que quedan en nuestra ciudad.

from Milan. The surprise was that most of the students from the first workshop also signed up for this second one and took a personal interest in the space which was later created via the collective *Operarios del Espacio Público*.

As the final link in this chain of interventions in abandoned plots, the workshop led by the multi-collective *Pied La Biche*, produced a materialised reflection on how the configuration of public space is determined by actions carried out in it, as opposed to its volumetric and material construction.

The resulting exercise in transposing actions shed some light on the possibilities of intervention based on bodies rather than objects. This workshop expanded the scope of reflection in which the preceding workshops had been framed to include public space in general and, on the instrumental level, it introduced the image and its generation (imagination) as effective tools for reflecting on, in this particular case, the nature of public space.

Meanwhile, the autumn 2009 seminar, made an attempt to address themes that were brought up both in the competition and in past workshops. The aim is to once again propose a philosophical reflection on the links between cultural production, institutional relations and social processes that may lead, through the workshops, to specific proposals that can be implemented in the (few) unoccupied spaces still left in our city.

Manual metodológico de acción urbana

Michael Moradiellos

Los solares urbanos y las intervenciones que se ejecutan en ellas no son una materia nueva ni estrictamente original (se llevan haciendo desde los juegos infantiles de Aldo Van Eyck en Amsterdam a los jardines comunitarios de los *Green Guerillas* en Nueva York) por lo que no voy a entrar en una defensa de la idea como tal, sino en el análisis de la energía empleada para la ejecución de la misma y de una posible planificación coherente de la estrategia a poner en marcha.

Lo que deseo es destacar la capacidad de un colectivo de llevar a cabo este tipo de acciones en el entorno urbano a partir de la pretensión de aportar una mejora puntual y temporal a una situación natural en las ciudades, a saber, la lenta actividad económica en determinadas parcelas, congelada (en la mayoría de los casos) por falta de recursos o de propietarios, que suele ser el *leit motiv* de partida para la planificación de una acción en un solar urbano. Me gustaría abordar una metodología (o más bien un mapa mental) de los elementos a tener en cuenta a la hora de iniciar un proceso que tenga como objetivo generar una transformación pro-activa de un espacio en desuso. Los pasos a seguir en esta guía no son lineales, aunque se cuenten en un orden determinado, y pueden tener diferentes interpretaciones según el punto de vista del lector.

Para iniciar la estrategia que llevará a realizar una intervención en un solar urbano, debemos tener en cuenta lo siguiente: se requiere una *oportunidad*. Es decir, un elemento de partida que nos dé el impulso necesario para, por una parte, generar una idea que sea capaz de transmitir y convencer al equipo y, por otra, plantear una pista de arranque sobre cómo y/o dónde se ejecutará la intervención. Se puede tener una idea brillante, pero no saber el momento o el lugar donde realizarla. Se puede tener un espacio a disposición pero con total falta de iniciativa. A veces la oportunidad es el encuentro entre dos preocupaciones que disponen cada una de una parte del kit básico para realizar acciones urbanas.

La oportunidad requiere varios elementos que de por sí auguren una predisposición para el éxito e implica los siguientes ingredientes: un espacio, un momento o tiempo, un equipo, una idea, la voluntad de disfrutar y si es posible una institución afín a la preocupación del equipo.

El espacio, o solar urbano, suele ser de propiedad privada o pública. Intentar acceder al espacio debería conllevar tener alguna idea sobre el papeleo, los contactos y las autorizaciones necesarias. Sin saber cómo abordar estas cuestiones, puede

Methodological manual for urban action

Michael Moradiellos

Urban plots and the interventions carried out in them are not a new or strictly original theme (they have been around for years, since Aldo Van Eyck's games for children in Amsterdam and the community gardens of the *Green Guerillas* in New York) so I am not going to engage in a defence of the idea itself but rather analyse the energy used to implement it and present a possible coherent planning of the strategy to be applied.

What I want is to highlight the ability of a collective to carry out these kinds of actions in an urban setting with the intention of making a specific, temporary improvement to a natural situation in cities, namely, the slow economic activity of certain plots, frozen (in most cases) by a lack of resources of owners, which is usually the *leitmotif* that inspires the planning of an intervention in an urban plot.

I would like to discuss a methodology (or, rather, a mental map) of the elements that must be considered when undertaking a process whose ultimate goal is to effect a proactive transformation of an unoccupied space. The steps outlined in this manual are not linear, although they are listed in a certain order, and they can be interpreted in different ways depending on the reader's perspective.

When beginning a strategy that will lead to an intervention in an urban plot, we must bear one thing in mind: we need an *opportunity*. In other words, a catalyst that will give us the impulse we need in order to, on the one hand, come up with an idea capable of inspiring and convincing the team and, on the other, propose a baseline to determine how and/or where the intervention will take place. We might have a brilliant idea but not know the time or place to implement it. We might have an available space but a total lack of initiative. Sometimes the opportunity is a meeting of two different preoccupations, each with a part of the basic kit for carrying out urban actions.

Opportunity requires various elements which in themselves auger a good chance at success and it involves the following ingredients: a space, a moment or time, a team, an idea, a desire for enjoyment and, if possible, an institution sympathetic to the team's concerns.

The space, or urban plot, is usually publicly or privately owned. Any attempt to access the space should be accompanied by a general notion of the necessary paperwork, contacts and authorisations: if we do not know how to broach these issues, access to the space can be quite difficult. Relations with law

resultar difícil acceder al espacio. Las relaciones con los cuerpos de seguridad serán más o menos fluidas en función del número de papeles en nuestra posesión.

Los tiempos son igualmente importantes: uno puede focalizarse en un solar y darse cuenta más adelante que esta a punto de ser edificado. Hay que comprobar la disponibilidad del mismo, confiar en la casualidad de los acontecimientos y aceptar el componente suerte. Es probable que una intención que hayamos tenido en el pasado se vea realizada en un momento más adecuado, a veces por otras personas. Puede darse simplemente el caso de que el tiempo no era el adecuado.

Una persona sola es incapaz de hacerlo todo bien, por lo cual es recomendable montar un buen equipo multidisciplinar, que pueda resolver cualquier tipo de asunto y aportar diferentes sensibilidades e ideas.

Disfrutar de lo que uno hace y pretender generar un espacio para el disfrute de un colectivo o de los vecinos es la base de las intervenciones en solares abandonados. Se trata de abrir un momento de libertad y de ocio en áreas urbanas que carecen de espacios acondicionados para estas actividades y definir zonas que escapen del control totalitario que a menudo sufren los espacios públicos contemporáneos.

Es evidente que si se dispone de una institución que apoya o patrocina la acción, las puertas se abren más fácilmente. Aunque no es una condición imprescindible, debería ser una de las primeras preguntas que hacerse antes de empezar a meter ruido.

El segundo paso lo he denominado el *soporte*. Este trabajo es, desde luego, el más largo y difícil, pero también el más apasionante desde el punto de vista estratégico: es cuando se pueden mover las fichas, avanzar, convencer, atraer y obtener los elementos de la lista que nos hemos propuesto en la fase anterior. El soporte conlleva los siguientes elementos: un evento, la financiación, la legalidad y, de nuevo, la institución.

Una acción urbana en sí puede ser ya un reto para cualquiera, pero cuando se plantea algo un poco más ambicioso y se convierte en un evento, tras la calibración de objetivos, puede que sea mejor planificar algo grande que algo pequeño. Parece que se convence mejor cuando uno tiene una visión amplia, atrevida y ambiciosa ya que lo pequeño, desgraciadamente, interesa poco.

El evento puede atraer la financiación. Si la intervención es pequeña, puede ser autofinanciada o bien recibir alguna

enforcement will be more or less hassle-free depending on the number of papers in our possession.

Timing is equally important: one can hone in on a site and later discover that a building is about to go up on it. We must confirm the availability of the site, trust in the coincidence of events and accept the luck factor. It is also probable that an idea we had in the past may be implemented at a more propitious time and, sometimes, by other people. In some cases, the timing just isn't right.

It is impossible for one person to do everything properly. Therefore, it is advisable to assemble a good multidisciplinary team that can overcome any difficulties and contribute different sensibilities and ideas.

Enjoying what you do and striving to create a space for the enjoyment of a group or of local residents is the basis of interventions in abandoned plots. The idea is to provide a refuge of freedom and leisure in urban areas that lack spaces for such activities and to define zones that elude the totalitarian control often imposed upon today's public spaces.
Obviously, if we have an institution willing to support or sponsor the intervention, the doors will open much more easily. Although it is not a necessity, this should be one of the first things we consider before we start broadcasting the idea.

I call the second step the *medium*. This work is undoubtedly the most time-consuming and difficult, but it is also the most exciting from a strategic point of view: It is the stage where we can make our moves, progress, convince, attract and obtain the elements on the list drawn up in the previous step. The medium involves the following elements: an event, funding, legality and, once again, the institution.

A simple urban action is quite a challenge for anyone. But when we set our sights a bit higher and it becomes an event, once our goals have been defined, it may be better to plan something big rather than something small. It seems easier to convince people when you have a broad, daring and ambitious vision; unfortunately, small-scale activities tend to spark little interest.

The event can bring in the funding. If the intervention is small, it can either fund itself or request a grant from a social or cultural institution. If the intervention is associated with an event and attracts widespread interest, government funding or donations may be easier to obtain, either through conventional channels or by seeking alternative forms of sponsorship.

beca por parte de un organismo, sea social o cultural. Si la intervención es asociada a un evento y moviliza expectativas, puede que los apoyos institucionales o económicos sean mas fáciles de conseguir, por vías convencionales o bien buscando formas alternativas de subvenciones.

La acción urbana puede resultar más convincente y duradera si va acompañada de un envolvente que trasciende el objetivo, y lo disimula. De ahí la propuesta de generar un evento puntual que deje su huella en formato de espacio liberado temporalmente, por ejemplo mediante una exposición de una cierta duración con los trabajos realizados por los vecinos en un determinado taller asociado a un evento.
Plantear la legalidad de estas acciones es interesante y es una cuestión de la que hay que preocuparse, ya que el objetivo de algunas de estas intervenciones es que se realicen conjuntamente con las autoridades. Es decir, poder proponer un modelo de ocupación temporal de solares urbanos co-gestionado por la administración municipal. Aunque otras intervenciones están más interesadas en mover el margen entre lo permitido y lo no permitido hacia formatos más contemporáneos y proponer alternativas a los comportamientos habituales.

El tercer punto de esta metodología se denomina el *proceso*. Se entenderá mejor si se le añade la palabra «creativo», aunque no lo define del todo. El proceso es la parte final, cuando todo debería estar listo, cuando los elementos están reunidos y preparados, y digamos que se procede a entrar en el solar.

El proceso posee los siguientes elementos: administración, personas, acción y difusión.

La parte administrativa suele dar problemas en el último minuto, dado que es algo inusual, desconocido y por mucho que se haya preparado el terreno, siempre es lo que más tarda. Por lo cual se debe hacer lo máximo en los últimos días y luego apostar por la suerte o la aproximación a la ilegalidad con sus consecuencias administrativas, muchas veces económicas.

Los futuros usuarios del espacio, deben estar implicadas en el proceso de forma que participen en la creación del espacio, se lo puedan apropiar y darle una continuidad temporal. Sin personas (vecinos o colectivos implicados) la intervención no tiene futuro.

La parte más divertida, una vez resuelto los elementos previos, es la acción. Es recomendable invitar a gente fresca a participar en dicha acción, ya que el equipo puede estar cansado por las fases anteriores, o muy ocupado con temas de gestión. Por lo cual, un equipo organizado, artista o demás expertos, serán

Urban action can be made more convincing and long-lasting if it is presented in a package that transcends our true goal and, in a way, camouflages it. Hence the suggestion of generating a one-off event that leaves its mark in the form of a temporarily liberated space. For example, by organising an exhibition of considerable duration to display the work created by local residents in a workshop associated with an event.

The issue of the legality of these actions is interesting. And should be taken into consideration, given that the goal of some of these interventions is to propose a model for the temporary occupation of urban plots that can be co-managed by the municipal government. However, there are other interventions that are more interested in shifting the margin between permitted and not permitted towards more contemporary formats and proposing alternatives to habitual patterns of conduct.

The third step in this methodology is called the *process*. It is easier to understand this concept if we tack on the word «creative», though it still falls short. The process is the final stage, when everything should be ready, when the elements have been collected and prepared, and we begin to take over the plot.

The process contains the following elements: management, people, action and dissemination.

The management tends to present a lot of last-minute problems, given that such interventions are unusual and unfamiliar. No matter how much groundwork has been laid, this is always the last piece to fall into place. Therefore, we should do everything we can in the final days and then cross our fingers and hope that the dubious legality of the initiative doesn't result in administrative sanctions, which are often monetary.

People, the future users of the space, should be involved in the process and participate in the creation of the space so that they can make it their own and ensure its future existence. Without people (residents or implicated groups), the intervention has no future.

The fun part, once the preliminaries have been dealt with, is the action. I recommend inviting new people to participate in this phase, as the team may be worn out from the previous work or busy with management issues. Therefore, an organised team, an artist or other experts could be very helpful when it comes to implementing the idea and approaching it from a new angle. I think that this approach also helps overcome difficulties that may crop up as a result of the intervention, because it spreads the burden of responsibility among several parties.

de gran apoyo a la hora de ejecutar la idea y darle un enfoque diferente. Creo que de esta manera se resuelven también problemas que puedan surgir de la intervención, ya que se disocian las responsabilidades.

Lo que resulta primordial es la difusión. Por dos razones: para comunicar que existe la posibilidad real de mejorar temporalmente zonas urbanas con este tipo de intervenciones y para fortalecer la acción realizada con el objetivo futuro de realizar otras más que se apoyen sobre esa historia. Una correcta comunicación, y la comparación con intervenciones anteriores, ayuda a convencer a las personas que desconocen este tipo de acciones y que necesitan creer que no serán los primeros en apostar por una cosa tan rara.

La intención de este texto metodológico es demostrar que toda idea es válida y que, con empeño y creatividad, se puede realizar.

Cuantas mas ideas pongamos sobre la mesa, mejor serán las ciudades que habitamos.

What should be a top priority is dissemination, for two reasons: to let people know that there is a real possibility of temporarily improving urban areas through such interventions, and to reinforce the positive image of the completed intervention with a view to carrying out other projects in the future by building on a history of success. Good publicity and positive associations with past interventions are helpful for convincing people unfamiliar with such initiatives, who need to believe that they are not the first to support such an odd idea.

The aim of this methodological text is to prove that every idea is valid and that, with dedication and creativity. It can become a reality.

The more ideas we bring to the table, the better our cities will be.

T1_ ESPACIOS RESIDUALES CARLOS TEIXEIRA + MEIPI

T1_ RESIDUAL SPACES CARLOS TEIXEIRA + MEIPI

Espacios residuales en la ciudad
22–26 octubre 2007
Carlos Teixeira

El taller
Una ciudad del tamaño de Madrid no puede permitirse acumular espacios abiertos en desuso o vacíos en áreas céntricas. Debería más bien aprovechar al máximo sus equipamientos urbanos para apoyar toda iniciativa de reactivación de estos espacios. En Lavapiés (barrio aledaño a La Casa Encendida que ha sido escenario de algunos conflictos entre la comunidad de inmigrantes y el ayuntamiento), el reciente crecimiento de la presión inmobiliaria ha generado multitud de espacios urbanos vacíos, tanto privados como públicos, que unas veces se ven como espacios públicos y otras veces como espacios privados. En nuestro taller, tratamos de definir qué son estos espacios, cómo aproximarse a ellos, cómo cartografiarlos y cómo poner en marcha los procesos necesarios para desencadenar su reintegración en la vida cotidiana de Lavapiés.

Planteamos un taller en dos partes:
1. Un investigación destinada a sembrar el debate acerca de los espacios intersticiales de Lavapiés
2. Una práctica con la herramienta de cartografía interactiva Meipi para representar los hallazgos de los alumnos

El resultado no fue exactamente un taller teórico, sino un taller con una metodología flexible basada en la organización espacial de la información (Meipi) combinada con debates sobre las impresiones personales de cada uno de los alumnos acerca de los espacios. Tras presentar sus respectivas trayectorias profesionales, los profesores solicitaron a los alumnos que visitasen el barrio con una mirada crítica a sus espacios públicos (y también a lo que podría denominarse espacios públicos invisibles). Se detectaron, entre otros, tiendas vacías, solares vacíos, muros, edificios tanto convencionales como protegidos desocupados, plazas que no cumplen su función, etc. Se debatieron posibles estrategias (pasivas, activas, catalizadoras, subversivas, etc.) y se sugirieron intervenciones de muy diversa índole: desde eventos artísticos, deportivos y sociales (danza, música, fiestas, campeonatos) hasta proyectos arquitectónicos y paisajísticos (un hotel efímero, una tienda de flores, un bar, una estructura viva, agricultura urbana, basura reciclable, la plantación de árboles de crecimiento rápido, etc.). Por último, se generó un importante debate sobre la legalidad de cada una de las acciones propuestas. Con *Espacios residuales en la ciudad*, esperamos haber despertado en los alumnos una nueva sensibilidad hacia Lavapiés y haber sembrado un debate al que pueda darse

Residual Spaces in the City
22nd-26th October 2007
Carlos Teixeira

The Workshop
A city the size of Madrid cannot allow useless or vacant open spaces to accumulate in its core areas. Rather, it should take maximum advantage of its central urban facilities and should support every proposal that aims to reactivate of these spaces. In Lavapiés (a borough in the surroundings of La Casa Encendida that has witnessed friction between its immigrant community and the City Hall), the recent intensification of real estate pressures has generated a myriad of both private and public urban gaps that sometimes are seen as public and sometimes are seen as private spaces. Our workshop tried to define what these spaces are, how to approach them, how to map them, and how to trigger processes to unleash their reintegration into de everyday life of Lavapiés.

The workshop was twofold:
1. An investigation aimed to generate a broad discussion on the interstitial spaces of Lavapiés.
2. A test of Meipi, an interactive mapping device, as a tool to represent the students' research.

The result was not exactly a theoretical workshop, but one with a flexible methodology based on a spatial information organization (Meipi) together with discussions on each of the students' personal impressions of the spaces. After an introduction by the teachers about their respective professional, the students were asked to visit the borough with a critical eye, observing its public spaces (and also what we could call 'invisible public spaces'). Examples of places detected were empty shops, vacant plots, walls, unused buildings, listed buildings with no use, squares that don't work well etc. Possible strategies were discussed (passive, active, catalysts, subversive etc.), and every kind of events were suggested: from art, sport and social actions (dance, music, parties, games), to architectural/landscape programs (a fleeting hotel, a flower shop, a bar, a living structure; urban agriculture; recyclable garbage; planting of fast growing tress etc.); to finally the important discussion on the legal viability of each proposed action. With *Residual Spaces*, we hope to have awakened in the students a new sensitivity towards Lavapiés, and to have ignited a discussion to be continued in the following workshops: *El Residuo Urbano: Descampados and Utopia Real 4.*

continuidad en los siguientes talleres: *El residuo urbano: descampados* y *Utopía real 4*.

Carlos Teixeira

Carlos teixeira es miembro fundador de *Vazio S/A* estudio que combina la práctica profesional con la investigación. En el estudio, sostenemos que es fundamental adoptar un enfoque integrado de las disciplinas del diseño (arquitectura, paisajismo y diseño urbano) a causa de los desafíos que imponen la dinámica de la ecología y la complejidad de las ciudades. A la hora de abordar un proyecto, tanto de diseño de mobiliario como de viviendas, edificios culturales o instalaciones comerciales, en nuestro estudio prevalece el carácter multidisciplinar. Adoptamos una postura tanto activa (nos situamos nosotros como clientes) como pasiva (diseñamos para los sectores privado y público): una visión en la que la informalidad, los espacios urbanos vacíos y el propio mercado pueden funcionar como desencadenantes de nuevos proyectos y oportunidades. Abordamos los encargos convencionales (viviendas, edificios comerciales, etc.) desde una perspectiva experimental a través de la investigación, concursos de arquitectura, colaboraciones con artistas y grupos sociales, publicaciones e intervenciones urbanas.

Otros proyectos de Vazio S/A

· El rascacielos definitivo (Un cuento absurdo)

En 1999, el antiguo gurú de los Beatles, Yogi Marahasi, junto al empresario local Mario Garnero propusieron la Torre Sao Paulo, que aspiraba a ser al edificio más alto del mundo. Cuando el mamotreto iba ser aprobado por el ayuntamiento, el alcalde fue acusado frente a los tribunales y casi sepultado por la avalancha de corrupción y el proyecto de la colosal estructura fue archivado. El rascacielos definitivo es una épica de fantasía que narra el posible desarrollo de esta construcción; una ficción en la que la ciudad entera se transforma en un único y gigantesco «condominio máximo» que succiona y aniquila el resto de Sao Paulo.

· La autopista Este-Oeste (Investigación urbana)

Al contrario que en otros países, en Brasil el uso de las área debajo y alrededor de los viaductos no se considera un ejercicio de regeneración urbana, cuando la vía Minhocão de Sao Paulo es un gran ejemplo de un residuo urbano que podría ser mejorado con muy poco presupuesto. El objetivo de este proyecto, propuesto para los viaductos a lo largo de la autopista Este-Oeste en Belo Horizonte, es la renovación de las áreas urbanas residuales, la identificación de una estrategia para el uso potencial de los vacíos y la integración de estos espacios en la ciudad como áreas funcional y socialmente útiles. El proyecto se basó en la participación

Carlos Teixeira

Carlos Teixeira is co-founder of Vazio S/A (Void Unlit.) a studio that mixes practice and research, and for which an integrated vision of the design disciplines (architecture, landscape architecture, and urban design) is a fundamental approach due to the challenges imposed by ecological dynamics and the cities' complexities. Wheather in furniture design or housing projects, cultural buildings or commercial facilities, multi-disciplinarity prevails at the office. Ours is a position both active (we consider ourselves as clients) and passive (designing for the private and the public sector): a vision in which informality, urban voids, and the market itself can work as triggers of new projects and opportunities. To conventional commissions (houses, commercial buildings, etc.) we associated experimentation through researches, architectural contests, partnerships with artists and social groups, publications, and ephemeral urban interventions.

Other projects by Vazio S/A

· The Ultimate Skyscraper (An absurd tale)

In 1999, São Paulo Tower, a would-be tallest building in the world, was proposed by the Beatles's former-guru Yogi Maharishi in partnership with the local business man Mário Garnero. When the monster was to be approved by the city hall, the mayor was impeached and almost drowned in the sea of corruption, and the colossal structure was archived. The Ultimate Skyscraper is a fantastic epic that narrates a possible unfolding of this construction; a fiction where the whole city transforms into a unique and gigantic «maximum condominium» that sucks and eliminates the rest of São Paulo.

· The East-West Expressway (Urban research)

On the contrary of other countries, in Brazil the use of the areas under and around viaducts is not seen as a practice of urban restoration, the Minhocão roadway in São Paulo being a great example of urban residue that could be upgraded with a low budget. Proposed for the viaducts along the East-West Expressway in Belo Horizonte, the goal of this project is the renovation of residual urban areas; the identification of a strategy for the voids' potential use; and the integration of these spaces to the city as functional and socially useful areas. The project relied on the participation of former homeless people, district associations, cardboard collectors and the companies installed along the 25-km Expressway.

· Benign Tumour (A film about the lack of voids)

If the history of Belo Horizonte were a film, it could be summed up as a transformation of the void of a young city to the fullness of a saturated city. This project is an image of

Canal de percepciones

Perception Channel

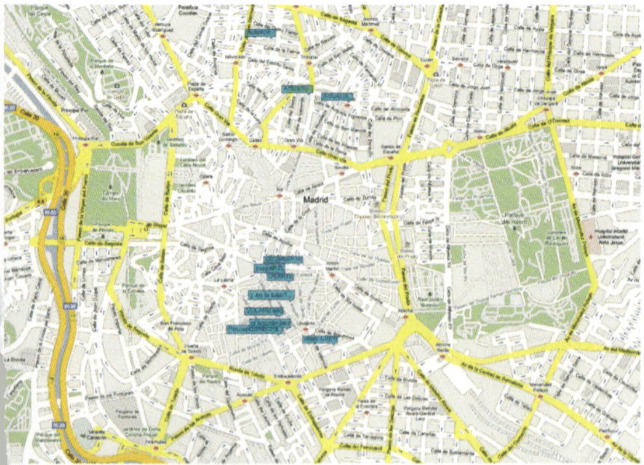

ColgARTE
Por Grupo1, 25-10-2007/18:39:12

UsARTE
Por Grupo1, 25-10-2007/18:48:19

SOLARizado
Por Solares, 25-10-2007/19:00:25

Percepciones/Patio Biblioteca UNED
Por Solares, 25-10-2007/18:58:27

Canal de sugerencias

Suggestion Channel

ContainARTE
Por Grupo1, 25-10-2007/18:21:19

Lavapies con ARTE
Por Grupo1, 25-10-2007/19:10:32

Canal de usos

Use Channel

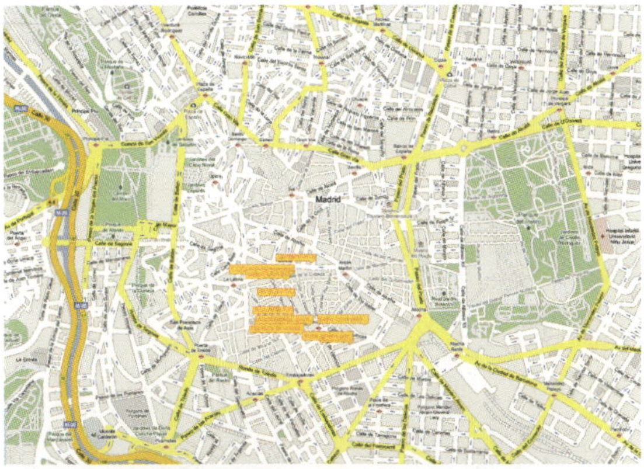

COCHERASdensayo
Por Solares, 25–10–2007/19:10:32

Plaza La Corrala
Por Urbanas, 26–10–2007/19:13:36

Patio Convento de Santa IsabeL
Por Solares, 26–10–2007/18:23:40

Solar Green Parque
Por Solares, 26–10–2007/18:02:15

PatioSOLADO
Por Solares, 25–10–2007/19:19:20

Canal de ciudadanía

Citizenship Channel

Solar vacío
Por Urbanas, 25–10–2007/18:35:23

de antiguos indigentes, asociaciones locales, cartoneros y empresas instaladas a lo largo de los 25 km de autopista.

· Tumor benigno (Una película sobre la ausencia de vacíos)
Si la historia de Belo Horizonte fuera una película podría ser resumida como una transformación del vacío de una joven ciudad al lleno de una ciudad saturada. Este proyecto es la imagen de esa película a cámara rápida pero al revés (como la imagen que uno tiene cuando rebobina una cinta de vídeo): es un retroceso en la historia que, paradojicamente, señala hacia mejores futuros de Belo Horizonte. Haciendo una recapitulación de toda la historia de Belo Horizonte en unos pocos minutos la absurdidad de la eliminación de sus vacíos aparece con más claridad. Si el «progreso» de esta ciudad se puede identificar con la lenta ocupación de sus parques y solares, un retroceso significa des-ocupar los espacios llenos y reinstalar los espacios vacíos. Para desahogar el centro, condensar y conectar los barrios periféricos eficientemente, para imaginar proyectos tan demenciales como la densificación de esta ciudad. Un tumor benigno. Un reguero de espacios vacíos que contaminen los llenos. Un retroceso: un regreso al principio de la historia como una manera de percibir un futuro más saludable.

Meipi

Meipi propone una nueva manera de publicar y consultar información en internet basada en la referenciación geográfica de la información. Tras el enorme éxito registrado por el uso de los mapas y por los sistemas de publicación de contenidos multimedia en los últimos años, *Meipi* unifica bajo una sola plataforma estos servicios y ofrece espacios colaborativos donde uno o más usuarios pueden georreferenciar información multimedia. Permite manejar los contenidos publicados de manera flexible, pudiendo visualizar la información de manera:
1. geográfica: utilizando un mapa como interfaz.
2. cronológica: ordenándola según un modelo tipo blog.
3. temática: privilegiando su catalogación en categorías.
4. visual: ordenando los contenidos gráficos de manera sugerente.

Además cualquier usuario puede crear su propio mapa, eligiendo el lugar o el tema específico que desee tratar. *Meipi* está formada por más de 1.500 usuarios y casi 300 mapas, con más de 5.500 entradas. Es una herramienta de código abierto que cualquiera puede, además de usar, modificar con total libertad incluso para utilizarla como punto de partida para otras aplicaciones. Además de la comunidad que visita y usa la página, existe una comunidad de desarrollo de la herramienta.

that film seen speeded up, but in reverse (like the image one has with the rewind button of a VCR): It is a retrogression in history which, paradoxically, points towards the better futures of Belo Horizonte. Let us recapitulate the whole history of Belo Horizonte in a few minutes so that the absurdity of the elimination of its voids becomes clearer. If the «progress» of this city can be identified with the slow occupation of its lots and parks, a retrogression means de-occupying full spaces and reinstalling empty spaces. To un-smother the Center, to condense and connect the outlying neighbourhoods efficiently, to imagine projects as mad as the densification of this city. A benign tumour. A stain of empty spaces contaminating the full ones. A retrogression: a return to be beginning of history as a way of perceiving a healthier future.

Meipi

Meipi proposes a new way of publishing and consulting information on the internet based on the geographical referencing of data. Following the tremendous success of its maps and multimedia contents publication systems among users in recent years, *Meipi* has decided to combine these services in a single platform and offers collaborative spaces where one or more users can geo-reference multimedia information. This allows a flexible manipulation of published contents, and information can be viewed in different ways:
1. geographically, using the map as an interface.
2. chronologically, arranging it according to a blog-style pattern.
3. thematically, with information listed by category.
4. visually, organising graphic contents in a suggestive way.

In addition, users can create their own maps and choose the specific place or theme they wish to address. *Meipi* has over 1,500 users and nearly 300 maps, with over 5,500 entries. Is an open-source tool that anyone can use and modify with total freedom, and it can even be used as a springboard for other applications. In addition to the community that frequents and uses the site, there is also a community dedicated to developing and perfecting the tool.

T2_ EL RESIDUO URBANO LARA ALMARZEGUI + AMPS

T2_ URBAN WASTE LARA ALMARZEGUI + AMPS

Realidad Sonora
Paula Ruiz

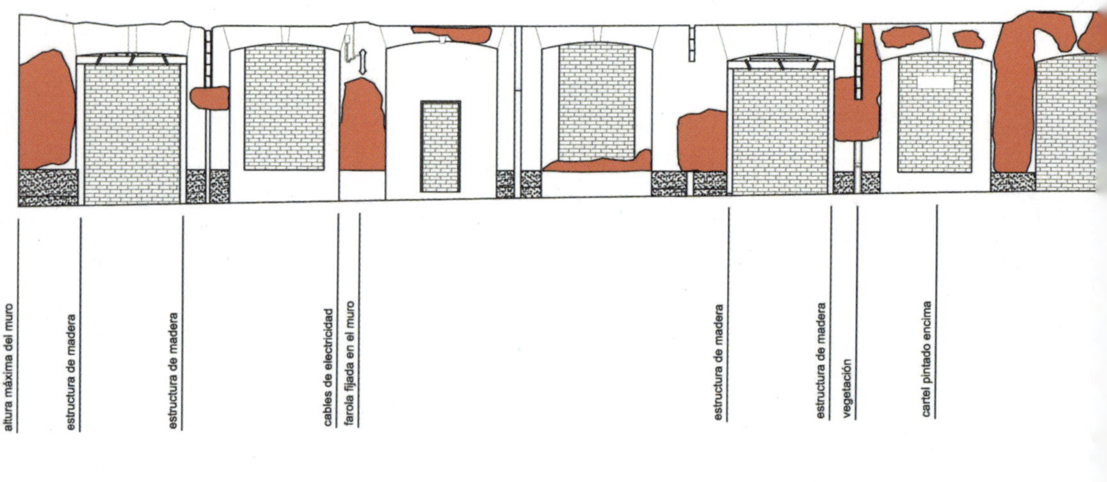

MuroLVPS
Juliane Haider

Pasar la noche en el solar de Dr. Furquet
Elena Moron + Sandra Espinosa + Luis Sierra

Descampados: prospección y posibilidades
29 octubre-2 noviembre 2007
Lara Almarcegui

El Taller propuso una investigación de los solares de Lavapiés para profundizar en el conocimiento de zonas olvidadas de la ciudad, tanto con la experiencia de estar en los descampados como con la realización de un estudio posterior que podía consistir en la recolección de documentos sobre los terrenos, la conversación con vecinos y usuarios, propietarios y arquitectos. Así el estudio de los solares realizado durante el taller genereraría proyectos nuevos de intervenciòn.

Los descampados son terrenos disfuncionales que perdido el uso inicial para el que fueron diseñados han quedado como espacios inútiles del barrio. Dado que ya no corresponden con una función determinada, están abiertos a todo tipo de posibilidades. Observarlos es una forma de cuestionar y saber más sobre el futuro de la ciudad, sobre sus aspiraciones y fracasos.

Durante el taller, una vez identificados los solares, cartografiados y analizados, había que preguntarse qué se puede aprender acerca del funcionamiento de la ciudad en sus espacios vacíos. Había que averiguar qué sucede exactamente en el interior de los solares y a partir del estudio detallado de un descampado, reflexionar sobre qué acciones debían llevarse a cabo en ellos. Así, se proponía reflexionar sobre algunos de los descampados identificados estableciendo las propuestas o líneas de acción que permitan recuperar, o no, dichos espacios. La herramienta que se puso en práctica fue el trabajo de campo en los solares, pasar tiempo en ellos para tener una experiencia real del lugar que permita conocerlo y profundizar en él.

Transcurso del taller
El taller se inició revisando textos de artistas y arquitectos que recorren y estudian descamapados y lugares abandonados como los textos de Ignasi de Solá Morales clave para entender el *terrein vague* como lugar de posibilidades o la entropía y el monumento al revés de *Un recorrido por los monumentos de Passaic* de Robert Smithson.

Se revisó el interés de cada uno de los solares según diferentes puntos de vista como la accesibilidad, la vegetación, el uso actual, el uso posible, quién es el propietario y los planes de construcción.

Tras haber seleccionado los mejores solares, intercambiamos consejos a cerca de cómo averiguar más sobre cada

Empty Plots. Research and Possibilities
29th October-2nd November 2007
Lara Almarcegui

The workshop proposed a study of the empty plots in Lavapiés in order to gain more in-depth knowledge of forgotten areas of the city, both through the experience of being in the empty lots and by conducting a subsequent study. This study could consist of gathering documents on the lots, conversing with local residents and users, owners and architects. Thus, the study of the lots performed during the workshop would generate new intervention projects.

Empty plots are dysfunctional lands that have lost the initial use for which they were designed and have been left as useless places within the neighbourhood. Given the fact that they are no longer used for any particular purpose, they are open to all sorts of possibilities. Observing them is one way of questioning and learning more about the future of the city, about its aspirations and failures.

During the workshop, once the lots had been identified, mapped and analysed, we had to ask ourselves what we can learn about the functioning of the city from its empty spaces. We had to find out what exactly happens inside the plots, and based on a detailed study of one empty plot, reflect on what actions should be undertaken in them. Thus, the proposal was to reflect on some of the empty plots identified, setting forth the proposals or avenues of action that would enable us to recover these spaces, or not. Fieldwork in the plots was the tool that was used, spending time in them to have a real experience of the place, which enabled us to become familiar with it and learn more about it.

The workshop started by reviewing texts by artists and architects who survey and study empty lots and abandoned places. These included texts by Ignasi de Solá Morales, which are crucial for understanding the *terrein vague* as a place of possibilities; and entropy and the reverse monument in Robert Smithson's *A Tour of the Monuments of Passaic*.

The initial interest sparked by each of the lots was subsequently reviewed from different vantage points, such as accessibility, vegetation, current use, possible use, the owner and building plans.

After having chosen the best lots, we exchanged ideas on how to find out more about each one. As it turned out, many of us were interested in the same lots. These affinities led to the formation of working teams, in addition to individual

descampado. Resultó que muchos coincidíamos en el interés por los mismos solares. Estas afinidades provocaron la formación de equipos de trabajo además de los proyectos individuales. Tras definirse cada proyecto, se inició el trabajo intensivo en cada uno de los descampados que comprendió sobre todo la búsqueda de más información sobre los solares, conversaciones con vecinos y usuarios, diferentes registros del lugar y propuestas de acción.

Proyectos

El proyecto de Paola Ruiz consistió en la realización de un instrumento que captaba el sonido del solar de Buenavista: una grabadora unida a tres palos de escoba que introducía sobre el muro del solar y movía por el terreno recorriéndolo exhaustivamente. El descampado se convertía en una caja de resonancias que transmitía su propia respiración transformandose el espacio en instrumento sonoro.

El grupo formado por Elena Morón Ruiz, Sandra Espinosa Debailleul y Luis Sierra de Hita se propuso pasar una noche en el solar de Dr Fourquet. Fue una aventura que, partiendo de la idea de explorar el terreno hasta el fondo, se inició saltando la valla y acabó provocando el encuentro con los vecinos, policía y todo tipo de movimiento de objetos de dentro a fuera del solar.

Juliane Haider realizó un levantamiento del muro que encierra el solar de Dr Fourquet señalando cada uno de sus detalles.

Alicia Villagra realizó un trabajo de recojida de difrentes testimonios de vecinos del mismo solar de Doctor Fourquet. Lo que más valoraban parte de los vecinos entrevistados eran los árboles y la naturaleza salvaje del terreno.

Alberto Figueroa Mingarro, Blanca Figueroa Gómez de Salazar y Manuel González Castro trabajaron en un proyecto para el solar de Torrecilla del Leal. Recopilaron la historia e información sobre el lugar, realizaron encuestas a vecinos y recojieron opiniones posteriores en un blog con la intención de organizar una asamblea de usuarios del solar.

Marta Olarte propuso cubrir la valla del solar de Marqués de Toca con revistas componiendo así un collage que intercalaba las imágenes de las revistas con las medianeras del solar.

Laura López realizó dibujos en los que señalaba la basura que encuentra en un solar, semejantes a extraños mapas esquemáticos e irreales.

projects. After each project was outlined, intensive work began on each of the empty lots, which mainly entailed the search for information on the lots, conversations with local residents and users, different recordings of the place and proposals for action.

Projects

Paola Ruiz's project consisted of making an instrument that captured the sounds of the lot on Buenavista. It was a recording device attached to three broomsticks that she placed over the wall of the lot and moved around the lot, travelling exhaustively over every centimetre of it. The empty lot thus became a sound box that transmitted its own breathing, turning the lot into a sound instrument.

The group made up of Elena Moron Ruiz, Sandra Espinosa Debailleul and Luis Sierra de Hita set out to spend a night in the lot on Doctor Fourquet. It was an adventure which, grounded on the idea of exploring the lot in depth, started by jumping the fence and ended with an encounter with the local residents and the police and moving them from inside to outside the lot.

Juliane Haider made a drawing of the wall that enclosed the lot on Doctor Fourquet, carefully detailing each of its features.

Alicia Villagra set out to collect different testimonies from local residents about the same lot on Doctor Fourquet. What the residents interviewed appreciated the most was the trees and the wild nature on the lot.

Alberto Figueroa Mingarro, Blanca Figueroa Gómez de Salazar and Manuel González Castro worked on a project for the lot on Torrecilla del Leal. They gathered the history and other information about the site, administered surveys to the local residents and later gathered opinions in a blog with the intention of organising an assembly of users of the lot.

Marta Olarte proposed covering the fence around the lot on Marqués de Toca with magazines, thus composing a collage that interspersed pictures from magazines with the dividing walls of the lot.

Laura López made drawings in which she showed the rubbish found in a lot, which resembled strange, schematic, unreal maps.

Fátima Mendez Vigo made a scale model in which she superimposed both the elements found in the lot with the ones that could be there.

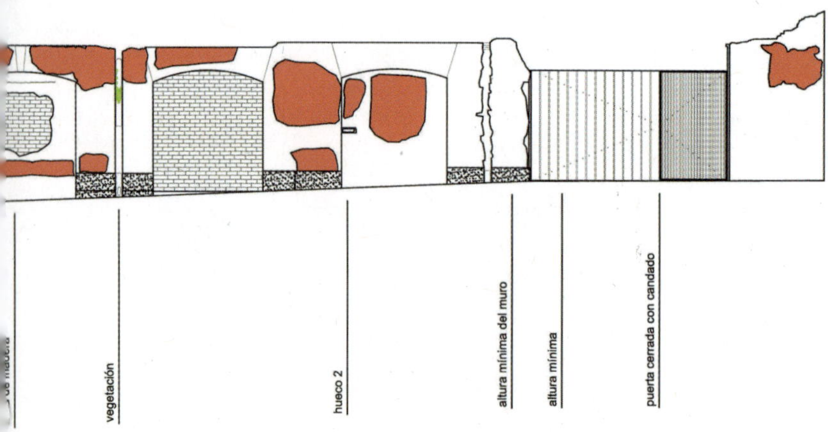
vegetación
hueco 2
altura mínima del muro
altura mínima
puerta cerrada con candado

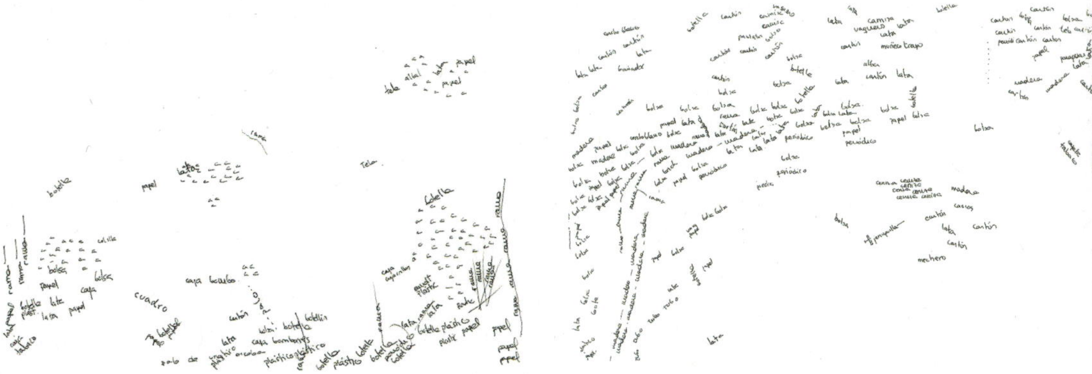

Mapeado de residuos y desperdicios
Laura López

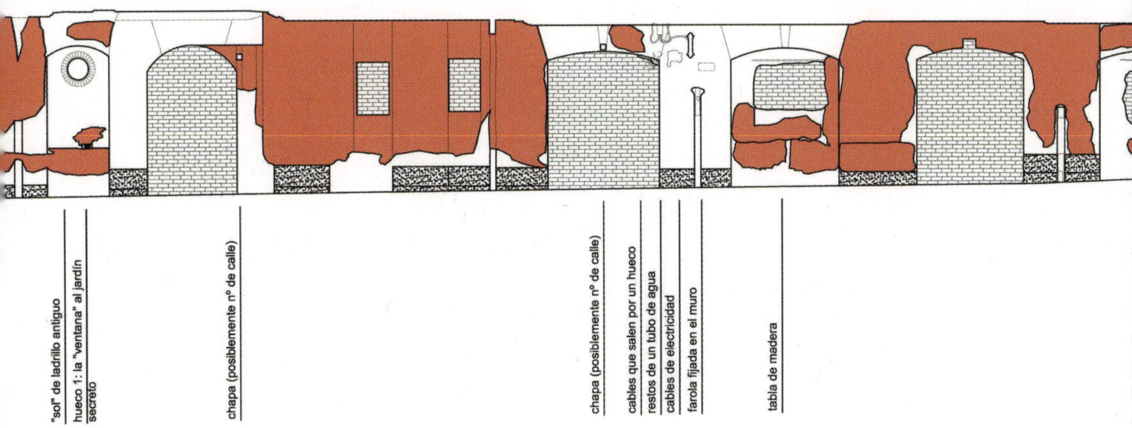

Fátima Mendez Vigo hizo una maqueta en la que superponía tanto los elementos que hay en el solar como los que podría haber.

Teodora Mauro planteó la recuperación del solar de la Calle Marqués de Toca a través de una acción de limpieza y saneamiento del espacio con la colaboración de grupo de personas dispuestas a participar en el proyecto.

Finalmente el trabajo de Lucía Jalón se tradujo en un espacio web que puede ser consultado en http://uncertaintyprinciples.eltallernocturno.com

Exploraciones urbanas
Alberto Marcos

En la ciudad emergen entre edificios y tras las tapias *descampados*.
Residuos urbanos.
Piezas dislocadas sin construcción.
Solares vacíos.

¿Vacíos?

En realidad los intersticios entre las construcciones están llenos de todo lo que es y no es la ciudad. Un territorio de oportunidad para la reflexión sobre los otros lugares, los no colonizados. Lugares borrados de la red de los espacios públicos de la urbe.

Descubrir y analizar las potencialidades escondidas en los resquicios de la ciudad. Desarrollar una estrategia para conocer y describir lo hallado que sirva de sustrato y herramienta de trabajo para el futuro. Cartografiar lo que subyace entre los tejidos consolidados de la ciudad.

Teodora Mauro planned the recovery of the lot on Calle Marqués de Toca through an action to clean and clear the lot with the help of a group of people willing to participate in the project.

Finally, Lucía Jalón's project translated into a website that can be seen at http://uncertaintyprinciples.eltallernocturno.com.

Urban Explorations
Alberto Marcos

In the city, *empty lots* spring up between buildings and behind walls.
Urban waste.
Displaced, unconstructed pieces.
Empty lots.

Empty?

In truth, the interstices between constructions are brimming with everything that a city is and is not. They are fields of opportunity to reflect on other places, the ones that are not colonised. Places that have been erased from the urban network of public spaces.

Discovering and analysing the potential hidden in the cracks of the city. Developing a strategy to learn about and describe what is found, and to use it as substratum and working tool for the future. Mapping what lies under the consolidated fabric of the city

TEJIDOS

PIENSA
ACTUA
SOLARIUM
¡LIBRE!

T3_ UTOPÍA REAL 4 "LA CIUDAD IMPREVISTA" RAUMLABOR + BASURAMA

T3_ UTOPÍA REAL 4 "SUDDEN CITY" RAUMLABOR + BASURAMA

La Playa de la Bola
5-8 noviembre de 2007
malashierbas

En noviembre de 2007 una porosa estructura de madera surgió en medio de la calle Embajadores de Madrid. Sus perpetradores trabajaron durante tres días y la dejaron allí. Los vecinos y visitantes de Lavapiés se la apropiaron hasta su desaparición bajo un flamante bloque de apartamentos. Durante unos meses fue una esquina soleada, llena de sillas alrededor de lo que se pensó como pabellón de té. *La Playa de la Bola* fue declarada zona libre y usada como juego de niños, sala de exposiciones, escenario de conciertos o para pasar simplemente el rato.

Invitamos a Jan Liesegang y Matthias Ricks a realizar esta acción dentro del primer ciclo de talleres de urbanacción por la capacidad del estudio berlinés *raumlabor* para trabajar desde el lugar. Usando lo que hay. Incluso si no hay mucho. Tratando de establecer un marco de trabajo que ofrezca un cierto tipo de libertad, un espacio para que suceda lo inesperado. Un entorno que permite hacer cosas que, de otra manera, no se harían. A pesar de los encuentros con las fuerzas de orden locales, nacionales y secretas. A pesar de las advertencias sobre el vandalismo local. Parecía imposible pero sucedió.

Jan dice: «Uno de los momentos más interesantes sucedió en una mañana soleada cuando llegó el camión con la arena. Fue un momento algo arcaico, como cuando renuevas la tierra para hacer un jardín. Cuando quieres plantar algo. Es el mismo ritual; limpias la tierra, pones una nueva base en el terreno: extendiéndola, aplanándola. Como un ritual de purificación, ¡algo tan fácil! Pero muy poderoso. Fue mucho más poderoso que la construcción del pabellón de té, la 'bola'; algo que, de hecho, es una estrategia de *raumlabor* bastante común: poner un elemento especial que le da un valor extra, diferenciándolo del viejo ritual de okupación y protesta, y le da otro tipo de energía, una que atrae atención y cuidado. Pero otro aspecto extraño fue el choque entre de dos mundos, el formal y el informal. Te dabas cuenta por la cara de los conductores del camión de que todo era irregular. Ellos, llamados por un arquitecto, esperaban encontrar una obra y se encontraron con cuatro tipos en la acera, sin casi equipamiento, que les largan el dinero y se ponen a llenar una propiedad con esta nueva capa de arena».

Era difícil imaginar nada por adelantado: el lugar se localizó la noche antes, los materiales fueron comprados (la arena, la madera y las bombillas), encontrados (las vigas-banco, el

La Playa de la Bola (La Bola Beach)
5th-8th de November 2007
malashierbas

In November 2007, a porous wooden structure suddenly appeared in the middle of Calle Embajadores in Madrid. The perpetrators worked for three days and just left it there. Residents and visitors in Lavapiés made it their own until it disappeared beneath a brand-new block of flats. For a few months, it was a sunny street corner filled with chairs, arranged around what had been conceived as a tea pavilion. *La Playa de la Bola* (La Bola Beach) was declared an open zone and used to host children's games, exhibitions, concerts or just to pass the time.

We invited Jan Liesegang and Matthias Ricks to carry out this action as part of the first series of urbanacción workshops due to the Berlin studio *raumlabor*'s ability to work from the place, using only what's available, even if there isn't much, trying to establish a working context that offers a certain degree of freedom, a space where the unexpected can happen. A place that makes it possible to do things which otherwise wouldn't be done. Despite the encounters with the local, national and secret police. Despite warnings about local vandalism. It seemed impossible, but it happened.

Jan says, «One of the most interesting moments took place on a sunny morning when the lorry with the sand arrived. It was a rather archaic moment, like when you rejuvenate the soil to make a garden. When you want to plant something. It's the same ritual: you clean the soil, you put a new layer on the ground, spreading it, levelling it. Like a purification ritual, so tremendously easy yet very powerful. It was much more powerful than the construction of the tea pavilion, the 'ball'; something that is, in fact, a fairly common raumlabor strategy: introducing a special element that gives it added value, differentiating it from the old ritual of squatting and protest: it gives it another kind of energy, one that attracts attention and care. But also, the strange thing was the clash between two worlds, the formal and the informal. You could tell by the faces of the lorry drivers that everything was out of the ordinary. Having been called by an architect, they expected to find a construction site and instead they find four guys on the pavement, with hardly any equipment, who hand over the cash and start filling a piece of property with this new layer of sand.»

It was hard to imagine anything ahead of time: the site was located the night before, the materials were purchased (sand, wood and light bulbs), found (the beam-benches, the tube

tubo para las lámparas y los palets) o donados (las sillas y el césped artificial); la energía eléctrica salió de la casa de enfrente, de los mayoristas chinos de al lado y, en última instancia, del propio solar; algunos de los participantes fueron reclutados sobre la marcha durante la conferencia en el COAM; el diseño del proyecto se realizó y se discutió en el mismo solar y algunos conocimientos expertos fueron aportados por transeúntes y vecinos.

Matthias dice: «en nuestros textos y entrevistas siempre hablamos sobre los métodos de *raumlabor* de ocupación del espacio, de confrontación directa con el sitio, de la transformación de recursos urbanos, de los procesos sociales, de volver a cargar las cosas de significado y de la creación de deseo y para mí este pequeño proyecto, aunque al principio no pareciera muy organizado, muestra todas estas cosas que son importantes para nosotros. Es mucho más un arquetipo de nuestro trabajo que por ejemplo la *Eichbaum Opera*. Allí llevamos a cabo un largo proceso de negociación, pero al final todo el mundo hablaba del espectáculo y de cómo había quedado la escenografía. *La Playa de la Bola* realmente muestra cada pieza del puzzle, del conglomerado de estrategias que usamos. Está todo ahí, condensado, y lleno de pequeñas historias preciosas, como cuando un tipo que pasaba por la calle se puso a ayudarnos con la electricidad. En la Playa se ve perfectamente la idea de bricolage, de usar lo que está en el lugar. Con un resultado que depende de quién nos ayude, del material que encontremos, y de la historia del propio lugar.»

La primera vez que *raumlabor* estuvo en España, invitados al Fórum de Paisajismo de Vitoria, me preguntaron por qué les había llamado, si ellos eran arquitectos y ni siquiera hacían diseño urbano. Yo les contesté que, aunque no lo supieran, y como diría John Lennon, espacio publico es lo que sucede alrededor mientras ellos están ocupados haciendo otras cosas. El método de trabajo de *raumlabor*, meticulosamente caótico, encarnado, y dependiente, cual zahorí, de las energías del lugar, genera proyectos de una belleza casi accidental, y espacios públicos cada vez más premeditados. Espacios donde suceden cosas inimaginables. Como el que construimos entre todas en Madrid. Ligero, efímero e intenso, como un pequeño jardín japonés improvisado, es decir, *a la madrileña*.

Se puede ver cómo era La Playa de la Bola en:
http://www.youtube.com/watch?v=A3VBQ3349Hg&NR=1
http://www.youtube.com/watch?v=VxoMAyi8a18&NR=1

for the lamps and the pallets) or donated (the chairs and the artificial grass); the electricity came from the house across the street, from the Chinese wholesalers next to the plot and, in the end, from the plot itself; some of the participants were recruited on the spot during the lecture at the Madrid Architects' Association; the project design was drawn up and debated on site, and some expert advice was contributed by neighbours and passer-bys.

Matthias says, «In our texts and interviews we always talk about *raumlabor*'s methods of occupying the space, of directly confronting the site, of transforming urban resources, of social processes, of reinvesting things with meaning and of creating desire, and for me, this small project, though at first it didn't seem very organised, shows all these things which are important to us. It's much more of an archetype of our work than for example the *Eichbaum Opera*. In that case we engaged in a lengthy negotiation process, but in the end everyone was talking about the show and about how the stage design had turned out. *La Playa de la Bola* truly shows each piece of the puzzle, of the conglomerate of strategies we use. It's all there, in condensed form and full of beautiful little stories, like when this guy walking down the street stopped to help us with the electricity. The *Playa* is a perfect example of the concept of DIY, of using what's already there. With a result that is dependent on who lends a hand on the materials we find, and on the site's own history.»

The first time that *raumlabor* came to Spain, as guests invited to the Vitoria Landscaping Forum, they asked me why I had called them, since they were architects and they didn't even do urban design. I replied that, although they might not know it, and as John Lennon would say, public space is what happens while they're busy making other things. *raumlabor*'s working method (meticulously chaotic, incarnate and dependent, like a water diviner, upon the energies of the place) generates projects of an almost accidental beauty and increasingly premeditated public spaces. Spaces where unimaginable things happen, like the one we built together in Madrid. Light, ephemeral, and intense, like a small, improvised (in other words, *à la Madrid)* Japanese garden.

Visit these links to see La Playa de la Bola as it was:
http://www.youtube.com/watch?v=A3VBQ3349Hg&NR=1
http://www.youtube.com/watch?v=VxoMAyi8a18&NR=1

THANK
YOU WALL

Basurama

El espacio público ha de ser un espacio de creación colectiva, que fomente el encuentro a diferentes escalas y un uso libre que nos permita identificarnos con el mismo, vivirlo en primera persona.

Los ciudadanos nos hemos adormecido, al huir de los lugares públicos presenciales nos hemos desresponsabilizado del uso de estos espacios, perdiendo nuestra capacidad crítica y renunciando a exigir algo mejor. Hemos acatado las restricciones impuestas de una forma pasiva y reducido nuestras expectativas a no ser molestados. Lo que ha devenido en una pasividad colectiva.

Debemos cambiar el sentido de las decisiones, que las propuestas vayan de abajo hacia arriba y sean los usuarios los que propongan y dispongan. Pero esto no se debe hacer a cualquier precio, hay que dotar de herramientas a los ciudadanos para que puedan intervenir directamente sobre ese espacio. Esto no quiere decir construir físicamente ni modificarlo estructuralmente (que también). Hablamos, inicialmente, en un sentido reflexivo. Los ciudadanos hemos llegado a «asumir» el espacio que nos entregan, por lo que en primer lugar la tarea es intentar percibir ese espacio como algo mutable y flexible que podría y debería plegarse a las necesidades de la comunidad. La primera solución es romper las barreras sociales sobre el control y el diseño de ese espacio. La segunda es crear un marco de intervención sobre el mismo (aquí sí). Hay ciudadanos que ya están apropiándose del espacio y se está combatiendo contra ellos. Hay que desactivar las dinámicas de enfrentamiento, entender y atender las iniciativas ciudadanas para poder mejorarlas desde una preparación profesional y unos conocimientos técnicos. Crear ámbitos de encuentro entre usuarios (colectivos, asociaciones, individuos) y expertos profesionales (arquitectos, urbanistas, sociólogos) que puedan escuchar sin miedo y ayudar a los ciudadanos a enfocar y precisar sus propuestas y capacitarlos para luego llevarlas a cabo.

Solo así podremos ser una sociedad madura, responsable de sus actos y capaz de decidir sobre su entorno.

Basurama

The public space should be a space of collective creation that encourages interaction at various levels and a free usage which allows us to identify with it, to experience it first-hand.

We, the citizens, have grown sluggish. In fleeing from public places where people are physically present, we have washed our hands of the use given to such spaces, losing our critical edge and refusing to demand something better. We have passively submitted to the restrictions imposed upon us and lowered our standards to the point where all we expect is to not be bothered. The end result of this process is a collective passivity.

We need to change the direction of decisions: proposals should travel from the bottom up, and the users must be the ones who propose and advocate them. But this must not come at any price, citizens need to be given the tools for intervening directly in that space. This does not mean they have to physically build or structurally modify the site (though it is a possibility). Initially, we are talking about a mindset. We citizens have come to assume the space we are given, and therefore our first task must be an attempt to see that space as something changeable and flexible which can and should bend to the needs of the community. The first solution is to break through the social barriers surrounding the control and design of that space. The second is to create a framework for taking action in it (and here is the practical part). There are citizens who are already appropriating the space, and they are being fought. We have to defuse the dynamics of confrontation, to understand and attend to citizen initiative in order to improve them using qualified professionals and technical expertise. We must create a place where users (groups, associations, individuals) and professionals (architects, urban planners, sociologists, can come together, where the experts can listen to citizens without fear, help them focus and define their proposals, and prepare them so they can make their ideas a reality.

Only in this way can we become a mature society, one that takes responsibility for its actions and is capable of making decisions about its environment.

T4_ MONTAJE DE ACCIONES URBANAS ESTERNI + OPERARIOS DEL ESPACIO PÚBLICO

T4_ URBAN ACTIONS ASSEMBLY ESTERNI + PUBLIC SPACE OPERATORS

TEATRO
DEL TODOS

soy un arbol de luto por mi amigo huerto
arrasado en esta es una plaza

3-7 noviembre 2008

Esterni

Actuar sobre la ciudad, sobre los espacios urbanos, reproyectar el espacio público, el lugar de todos, restituyéndolo a la ciuadad y a sus habitantes, volviéndolo accesible, familiar, util o simplemente, más bello, es desde siempre uno de los objetivos de los proyectos de *Esterni.* Una zona de tránsito transformada en lugar de descanso, un aparcamiento en una plaza. Acciones e intervenciones en el espacio público que aportan una clave de lectura distinta para repensar y recualificar los numerosos no-lugares de la ciudad contemporánea. La invitación a participar en *urbanacción*, para construir en un tiempo muy breve (una semana) junto a un grupo de personas a llas que no se conocía previamente, una intervención de recualificación urbana en el barrio de Lavapiés, fue acogida por *Esterni* con entusiasmo. Primero, por la afinidad de objetivos de los dos proyectos. En segundo lugar, por la posibilidad de medirse con una ciudad como Madrid, donde parece que el interés y la atención por el espacio público sea una práctica ya desarrollada. Para quien, como *Esterni,* trabaja en Milán (una ciudad donde la mayoría del tiempo el espacio público se concibe como el lugar de los intereses privados) experiencias de este tipo son la confirmación de que se puede pensar y proyectar ciudades distintas, donde el espacio público sea una oportunidad para el desarrollo social y cultural. No por último, la respuesta positiva a la invitación nace de la posibilidad de trabajar con un grupo de personas extranjeras y muy motivadas, dispuestas a ponerse, por primera vez frente a una tarea que, por su desarrollo, fue increíble.

Esta es una Plaza: el sueño de un jardín comunitario en Lavapiés

Operarios del Espacio Público

En el barrio de Lavapiés de Madrid, en un solar de la calle Doctor Fourquet desocupado y en desuso desde hace más de 30 años, los *Operarios del Espacio Público* y numerosos vecinos han intentado desarrollar mano a mano un jardín compartido llamado *Esta es una Plaza.* Un espacio abierto al barrio que favorece el encuentro entre gentes distintas y contribuye al desarrollo de los recursos locales, tejiendo relaciones entre los habitantes del barrio.

La historia de *Esta es una Plaza* empezó en diciembre de 2008 cuando el grupo *Operarios del Espacio Público* nos encontramos en un taller de acciones urbanas de La Casa Encendida, coordinado por *urbanacción* y dirigido por el colectivo *Esterni,* de Milán, que proponía una intervención en un espacio residual abandonado en el barrio de Lavapiés.

3rd-7th November 2008

Esterni

Acting on the city, on urban spaces, redesigning public space, shared by everyone, in order to give the city back to its dwellers, to make it accessible, familiar, useful or simply more beautiful has always been one of *Esterni's* objectives through its designs. A merely transient area can become a place to relax, a parking lot can become a square. Actions and interventions in public space can provide keys for a different reading to rethink and re-qualify the numerous non-places in contemporary cities. The invitation to participate in *urbanacción*, to build an intervention for urban re-qualification in Madrid's *barrio de* Lavapiés, in a very brief period of time (one week) together with a group of people we had never met before,, was met with enthusiasm by *Esterni.* The reason, first of all, was the affinity between the two projects. Secondly, it gave us the chance to measure up in a city like Madrid, where it seems that interest and attention devoted to public spaces is already relatively common practice. For those of us like *Esterni* who work in Milan, a city where, at best, the public space is conceived as the domain of private interests, experiences like this confirm that a different kind of city can actually be envisaged and planned, cities where public space takes precedence for social and cultural growth. And not least of all, we accepted the invitation because for the first time it gave us the chance to work with a group of highly motivated people from abroad, all ready to take on an undertaking that turned out hold incredible, unexpected experiences in store.

This is a *Plaza*. The dream of a shared garden in the Lavapiés neighbourhood

Operators of Public Space

In a plot that has been empty and unused for over 30 years in Madrid's Lavapiés neighbourhood on Doctor Fourquet Street, the *Operators of Public Space* and numerous neighbours have tried to work together to design a shared garden called *This is a Plaza.* The *Plaza* is an open space in the neighbourhood that fosters encounters between people from different walks of life and contributes to the development of local resources, thus forging relationships among the residents of the neighbourhood.

The story of *This is a Plaza* starts in December 2008, when the *Operators of Public Space* group was attending a workshop on urban actions at La Casa Encendida coordinated by *urbanacción* and directed by the *Esterni* collective from Milan. This collective proposed an intervention in a residual, abandoned space in the Lavapiés neighbourhood. In the course of the workshops, we built a

A lo largo del taller construimos un huerto, una zona de deporte (campo de fútbol, petanca y bádminton), un espacio para mercado de trueque y un teatro al aire libre, además de áreas verdes con senderos y zonas de descanso. Todo ello fabricado con estructuras temporales y desmontables, tratando de reutilizar el material encontrado en el solar, reciclando a partir de objetos de la calle y gestionando donaciones. A raíz del éxito de la iniciativa y tras recibir apoyos de personas ajenas al taller, sobre todo vecinos que se ofrecían voluntarios para trabajar en el solar, nos pareció necesario darle una continuidad al proyecto. Para ello y para compartir nuestra inquietud por la reutilización de los espacios en desuso de la ciudad a través de un compromiso participativo, una vez terminado el taller decidimos mantener el espacio abriéndolo los fines de semana. El objetivo era crear un jardín común para el uso y el disfrute de los vecinos y de quien quisieran cuidarlo y mientras tanto presentar un proyecto al Ayuntamiento para obtener la cesión temporal del solar y crear un espacio público autogestionado, sin ánimo de lucro, en la línea de iniciativas similares como los huertos del programa *Main Verte* de París o los jardines comunitarios de Nueva York iniciados por los *Green Guerrillas*.

Lamentablemente, la Plaza sólo permaneció abierta unos días ya que el 10 de diciembre de 2008 se produjo el primer cierre del solar llevado a cabo por técnicos del Ayuntamiento sin ningún aviso ni apercibimiento previo. Decidimos entonces cambiar la estrategia, y mientras que por una parte continuamos con la presentación del proyecto en el Ayuntamiento, por la otra trabajamos fuera de la Plaza involucrando a más vecinos y formando redes con otros colectivos que actúan en Madrid. En febrero de 2009 presentamos el proyecto *Esta es una Plaza* al Ayuntamiento de Madrid y, al mismo tiempo, decidimos organizar acciones urbanas y manifestaciones que permitieran demostrar el apoyo de los vecinos y demás personas afines al proyecto.

La actividad más continuada fueron los desayunos colectivos que se desarrollaron frente a la puerta de la Plaza una vez al mes y a través de los cuales se mantenía el contacto con los vecinos y discutíamos los pasos a seguir. Así mismo, *Esta es una Plaza* participó en numerosos eventos culturales para contar su historia y entrar en contacto con otros grupos, colectivos y particulares que mostraron su interés y dieron su apoyo al proyecto. Mientras tanto, lejos de encontrar una acogida parecida, la idea de construir un jardín común en Lavapiés en un solar abandonado desde hace más de tres décadas se topó en el Ayuntamiento de Madrid con un muro de silencio.
Pero a principios de mayo de 2009 la puerta apareció

vegetable patch, a sports area (football pitch, pétanque and badminton courts), an area for a barter market and an outdoor theatre, in addition to green zones with paths and rest areas. All of this was built using temporary structures, that could be disassembled, in an attempt to reuse the materials found on the lot, recycle items from the street and manage donations. Based on the success of the initiative, and after earning the support of people beyond those participating in the workshop, especially local residents who offered to volunteer to work on the lot, we decided that we had to continue with the project. To do so and to share our interest in reusing unused spaces within the city through participatory commitment, we decided to keep the space by opening it up during weekends once the workshop was over . The goal was to create a common garden for the use and enjoyment of local residents and whomever wanted to tend to it, and in the meantime, to present a project to the Town Hall asking it to temporarily lend us the lot to create a self-managed, non-profit public space along the lines of other similar actions such as the vegetable patches in the *Main Verte* programme in Paris and the community gardens started in New York by the *Green Guerillas*.

Unfortunately, the Plaza was only open for a few days, and on the 10th of December 2008 it was shut down for the first time by workers from the Town Hall with no warning or prior notice. We then decided to change our tack and while we went ahead with our submission of the project proposal to the Town Hall, we simultaneously worked outside the *Plaza*, getting more local residents involved and developing networks with other groups acting in Madrid. In February 2009, we submitted the *This is a Plaza* project proposal to the Madrid Town Hall and at the same time we decided to hold urban actions and demonstrations that would showcase the support that the project had earned from both local residents and other people sympathetic to it.

The most regular activity was the collective lunches held once a month across from the door to the garden, through which we kept in touch with the residents and discussed how to proceed. Likewise, *This is a Plaza* also took part in numerous cultural events to tell its story and get in touch with other groups, collectives and private individuals who expressed interest in and support for the project. In the meantime, far from finding such a warm welcome in the Madrid Town Hall, the idea of building a common garden in Lavapiés on a lot that had been abandoned for more than three decades came upon a wall of silence. However, in early May 2009, the door was once again was opened and we held the first lunch inside the Plaza. From then on we opened it every weekend in order to

TEATRO
DE TODOS
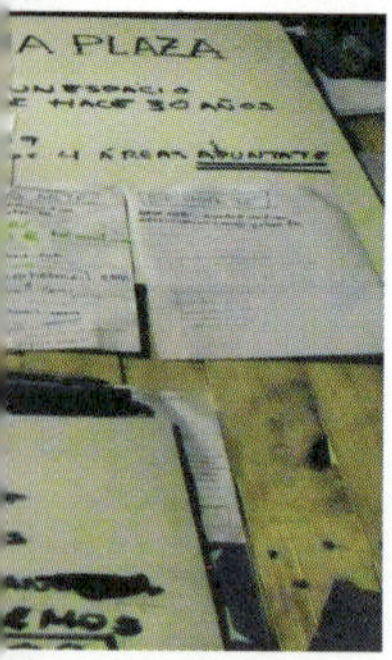

HUERTO
DE TODOS

FASE EXPERIMENTAL
MAÑANA SE DECIDE EL
FUTURO DE ESTA PLAZA
POR FAVOR, ACUDE SI ESTÁ

abierta de nuevo y celebramos el primer desayuno «dentro» de la Plaza. A partir de ese momento la abrimos los fines de semana a fin de recuperar el espacio y el huerto que no habíamos podido cuidar, contando con la asistencia y ayuda de numerosos vecinos hasta el 21 de mayo de 2009. Ese día, el Ayuntamiento cerró otra vez la Plaza. Quizás sería más acertado decir que, sin previo aviso y en pocas horas, una excavadora destruyó el jardín, arrasando con el huerto, el teatro, las hamacas del área de descanso, la caseta del mercado de trueque y las porterías de fútbol, reduciendo a escombros el fruto de una iniciativa en la que muchas personas habían empeñado su ilusión y esfuerzo. La puerta, además, fue soldada.

La raíz de esta actuación destructiva radica en la solicitud por parte de la asociación de vecinos *La Corrala* de Lavapiés de la instalación en la Plaza de casetas para unas obras que se iban a acometer en el barrio y que iban a quitar plazas de aparcamiento. Paradójicamente, ocurrió pocos días después de que *Ésta es una Plaza* hubiera conseguido, gracias a su presencia en un acto de presentación oficial de los planes municipales en Lavapiés, que la delegada del Área de Gobierno de Urbanismo y Vivienda del Ayuntamiento de Madrid accediera a tener una reunión para presentar el proyecto.

Tras un momento inicial de tristeza y desconfianza, decidimos dar respuesta a quienes habían arrasado sin vacilación uno de los pocos espacios verdes que existen en el barrio haciendo lo que más nos entusiasma, ¡actuar en la calle!. Se hicieron más desayunos frente a la Plaza, intervenciones artísticas en la calle y contactos con la prensa para contar la breve, aunque intensa, historia de la Plaza. A raíz de este bombardeo mediático, conseguimos reunirnos con Gerencia de Urbanismo en junio de 2009 tras lo cual sus responsables se comprometieron a concedernos la cesión temporal del solar de Doctor Fourquet 24, y nosotros aceptamos compartir el espacio con las casetas de obras (que nunca se instalaron).

Ocho meses después de la destrucción de la Plaza y cuatro desde el último encuentro con Gerencia de Urbanismo, *Esta es una Plaza* se ha constituido como asociación, hemos firmado con el Ayuntamiento la cesión temporal del espacio y estamos listas para empezar a construir de nuevo este jardín compartido.

Todas las actividades, acontecimientos y anécdotas se encuentran en el blog www.estaesunaplaza.blogspot.com.

recover the space and the vegetable patch that we had been unable to tend, with the assistance and help of numerous local residents up until the 21st of May. That day, the Town Hall closed the plot once again. Perhaps it would be more accurate to say that without prior notice and within a few hours, an excavator destroyed the garden, razing the vegetable patch, the theatre, the lounge chairs in the rest area, the hut for the barter market and the football goals, ruining the results of an initiative in which many people had invested their hopes and efforts. To top it all off, the door was soldered shut.

The root of this destruction lay in the request submitted by the *La Corrala* Neighbours' Association in Lavapiés to install huts for construction work that was going to be undertaken in the neighbourhood; apparently these huts were going to occupy parking places. Paradoxically, this took place just a few days after *This is a Plaza* had managed, thanks to its presence in an official unveiling of the municipal plans of Lavapiés, to get the delegate of the Department of Urban Planning and Housing of the Madrid Town Hall to agree to have a meeting in which we could present the project.

After initial feelings of sadness and mistrust, we decided to respond to those who had blithely razed one of the few green areas in the neighbourhood by doing what we love the best, street actions! They included more lunches across from the Plaza, artistic interventions on the street and contact with the press to tell the brief yet intense story of the Plaza. Based on this media bombardment, in June 2009 we managed to secure a meeting with the Head of Urban Planning, after which the leaders pledged to temporarily lend us the lot at number 24 Doctor Fourquet Street and we agreed to share the space with the construction huts (which were ultimately never set up).

Eight months after the Plaza was destroyed, and four months after the last meeting with the Head of Urban Planning, *This is a Plaza* has been officially set up as an association, we have signed the temporaly lease of the space and we are ready to begin building this shared garden once again.

All the activities, events and stories can be found on the blog www.estaesunaplaza.blogspot.com.

T5_ MICHEL & BRIGITTE PIED LA BICHE

T5_ MICHEL & BRIGITTE PIED LA BICHE

Diez cuestiones metodológicas
22-26 Junio de 2009
Pied la Biche

1. ¿Qué puedo hacer?
Es la primera pregunta que siempre nos hacemos. ¿La invención de nuevos usos puede reemplazar o completar la ordenación de nuevos espacios? Normalmente ordenamos el espacio en función de usos que definimos según una definición normativa del espacio: se supone que tenemos que hacer algo predefinido en un espacio determinado. Sucede a menudo que el uso efectivo de los espacios sobrepasa su uso normativo.

2. ¿Coreografía = Arquitectura?
La configuración creada por las personas puede construir una arquitectura temporal. El movimiento de los cuerpos forma figuras espaciales de la misma manera que los muros, el suelo, los tejados.

3. ¿Uso Inhabitual?
Un evento excepcional conlleva una ocupación inhabitual del espacio. Crea una fricción y una generación de situaciones corporales singulares (entre las personas, entre las personas y los animales, entre las personas y la ciudad).

4. Ocupación del espacio/Topografía
Interpretación del espacio como un marco neutral, con su topografía propia. Lo que se vive como barreras (bancos, carteles) puede transformarse en una serie de módulos y volúmenes a interpretar libremente.

5. Interpretación de las señales
La ciudad está cubierta de señales en superficie que codifican los comportamientos de la misma manera que la volumetría. Más allá del aspecto coercitivo, las señales pueden también inducir formas cualitativas de comportamiento.

6. Protocolos de desvío
El desvío del espacio se hace de manera espontánea, regularmente, en grupo, o solos. ¿Cómo programar el desvío? ¿Qué protocolo instaurar? Proponemos en un primer tiempo una tipología incompleta de los protocolos de desvío de las prácticas del espacio.

7. El relato
Se trata de superponer una narración construida a un marco urbano dado. La palabra *dérive* en los situacionistas abarca un conjunto de protocolos que consisten en seguir un relato imaginario a fin de experimentar la configuración de las ciudades y poner a prueba sus cualidades fuera de los usos preestablecidos.

8. La regla
Darse una regla estricta para agotar un espacio.

9. Reconstitución
Recrear una acción sucedida en el mismo lugar. Meditación

Ten Methodological Questions
22nd-26th June 2009
Pied la Biche

1. What can I do?
This is our first question. Can inventing ways of using space replace or complement the development of new spaces? Developments are usually created to cater for the uses we define. There is a prescriptive relationship between use and space. One is supposed to do something defined beforehand in a specific space. But prescriptive uses are often left behind by actual uses.

2. Choreography = Architecture?
Firstly it may be said that temporary architecture can be created by simply configurating people. The movement of bodies creates spatial figures in the same way as walls, a floor or a roof.

3. Unusual Uses?
Exceptional events lead to unusual ways of occupying space. Friction arises and singular bodily situations are created (between persons in this instance, but also between persons and animals or persons and buildings).

4. Occupation of space/Topography
Interpreting space as a neutral framework with its own topography without taking any pre-established uses into account. So things looked upon as obstacles, benches, panels, etc, can be transformed into a series of modules or volumes with different interpretations.

5. Interpreting signs
The city's surface is also covered in signs which, like volumetric design, codify behaviour. Coercive considerations aside, signs can also produce qualitative forms of behaviour. Inventions are possible at this level too: reinterpreting these lines for other purposes, like a child playing on a patterned carpet.

6. Protocols for non-conventional use
Space is often used for non-conventional purposes spontaneously, by groups or individuals. How such uses should be programmed? What protocol should be established? Let's begin with a non-exhaustive list of protocols for non-conventional uses of space.

7. Narrative
The idea is to superimpose a narrative built upon a given urban framework. The word *dérive* originated amongst Situationists spans a general protocol consisting of following an imaginary narrative in order to experiment with the configuration of cities and test their qualities outside the realms of pre-established uses.

8. Rules
To exhaust a place's possibilities by establishing a strict rule.

sobre la relación espacio-tiempo en el contexto de un evento crítico.

10. Transposición
Importar una acción desde un lugar hacia otro.

Michel & Brigitte
Es una exploración sobre la relación entre intimidad y configuración espacial. Una escena de 1'45" de la película *El Desprecio*, de Jean-Luc Godard,(1963) se repite en numerosas ocasiones, con gestos calcados sobre la escena original, en varios espacios urbanos de Madrid (Lavapiés, la plaza del Museo Reina Sofía, una calle). La escena escogida corresponde a la entrada de Brigitte Bardot y Michel Piccoli en su piso de Capri que está en obras. Los gestos efectuados son los del ámbito doméstico: entrar, dejar su chaqueta, lavarse las manos, sentarse en un sofá, quitarse los zapatos, leer. El aprendizaje exacto de esos gestos permite entrar en la complejidad de los usos cotidianos, la transposición de éstos en el espacio público cuestiona su habitabilidad y su grado de intimidad.

Found In Translation
Blandine Rançon

Pied la Biche es un colectivo francés, creado en 2008, formado por nueve personas repartidas en cuatro ciudades: París, Lyon, Grenoble y Roanne, a las cuales se suman numerosos colaboradores. Nacido del encuentro entre miembros de los colectivos *Zoom*, *Infraksound*, *Brutale Mollesse*, *Grrnd Prestige* y *OVN Productions*, reúne arquitectos, urbanistas, artistas, videoartistas y programadores informáticos para llevar a cabo experiencias puntuales que ponen a prueba las relaciones entre espacio y comportamiento. Esas intervenciones pueden tener forma de instalaciones, eventos, vídeos, textos o lecturas públicas. Cada pieza supone la ocasión de explorar un protocolo más preciso a partir de cuestiones generales llegando a:
- Provocar el encuentro entre un cuerpo (blando) y la ciudad moderna (dura) *Turbo 2088*, París, 2008.
- Crear un manual de supervivencia para la ciudad mediante un mapa colaborativo en la web. www.wikibivouac.org, 2008.
- Fabricar las condiciones de un cuarto de hora de gloria para el transeúnte de un mercadillo de Bruselas: *Human Scopitone*, Bruselas, 2009.
- Transponer un gran partido de la historia de fútbol al contexto de los suburbios de una gran ciudad. *Refait*, Villeurbanne, 2009.
- Reencontrar las condiciones de intimidad del piso de una película de Jean-Luc Godard de 1963 en las calles de

9. Re-enactment
To re-enact a past event in the same location.
10. Transposition
This involves importing an action from one place to another.

Michel&Brigitte
Is an exploration on the relationship between intimacy and spatial configuration. A 1'45" scene from the Jean-Luc Godard film *Contempt* (1963) is repeated on various occasions, with exactly the same gestures of the original scene, in different urban spaces across Madrid (Lavapiés, Reina Sofía Museum square, and a street). The selected scene features the entrance of Brigitte Bardot and Michel Piccoli into their Capri apartment while it is being remodellled. Their gestures belong to the domestic sphere: enter the apartment, leave the jacket, wash hands, sit in a sofa, take the shoes off, read. The repeated learning of these gestures allow the participants in the action to understand the complexity of everyday actions, and their transposition into public space brings forth questions regarding its habitability and level of intimacy.

Found In Translation
Blandine Rançon

Pied la Biche is a French collective founded in 2008 with nine members scattered across four different cities (Paris, Lyon, Grenoble and Roanne) as well as a large number of external collaborators. Born from an encounter between members of the *Zoom* (architecture and urban intervention), *Infraksound* (video), *Brutale Mollesse* (video), *Grrnd Prestige* (video) and *OVN Productions* (video) collectives, this group brings together architects, urban planners, artists, video artists and computer programmers to carry out special projects that test the relationships between space and behaviour. These interventions can take the form of installations, events, videos, texts or public readings. Each piece is a chance to explore a more precise protocol through general issues and can:
- Bring about an encounter between a body (soft) and the modern city (hard) *Turbo 2088*, Paris, 2008.
- Create a survival manual for the city by manufacturing a collaborative map on the web. www.wikibivouac.org, 2008.
- Fabricate the conditions of fifteen minutes of fame for the passer-by in a Brussels street market *Human Scopitone*, Brussels, 2009.
- Transpose a legendary game from football history to the context of a big-city suburb. *Refait*, Villeurbanne, 2009.
- Recreate the intimate setting of the apartment from a 1963 film by Jean-Luc Godard on the streets of Madrid. *Michel & Brigitte*, Madrid, 2009.

seo Nacional Reina Sofía

Caixa forum

useo Nacional Reina Sofía

Museo Nacional Reina Sofía

http://piedlabiche.wordpress.com/2009/07/14/michel-birgitte/

Museo Nacional Reina Sofía

Parque del Retiro

Caixa Forum

Parque del Retiro

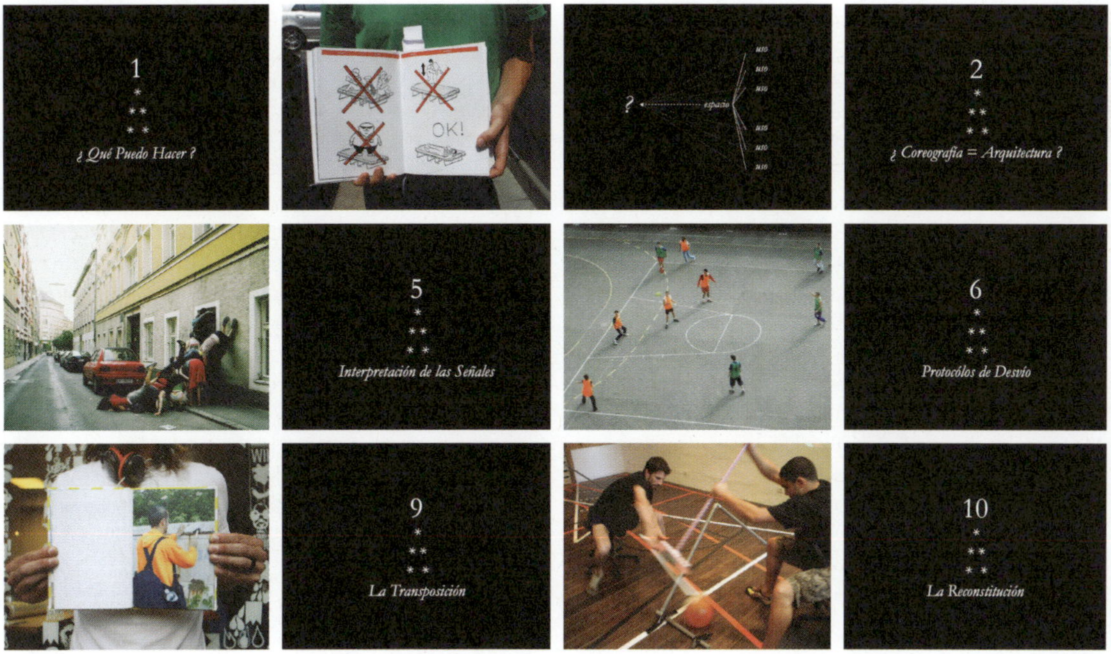

Madrid. *Michel & Brigitte*, Madrid, 2009.
- Cambiar las condiciones climáticas de un interior durante la duración de una fiesta. *Soirée Jean Booty*, Lyon, 2009.

Estos ejercicios de transposición y traducción, del vídeo al espacio, del espacio al cuerpo, del cuerpo a la web, de la web al espacio, del espacio al vídeo, etc. fueron ejemplarmente experimentados en el taller de *urbanacción* en el que reconstruyeron un minuto y cuarenta y cinco segundos de la película *El Desprecio*, un momento coreográfico, donde priman los movimientos de los personajes y su entorno directo, los diferentes puntos de vista y la configuración singular del espacio. El hecho de transponer esa misma escena a diferentes lugares de la ciudad permite abrir las miradas hacia el espacio público y nos hace repensar la posibilidad de transformarlo, no desde el punto de vista de su configuración física, si no desde las actividades y movimientos que se pueden desarrollar en él. La metodología aquí utilizada impone reglas muy estrictas ya que los movimientos están calcados de los de los actores y la coreografía se sigue segundo a segundo.

Lo que sorprende de los proyectos de *Pied la Biche* no es tanto el número de intervenciones si no la diversidad de metodologías utilizadas mediante las que ponen a prueba diferentes protocolos en las experimentaciones que hacen en el espacio público: transposición, reconstitución, seguimiento de una regla estricta que sea geométrica o a partir de un relato dado. Todas ellas son una ocasión para ocupar el espacio público y reflexionar sobre el desfase que existe entre lo establecido (el espacio público tal cual lo conocemos) y lo superpuesto (las acciones que se pueden llevar a cabo en él). Sus acciones proponen una desviación del espacio público a través de usos, eventos e intervenciones. Así, nos ofrecen una reflexión y nos hacen pensar el espacio público, no a partir de un diseño si no de un tipo de ocupación. Su transformación, más que material, es experimental, casi performativa. El uso de herramientas muy diversas (arquitectura, vídeo, sonido, instalaciones móviles, herramientas informáticas, etc.), la diversidad de los contextos en los cuales operan y los cuestionamientos siempre nuevos que ponen a prueba dan riqueza al trabajo de Pied la Biche y permiten abrir la mente a las posibilidades de percibir el espacio, sea público o no, a través de diferentes medios. Mediante sus experiencias nos hacen *éprouver* el espacio público: probarlo, sufrirlo, sentirlo, agotarlo. *Pied la Biche* se define a sí mismo como un colectivo transversal, tal vez porque nos invita a coger *des chemins de traverse*, atajos en la percepción de la ciudad, reflexionar sobre esas líneas que se trazan sin que nadie las haya dibujado o previsto.

- Alter the climate conditions of an interior space while a party is going on . *Soirée Jean Booty*, Lyon, 2009.

These exercises in transposition and translation from video to space, from space to body, from body to web, from web to space, from space to video, and so on, were experienced in an exemplary manner in the *urbanacción* workshop where participants recreated a 1'45" segment from the film *Contempt*, it is a choreographic moment where the dominant elements are the actors' movements and their immediate surroundings, the different points of view and the singular configuration of the space. Transposing that same scene to different spots in the city opens our eyes to the public space and causes us to reconsider the possibility of transforming it, not in terms of its physical arrangement but through activities and movements that can take place in it. The methodology used here imposes very strict rules in that the movements replicate those of the actors and the choreography never lets up for even an instant.

When analysing the projects of *Pied la Biche*, the most striking thing is not the number of their interventions but the diversity of methodologies they use to test different protocols in the experiments they conduct in the public space: transposition, reconstitution, the observance of a strict rule that is either geometric or taken from a certain story. All these methodologies represent a chance to occupy the public space and to reflect on the gap that exists between the established (the public space as we know it) and the superimposed (the actions that can be performed in it). Their actions attempt to *divert* the public space through the uses, events and interventions. Thus, they offer us a reflection and inspire us to think of the public space in a way, not based on design but on a kind of occupation. Its transformation is more experimental than material, indeed, it is almost performative. Their use of widely varied instruments (architecture, video, sound, mobile installations, computer tools, etc.), the diversity of the contexts in which they operate and the ever-fresh interrogatives that they explore lend richness to the work of *Pied la Biche* and open the mind to the possibilities of perceiving space, whether public or not, through different media. Their experiences make us *éprouver* the public space: test it, suffer it, feel it, exhaust it. *Pied la Biche* defines itself as a *transversal* collective; perhaps this is because they invite us to take *des chemins de traverse*, shortcuts across the perception of the city, to reflect on those lines that appear even though no one has drawn or envisioned them.

T5_ MICHEL & BRIGITTE

EN LA WEB

Aunque más o menos efímeros, intangibles o abstractos, los talleres han dejado también su impronta en la web:

T1_Espacios residuales
http://www.meipi.org/lavapies

T2_El residuo urbano
http://uncertaintyprinciples.eltallernocturno.com

T3_Utopía Real 4: "la ciudad imprevista"
http://www.youtube.com/watch?v=A3VBQ3349Hg&NR=1
http://www.youtube.com/watch?v=VxoMAyi8a18&NR=1

T4_Montaje de acciones urbanas
http://www.estaesunaplaza.blogspot.com

T5_Michel & Brigitte
http://piedlabiche.wordpress.com/2009/07/14/michel-birgitte

IN THE WEB

Although more or less ephemeral, intangible or abstract, the workshops have also left their imprint in the world wide web:

T1_Residual Spaces
http://www.meipi.org/lavapies

T2_Urban Waste
http://uncertaintyprinciples.eltallernocturno.com

T3_Utopía Real 4: "Sudden City"
http://www.youtube.com/watch?v=A3VBQ3349Hg&NR=1
http://www.youtube.com/watch?v=VxoMAyi8a18&NR=1

T4_Urban Actions Assembly
http://www.estaesunaplaza.blogspot.com

T5_Michel & Brigitte
http://piedlabiche.wordpress.com/2009/07/14/michel-birgitte

CON-
CURSO

PRØ1_
PROYECTO
GLOBAL

PRØ2_
PAISAJE
URBANO

PRØ3_
PROYECTO
SOCIAL

MENCIONES

FINALISTAS

COM-PETITION

PR01_
GLOBAL
PROJECT

PR02_
URBAN
LANDSCAPE

PR03_
SOCIAL
PROJECT

HONORIFIC MENTIONS

FINALISTS

CONCURSO URBANACCIÓN2

Paloma Gómez

Desde que, hace seis años, el Colegio Oficial de Arquitectos de Madrid puso en marcha la *Oficina de Concursos de Arquitectura de Madrid* (OCAM) los cometidos principales de ésta han sido la gestión, consultoría e información de concursos de arquitectura, así como sus posibles, conexiones con otras disciplinas.

Recientemente, *urbanacción* y *La Casa Encendida* nos propusieron colaborar en la gestión del concurso *urbanacción2*, a fin de seleccionar propuestas para uso temporal de solares urbanos. Se trataba de un concurso sin emplazamiento, sin presupuesto, sin programa y sin usuario definido, en el que las bases podrían haber quedado resumidas en un sms:

Nuevo concurso: intervención en solares que permitan su uso temporal. Pueden participar en el presente concurso todas aquellas personas interesadas. Se buscan soluciones innovadoras de diseño urbano que mejoren el confort ambiental y promuevan el intercambio social.

Un concurso de investigación en cuanto a lugar, uso, proceso y cliente, que ha supuesto para la OCAM, la aparición de nuevos parámetros en cuanto a convocatorias de concursos se refiere. El resultado y la investigación desarrollada por los 252 equipos participantes han sido impresionantes. Propuestas que colocan en primer plano programas de carácter público, mecanismos que promueven la participación ciudadana, propuestas generadoras de energía que formatean los vacíos-urbanos del centro de la ciudad. Lo que antes permanecía en la marginalidad, la búsqueda y análisis de necesidades urbanas, genera propuestas de intervención y gestión en el paisaje urbano. Para la Oficina de Concursos, esta experiencia se acerca bastante a la realidad actual de los

URBANACCIÓN2 COMPETITION

Paloma Gómez

Since it was launched six years ago by the Madrid Architects' Association, the principal objectives of the *Madrid Architecture Competitions Office* (OCAM) have been to manage, advise and provide information about architecture competitions and the possible overlaps with other disciplines.

Recently, *urbanacción* and *La Casa Encendida* invited us to assist in the co-ordination of the *urbanacción2* competition to select proposals for the temporary use of urban vacant plots. The competition was not site-specific and there were no funds assigned. It had no defined programme or target public and the entry conditions could have been summarised in the following text message:

New competition: projects that allow for the temporary use of waste ground areas. Open to all interested parties. We're looking for innovative urban design solutions to improve environmental quality and promote social exchange.

The competition involved research on locations, uses, processes and end-users, and ultimately unveiled new parameters to the OCAM regarding the organisation of such events. The results obtained and the research conducted by the 252 participating teams were extraordinary.
The proposals placed great importance on public programmes and, mechanisms for promoting citizen involvement. In other words, proposals that would generate an energy that redefines these urban voids in the city centre. What was once marginalised (namely, the search for and analysis of urban needs) is now generating urban landscape intervention and management proposals. In the opinion of the OCAM, this experience faithfully reflects the realities facing architects today. Self-generated initiatives, investigation and the development of projects that

arquitectos. El autoencargo, la investigación, el desarrollo de proyectos en busca de cliente son las nuevas variables con las que nos enfrentamos. Por ello, la OCAM agradece a *urbanacción*, *La Casa Encendida* y muy especialmente a todos aquellos que han participado en el concurso, la posibilidad de haber colaborado en esta iniciativa para desarrollar y reflexionar acerca de los espacios inactivos.

search out the client are the new variables we now confront. For all of these reasons, we at the OCAM are grateful to *urbanacción*, *La Casa Encendida* and, most notably, to all of the contestants in the competition for providing us with the opportunity to collaborate in this initiative for the development of and reflection upon dormant spaces.

ESPACIOS AUSENTES

Ángel Luis Fernández

En las estrategias que se diseñan para la recuperación de los centros de las ciudades suele considerarse como objeto central del trabajo la intervención sobre el patrimonio edificado, el espacio público y los llamados «espacios de oportunidad» que la ciudad va proporcionando. De todos estos elementos, son quizá los espacios de oportunidad los que proveen de más alternativas a la labor de decisión sobre lo que ha de ocurrir en el futuro «reactivado» de la ciudad.

La capacidad de acción sobre los espacios consolidados de nuestras ciudades se concentra tanto en la transformación de lo existente como en la búsqueda de lugares donde evidenciar la alternativa perseguida. Esa evidencia se persigue mediante acciones en las que la cualidad de lo contemporáneo identifique los beneficios de la intervención.

Pero esa capacidad no se debe adjudicar tan sólo a los impulsores administrativos de la operación, sino que resulta imprescindible contar con el auxilio de un tejido social que participe en la demanda de actividad pública, en el impulso a las medidas que se definan asumiéndolas como propias y en la promoción de nuevas iniciativas que articulen mejor los comportamientos de la sociedad real con las voluntades administrativas.

Por ello, el impulso a una acción sobre elementos tan excepcionales del espacio urbano como los solares inactivos de la ciudad resulta ser un importante estímulo para quienes pensamos que la ciudad se renueva desde la aportación de ideas que sean capaces de transformar nuestros habituales paisajes de referencia. En el espacio vacío reconocemos la virtualidad de una ciudad posible y mejor. Nos imaginamos una ciudad que altera los comportamientos habituales del sistema productivo del suelo y que genera una

ABSENT SPACES

Ángel Luis Fernández

In the strategies designed for the regeneration of city centres, the main focus of the work tends to be the intervention in existing structures, public space and the so-called 'spaces of opportunity' that emerge as the city develops. Of all these elements, it is perhaps the spaces of opportunity that are the ones that offer the most alternatives in decision-making processes regarding what should take place in the «reactivated» future of the city.

The ability to intervene in the consolidated spaces of our cities is concentrated both in the transformation of the existing and in the search for sites where the desired alternative can be evidenced. This evidence is achieved through actions in which the benefits of the intervention are identified by their contemporary quality.

But this ability should not only be left to the government agencies behind the operation. They must be aided by a social network that is willing to participate in the demand for public activity, to promote the chosen measures by making them their own, and to encourage new initiatives that will improve the synergy between real social conduct and administrative will.

Promoting an intervention in exceptional elements of urban space such as vacant plots is therefore an important stimulus for those of us who believe that the city should be renewed by formulating ideas that are able to transform our well-known landscapes of reference. In empty spaces, we recognize the virtual image of a possible and better city. We imagine a city that modifies the usual behaviours of productive land-use system and generates a different urban fabric. The exception becomes an event, if only because of the discontinuity of non-existence. These spaces provide us with opportunities that other cities have

trama diferente. La excepción se convierte en acontecimiento aunque sólo sea por la discontinuidad del no ser. Estos espacios nos proporcionan oportunidades que otras ciudades sólo han obtenido mediante dolorosos procesos traumáticos sean estos catastróficos o bélicos.

La emoción de la trama interrumpida de Berlín y la aparición allí, real o imaginada, de otra ciudad posible como consecuencia del encuentro entre lo que sobrevive y lo que ha dejado de existir, llena de posibilidades un paisaje cuya condición no acabada se convierte en su principal cualidad. Superamos así valoraciones históricas, sin duda fundamentales, pero a menudo menos excitantes, sobre la cualidad de la ciudad acabada y perfecta. Si admiramos la continuidad y perfección del Ámsterdam de Berlage, nos emocionamos también con la dramática interrupción de la trama berlinesa.

En la pasada década los conceptos de «no lugar», «terrain vague» o «empty spaces», explicaron el interés del proyecto y la ciencia urbanas por ámbitos que hasta ahora habían sido considerados como meros espacios a la espera de intervenciones que anularan, mediante la edificación de previsibles productos inmobiliarios, su negativa presencia. Una importante superficie del suelo de nuestras ciudades pasó de la simple condición de terrenos a la de paisaje. El valor del vacío emergió por sí solo como una cualidad evocadora y sugerente que se oponía a la colmatación acelerada y poco reflexiva de la totalidad del suelo disponible. Ausentes en muchos de estos lugares las condiciones y elementos que habitualmente habían servido para categorizar como patrimonio urbano tangible algunos vacíos de la ciudad, su simple condición ausente pasó a ser considerada como un valor suficiente para estimar su existencia. Teóricos y filósofos hablaban también de la fuerza que el potencial del vacío implicaba, de la estimulante «presencia» de lo no construido.

No tendremos seguramente tantas ocasiones para la emoción en nuestra ciudad. No existe tan considerable número de accidentes y vacíos edificatorios tras un proceso económico intensivo que ha fiado a la producción inmobiliaria el general desarrollo económico del país.
Pero disponemos, por medio de «circunstancias inmobiliarias», del suficiente espacio para ensayar la nueva y transgresora condición del espacio urbano que está implícita en la aparición del vacío sobre la masa edificada.
La ciudad necesita de la aparición de acciones que aporten una visión renovada de si misma. Estas acciones, que a veces son difíciles de gestionar sobre la realidad física y administrativa existente, encuentran mayores facilidades sobre los huecos que las circunstancias del desarrollo urbano van abandonando sobre la trama edificada de la ciudad.

obtained only through painful traumatic processes such as natural disasters and war.

The thrill of Berlin's interrupted fabric and the appearance, whether real or imagined, of another possible city as the consequence of an encounter between that which has survived and that which no longer exists, fills a landscape with possibilities whose unfinished condition has become its principal asset. We are thus able to transcend historical assessments - undoubtedly fundamental but often less exciting - about the quality of a finished, perfect city. For, while we admire the continuity and perfection of Berlage's Amsterdam, we are also moved by the dramatic interruption of Berlin's urban fabric.

During the past decade the concepts of «no lugar», «terrain vague» and «empty spaces» have drawn urban projects and the interests of the urban sciences to areas hitherto regarded as spaces simply awaiting interventions, usually the construction of predictable real estate products, to do away with their negative presence. A large part of the surface area in our cities went from mere land to landscape. The value of empty space emerged on its own as an evocative and suggestive quality which confronted the hasty and often thoughtless silting of all available land.
Due to the absence in many of these places of the conditions and elements that had habitually been used to designate certain empty spaces in the city as tangible urban heritage, their mere absent condition came to be regarded as sufficient reason for valuing their existence. Theorists and philosophers also talked about the implicit power of the void's potential, about the stimulating «presence» of the unbuilt.

We probably will not find as many occasions for excitement in our city.
In the wake of the intense economic process that entrusted the real estate industry with the general economic development of our nation, there are not as many accidents and building voids . But thanks to «real estate circumstances», we do have sufficient space to test the new, ground-breaking nature of urban space implicit in the appearance of the void over the built mass. The city needs the appearance of actions that can provide a renewed vision of itself. These actions, although sometimes difficult to manage within the existing physical and governmental reality, are easier to insert in the gaps that gradually appear in the city's built surface due to urban development circumstances. The empty plots generated by aborted real estate projects, condemned buildings, property inheritance problems and planning modifications enable us to glimpse another form of urban production that has more to do with the direct participation of citizens in the way in which the city is constructed. Though inevitably ephemeral, these

Los solares que operaciones inmobiliarias abortadas, ruinas, dificultades en la transmisión patrimonial o modificaciones del planeamiento proporcionan, nos permiten atisbar otro modo de producción urbana que tiene más que ver con la participación directa de los ciudadanos en la manera en que la ciudad se construye. Aunque necesariamente efímeras, estas actuaciones pueden convertirse en activadoras de nuevas formas de entender el uso del espacio público, de modo bien ajeno a los mecanismos comerciales o administrativos.

Artistas como Gordon Matta-Clark nos abrieron caminos en la posibilidad de observación de la ciudad «otra» que se manifiesta ante nosotros. Matta-Clark nos enseñó a ver la ciudad como laboratorio de sensaciones en las que su condición duradera no resulta fundamental, aunque sí lo es la obtención del registro documental, gráfico o animado, que permita dar continuidad en el tiempo a la experiencia. No vemos entonces gran diferencia entre la acción de Matta-Clark sobre los vacíos o los llenos de la ciudad. Ambos se manifiestan con la permanente voluntad de ver más allá de los valores de función y servicio del material urbano, e incluso más allá de un reconocimiento a sus valores plásticos o figurativos. Su experiencia se soporta sobre la mutabilidad de la ciudad, operando sobre los procesos en marcha, y evidenciando las posibilidades sensoriales que las situaciones intermedias proporcionan.

En esa misma situación intermedia se encuentran los vacíos urbanos. Mudos receptores a la espera de acontecimientos que el planeamiento o el sistema productivo del suelo predeterminan, encuentran en los intervalos entre acontecimientos inmobiliarios la posibilidad de constituir experiencias diversas que incorporen a la vida diaria de la ciudad situaciones y percepciones del todo alternativas a la previsible cotidianidad en que habitamos.

Suponen además un espacio de expresión individual y colectiva, en el que satisfacer, ajenos a las dificultades de los procesos orientados que rigen el funcionamiento de la ciudad, los sueños, voluntades y experiencias que los ciudadanos anhelan. Tal condición no significa simplemente ensimismamiento en referencias personales o de grupo, implica la posibilidad de recuperar culturas olvidadas, facilitar servicios difícilmente reglados en los procesos municipales, proporcionar dotaciones de compleja implantación administrativa pero sencilla organización vecinal y sobre todo, la producción de un paisaje mutante que contradice positivamente la estática condición de la realidad urbana, transformando áreas de la ciudad en lugares de acontecimientos, donde la memoria colectiva se activa y enriquece.

interventions can activate new ways to understand the use of public space, ones that differ noticeably from commercial or government mechanisms.

Artists such as Gordon Matta-Clark opened our eyes to the possibility of viewing the «other» city that stands before us. Matta-Clark taught us how to see the city as a laboratory of sensations in which its lasting condition is of little consequence but in which it *is* important to obtain a documentary, graphic representation or recording, in order to guarantee the continuity of the experience over time. We therefore see no great difference between Matta's action in empty or filled spaces. Both express an unwavering determination to look beyond the function and use values of urban material, and even beyond an appreciation of its visual or figurative qualities. His experience is rooted in the mutable nature of the city, operating on processes that are already underway and highlighting the sensorial possibilities offered by intermediate situations.

Urban voids are located in this same intermediate condition. Silent receivers awaiting events predetermined by urban planning or land management considerations, in the intervals between real estate events they find the chance to build a variety of experiences that infuse the daily life of the city with situations and perceptions which would otherwise have no place in our predictable routines.

Moreover, they constitute a space for individual and collective expression in which, unfettered by the limitations of the guided processes that govern the smooth running of the city, the dreams, desires and experiences that citizens yearn for can become a reality. This condition does not simply entail a total absorption in personal or group references. It means the possibility of recovering forgotten cultures, facilitating services not normally contemplated in municipal processes, providing amenities of complex administrative implementation but simple local organization, and, above all, creating a mutanting landscape that positively contradicts the static nature of urban reality by transforming parts of the city into eventful places, where collective memory is activated and enriched.

PENSANDO VACÍOS

Pablo Saiz

Yo pienso
Tú piensas
Ella piensa
Nosotros pensamos
Vosotras pensáis
Ellos piensan

Desde el principio nuestra intención ha sido ser muchos más de los que éramos. Eran algunos, muy activos, sobre todo en centroeuropa, quizá Berlín fuese la referencia. Gente que supo encontrar los huecos en la ciudad y la estructura social para desarrollar proyectos de bajo presupuesto y alto poder aglutinante. Propuestas autónomas no de protesta, simplemente de acción, de experimentación de lo social. Ellos fueron nuestra primera fuente de inspiración; a través de estudios como *raumlabor* conocimos no sólo una forma de entender la puesta en práctica de nuestra supuesta profesión, sino la forma de ser ciudadano partícipe de la ciudad. Actuando en espacios residuales, haciendo sin demasiado ruido. Un hacer tremendamente lúdico, que en su devenir transforma nuestra propia percepción del espacio público.

Se podría decir que decidimos «importar» esta práctica a nuestra ciudad con los primeros talleres-acciones de *urbanacción* en Lavapiés. Funcionaron bien. Al menos a nosotros nos satisfizo, y queremos pensar que ayudó a potenciar esa conciencia activa que, por otro lado, ya estaba presente; una voluntad de intervenir, de dejar de ser ciudadano pasivo a pasar a ser ciudadano activo, buscando huecos en los que poder residir, actuar, activar.

Ciertamente, existe una tipología de espacios en las ciudades resultado de su continuo ser inacabado. Espacios a veces mudos e imperceptibles que en ocasiones actúan como

THINKING ON VOIDS

Pablo Saiz

I think
You think
She thinks
We think
You think
They think

From the beginning, our intention has always been to become many more than we were. Some were very active, especially in Central Europe. Perhaps the shining example was Berlin. These people knew how to find gaps in the city and the social structure in which to pursue low-budget, highly cohesive projects: autonomous proposals, not of protest, simply of action, of experiencing the social component. They were our first source of inspiration; through studios like *raumlabor*, we discovered not only a way of practising our supposed profession but also of becoming citizens who participate actively in the city - acting in residual spaces, doing things without making too much noise about it, doing tremendously fun things that transformed our perception of public space.

You might say that we decided to «import» these practices into our city with the first *urbanacción* workshops-interventions that we organised in Lavapiés. They went well. We, at least, were happy with them, and we would like to think that they helped enhance an awareness that was actually already present: a willingness to get involved, to stop being a passive citizen and become an active citizen, seeking out gaps in which to live, act and activate.

Undoubtedly, there is a certain type of space which is spawned by the eternally unfinished nature of cities. These spaces are at times silent and imperceptible, and occasionally they become focal points of conflict within their

focos de conflicto en el entorno físico en el que se ubican. Espacios resultantes de la demolición de un edificio o la no terminación de un proceso de urbanización. Vacíos en la ciudad, la mayor parte de las veces vallados con un muro gris, tras el cual el espacio se llena progresivamente de basuras.

¿Cómo hacer que esos lugares entren a formar parte de la vida de nuestras ciudades? ¿Cómo conseguir poner en valor estos espacios, espacios efímeros, la mayor parte a la espera de ser construidos?

Aunque es cierto que, como bien nos cuenta Lara Almarcegui, es fantástico tener en la ciudad espacios en los que no pasa nada, lugares dados al crecimiento espontáneo de especies vegetales, jardines salvajes donde habitan los sonidos sordos de la ciudad, no es menos cierto que nuestra intención se centra en la reflexión sobre estos espacios de modo que su reactivación tenga en cuenta ese carácter especial, esa posición entre lo público y lo privado, lo accesible y lo cerrado, estando y no estando en la ciudad , que los convierten en lugares donde puede y debe tener cabida aquello que no encuentra sitio en los espacios ya categorizados de la ciudad. Queríamos incluir a más gente en esta reflexión, queríamos ampliar la escala de esta conciencia, de ahí la realización del concurso de ideas. Intentando implicar además a organismos públicos que pudiesen recoger estas propuestas y hacerlas en cierto modo suyas y posibles.

Este concurso, convocado conjuntamente por *La Casa Encendida* y la *Oficina de Concursos del Colegio de Arquitectos de Madrid*, se planteó abierto a todo el mundo, el único requisito era entregar la documentación necesaria en formato PDF en una determinada fecha. Se podía participar independientemente de nacionalidad, profesión, capacitación o edad.

Dado el carácter efímero de estos espacios, hoy están aquí mañana estarán allí, se pretendía que las soluciones fuesen genéricas y aplicables independientemente de la forma y ubicación concreta del sitio escogido. Que fuesen adaptables a diversas situaciones. Pero era necesaria, además, la vinculación con un lugar que le fuese afecto al concursante, que se localizasen y señalasen lugares potencialmente accionables, por ello pedíamos referencias a lugares concretos.

Hemos de decir que nos emocionó enormemente la respuesta y acogida que tuvo la convocatoria: 252 propuestas de ocho nacionalidades: dos de Alemania, nueve de Argentina, 214 de España, seis de Francia, cinco de Holanda, diez de Italia, una de Uruguay y una de los Estados Unidos.

physical environment. They are the spaces that appear when a building is demolished or a particular urban planning process is left unfinished: voids in the city, usually delimited by a grey wall beyond which the space is gradually filled with rubbish.

How can these spaces become part of the life of our cities? What can be done to enhance these ephemeral spaces, most of which are waiting or something to be built upon them?

It is true that, as Lara Almacegui accurately points out, it is fantastic to have spaces in the city where nothing happens, spaces that are simply given over to the spontaneous growth of different plant species, wild gardens inhabited by the muffled sounds of the city. But it is equally true that we should reflect on these spaces to ensure that their reactivation takes this special nature into consideration (this status halfway between public and private, accessible and restricted, included in the city and yet excluded from it) for they are sites which can and should accommodate everything that has no place in the rest of the city's pre-classified spaces.
We wanted to include more people in this reflection, to broaden the scope of this awareness, which is why we organised a call for ideas. We also wanted to involve public institutions that are in a position to take up these proposals and somehow adopt and facilitate them.

Jointly organised by *La Casa Encendida* and the *Madrid Architecture Competitions Office*, this was an open call for ideas. The only requirement was that entries should be submitted as PDF files by the specified deadline. There were no restrictions in terms of nationality, profession, qualifications or age.

Given the ephemeral nature of these spaces (here today, there tomorrow) the idea was for the solutions to be generic and applicable to any site, regardless of its shape or location, and easily adapted to a variety of situations. But we also needed contestants to have an emotional bond with the place, to find and identify locations for potential intervention, which is why we asked for references to specific sites.

We must say that we were thrilled with the response and interest generated by the competition. We received 252 proposals from eight countries: nine from Argentina, six from France, two from Germany, 10 from Italy, five from the Netherlands, 214 from Spain, one from the United States and one from Uruguay.

Todas ellas con gran contenido social, con acertadas incorporaciones al paisaje urbano, con acciones leves que sacan a la luz las cualidades particulares de estos lugares. Desde el hacer hasta el no hacer.

Aunque ganar el concurso no llevaba implícita la realización del proyecto, quisimos pensar, y así nos consta, que los premios permitirían el desarrollo de actividades y acciones similares por parte de algunos de los colectivos ganadores. Ahora sólo nos cabe esperar que estas iniciativas sean acogidas por aquellas instituciones capaces de darles vida y permitir su desarrollo. Son acciones de bajo presupuesto y alto poder aglutinante que proponen formas diferentes de vivir en la ciudad, habitando sus mutables escondrijos.

All the entries had profound social implications, with pertinent integrations into the urban landscape based on minor interventions that would highlight the unique features of these sites, from action to non-action.

Although winning the competition did not entail the realisation of the project, we did hope (and we have seen that hope fulfilled) that the prizes would enable some of the winning groups to undertake similar activities and interventions. Now we must hope that these initiatives will be taken up by the institutions that can bring them to life and put them into practice. They are low-budget, highly cohesive actions that propose different ways of living in the city, of inhabiting its changeable nooks and crannies.

PR_ PREMIOS

Presentación

El *Concurso de Ideas* (de una fase y con carácter privado) convocado en febrero de 2009 por *La Casa Encendida* y coordinado por la *Oficina de Concursos del Colegio de Arquitectos de Madrid* (OCAM) para la definición de estrategias de intervención en solares que permitan su uso temporal mediante intervenciones arquitectónicas, artísticas o desarrollo de proyectos sociales con implicación en los barrios en los que se sitúan, concedió tres primeros en las categorías de proyecto global, paisaje urbano y proyecto social.

El concurso fue presentado por Lukas Feireiss, comisario y profesor berlinés, y editor de los libros *Spacecraft 1 y 2*, en una conferencia donde desgranó las posibles estrategias de las intervenciones en el espacio público y que fue puesta a disposición de los concursantes como parte de los materiales del concurso.

PR_ AWARDS

Introduction

The *Call for Proposals* on February 2009 (a single-stage, private event) was organized by *La Casa Encendida* and co-ordinated by the *Madrid Architecture Competitions Office* (OCAM) to define intervention strategies for empty plots that would allow for the temporary use of these spaces either through architectural or artistic interventions, or through the development of social programmes involving the neighbourhoods where they were located. The competition granted three first prizes in the following categories: global projects, urban landscapes and social projects.

The competition was launched by Lukas Feireiss, curator and teacher in Berlin, and editor of the books *Spacecraft 1* and *2*, in a lecture where he analysed possible strategies for interventions in public space. This analysis was made available to the contestants as part of the competition materials.

PR01_ PROYECTO GLOBAL

Solar adquirido por niños

Otro Hábitat / IndizziTerrestri

Proceso generador de una red de solares vacíos temporalmente, recuperados con la participación de los niños del barrio en relación con los recorridos cotidianos que realizan de su casa al colegio.

Partiendo de la colaboración con los 21 colegios implicados en el programa municipal *Madrid a pie, camino seguro al cole*, se pretende poner en práctica la idea de que una ciudad a la medida de los niños será una ciudad mejor para todos.

La propuesta se materializa a través de la realización de un taller durante el curso escolar que implique a los distintos componentes de la comunidad escolar. Se trabajará sobre las áreas y lugares de interés en el barrio, haciendo especial hincapié en las oportunidades que ofrecen los solares vacíos relacionados con los recorridos cotidianos de los niños. Se dará especial importancia a la involucración de todos los agentes para garantizar la gestión y mantenimiento del solar.

El resultado final esperado es la creación de una red de solares, donde se interviene a través de la participación infantil y la implicación de los distintos actores que viven y desarrollan actividades en el barrio.

El modelo urbano actual se desarrolla a menudo a través de la segregación socio-espacial, la desigualdad y los espacios de consumo. Esta propuesta busca recuperar espacios inicialmente residuales, para convertirlos en lugares de interacción social, fomentando la integración e inclusión dentro del barrio. De este modo, se devuelve el significado original a la ciudad, como lugar de intercambio, de participación, donde se genera capital humano y social.

PR01_ GLOBAL PROJECT

Plot Aquired by Children

Otro Hábitat / IndizziTerrestri

Generative process for a network of temporarily vacant plots, recovered with the participation of the neighbourhood children in connection with the daily routes they take from their homes to school.

Based on the collaboration with the 21 schools involved in the programme *Madrid a pie, camino seguro al cole* (Madrid on foot, safe walk to school), the aim is to take the idea that a child-friendly city is a better city for everyone and put it into practice.

The proposal consists in organising a workshop during the school year that involves the various components of the school community. It will address the areas and places of interest in the neighbourhood, placing particular emphasis on the opportunities presented by empty plots with regard to the daily routes that children walk on their way to and from school. An important factor will be the involvement of all agents to ensure the management and maintenance of the plot.

The anticipated end result is the creation of a network of plots with interventions based on the participation of children and the involvement of the various agents who live and are active in the neighbourhood.

Today's urban model is often developed through socio-spatial segregation, inequality and consumer spaces. This proposal seeks to recover residual spaces and make them hubs of social interactions, encouraging integration and inclusion within the neighbourhood. In this way, the city also recovers its original meaning as a place of exchange and participation, where human and social capital is generated.

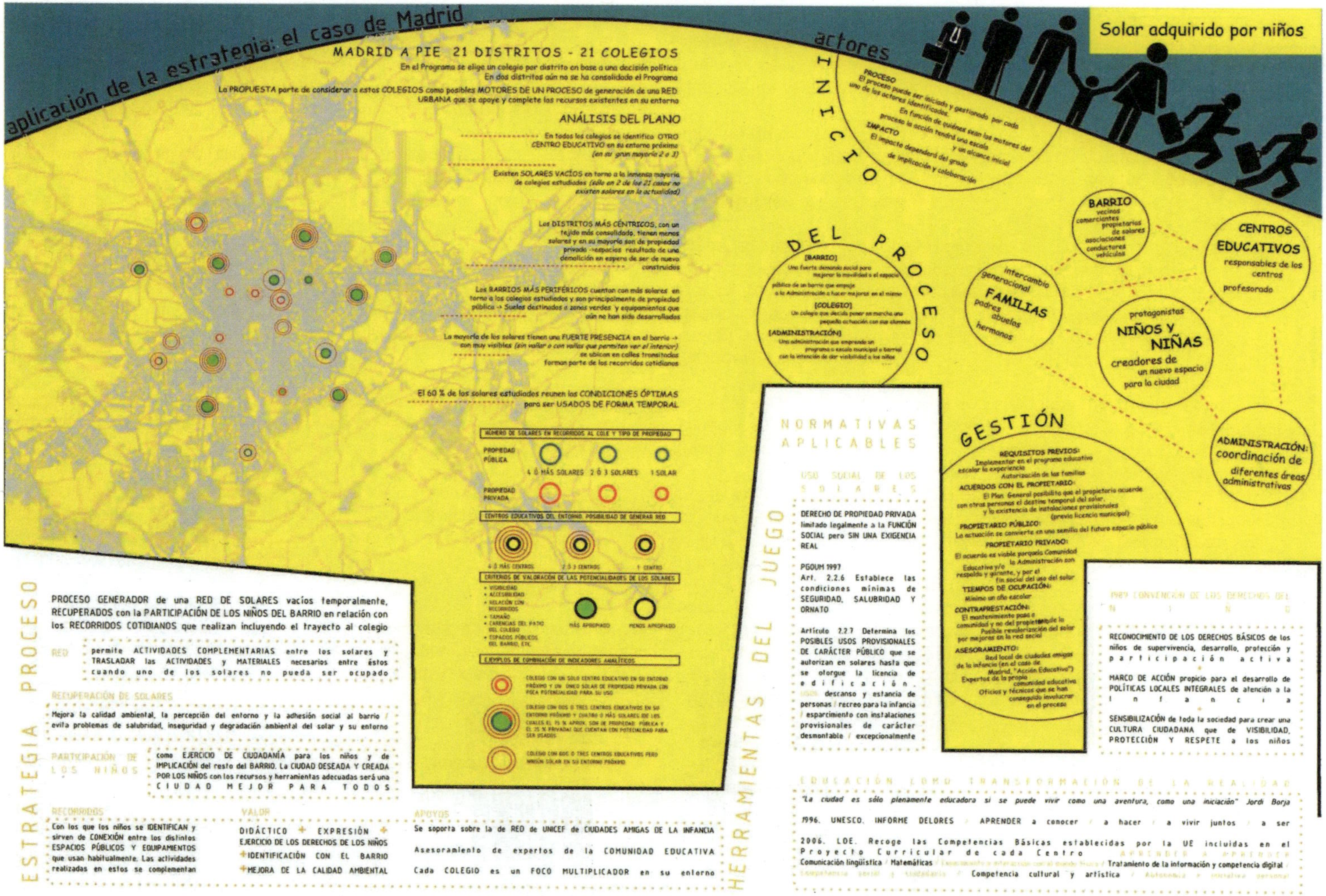
aplicación de la estrategia: el caso de Madrid
MADRID A PIE 21 DISTRITOS - 21 COLEGIOS
En el Programa se elige un colegio por distrito en base a una decisión política
En dos distritos aún no se ha consolidado el Programa
La PROPUESTA parte de considerar a estos COLEGIOS como posibles MOTORES DE UN PROCESO de generación de una RED URBANA que se apoye y complete los recursos existentes en su entorno
ANÁLISIS DEL PLANO
En todos los colegios se identifica OTRO CENTRO EDUCATIVO en su entorno próximo (en su gran mayoría 2 o 3)
Existen SOLARES VACÍOS en torno a la inmensa mayoría de colegios estudiados (sólo en 2 de los 21 casos no existen solares en la actualidad)
Los DISTRITOS MÁS CÉNTRICOS, con un tejido más consolidado, tienen menos solares y en su mayoría son de propiedad privada -> espacios resultado de una demolición en espera de ser de nuevo construidos
Los BARRIOS MÁS PERIFÉRICOS cuentan con más solares en torno a los colegios estudiados y son principalmente de propiedad pública -> Suelos destinados a zonas verdes y equipamientos que aún no han sido desarrollados
La mayoría de los solares tienen una FUERTE PRESENCIA en el barrio -> son muy visibles (sin vallar o con vallas que permiten ver el interior) se ubican en calles transitadas forman parte de los recorridos cotidianos
El 60 % de los solares estudiados reunen las CONDICIONES ÓPTIMAS para ser USADOS DE FORMA TEMPORAL
NÚMERO DE SOLARES EN RECORRIDOS AL COLE Y TIPO DE PROPIEDAD
PROPIEDAD PÚBLICA
4 Ó MÁS SOLARES
2 Ó 3 SOLARES
1 SOLAR
PROPIEDAD PRIVADA
CENTROS EDUCATIVOS DEL ENTORNO. POSIBILIDAD DE GENERAR RED
4 Ó MÁS CENTROS
2 Ó 3 CENTROS
1 CENTRO
CRITERIOS DE VALORACIÓN DE LAS POTENCIALIDADES DE LOS SOLARES
MÁS APROPIADO
MENOS APROPIADO
EJEMPLOS DE COMBINACIÓN DE INDICADORES ANALÍTICOS
actores
Solar adquirido por niños
INICIO
DEL PROCESO
BARRIO
CENTROS EDUCATIVOS
responsables de los centros
profesorado
intercambio generacional
FAMILIAS
padres
abuelos
hermanos
protagonistas
NIÑOS Y NIÑAS
creadores de un nuevo espacio para la ciudad
ADMINISTRACIÓN:
coordinación de diferentes áreas administrativas
GESTIÓN
REQUISITOS PREVIOS:
ACUERDOS CON EL PROPIETARIO:
PROPIETARIO PÚBLICO:
PROPIETARIO PRIVADO:
TIEMPOS DE OCUPACIÓN:
CONTRAPRESTACIÓN:
ASESORAMIENTO:
NORMATIVAS APLICABLES
USO SOCIAL DE LOS SOLARES
DERECHO DE PROPIEDAD PRIVADA limitado legalmente a la FUNCIÓN SOCIAL pero SIN UNA EXIGENCIA REAL
PGOUM 1997
Art. 2.2.6 Establece las condiciones mínimas de SEGURIDAD, SALUBRIDAD Y ORNATO
Artículo 2.2.7 Determina los POSIBLES USOS PROVISIONALES DE CARÁCTER PÚBLICO que se autorizan en solares hasta que se otorgue la licencia de edificación. USOS: descanso y estancia de personas / recreo para la infancia / esparcimiento con instalaciones provisionales de carácter desmontable / excepcionalmente
1989 CONVENCIÓN DE LOS DERECHOS DEL NIÑO
RECONOCIMIENTO DE LOS DERECHOS BÁSICOS de los niños de supervivencia, desarrollo, protección y participación activa
MARCO DE ACCIÓN propicio para el desarrollo de POLÍTICAS LOCALES INTEGRALES de atención a la infancia
SENSIBILIZACIÓN de toda la sociedad para crear una CULTURA CIUDADANA que de VISIBILIDAD, PROTECCIÓN Y RESPETE a los niños
EDUCACIÓN COMO TRANSFORMACIÓN DE LA REALIDAD
"La ciudad es sólo plenamente educadora si se puede vivir como una aventura, como una iniciación" Jordi Borja
1996. UNESCO. INFORME DELORES / APRENDER a conocer / a hacer / a vivir juntos / a ser
2006. LOE. Recoge las Competencias Básicas establecidas por la UE incluidas en el Proyecto Curricular de cada Centro
Comunicación lingüística / Matemáticas / Tratamiento de la información y competencia digital / Competencia cultural y artística
HERRAMIENTAS DEL JUEGO
ESTRATEGIA PROCESO
PROCESO GENERADOR de una RED DE SOLARES vacíos temporalmente, RECUPERADOS con la PARTICIPACIÓN DE LOS NIÑOS DEL BARRIO en relación con los RECORRIDOS COTIDIANOS que realizan incluyendo el trayecto al colegio
RED
permite ACTIVIDADES COMPLEMENTARIAS entre los solares y TRASLADAR las ACTIVIDADES y MATERIALES necesarios entre éstos cuando uno de los solares no pueda ser ocupado
RECUPERACIÓN DE SOLARES
Mejora la calidad ambiental, la percepción del entorno y la adhesión social al barrio / evita problemas de salubridad, inseguridad y degradación ambiental del solar y su entorno
PARTICIPACIÓN DE LOS NIÑOS
como EJERCICIO DE CIUDADANÍA para los niños y de IMPLICACIÓN del resto del BARRIO. La CIUDAD DESEADA Y CREADA POR LOS NIÑOS con los recursos y herramientas adecuadas será una CIUDAD MEJOR PARA TODOS
RECORRIDOS
Con los que los niños se IDENTIFICAN y sirven de CONEXIÓN entre los distintos ESPACIOS PÚBLICOS Y EQUIPAMIENTOS que usan habitualmente. Las actividades realizadas en estos se complementan
VALOR
DIDÁCTICO + EXPRESIÓN +
EJERCICIO DE LOS DERECHOS DE LOS NIÑOS
+IDENTIFICACIÓN CON EL BARRIO
+MEJORA DE LA CALIDAD AMBIENTAL
APOYOS
Se soporta sobre la de RED de UNICEF de CIUDADES AMIGAS DE LA INFANCIA
Asesoramiento de expertos de la COMUNIDAD EDUCATIVA
Cada COLEGIO es un FOCO MULTIPLICADOR en su entorno

Estrategia proceso generador

· Red ·
Permite actividades complementarias entre los solares y trasladar las actividades y materiales necesarios entre éstos cuando uno de los solares no pueda ser ocupado.

· Recuperación de solares ·
Mejora la calidad ambiental, la percepción del entorno y la adhesión social al barrio.
Evita problemas de salubridad, inseguridad y degradación ambiental del solar y su entorno.

· Urbanismo participativo: la infancia como agente urbano ·
Los niños tienen que tener poder para cambiar las cosas. Educar para ser críticos, creativos e imaginativos. Participar para asumir responsabilidades. Conocimiento colectivo + procesos + aprendizaje + apoyo y control social + transferencia de recursos.

· Recorridos cotidianos ·
Con los que los niños se identifican y sirven de conexión entre los distintos espacios públicos y equipamientos que usan habitualmente. las actividades realizadas en estos se complementan.

· Valor ·
Didáctico + expresión + ejercicio de los derechos de los niños + Identificación con el barrio +mejora de la calidad ambiental.

· Apoyos ·
Red de Unicef de Ciudades Amigas de la Infancia
Comunidad escolar participante en el programa *Madrid a Pie*
Asesoramiento de expertos vinculados al programa *Madrid a Pie*:
· Asociación Acción Educativa (grupo de la Ciudad de los Niños)
· Educadores responsables del programa

21 distritos - 21 colegios

En el programa *Madrid a Pie* se elige un colegio por distrito en base a una decisión política. En dos distritos aún no se ha consolidado el Programa.

Aún considerando que la elección de centros tan separados dificulta un cambio real en los patrones de movilidad y en la creación de redes nuestra propuesta parte del análisis de estos centros entendiendo que ya están en un proceso donde se puede integrar nuestra propuesta. En todos los distritos se identifica otro centro educativo en su entorno próximo (en su

Generative process strategy

· Network ·
Allows complementary activities among the various plots and the ability to move the necessary activities and materials from one site to another when a plot cannot be used.

· Plot recovery ·
Improves environmental quality, the neighbourhood image and social bonding to the neighbourhood.
Avoids health and safety problems and the environmental degradation of the plot and its surroundings.

· Participatory urban planning: children as urban agents ·
Children must have the power to change things. They must be taught to be critical, creative, imaginative, participate and responsibility. Collective knowledge + processes + learning + social support and supervision + transfer of resources.

· Daily routes ·
With the children can identify and which serve as a link between the different public spaces and facilities they regularly use. the activities carried out in these complement each other.

· Value ·
Didactic + expression + exercising the rights of children + identification with the neighbourhood + improved environmental quality.

· Support ·
Unicef Child-friendly Cities networt
School community participating in the programme *Madrid a Pie*
Advice from experts associated with the programme *Madrid a Pie*:
· Educational Action Association (City of the Children Group)
· Teachers responsible for the program

21 districts - 21 schools

In the programme *Madrid a Pie*, one school per district is chosen based on a political decision. In two districts, the programme has not yet been fully implemented.

Despite the fact that the choice of schools so far from each other makes it hard to bring about a real change in patterns of mobility and the creation of networks, our proposal is based on an analysis of these centres with the understanding that they are already involved in a process which can

PUBLICO – PRIVADO – ABIERTO –VALLADO – PEQUEÑO – GRANDE

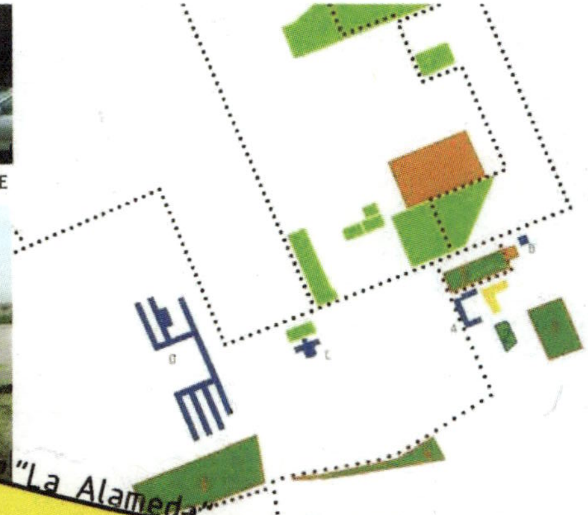

Las acciones a desarrollar en los solares vacíos se basarán sobre dos conceptos: la utilización de materiales reciclados y la implicación gratuita de figuras expertas del barrio, lo que facilita la organización y puesta en marcha de todas las actividades, así como la recopilación de herramientas necesarias y permite una gran eficiencia de los recursos que se utilicen y un coste limitado.

Por esto proponemos cubrir los costes de la primera acción con un presupuesto de 3500 euros, es decir el premio del concurso.

Solar adquirido por niños

Caso de estudio del colegio público "La Alameda" – San Blas

taller – imaginación – participación

0

La ACCIÓN -INTERVENCIÓN: se superpone al proyecto "Camino seguro al cole" que, a través de la organización de recorridos comunes de niños desde casa al colegio, da lugar a un primer momento de observación de la ciudad por los niños

La PROPUESTA es desarrollar con los niños un taller para trabajar sobre las áreas y lugares de interés y analizar las oportunidades que ofrecen los solares vacíos relacionándolas con estos caminos con la idea de transformar y recuperar temporalmente estos espacios a través de la intervención de los niños

1 – CONOCEMOS EL TERRITORIO

CONTENIDOS: Organización de caminos de niños para llegar al colegio percepción de las áreas de oportunidad del barrio

LUGARES: en el aula y en la calle

MATERIALES: Cartografías histórica y actual Fichas de entrevistas a los vecinos

OBJETIVOS: Identificación de las necesidades del barrio Selección del solar o solares donde intervenir Dar participación a los niños para mejorar su condición de ciudadanos activos y responsables

2 – DESCUBRIMOS EL SOLAR

CONTENIDOS: Investigación sobre la historia del solar Conocimiento de las herramientas cartográficas, de escalas y de medidas

LUGARES: en el aula y en la calle

MATERIALES: Cartografías histórica y actual Fichas de entrevistas a los vecinos

OBJETIVOS: Contextualizar el trabajo facilitar las herramientas básicas de la acción

3 – PENSAMOS EN EL SOLAR

CONTENIDOS: Caja de ejemplos de diferentes espacios públicos Construcción de una "Banca de las ideas" como contenedor de las propuestas desarrolladas en la escuela y en casa

LUGARES: en el aula y en casa

MATERIALES: Caja de cartón con una ranura para depositar las ideas, como un buzón. La caja se puede decorar, pintándola o fijando tarjetas de colores y dibujos

OBJETIVOS: Imaginar las posibles soluciones en un proceso creativo no determinado "a priori"

4 – DISEÑAMOS EL SOLAR

CONTENIDOS: Elección de un proyecto común en base a las preferencias personales y a la viabilidad económica y de mantenimiento Desarrollo del proyecto con dibujos, collages y una maqueta en escala de la idea del proyecto

LUGARES: en el solar

MATERIALES: Cartografías, cámaras, cintas métricas materiales que los niños han traído de casa en los días anteriores (papel y cartón reciclado, envases y botes de plástico, maderas, cajitas, etc.)

OBJETIVOS: Aprender a compartir ideas y negociar soluciones Enfrentarse a la realidad y al valor económico de las ideas

RED DE CIUDADES AMIGAS DE LA INFANCIA UNICEF

"Ver a los niños significa aceptarlos en su dimensión real de personas completas con NECESIDADES Y DESEOS CONCRETOS" Paco Abril. La ciudad y los niños a través de los cuentos.

OBJETIVO promoción de la aplicación de los resultados de la CONVENCIÓN SOBRE LOS DERECHOS DEL NIÑO en el ámbito de las entidades locales + INTERCAMBIO de lecciones aprendidas y recursos

Dar visibilidad a los niños y reconocer sus derechos
Participación real de la infancia en la construcción de la ciudad
Creación de espacios de encuentro, participación y expresión

FÓRMULAS DE INTERVENCIÓN

NATURALIZACIÓN DEL ESPACIO

INTERVENCIÓN PARTICIPATIVA en los espacios públicos incluyendo ELEMENTOS NATURALES con fines DIDÁCTICOS y de SOCIALIZACIÓN
+
SENSIBILIZACIÓN sobre el MEDIO AMBIENTE URBANO a través del USO / DISEÑO / MANTENIMIENTO / ACTUACIÓN en los espacios
+
SOLUCIONES creativas que mejoran la calidad ambiental y la seguridad del entorno

URBANISMO PARTICIPATIVO

"Los niños tienen que tener poder para cambiar las cosas. Educar para ser críticos, creativos e imaginativos. Participar para asumir responsabilidades" Pepa Franco. Acción Educativa

CONOCIMIENTO COLECTIVO datos técnicos + percepciones subjetivas
PROCESOS acciones colectivas transformadoras de la realidad
APRENDIZAJE sobre cultura urbana y democracia activa
APOYO y CONTROL SOCIAL multiplica los recursos existentes. Surgen soluciones más creativas y adecuadas a las necesidades reales
TRANSFERENCIA DE RECURSOS las lecciones aprendidas y las estructuras creadas son aplicables a otras experiencias

PROGRAMAS y PLANES EXISTENTES

PLAN INFANCIA MADRID

OBJETIVO poner en práctica planes y programas para que la ciudad resulte acogedora, VISUALICE y RESPETE a la infancia, favoreciendo la IGUALDAD DE OPORTUNIDADES / APRENDIZAJE / PARTICIPACIÓN ACTIVA en los procesos que afectan a los NIÑOS como SUJETOS DE DERECHOS Y OBLIGACIONES.
ENFOQUE INTEGRAL en torno a diferentes áreas temáticas: promoción y protección de los derechos de la infancia / convivencia y socialización familiar / educación / salud / socialización en el tiempo libre / atención especial a niños y adolescentes en dificultad social
CORRESPONSABILIDAD del resto de los ciudadanos en los PROCESOS EDUCATIVOS y SOCIALIZADORES

PROGRAMA MADRID A PIE / CAMINO SEGURO AL COLE

OBJETIVO facilitar que el mayor número de escolares vaya al colegio a pie y de manera autónoma
HERRAMIENTA mapa de movilidad con los recorridos más habituales sobre los que se interviene para mejorar las condiciones físicas y de seguridad
INVOLUCRADOS colaboración activa de diferentes áreas del Ayuntamiento, la Comunidad Educativa, vecinos, comerciantes y escolares y sus familias

gran mayoría dos ó tres). Existen solares vacíos en torno a la inmensa mayoría de colegios estudiados (sólo en dos de los 21 casos no existen solares en la actualidad).

Los distritos más céntricos con un tejido más consolidado tienen menos solares y en su mayoría son de propiedad privada: espacios resultado de una demolición en espera de ser de nuevo construidos.

Los barrios más periféricos cuentan con más solares en torno a los colegios estudiados y son principalmente de propiedad pública: suelos destinados a zonas verdes y equipamientos que aún no han sido desarrollados.

La mayoría de los solares tienen una fuerte presencia en el barrio :
· Son muy visibles (sin vallar o con vallas que permiten ver el interior)
· Se ubican en calles transitadas
· Forman parte de los recorridos cotidianos

· Requisitos previos ·
Implementar la propuesta en el programa educativo
Autorización de las familias

· Acuerdos con el propietario ·
El Plan General posibilita acuerdos para el uso temporal del solar (previa licencia municipal)
Propietario público: actuación como semilla del futuro espacio público
Propietario privado: comunidad educativa y Administración como garante y respaldo.
Fin social
Contraprestación: mantenimiento y revalorización del solar
Tiempos mínimos de ocupación: un año escolar
Asesoramiento: red local de ciudades amigas de la infancia, expertos de la comunidad educativa, técnicos, etc.

Herramientas del juego
· Normativas aplicables ·
Uso social de los solares
Derecho de propiedad privada limitado legalmente a la función social pero sin una exigencia real

integrate our project. For every school, another educational centre is identified in its vicinity (in most cases, two or three). There are empty plots around the vast majority of the schools analysed (only in two of the 21 cases no empty plots exist at present).

The districts closest to the centre, with a more consolidated urban fabric, have fewer plots and most are privately owned: spaces created by demolition and awaiting new structures.

The neighbourhoods in outlying areas have more plots around the schools studied, and most of them are publicly owned -land set aside for green areas and facilities that have not yet been developed.

Most of the plots have a strong presence in the neighbourhood:
· They are highly visible (no fences or permeable fences)
· They are located on busy streets
· They are found along everyday routes

· Preliminary requirements ·
Implementing the proposal in the educational programme
Parental authorisation

· Agreements with owners
The city's urban development plan contemplates the possibility of agreements for temporary use of plots (after obtaining a municipal permit)
Public property: action that will plant the seed for a future public space
Private property: educational activity with the guarantee and backing of the authorities
Social welfare project
Benefits for owners: upkeep and enhanced value of the plot
Minimum occupation time: a full school year
Consultancy services: local network of Child-Friendly Cities, experts from the educational community, professionals, etc.

Tools of the game
· Applicable legislation ·
Social use of plots
Private property rights legally limited to social uses but with no real enforcement

proceso – implicación – acción – transformación – expansión a la escala de barrio

A C T U A M O S

5

CONTENIDOS: Montaje del proyecto en el solar

LUGARES: en el solar

MATERIALES: Todo lo que necesitamos para desarrollar el proyecto (tableros de madera tierra, arena, palas, regaderas, planta, yeso papel kraft, cajas de cartón y de fruta, cuerdas, telas, ruedas, lámina de plástico troncos, pelotas, goma elástica, pintura, globos, cables, piedras, ladrillos, etc...

OBJETIVOS: Apertura del solar con la ayuda de las familias, de artesanos, jardineros, carpinteros, artistas...

I N V O L U C R A M O S   A L   B A R R I O

6

CONTENIDOS: Fiesta de inaguración y reparto de tareas para garantizar el mantenimiento del solar

LUGARES: en el solar

MATERIALES: Todo lo que necesitamos para hacer una celebración (comida, bebida, música, etc)

OBJETIVOS: La fiesta como generadora de una gestión compartida por todos los vecinos.

Paseando por San Blas. . .

A la salida del metro en la parada de "Las Musas", lo primero que ves es un solar al lado de un Colegio Público, que según el plano de ordenación de Madrid es un equipamiento.

Si das un paseo por San Blas identificas muchas situaciones así. Sólo hace falta avanzar unos metros y nos encontramos con otro solar junto a un colegio. Una antigua Central Eléctrica adquirido por una inmobiliaria, que ahora no parece estar en obras.

Si sigues hasta la altura del futuro Estadio Olímpico de Madrid llegas al **colegio Alameda**, rodeado de cuatro solares.

Y lo mismo pasa hasta llegar a la calle Alcalá: existen **más colegios**, **más solares**, y una **ex fábrica**, un **reformatorio** y una **zona verde** residencial. Todo justo al lado de un **vivero**.

¿Te imaginas lo que podrían plantear los **niños** del barrio en todos estos espacios mientras están vacíos? ¿En qué se transformarían? ¿Qué aprenderían? ¿Qué aprenderíamos con ellos?

Para aprovechar la oportunidad que ofrecen, hemos imaginado Madrid como una **red de solares** ocupados de forma **temporal** y de modo **rotatorio**, soportada por una **red de colegios** que implican a otros centros, a otros espacios y a otros solares.

E F E C T O S

"Caminar es la primera cosa que un niño quiere hacer y la última a la que una persona mayor desea renunciar"
John Butcher. 1er Congreso sobre caminar

EDUCACCIÓN • ACCIÓN PARTICIPATIVA como TRANSFORMACIÓN DE LA REALIDAD

EFECTOS DIRECTOS

RED URBANA DE SOLARES que permite el uso temporal simultáneo de SOLARES EN RED RECUPERADOS POR LOS NIÑOS / usos complementarios + transferencia de actividades a otros solares

EFECTO MULTIPLICADOR foco de expansión que involucra a OTROS COLEGIOS / OTROS SOLARES / OTROS ACTORES

EFECTOS INDIRECTOS

DEMANDA SOCIAL DE ADECUACIÓN DE LA NORMATIVA EXISTENTE Revisión de las condiciones del derecho a la propiedad privada/ Control y exigencia real de la función social de los solares vacíos / Favorecer el ejercicio de los derechos básicos de los niños

APROPIACIÓN DEL ESPACIO URBANO aprendizaje sobre cultura urbana / respeto + cuidado del entorno intervención participativa / identificación • expresión de los vecinosccíón transformadora del barrio / mejora de la calidad ambiental • social

· 1997 PGOUM ·

Art. 2.2.6 Establece las condiciones mínimas de seguridad, salubridad y ornato.

Art.2.2.7. posibles usos provisionales de carácter público
Usos: descanso y estancia de personas + recreo para la infancia + esparcimiento con instalaciones provisionales de carácter desmontable + aparcamiento de vehículos.

1989 Convención de los Derechos del Niño
Reconocimiento de los derechos básicos + marco de acción propicio para el desarrollo de políticas locales integrales de atención a la infancia + sensibilización de toda la sociedad.

· Educación como transformación de la realidad ·
«La ciudad sólo es plenamente educadora si se puede vivir como una aventura, como una iniciación». (Borja Sebastià, *La ciudad conquistada*)
1996 UNESCO Informe Delors : aprender a conocer + a hacer + a vivir juntos + a ser.

· 2006 LOE Aprender a aprender ·
Comunicación lingüística + matemáticas + conocimiento e interacción con el mundo físico + tratamiento de la información y competencia digital + competencia social y ciudadanía + competencia cultural y artística + autonomía e iniciativa personal.

Programas y planes existentes
· Ciudades Amigas de la Infancia ·
Aplicación de la Convención sobre los derechos del niño, en el ámbito de las entidades locales + intercambio de lecciones aprendidas y recursos

· Plan Infancia Madrid ·
Programas para que la ciudad visualice y respete a la infancia, favoreciendo la igualdad de oportunidades y la participación activa en los procesos que afectan a los niños como sujetos de derechos y obligaciones.

· Programa *Madrid a pie, camino seguro al cole* ·
Objetivo: facilitar que los escolares vayan al colegio a pie y de manera autónoma
Herramienta: mapa de movilidad con los recorridos más habituales
Participantes: Áreas del Ayuntamiento, comunidad educativa, vecinos, comerciantes, escolares y sus familias

· 1997 PGOUM (General Plan Regulating Urban Land Use in Madrid) ·

Art. 2.2.6 Establishes the minimum safety, health and beautification conditions.

Art.2.2.7. possible provisional public uses.
Uses: rest and accommodation for persons + recreation for children + leisure activities with provisional facilities that can be dismantled + vehicle parking.

1989 Convention on the rights of the child
Recognition of basic rights + framework of action that favours the development of comprehensive local policies which attend to children's needs + raising awareness of society as a whole.

· Education as a transformation of reality ·
«The city is only fully educational if it can be lived as an adventure, as an initiation». (Borja Sebastià, *The Conquered City*)
1996 UNESCO Delors Report: learn to know + to do + to live together + to be

· 2006 LOE Learning to learn ·
Linguistic communication mathematics + knowing and interacting with the physical world + handling information and digital skills + social and civic skills + cultural and artistic skills + autonomy and personal initiative.

Existing plans and programmes
· Child-Friendly Cities ·
Application of the Convention on the rights of the child, in the context of local organisations + sharing of lessons learned and resources

· Madrid Childhood Plan ·
Programmes that strive to make the city consider and respect children, promoting equal opportunity and the active participation in processes that affect children as citizens with rights and responsibilities.

· *Madrid a pie, camino seguro al cole* programme ·
Goal: encourage schoolchildren to walk to school on their own
Tool: mobility map with the most frequented routes
Participants: City Council departments, educational community, neighbours, shop owners, schoolchildren and their families.

Efectos anticipados
· Efectos directos ·
Red urbana de solares que permite el uso temporal simultáneo de solares en red recuperados por los niños/usos complementarios + transferencia de actividades a otros solares.

Efecto multiplicador: foco de expansión que involucra a otros colegios/otros solares/otros actores.

· Efectos indirectos ·
Demanda social de adecuación de la normativa existente: revisión de las condiciones de derecho de la propiedad privada
Aceptación de la función social de los solares
Favorecer el ejercicio de los derechos de los niños
Apropiación del espacio urbano: aprendizaje cultura urbana + respeto al entorno + identificación/expresión de los vecinos + intervención participativa + mejora de la calidad ambiental y social

Pasos dados a Septiembre del 2009
· Estudio inicial de viabilidad ·
Mapeo y búsqueda de áreas de oportunidad próxima a los colegios y vinculadas con los recorridos escolares

· Contacto con coordinadores del proyecto ·
Los coordinadores del proyecto y las personas que realizan el trabajo de campo consideran la propuesta válida y complementaria al programa *Camino seguro al cole*.

· Concretar posibilidades reales de cada colegio ·
Realización de una ficha de cada colegio: características del colegio e implicación de la comunidad educativa + características del barrio + análisis de los solares más adecuados

· Presentación de propuestas ·
Selección de los seis colegios donde la propuesta es más viable
Presentación de una propuesta a desarrollar en el curso escolar 2009-2010

Bio
Solar adquirido por niños surge como una idea de un grupo de arquitectos y urbanistas que forman parte de dos colectivos: *Otro Hábitat* e *Indizi Terrestri*. Los dos colectivos tienen como base conceptual común la idea de que la ciudad se forma desde las personas que la habitan y por tanto, defienden

Anticipated effects
· Direct effects ·
Urban network of plots that permits the simultaneous temporary use of a network of plots recovered by children/complementary uses + transfer of activities to other plots when necessary.

Multiplying effect: a shockwave effect that draws in other schools/other plots/other agents.

· Indirect effects ·
Grassroots movement demanding the adaptation of existing laws
Revision of the terms of private property rights
Acceptance of the social function of empty plots
Promotion of the exercise of children's rights

Appropriation of urban space: learning urban culture + respect for surroundings + identification and expression of the neighbours + participatory intervention + improvement of environmental and social quality

Steps taken as of September 2009
· Preliminary viability study ·
Mapping and search of potential sites near schools along the routes used by children

· Contact with project co-ordinators ·
The project co-ordinators and people doing the field work consider the proposal to be valid and complementary to the *Camino seguro al cole* programme.

· Identifying the real possibilities of each school ·
Creation of a file for each school: characteristics of the school and involvement in the educational community + characteristics of the neighbourhood + analysis of the most suitable plots

· Presentation of proposal ·
Selection of the six schools where the proposal is most viable
Presentation of a proposal to be implemented in the 2009-2010 school year

Bio
Plot Acquired by Children emerged from an idea hatched by a group of architects and urban planners belonging to two collectives: *Otro Hábitat*

la participación de todos en un urbanismo más justo y equitativo. Desde hace unos años se enfrentan con los temas de la ciudad y del territorio enfocando sus actividades en el trabajo de investigación y en la realización de acciones encaminadas a la mejora de la realidad social y urbana.

· Otro Hábitat ·
Colectivo formado en Madrid en 2004 y que se ha convertido en asociación en 2009. Pertenece a la *Federación de Arquitectura Social*, cuyo objetivo central es contribuir al desarrollo humano a través del fomento de procesos de mejora del hábitat capaces de fortalecer el tejido social. Entre sus trabajos destaca la investigación sobre el proceso de rehabilitación de los Poblados de Absorción A y B de Fuencarral cuyos resultados se recogen parcialmente en el libro del Observatorio Metropolitano *Madrid ¿La Suma de Todos?*. Asimismo ha realizado algunos talleres de participación ciudadana entendidos como herramienta de asesoramiento y formación de conocimiento colectivo.

· IndiziTerrestri ·
Asociación nacida en Nápoles (Italia) en 2005, su actividad se basa en experimentar un recorrido común de investigación-acción sobre los temas de la arquitectura, de la ciudad y del territorio, promoviendo procesos de ciudadanía activa en las trasformaciones territoriales. Entre sus trabajos

and *IndiziTerrestri*. The two collectives share a similar conceptual basis, namely the idea that the city is shaped by the people who inhabit it, and therefore they advocate the participation of all citizens in designing fairer, more balanced urban planning. For several years now, they have grappled with the themes of the city and territory, focusing their activities on research work and on carrying out actions that aim to improve the social and urban reality.

· Otro Hábitat ·
This collective was formed in Madrid in 2004 and became an association in 2009. It is a member of the *Social Architecture Federation*, whose primary objective is to contribute to human advancement by promoting habitat improvement processes that strengthen the social fabric. One of their most important projects was the research into the process of rehabilitation of Satellite Towns A and B in Fuencarral, the results of which are partially reproduced in the book *Madrid ¿La Suma de Todos?* published by the Madrid Metropolitan Observatory. They have also organised several citizen participation workshops, which they regard as tools for offering advice and creating collective knowledge.

· IndiziTerrestri ·
The activity of this association, created in Naples (Italy) in 2005,

destacan talleres didácticos en las escuelas (*Giovanni XXIII* y *Aliotta* en Nápoles) sobre la educación medioambiental y el desarrollo sostenible. Asimismo trabaja en la creación y el desarrollo de prácticas urbanas participadas a través de la implicación, la escucha y el estímulo de la creatividad colectiva (*Un audiowalk lungo la Pedamentina* en Nápoles y *Ascoltiamo la città* en Catania).

Otro Hábitat/IndiziTerrestri son: Alessandro Laudiero, Cristina Gallego Gamazo, Cristina Martínez Aransay, Elena Nafría Mundí, Roberta Di Nanni, Silvano Medelez Sanaphre y Susana Paz Rodríguez

is based on experiencing a shared journey of research-action on the themes of architecture, the city and territory, promoting processes of active citizenship in territorial transformations. Among other projects, it has organised didactic workshops at schools (*Giovanni XXIII* and *Aliotta* in Naples) on environmental education and sustainable development. The association also works to create and develop participatory urban practices through involvement, listening and the stimulation of collective creativity (*Un audiowalk lungo la Pedamentina,* in Naples and *Ascoltiamo la città,* in Catania).

Otro Hábitat/IndiziTerrestri are: Alessandro Laudiero, Cristina Gallego Gamazo, Cristina Martínez Aransay, Elena Nafría Mundí, Roberta Di Nanni, Silvano Medelez Sanaphre and Susana Paz Rodríguez

PR02_ PAISAJE URBANO

HTTP
Collymore 300.000

«La vida sólo se entiende bien cuando se rebobina». Dora García
«De todos modos, estate atento y ¡Controla el control!». Anónimo

25 años después de la rebelión de *1984*
1. En 1984, Winston Smith (el protagonista funcionario del Ministerio de la Verdad de *1984*, de George Orwell) decide empezar la rebelión en pleno estado totalitario, caracterizado por una vigilancia despiadada y un apoderamiento de la vida y la conciencia de la población, hasta el punto de intervenir en los rincones más íntimos de sus sentimientos.

«El Gran Hermano lo ve todo, lo escucha todo y lo controla todo».

25 años después, nos encontramos que en el estado actual la televisión y las cámaras de seguridad juegan un papel incuestionable. Países como el Reino Unido, con 4'2 millones de cámaras CCTV que graban al ciudadano británico más de 300 veces al día, están basados en sociedades vigiladas por multitud de empresas que recopilan datos para crear perfiles de usuarios y clientes. La vigilancia y el control de datos suponen un conflicto para una sociedad que presupone vive en libertad.

Cada vez se recoge más información personal por parte de organismos gubernamentales y comerciales, pero: ¿Qué ocurriría si este potencial informativo se orientara a fines puramente sociales y de participación ciudadana? Démosle una oportunidad al ciudadano de utilizar para su ocio y cultura los medios con los que es vigilado todos los días; repercutiendo así en la activación de espacios inhabitados, creando espacios de uso social para el barrio sin necesidad de cemento, obras ni ruido.

PR02_ URBAN LANDSCAPE

HTTP
Collymore 300.000

«Life can only be properly understood when we rewind it». Dora García
«In any event, look sharp and control the control!» Anonymous

25 years after the *1984* rebellion
1. In 1984, Winston Smith (a clerk at the Ministry of Truth and the protagonist of George Orwell's *1984*) decided to join the rebellion against a powerful totalitarian state characterised by ruthless surveillance and its appropriation of the lives and minds of the population, to the point of intervening even in their most private emotions.

«Big Brother sees all, hears all and controls all».

25 years later, we find ourselves in a state where television and security cameras play an undeniable role. Countries like the United Kingom, with 4.2 million CCTV cameras that record the average British citizen more than 300 times per day, are based on societies monitored by countless companies which collect data to create user and customer profiles. This surveillance and data control represent a point of contention for a society that presumably lives in freedom.

Government and corporate organisations are gathering more and more personal data each day, but what if this informative potential were used only for the benefit of society and to encourage civic participation? Let us give citizens a chance to use the media that monitor them every day to enhance their recreational and cultural life, which would result in the activation of uninhabited spaces, creating spaces of social use for the neighbourhood without a need for cement, building works or noise.

«The user must see all, hear all, and take part in all».

25 AÑOS DESPUÉS DE LA REBELIÓN DE "1984"

HTTP:// 01

— LA VIDA SÓLO SE ENTIENDE BIEN CUANDO SE REBOBINA.

DORA GARCÍA

— SOLAR VACÍO

— SOLAR ESPECTADOR

— 3 PLANOS SON UN ESPACIO.

— VECINOS, ¡ESTAMOS EN AL AIRE!

01 En 1984, Winston Smith (el protagonista funcionario del Ministerio de la Verdad de "1984", GEORGE ORWELL) decide empezar la rebelión en pleno Estado totalitario, caracterizado por una vigilancia despiadada y un apoderamiento de la vida y la consciencia de la población, hasta el punto de intervenir en los rincones más íntimos de sus sentimientos. EL GRAN HERMANO LO VE TODO, LO ESCUCHA TODO Y LO CONTROLA TODO.

25 años después, nos encontramos en un estado actual donde la televisión y las cámaras de seguridad juegan un papel incuestionable. Países como el Reino Unido, con 4'2 millones de cámaras CCTV que graban al ciudadano británico más de 300 veces al día, están basados en sociedades vigiladas por parte de las empresas para recopilar datos para crear perfiles de clientes. La vigilancia y el control de datos suponen un conflicto para la sociedad que presupone vivir en libertad.

Cada vez se recoge más información personal por parte de organismos gubernamentales y comerciales, pero: ¿QUÉ OCURRIRÍA SI ESTE POTENCIAL INFORMATIVO SE ORIENTARÁ A FINES PURAMENTE SOCIALES Y DE PARTICIPACIÓN CIUDADANA? Démosle la oportunidad al ciudadano que con los medios con los que es vigilado todos los días, los utilice para su ocio y cultura; repercutiendo así en la activación de espacios inhabitados, creandos espacios de uso social para el barrio sin necesidad de cemento, obras ni ruido.

EL USUARIO DEBE VERLO TODO, DEBE ESCUCHARLO TODO E INTERVENIR EN TODO: permitir el control por parte de los propios usuarios de estos espacios muertos y dotarles de vida y acción por parte también de los propios usuarios.

02 Tras la idea del VOYEURISMO, la propuesta procede a convertir a los simples transeúntes en miembros activos de la activación del solar y que éstos sean al mismo tiempo los espectadores de tanto el espectáculo de la masa de la calle, como del albedrío de los usuarios de los solares.

Esta vinculación se realiza mediante una escenografía que atrae a los transeúntes con un espacio generado por 3 planos verdes y un marco de televisión como señalética, más una instalación de VIDEO STREAMING gestionada por el organismo público pertinente pero controlado desde internet por cualquier ciudadano:

http://www.solaresvinculadosporlaccion.com

03 El CHROMA es un proceso electrónico que combina las señales de salida de dos o más cámaras entre sí y/o con otras fuentes externas (ordenadores) obteniendo como resultado una mezcla uniforme y visualmente indetectable.

La clave del proceso está en el sistema de grabación que posee un dispositivo electrónico capaz de detectar la señal de un determinado color, generalmente el verde, actuando como sigue:

- Si no recibe señal de color verde graba tomando como origen la fuente primaria.

- Si recibe señal de color verde desconecta la grabación que está efectuando de la fuente primaria (actores) e inserta en su lugar la fuente secundaria (decorado).

— IDEA:

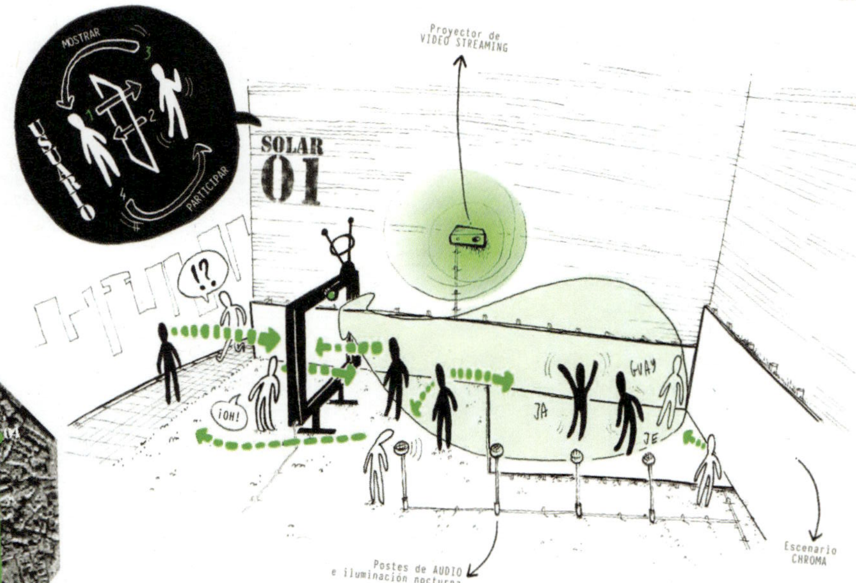

¡+ CIUDAD!

«El usuario debe verlo todo, escucharlo todo e intervenir en todo».

2. Más allá de la idea del voyeurismo, la propuesta procede convertiendo a los simples transeúntes en miembros activos de la intervención en el solar y hace que éstos sean, al mismo tiempo, espectadores tanto del espectáculo de la masa de la calle, como del albedrío de los usuarios de los solares. Esta vinculación se realiza mediante una escenografía que atrae a los transeúntes mediante un espacio generado por tres planos verdes y un marco de televisión como rótulo, más una instalación de video *streaming* gestionada por el organismo público pertinente pero controlado desde internet por cualquier ciudadano: www.solaresvinculadosporlaccion.com

3. Mediante la tecnología de *chroma* (proceso electrónico que combina las señales de salida de dos o más cámaras entre sí y/o con otras fuentes externas (ordenadores) obteniendo como resultado una mezcla uniforme y visualmente indetectable) se llevará a cabo la acción.

4. La propuesta requiere de una implicación de la ciudadanía. Un organismo público ser encargará de instalar la propuesta, de conectar técnicamente a los diferentes actores y de la gestión pero serán los propios ciudadanos, el tejido social mismo, el que mediante sus propias asociaciones y la expansión de los procedimientos 2.0 activarán y harán funcionar los solares.

Se creará por parte de la administración municipal (junto al nuevo organismo *www.solaresvinculadosporlaccion.com*) un *Registro de Solares Públicos* donde se incluirán además aquellos edificios que no cumplan las ordenanzas de conservación o se encuentren en estado ruinoso, cuyos propietarios incumplan los plazos existentes para la ejecución de las obras pertinentes y que sean susceltibles de convertirse en solares. Este registro de solares públicos se podrá articular desde la participación ciudadana, aunque con la gestión y apoyo municipal.

Los espacios muertos, de repente, estarán controlados, vividos y observados por los propios ciudadanos. Socialmente, se integrarán los solares de diferentes zonas de las ciudades, creando una red de solares, una nueva forma de comunicación entre espacios de la ciudad cuyo grado de lejanía se mide normalmente en paradas de autobús y metro. Las ciudades tendrán otro canal en el espacio público para integrarse y relacionarse. Del mismo modo, se podrán vincular ciudades y crear redes de actividades urbanas entre ciudades distintas, incluso de países distintos., aprovechando la creación de estos espacios generados en las distintas ciudades como una nueva forma de conocerlas.

2. Beyond the notion of voyeurism, the proposal aims to turn mere passers-by into active members of the intervention in the plot, while also making them spectators of both the spectacle of the street masses and of the will of the plot users. This bond is created by means of a set design that attracts passers-by, with a space consisting of three green planes and a TV frame as a sign, plus a video streaming installation managed by the appropriate government organisation but controlled from the internet by any citizen: www.solaresvinculadosporlaccion.com

3. The intervention will be carried out using *chroma key technology*, an electrical process that combines the output signals from two or more cameras with each other and/or with other external sources (computers) to obtain a uniform and visually undetectable blend.

4. The proposal requires citizen involvement. A government organisation will be responsible for installing the system, providing the technical links between the different actors, and managing it, but it will be the citizens, the social fabric itself, whose associations and expansion of 2.0 procedures will activate and make the plots work.

The municipal authorities (in collaboration with the new organisation *www.solaresvinculadosporlaccion.com*) will create a *Register of Public Plots* that will also include buildings which do not meet conservation standards or are in ruins, whose owners fail to meet the deadlines for carrying out the necessary work, and which may soon become empty plots. This register of public plots can be built up through citizen participation, albeit with municipal management and support.

Suddenly, the dead spaces will be controlled, experienced and observed by the citizens themselves. Socially, the plots in different city areas will be interconnected, creating a network of plots, a new form of communication between spaces in the city whose degree of separation is usually measured in the number of bus or underground stops. Cities will have another channel in the public space for connecting and relating to each other. In the same way, entire cities can be linked and networks of urban activities can be created between various cities, and even various countries, taking advantage of the creation of these spaces that emerge in the cities as another way of getting to know new places.

5. Spatially, the intervention is minimal: preliminary preparation of the plot (primarily clearing) and an installation that generates spatial tension and relationships with the user. The idea is for the three Cartesian maps, combined with the bright green of the chroma key screen, to create a point

WWW.SOLARESVINCULADOSPORLACCION.COM

04 La propuesta requiere de una **IMPLICACIÓN DE LA CIUDADANÍA**. El organismo público será el encargado de instalar la propuesta, de conectar técnicamente a los diferente actores, de gestionar, pero serán los propios ciudadanos, el mismo tejido social que con sus propias asociaciones y la expansión del 2.0, harán funcionar y activar los solares.

Se creará por parte de la administración municipal junto al nuevo organismo **WWW.SOLARESVINCULADOSPORLACCION.COM** un Registro de Solares Públicos (aquellos edificios que no cumplan las ordenanzas de conservación o se encuentren en estado ruinoso, cuyos propietarios incumplan los plazos existentes para la ejecución de las obras pertinentes). Este registro de solares públicos se puede articular desde la participación ciudadana, pero con una gestión y apoyo municipal.

Los espacios muertos, de repente, estarán controlados, vividos y observados por los propios ciudadanos. Socialmente, se integrarán los solares de diferentes partes de las ciudades, creando una **RED DE SOLARES**, una nueva forma de comunicarse entre espacios de la ciudad que están alejados por paradas de autobús y metro. Las ciudades tendrán otro canal en el espacio público para integrarse y relacionarse. Del mismo modo, se podrá vincular ciudades, crear redes de actividades urbanas entre ciudades distintas de, hasta, países distintos. Aprovechar la ocasionalidad del espacio de las ciudades como una nueva forma de conocerlas.

05 Espacialmente, la intervención es mínima: una previa adecuación del solar (sobre todo limpieza) y una instalación de planos que genere tensión espacial y relaciones con el usuario. La idea de los 3 planos cartesianos junto al verde chillón del chroma generan un polo de atracción y un escenario. El marco de televisión funciona como un arco del triunfo: mobiliario urbano-escultura-señal.

Dependiendo de las características del solar, cada distribución de los elementos de la intervención será distinta, **APLICADA AL ENTORNO, RELACIONADA CON LA CIUDAD**. Un reflejo de la diversidad urbanística de nuestras ciudades.

Solamente se actuará en aquellos solares públicos cuyos programas previstos de edificación permitan la incorporación previa de usos temporales, sin que por ello se hipotequen los usos finales ni se dilaten los plazos de ejecución de los mismos.

06 En cuanto a la **SOSTENIBILIDAD**, la propuesta es totalmente desmontable y reutilizable. Para el escenario chroma se usarán paneles prefabricados estándar de 240x120 mm. El resto de elementos se diseñarán ex profeso pero serán totalmente reutilizables y construidos a partir de materiales reciclados. Se usará una pintura orgánica para adecuar la medianera sobre la que se proyectará. La instalación de cámaras y proyectores será también totalmente reutilizable. Para la iluminación artificial se usarán luminarias de bajo consumo.

Se incorpora la viabilidad de una instalación de energía solar para abastecer de energía a la instalación y ser autosuficiente. La intervencion final será limpia de emisiones de CO_2 y **RESPETUOSA CON EL MEDIO AMBIENTE**.

— FUNCIONAMIENTO:

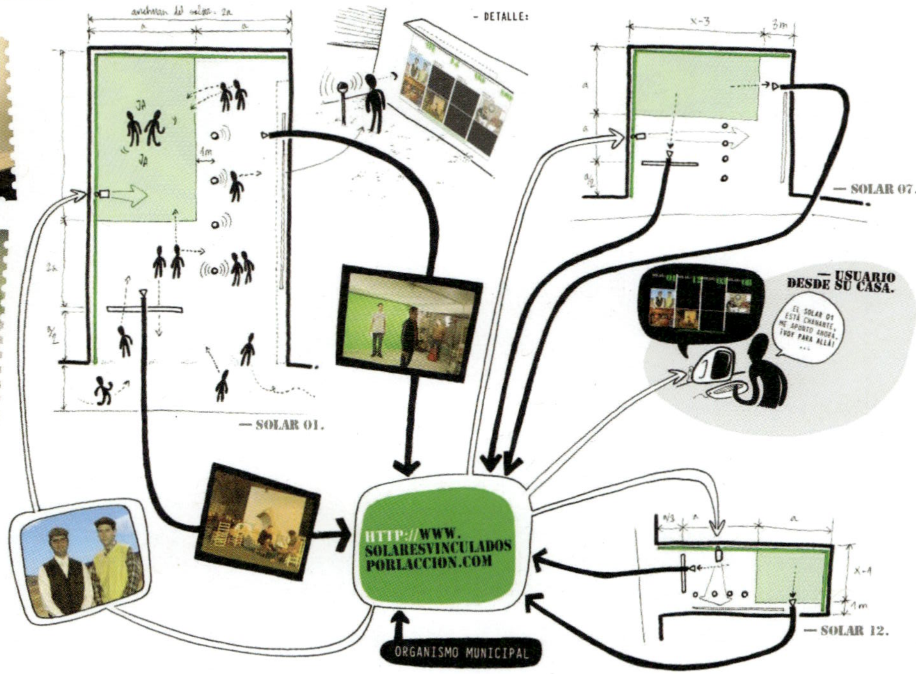

— DE TODO MODOS, ESTATE ATENTO Y ¡CONTROLA EL CONTROL!

— PROCESO:

5. Espacialmente, la intervención es mínima: una previa adecuación del solar (sobre todo limpieza) y una instalación que genere tensión espacial y relaciones con el usuario; la idea es que los tres planos cartesianos junto al verde chillón del chroma generarán un polo de atracción y un escenario. El marco de televisión funcionará como un arco del triunfo: mobiliario urbano-escultura-señal. Dependiendo de las características del solar, cada distribución de los elementos de la intervención será distinta, aplicada al entorno específico y relacionada con la ciudad.

6. Desde el punto de vista de la sostenibilidad, la intervención será totalmente desmontable y reutilizable. Para el escenario *chroma* se usarán paneles prefabricados estándar de 240x120 mm. El resto de elementos se diseñarán *ex profeso* pero serán reutilizables y construidos a partir de materiales reciclados. Se usará una pintura orgánica para adecuar la medianera sobre la que realizar la proyección. La instalación de cámaras y proyectores será también totalmente reutilizable. Para la iluminación artificial se usarán luminarias de bajo consumo. Se incorpora la viabilidad de una instalación de energía solar para abastecer de energía a la instalación y ser autosuficiente. La intervención final será limpia de emisiones de CO_2 y respetuosa con el medio ambiente.

of interest and a stage. The television frame will act as a triumphal arch: street furniture-sculpture-sign. Depending on the nature of the plot, the elements of the intervention will be distributed differently in each, applied to the specific setting and related to the city.

6. In terms of sustainability, the intervention will be easy to fully dismantle and reuse. For the chroma key stage, standard 240x120 mm prefabricated panels will be used. The rest of the elements will be designed specifically for the intervention, but they will be reusable and made of recycled materials. Organic paint will be used to prepare the wall on which the images will be projected. The installation system for cameras and projectors will also be completely reusable. For the artificial lighting, energy-efficient lamps will be used. A solar energy unit will be installed to provide electrical power for the system and make it self-sufficient. The final intervention will be environmentally friendly and free of CO_2 emissions.

And in Plot 12 there is a performance of…
This «urbanacción» calls for citizens to participate by using the control at www.solaresvinculadosporlaccion.com to search and build up the Register of Public Plots in each municipality. There will also be an updated publication of this register on the aforementioned website, and also of the commencement of interventions in «registered» plots. Their owners will be contacted and offered the chance to sign an agreement allowing temporary use of the plots for a minimum of six months. Once approved, work on the intervention will begin.

Y EN EL SOLAR 12 HAY UNA FUNCIÓN DE... HTTP:// 03

07 Esta "URBANACCIÓN" requiere de la participación ciudadana mediante el control de WWW.SOLARESVINCULADOSPORLACCION.COM para la búsqueda y elaboración del Registro de Solares Públicos de cada municipio. Los propios ciudadanos, que serán los futuros usuarios, propondrán en colaboración con sus vecinos y amigos, posibles solares.

Además, habrá una publicación actualizada del Registro de Solares Públicos en WWW.SOLARESVINCULADOSPORLACCION.COM e inicio de las intervenciones en los solares "registrados". Se localizarán a sus propietarios y se les planteará un convenio para la posible cesión, por un tiempo mínimo de 6 meses. Una vez aprobado, se procederá a efectuar las siguientes acciones para cada solar.

INSTRUCCIONES:

—**1.** ADECUACIÓN DEL SOLAR:
- Demolición parcial o total del muro de cerramiento.
- Retirada de escombros.
- Limpieza del solar.
- Relleno parcial o total con una capa de albero.

—**2.** Colocación del ESCENARIO CHROMA según orientación solar.

—**3.** Preparación del PLANO PROYECTADO mediante pintura sobre medianera, en el caso de no haber medianera se colocarán paneles auxiliares.

—**4.** Colocación del TELEVISOR URBANO y de mobiliario urbano auxiliar, si es conveniente).

—**5.** INSTALACIÓN de la red de cámaras de VIDEO STREAMING y proyectores.

—**6.** Publicación en la web, gestionada por la administración, WWW.SOLARESVINCULADOSPORLACCION.COM de la puesta en marcha, activación y conexión del solar a la ciudad.

NOTA: Todas las acciones deberían ser asumidas por personal de la administración pública municipal, así como el aporte del material necesario para realizarlas.

La supervisión de las intervenciones, así como de su gestión se asume por el organismo WWW.SOLARESVINCULADOSPORLAACCION.COM asociado a las agrupaciones y colectivos vecinales.

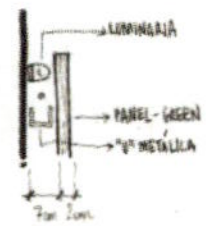

—**2.** ESCENARIO CHROMA, compuesto por paneles estándar tipo Pladur pintados por una cara de color verde chroma, separado del plano mediante una "U" metálica con luminaria en el borde superior.

Paneles: 16,77 €/m².-

—**2.** PINTAR MENSAJES sobre el chroma animando a la gente a participar y unirse a las actividades que se desarrollan en el solar.

Precio: 30,00 €.-

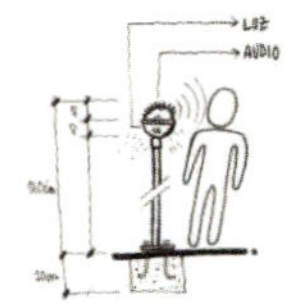

—**3.** MINIFAROLAS 2.0
Poste metálico con megafonía y luminaria con lámpara de bajo consumo. Emitirá LUZ y SONIDO mediante dos semiesferas. La inferior dará luz y la superior (a la altura del oído) proporcionará el sonido de la zona proyectada, en un radio de 1 metro.

Precio: 69,13 €/u.-

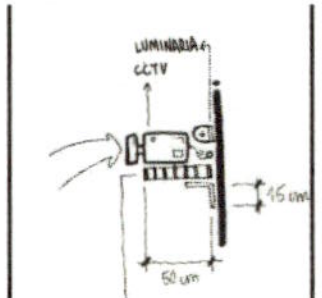

—**5.** Se colocará una cámara en la marquesina. Será metálica y tendrá fluorescentes, delimitará la zona de proyección y grabará el escenario chroma.

Cámara CCTV: 538,09 €/u.-

—**3.** Se mostrará la actividad desarrollada en el propio solar así como en el resto de solares intervenidos en el plano de proyección.

El marco superior muestra la acción que sucede en el escenario chroma, mientras que el inferior enseña lo que ocurre en el resto del solar.

Proyector: 545,00 €.-

—**1.** Limpieza y retirada de escombros, cubrimiento con una capa de albero del anterior pavimento y conexión a la red eléctrica.

—**4.** El televisor estará compuesto por un perfil metálico de acero galvanizado pintado de negro y tendrá en su parte superior una cámara CCTV.

Cámara CCTV: 538,09 €/u.-

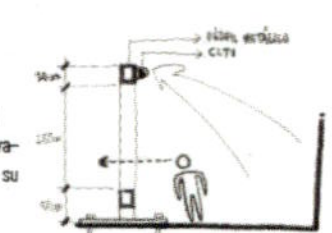

—**6.** Tablón de anuncios compuesto por un vinilo iluminado desde su interior mediante fluorescencia que actuará como reclamo de las actividades del solar.

Tablón de anuncios: 99,85 €.-

Y en el solar 12 hay una función de…
Esta «urbanacción» requiere de la participación ciudadana mediante el control de *www.solaresvinculadosporlaccion.com* para la búsqueda y elaboración del *Registro de Solares Públicos* de cada municipio.
Además, habrá una publicación actualizada de dicho registro en la citada web, así como del inicio de las intervenciones en los solares «registrados». Se localizará a sus propietarios y se les planteará un convenio para la posible cesión, por un tiempo mínimo de seis meses. Una vez aprobado, se procederá a efectuar la acción.

Instrucciones de actuación
1. Adecuación del solar:
Demolición parcial o total del muro de cerramiento.
Retirada de escombros.
Limpieza del solar.
Relleno parcial o total con una capa de albero.

2. Colocación del escenario *chroma* según la orientación solar.

3. Preparación del plano proyectado mediante pintura sobre medianera, en el caso de no haber medianera se colocarán paneles auxiliares.

4. Colocación del televisor urbano (y de mobiliario urbano auxiliar, si es conveniente).

5. Instalación de la red de cámaras de video *streaming* y proyectores.

6. Publicación en la web de la puesta en marcha, activación y conexión del solar a la ciudad.

Todas las acciones, así como el aporte del material necesario para realizarlas, deberían ser asumidas por personal de la administración pública municipal.

La supervisión de las intervenciones, así como de su gestión se asume por el organismo *www.solaresvinculadosporlaaccion.com*, asociado a agrupaciones y colectivos vecinales.

Intervention instructions
1. Preparation of the plot:
Partial or total demolition of the enclosing wall.
Removal of rubble.
Clearing of the plot.
Partial or total fill with a layer of *albero* soil.

2. Installation of the *chroma key stage* depending on the angle of sunlight.

3. Preparation of the projection surface by applying paint to the party wall. If there is no wall, auxiliary panels will be installed.

4. Installation of the urban television (and auxiliary furniture, if required).

5. Installation of the network of streaming video cameras and projectors.

6. Publication of the launch, activation and connection of the plot to the city on the website.

All actions and the contribution of materials required to implement them must be carried out by employees of the municipal government.

The supervision and management of the interventions will be handled by the organisation *www.solaresvinculadosporlaaccion.com*, in association with neighbourhood groups and collectives.

PR03_ PROYECTO SOCIAL

† Su Última Voluntad †

Zoohaus

† Su Última Voluntad † explora y propone la generación de mecanismos que permitan a los ciudadanos decidir sobre usos temporales en espacios vacíos de la ciudad: solares, construcciones paradas o dotaciones públicas sin uso y llevar a cabo las intervenciones.

El proyecto surge como una fisura en estos tiempos de crisis: ya que el sistema económico ha hecho que un gran número de obras públicas se paralicen indefinidamente por carencia de presupuesto, se ofrece una alternativa de bajo coste que consiga que ciertos espacios de la ciudad sean, mientras la crisis lo permita, temporalmente devueltos a sus usuarios, hasta que sus obras de demolición, rehabilitación o construcción sean reanudadas.

Para cumplir el objetivo del proyecto es necesario el progreso de los métodos de comunicación, interacción y acción entre los espacios pendientes de reactivación y sus usuarios potenciales. El proyecto trata de investigar formas de participación de «código abierto» para la actuación sobre el espacio urbano.

Empezamos en Madrid reuniendo toda la información encontrada en un mapa colaborativo. Decidimos comenzar en el entorno de la Plaza de la Cebada, con la piscina y el mercado a punto de desaparecer, por tratarse de un lugar céntrico, con gran repercusión social y que representaba además el paradigma de los paréntesis temporales generados por la crisis. Celebramos un velatorio por la piscina, en demolición, y colocamos una esquela simbolizando la aflicción de los vecinos. De la misma manera continuamos reactivando otros espacios olvidados, con la correspondiente colocación de sus esquelas, para llamar la atención sobre ellos.

PR03_ SOCIAL PROJECT

† The Last Will †

Zoohaus

† The Last Will † project explores and proposes the facilitation and use of mechanisms that allow citizens to make decisions regarding the provisional use of inner city space: development sites, building sites left idle or publicly owned resources left unused and to carry out the initiatives.

The project was born as a response to the current economic crisis: as the prevalent economic system has been responsible for bringing state backed building development to a standstill due to a lack of budget, we offer a low cost alternative; this will allow some inner city spaces and sites to be temporarily given back to their users (as long as the crisis permits), until these sites are demolished, rehabilitated, or construction work is renewed.

To achieve project goals, it is necessary to ensure progress in the areas of communication, interaction and action between temporarily disused sites and inner city spaces and their potential users. The project tries to research ways of «open source» participation to proceed in urban spaces.

We began in Madrid collecting up all the information we found in a collaborative map.
We decided to start in the environs of La Cebada square, whose public swimming pool and market are about to disappear. A very centrally located place with an important social impact that represents the paradigm of temporary parenthesis originated by the crisis. We organised a night vigil around the public swimming pool, about to be demolished, and placed a death notice to symbolise the distress of the local community.
In the same way, we continue reactivating other disused sites and placing their death notice on these, drawing attention to them.

SU ULTIMA VOLUNTAD

REACTIVACION DE ESPACIOS PARA TIEMPOS DE CRISIS

solar en la plaza de san ildefonso

TODOS SABIAN QUE OCURRIRIA TARDE O TEMPRANO. LA BURBUJA INMOBILIARIA TENIA QUE ESTALLAR.

declaracion de intenciones: la crisis comó desencadenante

El proyecto es una fisura en estos tiempos de crisis: Ya que el sistema económico ha hecho que un gran número de obras públicas se paralicen indefinidamente por carencia de presupuesto, se ofrece una alternativa de bajo coste que consiga que ciertos espacios de la ciudad de Madrid sean, mientras la crisis lo permita, temporalmente devueltos a sus usuarios, hasta que sus obras de demolición, rehabilitación o construcción sean reanudada

Entendemos objeto de nuestra intervención tanto los solares vacios como los de demolición pendiente, los que albergan obras sin acabar o los que contienen edificaciones simplemente abandonadas. Estos sitios afectados por una inminente intervención, o en los que pronto se construirá, así como inmuebles que han perdido su valor y que pronto van a ser demolidos proporcionan las mejorescondiciones para la reactivación temporal.

LA CONSTRUCCION DE ALGUNAS DE LAS DOTACIONES MUNICIPALES SE RETRASARIA. COMO LA CIUDAD HABIA CRECIDO HACIA AFUERA POR DENTRO SE HABIA QUEDADO LLENA DE AGUJEROS

mapeado colaborativo

Generación participativa de un archivo de datos: localización y clasificacion de solares en diferentes estados a traves de la iniciativa ciudadana en internet.

http://www.meipi.org/suultimavoluntad.meipi.php

APARECIERON NOTICIAS EN LOS PERIODICOS: EL DINERO PUBLICO EMPEZABA A ESCASEAR

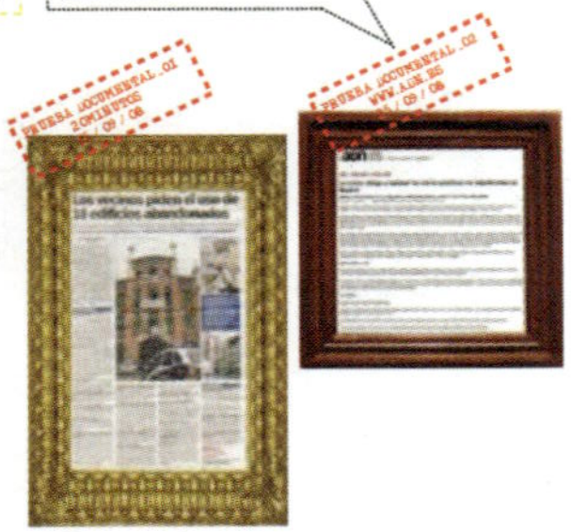

LOS SOLARES VACIOS Y LOS EDIFICIOS ABANDONADOS PERMANECERIAN A LA ESPERA DE UNA NUEVA SITUACION
EN ESE PROCESO DE CAMBIO DESAPARECERIAN COMO LOS HABIAMOS CONOCIDO HASTA EL MOMENTO
ANHELABAN UNA ESPECIE DE DEFUNCION
FUE POR ESO QUE PENSAMOS QUE SE MERECIAN UN ULTIMO DESEO

SE TRATABA DE LLEVAR A CABO SU ULTIMA VOLUNTAD

ELEGIMOS UN SOLAR CENTRICO Y VISIBLE EN EL CORAZON DE LA MISMA MALASAÑA

solar elegido: edificio a la espera de construcción en Plaza de San Ildefonso

Se ha seleccionado el solar de la plaza de San Ildefonso por tratarse de un lugar céntrico, con gran repercusión social y en el que parece que una ejecución inminente de viviendas vaya a efectuarse. Ademas, el barrio de Malasaña (Universidad) mantiene un déficit de dotaciones públicas sociales muy importante, además de caracterizarse por servicios (comerciales, restaurantes, bares...) dirigidos a sectores de edad y economia muy determinados.

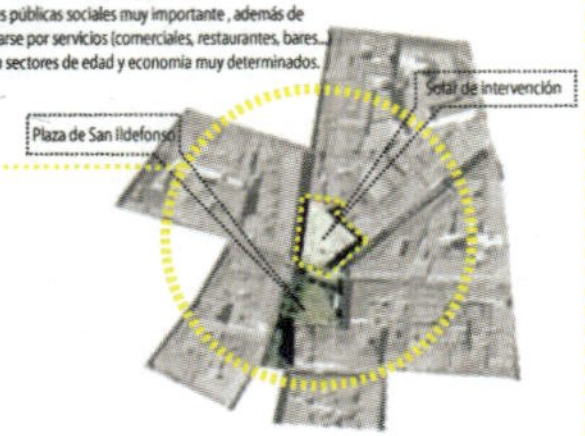

LO PRIMERO QUE HARIAMOS SERIA REUNIRNOS CON ASOCIACIONES DE BARRIO

FASE 1

colectivos que han mostrado su interés por el proyecto

- Colectivo vecinal ¡Somosmadrid? barrios por la democracia www.somosmadrid.es
Asociaciones de vecinos de distintos barrios del municipio de Madrid coordinadas para mejorar la democracia municipal a través de la participación ciudadana.
- Agrupación de Madrileños y Amigos LOS CASTIZOS www.loscastizos.es
Agrupación con el objetivo primordial de mantener, fomentar y recuperar las costumbres y tradiciones madrileñas, así como conservar y dar a conocer el patrimonio artístico y cultural de Madrid; realizando actos públicos y actividades: artísticas, culturales, sociales, deportivas y benéficas.
- Asociación Cultural Yemayá www.myspace.com/yemayacultural
Asociación del barrio de La Latina promotora de acontecimientos con/y a través de la implicación de los vecinos. Se organizan eventos de música, arte y cultura: festival de cortos, concurso fotográfico, exposiciones, teatro, etc.
- Asociación Cultural Barrio de la Fuentecilla www.barriofuentecilla.es
Grupo de personas con intereses culturales sobre el barrio, desarrollados desde el barrio, reivindicando esa forma de vida en común, donde todo el mundo cabe y todo el mundo es bienvenido. Realizan vísitas, charlas coloquio, concursos, eventos, etc.
- Asociación Castiza De Madrid al Cielo
Asociación que prepara eventos relacionados con la música y el teatro: zarzuelas, goyescas
- La casa de los jacintos www.lacasadelosjacintos.net
Asociación cultural asentada en un espacio en el que se acogen propuestas artísticas de múltiples tendencias.: exposiciones, talleres, encuentros musicales, teatro, cortometrajes, Los Artistas del barrio, etc. Y éstas son sólo algunas...

DESPUES EMPEZARIAN A OCURRIR COSAS EXTRAÑAS !!!
UNA LEGION DE FLOTADORES INVADIRIA NUESTRAS CALLES ...

publicitacion indirecta

Para conseguir la sensibilización de los futuros usuarios-participantes, se propone una solución alternativa a la meramente informativa vía cartelería, mailing, etc..

Se pretende generar una situación de extrañeza y polémica que atraiga la atención de los habitantes del barrio:

> flotadores colgados del cableado eléctrico callejero
> performances de bañistas caminando tranquilamente
> atracción sobre los solares o edificaciones vacías mediante acciones que varien su apariencia de manera llamativa.

DE REPENTE LAS EDIFICACIONES ABANDONADAS PINTADAS DE ROSA FUCSIA !!!

O TAL VEZ CUBIERTAS DE VEGETACION ...

SU ULTIMA VOLUNTAD
REACTIVACIÓN DE ESPACIOS PARA TIEMPOS DE CRISIS
solar en la plaza de san ildefonso

SU ULTIMA VOLUNTAD
01 Maratón de Cine

100p · 6h · € 1200

Pase de películas y cortometrajes para todos los públicos, continuo y gratuito.

A través de una actividad colectiva cotidiana los usuarios se familiarizan con un nuevo uso del vaso de la piscina.

SU ULTIMA VOLUNTAD
02 Comida popular

100p · 6h · € 2000

A través de la organización de una actividad festiva, grupos de ciudadanos entran en contacto y celebran la nueva apertura de la piscina.

Gran comida gratuita en la que los voluntarios que colaboran en la elaboración del evento invi tan a vecinos y amigos.

SU ULTIMA VOLUNTAD
03 Baile

300 p. · 5h · € 2000

Orquesta, grupos de músicay amenizan **una tarde de bailoteo ¡Las fiestas del barrio llegan a la piscina!**

En esta actividad festiva, diferentes generaciones coinciden en un ambiente de celebración

SU ULTIMA VOLUNTAD
04 Visita guiada y picoteo

20 p. · 30' · € 500

Recorrido por el edificio acompañado de una breve explicación de su historia y exposición de su nuevo uso hasta su próxima demolición.

Acción inaugural para mostrar el nuevo uso de la piscina a los residentes del barrio.

SU ULTIMA VOLUNTAD
05 Campeonato deportivo

50 p. · 3h · € 540

Se celebrarán sucesivos partidos entre los equipos formados por los asistentes. Habra tres primeros pre mios y se servirá un aperitivo y cava para celebrar.

Actividad orientada a la realización de equipos for mados por residentes intergeneracionales.

SU ULTIMA VOLUNTAD
06 Mercadillo de intercambio

100 p. · 4h · € 250

Los interesados llevarán a la piscina todos los obje- tos que tengan en desuso para intercambiarlos por otros útiles.

Actividad que declara la utilidad de la comunidad vecina y que fomenta el reciclaje doméstico.

SU ULTIMA VOLUNTAD
07 Coloquios de asociaciones

150p · 3h · € 2000

Acercar las actividades que desarrollan las asociaciones del entorno entre ellas y a todos los vecinos.

El vaso de la piscina como espacio de debate, reunión y encuentro organizado por las asociaciones del barrio

SU ULTIMA VOLUNTAD
08 Galería_exposición

100 p. · 8h · € 2.000

Se pretende acercar el conocimiento artístico y creativo, fomentando la participación de colectivos artíticos y de los propios vecinos.

Organización de exposiciones de arte y creación dirigidas al entorno del barrio.

SU ULTIMA VOLUNTAD
09 Guerra de Pintura o Tomatina

10-100 p. · 1h 30' · € 500

Con esta acción se pretende que los participantes disfruten manchándose y que además doten a la piscina de un aspecto más pintoresco.

Se pondrán botes de pintura y globos a disposición del participante para que coloree la piscina y a sus compañeros

SU ULTIMA VOLUNTAD
10 Proyección de eventos deportivos

200 p. · 2h · € 1000

Dar la posibilidad de que los vecinos puedan disfrutar en común de un evento de su interés.

Se instalarán unas sillas y una pantalla gigante en la que se proyectará el evento escogido.

PRESUPUESTO
Calendario de Actuación

00 APORTACIONES FINANCIACIÓN
1///ENTIDADES OFICIALES
2///ENTIDADES PRIVADAS
3///OTRAS FUENTES

01 RECLAMO Y ACONDICIONAMIENTO
1///PUBLICITACIÓN EXTERNA........300€
///reclamo: flotadores-patito
e instalación de materiales......200€
folletos y mailing......................100€
2///ACCIÓN SOBRE EXTERIOR.....6000€
///pintura fachada, inc. andamiaje
y plataforma elevadora..........4500€
cartel 30x5m2..........................1500€
3///ACONDICINAMIENTO INT........2500€
///acondicionamiento pavimento.1500€
mano de obra...........................1000€

02 ACCIONES DE REACTIVACIÓN
1///MARATÓN DE CINE...................1100€
///alquiler de pantalla, equipo audio-visual, técnicos y mobiliario.

2///BAILE..2000€
///alquiler de escenario y equipos de sonido e iluminación (montaje y técnicos incluidos). músicos/djs.

3///COMIDA POPULAR.....................2000€
///alquiler de mobiliario, equipo de cocina y menaje, comida y personal.

4///VISITA GUIADA.............................500€
///guías, picoteo y doocumentación.

5///FÚTBOL....................2000€
///porterías y material deportivo, bebidas y premios.

6///MERCADILLO-INTERCAMBIO.....500€
///mobiliario y acondicionamiento

7///GALERÍA-EXPOSICIÓN...............500€
///mobiliario y acondicionamiento

8///COLOQUIO ASOCIACIONES.......500€
///mobiliario y acondicionamiento bebidas y picoteo

9///GUERRA DE PINTURAS...........1000€
///veinte pistolas y pintura indumentaria específica.

10///PROYECCIÓN DEPORTE.........1100€
///alquiler de pantalla y equipo audiovisual, técnicos y mobiliario.

03 SU ULTIMA VOLUNTAD
1///EVENTOS
VOTACIONES VECINALES..........6000€

SU ULTIMA VOLUNTAD
REACTIVACION DE ESPACIOS PARA TIEMPOS DE CRISIS
piscina de la cebada

IMAGEN TIPO DE LOS SOLARES DEPUES DE SU PUESTA EN USO DONDE CADA ACTIVIDAD PASA A FORMAR PARTE DE LA INTERVENCION COMO SUPERPOSICION DE HUELLAS

Fiesta celebra tu cumple en la calle

Exposicion de pintores de la tercera edad

Instalacion del colectivo de artistas urbanos del barrio

Picnic tematico cotidiano

Comida asociación de amigos del buitre leonado

Clases de baile de salón

concurso de diseño de mobiliario urbano para niños

En cada jornada de fin de semana los asistentes tendrán la oportunidad de expresar con su voto su deseo para la última actividad dentro de la piscina, este sistema de "recogida de últimas voluntades" se hará de manera que la voluntad represente a la de la mayoría de los participantes

Después de todos los encuentros con los colectivos interesados escogemos, de estas diez actividades propuestas, las cuatro que más satisfarían al barrio (según previsiones de acogida de las diferentes asociaciones que representan al barrio).

Estas actividades de sencillo montaje y gran actividad sucederán a lo largo de un mes en el citado espacio, dentro de la misma piscina. Finalmente todos los vecinos se animan a... ¡tirarse a la piscina!

CRONOGRAMA

Calendario de Actuación

1er MES

FASE UNO FINANCIACION

1///CONTACTO ENTIDADES PÚBLICAS Y PRIVADAS
2///BÚSQUEDA DE FINANCIACIÓN
///lanzamiento de proyecto.
///fijación presupuesto definitivo.

2do MES

FASE DOS TRABAJOS PREVIOS

3///CONTACTO ASOCIACIONES, COLECTIVOS Y EXPERTOS
///contacto con entidades interesadas
///reunión representantes. difusión, elección de actividades y métodos de participación.

3er MES

4///OBTENCIÓN DE PERMISOS
///proyecto de seguridad y salud.
///gestión de permisos necesarios para alizar las acciones.

4to MES

5///PROYECTO RECLAMO Y DIFUSIÓN
///proyecto de cartelería.
///proyecto objeto reclamo.
6///PROYECTO ACCIONES DE REACTIVACIÓN
///proyecto pintado fachada.
///proyecto acciones reactivación. interiores.
///proyecto votación popular. participación ciudadana.

5to MES

FASE TRES REACTIVACION

7///EJECUCIÓN PROYECTO RECLAMO Y DIFUSIÓN
///jornada difusión cartelería.
///pintado de fachada piscina.

6to MES

8///EJECUCIÓN ACCIONES "SU ÚLTIMA VOLUNTAD"
///jornada fin de semana 01.
///jornada fin de semana 02.
///jornada fin de semana 03.
///jornada fin de semana 04.

7to MES

9///VOTACIÓN VECINAL "SU ÚLTIMA VOLUNTAD"
///instalación método recogida de peticiones.
///recogida de peticiones en cada jornada de fin de semana.
10///EJECUCIÓN VECINAL "SU ÚLTIMA VOLUNTAD"
///recogida de peticiones "su última voluntad"
///desarrollo proyecto acción "su última voluntad"
///ejecución proyecto acción "su última voluntad"

http://suultimavoluntad.com

La creación del espacio web supone el arranque del proyecto de *† Su Última Voluntad †*. Desde su inicio se convierte en el elemento articulador de todo el proceso y con cuyo desarrollo se va poco a poco dando forma al proyecto.

Lo que empezó siendo una plataforma de trabajo en red ha ido evolucionando hasta convertirse en un sistema más complejo que da cabida a diferentes herramientas como son los mecanismos de participación ciudadana, el blog, el punto de trabajo, el mapa colaborativo y la mediateca.

Todo el trabajo queda reflejado mediante entradas y actualizaciones con la intención de crear una dinámica de trabajo abierta en la que todo el mundo pueda participar. De esta forma se plantea una plataforma en la que toda la información esté disponible y cualquier persona sea capaz de acceder y colaborar con esta iniciativa.

http://suultimavolunta.com

The creation of the website represents the start of the *† Last Will Project †*. From its inception becomes the fundamental pivot of the entire process and as it develops step by step it is giving shape to the project.

What started as a network platform has developed to became a more complex system providing the means to use different tools such as urban participation mechanisms, a blog, the work station, the collaborative map and the media library.

All the development work is captured by blog posts and updates with the intention of creating a new open working dynamic that welcomes everybody. In this way we offer a working launch pad where all the information is free to use and where anyone is able to access and collaborate in this initiative.

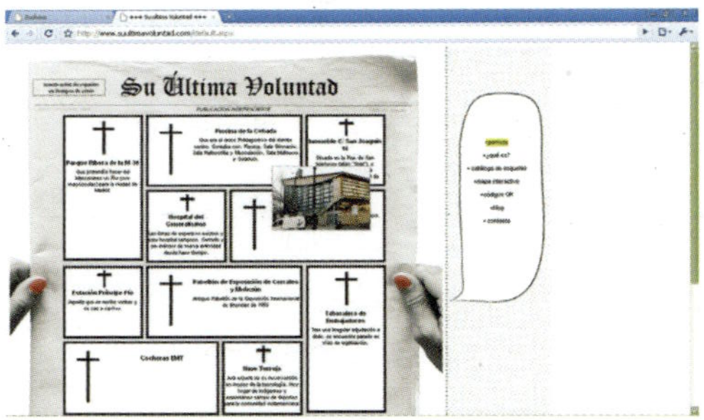

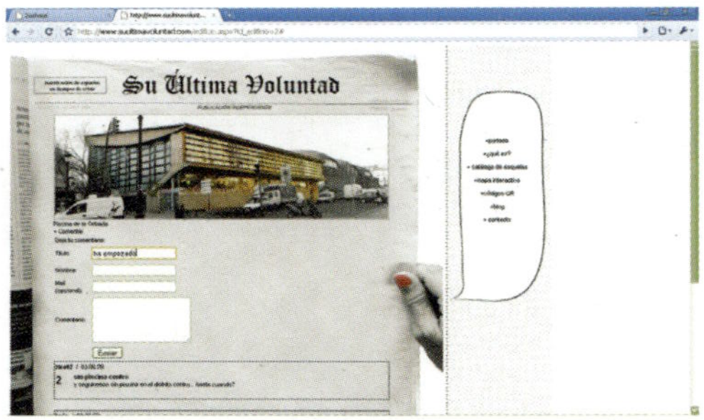

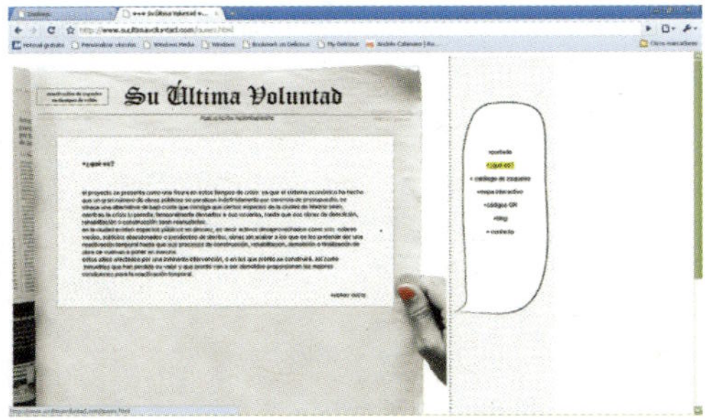

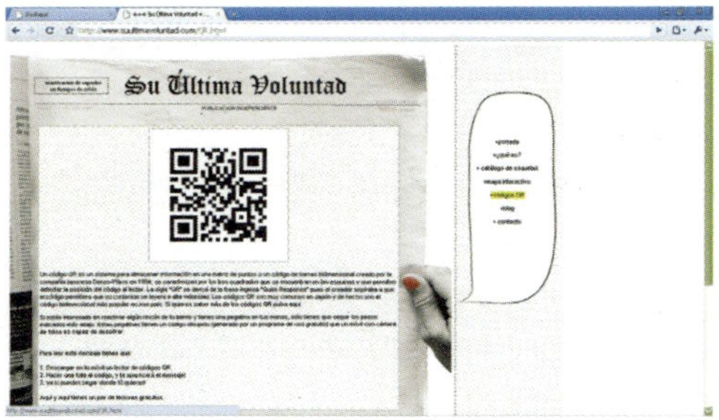

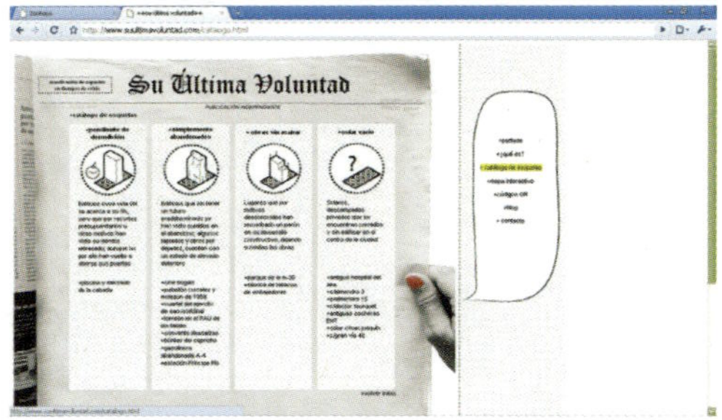

RUTA EN BICI +SU ÚLTIMA VOLUNTAD+ GIJÓN / Bike ride +The LAST WILL+ GIJÓN

ruta por espacios urbanos en desuso para su reactivación / route via disused inner city spaces for their reactivation

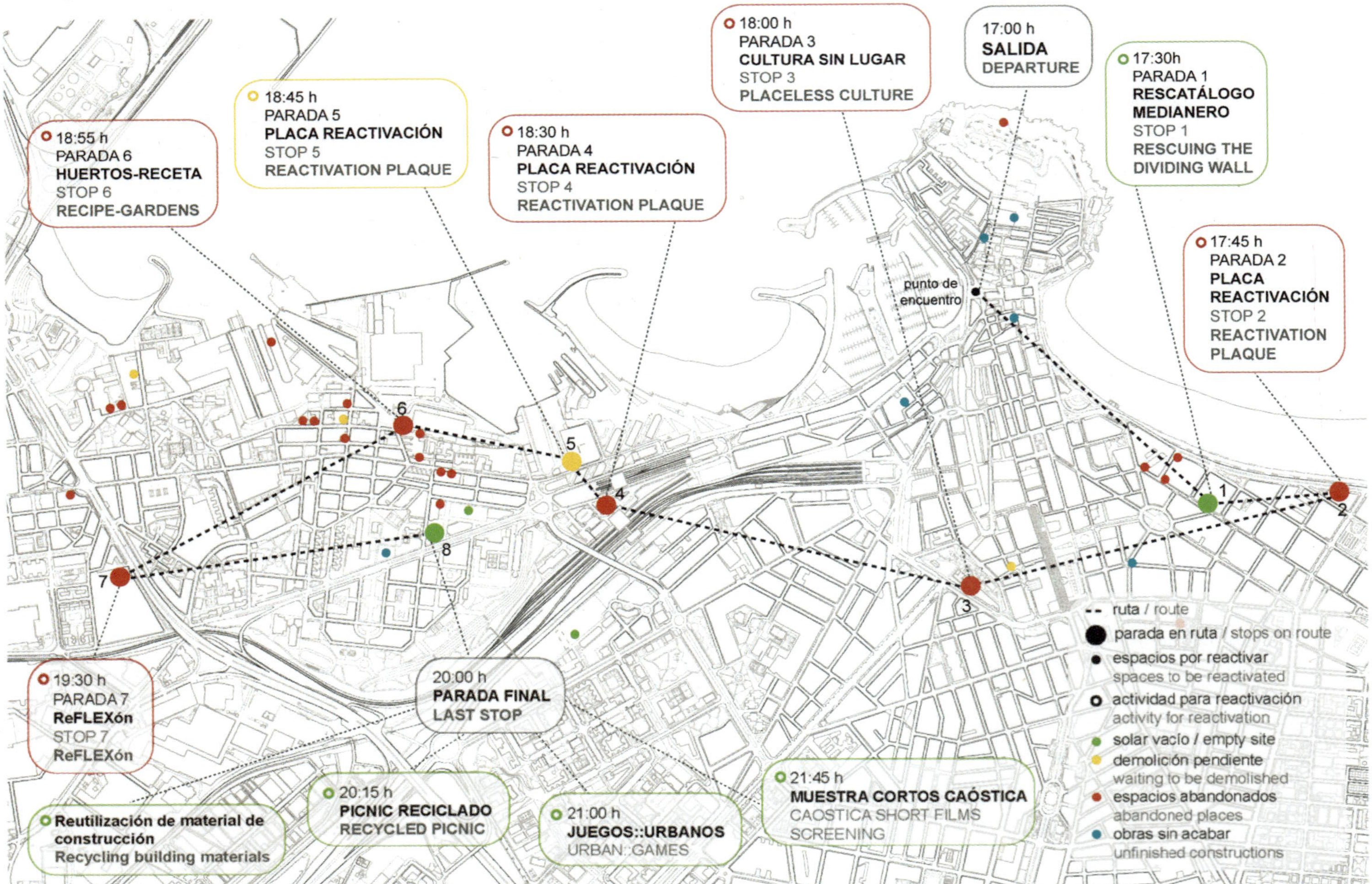

Ruta en bici † Su Última Voluntad † Gijón
Ruta por espacios urbanos en desuso para su reactivación

17:00 h. Salida
Pza. del Marqués (junto al Pelayo)

17:30 h. Parada 1
Rescatálogo, medianero
Calle Marqués de Casa Valdés, 22
A través de una escenografía interactiva se recupera la huella vital de esta medianera abandonada.
Por: Elena Rato, Laura, Víctor y Nerea
www.elenarato.com

17:45 h. Parada 2
Placa Reactivación
Av. Rufo García Rendueles
Edificio en primera línea de playa

18:00 h. Parada 3
Cultura sin Lugar
Chalet Ladislao Menéndez, Pza. de Europa
Se propone una actividad donde se interactúe jugando y que, a la vez, reivindique el espacio como elemento de la cultura de una comunidad.
Por: *Cultura sin Lugar*
culturasinlugar.wordpress.com

18:30 h. Parada 4
Placa Reactivación
Av. Juan Carlos I
Pasarela Estación Jovellanos

18:45 h. Parada 5
Placa Reactivación
Calle Mariano de Pola
Astilleros Naval Gijón

Bike ride † The Last Will † Gijón
Route via disused inner city spaces for their reactivation

5:00pm Departure
Plaza del Marqués (next to the "Pelayo")

5:30pm Stop 1
Rescuing the dividing wall
22 Marqués de Casa Valdés Str.
Through an interactive scenography we try to rescue the vital traces of this abandoned dividing wall.
By Elena Rato, Laura, Víctor y Nerea
www.elenarato.com

5:45pm Stop 2
Reactivation Plaque
Rufo García Rendueles Av.
Building on the beachfront

6:00 pm Stop 3
Placeless Culture
Ladislao Menéndez Palace, Europa Sq.
We suggest an activity where people play and interact and, at the same time, claim the public space as an element for community culture
By *Cultura sin Lugar*
culturasinlugar.wordpress.com

6:30 pm Stop 4
Reactivation Plaque
Juan Carlos I Av.
Jovellanos Station Catwalk

6:45 pm Stop 5
Reactivation Plaque
Mariano de Pola Str.
Naval Gijón Shipyards

18:55 h. Parada 6
Huertos-Receta
Travesía del Mar, 2
La actividad consiste en la plantación de dos huertos en el barrio de Natahoyo, uno de «potaxe asturianu» y otro de plantas aromáticas.
Por: *Re:Farm the City* + *Jóvenes por la Ecología de Asturias*
www.timtimxtimtim.org/refarm/
www.jpe-asturias.org

19:30 h. Parada 7
ReFLEXón
Av. Príncipe de Asturias, 19
Antigua Fábrica Flex
Nos reunimos con miembros que gestionaron el espacio para que nos expliquen su proyecto de más de un año de duración.
Por: colectivo *CSOA La ReFlexón*
www.flextricia.net/

20:00 h. Parada final
Solar Antigua Fábrica Suzuki,
Av. Juan Carlos I / Calle Lealtad
Reutilización de material de construcción
Previo acondicionamiento de espacios de estancia
Por: colectivo *Zoohaus*

20:15 h. *Picnic Reciclado*
Se realiza una merienda con distintos productos alimentarios desechados por los hipermercados, recogidos previamente para el evento.
Por: Óscar de Carmen + Martinka Bobrikova (*Made from Waste*)
www.madefromwaste.org

6:55 pm Stop 6
Recipe-Gardens
2, Travesía del Mar
The suggested activity consists of planting two communal gardens in the neighbourhood of Natahoyo, one with all the ingredients to make an Asturian stew, and the other one using aromatic herbs
By *Re:Farm the City* + *Jóvenes por la Ecología de Asturias*
www.timtimxtimtim.org/refarm/
www.jpe-asturias.org

7:30 pm Stop 7
ReFLEXón
19 Príncipe de Asturias Av.
Old Flex mattress factory,
We meet up with members who set up and established a social centre inside the old factory, and they give us an explanation of the project which lasted over a year.
By *La ReFlexón* group
www.flextricia.net

8:00 pm Last stop
Old Suzuki Factory site,
Juan Carlos I Av. / Lealtad Str. crossing
Recycling building materials
Outdoor breakout space previously created for the event.
By *Zoohaus* group

8:15 pm *Recycled Picnic*
We propose an afternoon snack with different food products which have been deselected for various reasons by supermarkets and which we previously collected for the event.
By Óscar de Carmen + Martinka Bobrikova (*Made from Waste*)
www.madefromwaste.org

21:00 h *Juegos::Urbanos*
Presentación y ensayo de un proyecto desarrollado durante el taller. Se proyectan imágenes digitales acompañadas de sonidos, todo generado por el movimiento de los asistentes.
Por: Mariana Carranza + Stephan Wolf
www.poiesis.net

21:45 h. *Muestra Cortos Caóstica*
Como cierre se muestran distintos cortometrajes de la pasada edición del festival bilbaíno.
Por: *Caóstica*
www.caostica.org

Agradecemos a todos los colaboradores citados, a los participantes, a las entidades relacionadas (*LaLABoral*, *HANGAR* y Ayuntamiento de Gijón), a todos los que nos habéis ayudado durante el taller *Summerlab´09* y a *urbanacción*, porque el premio ha ayudado a que todo esto sea posible.

Más info: zoohaus.net/wp/

9:00 pm *Urban::Games*
Presentation and test a project developed during the *Summerlab09* workshop. Digital images are projected together with sound, both of which are generated by the audience´s movements.
By Mariana Carranza + Stephan Wolf
www.poiesis.net

9:45 pm *Caostica short films Screening*
To bring the event to a close there is a screening of the last edition short films from the Bilbao Festival
By *Caóstica*
www.caostica.org

We would like to give our most grateful thanks to all those collaborators previously mentioned, to all those participating in the project, to those entities directly related to the project (*LaLABoral*, *HANGAR* and the Town Council of Gijón), to all those who have helped us during the *Summerlab´09* workshop and to *urbanacción*, because the prize has helped all this to be possible.

More info: zoohaus.net/wp/

++++++++++++
- Summerlab'09 Xixón -
Participación ciudadana para la reactivación de solares en desuso
Citizen participation to reactivate unused plots
++++++++++++++

HAZ TU PROPIA +ÚLTIMA VOLUNTAD+

Edificios con voluntades

Zoohaus reivindica la activación de los espacios públicos abandonados con una ruta en bicicleta por Gijón, por Ricardo Gayol.

El colectivo madrileño *Zoohaus* organizó ayer una ruta festivo-popular en bici por los lugares en desuso más interesantes de Gijón, reclamando su *última voluntad*, «una última vida activada por la ciudadanía mientras llega el fin de la crisis o el Plan E», aclara Luis Galán, arquitecto y miembro de Zoohaus.

Una treintena personas, la mayoría participantes del Summerlab pero también ciclistas habituales, jubilados y jóvenes, pedalearon desde la Plaza del Marqués en una ruta que recorrió algunas de las zonas más emblemáticas de la ciudad que, sorprendentemente, esconden edificios y solares abandonados, verdaderos diamantes en bruto para una ciudad. La asistencia era abierta para todo aquel que se animara a subirse a la bici para descubrir la parte más oculta de la Gijón con un recorrido por edificios, solares e infraestructuras en desuso, con colocación de placas de 'últimas voluntades' en las fachadas, actuaciones, performances, posado para fotos y sobre todo, mucho humor.

«† *Su Última Voluntad* † surge como una llamada de atención a la administración sobre la situación de muchos espacios públicos en desuso. El sistema económico ha hecho que un gran número de obras públicas se paralicen indefinidamente por carencia de presupuesto, y de esta forma se ofrece una alternativa de bajo coste que consiga que ciertos espacios de la ciudad sean temporalmente devueltos a sus usuarios, hasta que sus obras de demolición, rehabilitación o construcción sean reanudadas», explica Íñigo, integrante del colectivo. Zoohaus es un *metaestudio multidisciplinar*, una «plataforma de creación para el desarrollo de nuevas prácticas artísticas, sociales y técnicas». Se encuentran en Gijón participando en el Summerlab 2009, en Laboral Centro de Arte. *Su Última Voluntad* es un proyecto muy joven, que propone la «generación de un mecanismo que permita a los ciudadanos decidir sobre usos temporales en espacios vacíos de la ciudad (solares, construcciones paradas, dotaciones públicas sin uso) y llevar a cabo esas intervenciones».

Buildings with a will

Zoohaus calls for the activation of abandoned public spaces with a cycle route through Gijón, by Ricardo Gayol.

The Madrid group *Zoohaus* yesterday organised a festive-popular cycle ride around the most interesting unused spots of Gijón, claiming their *last will*, «a last life activated by citizens until the end of the crisis or the arrival of Plan E [a Spanish government plan for stimulating the economy and employment]» clarified Luis Galán, architect and member of *Zoohaus*.

Around thirty people, the majority participants of *Summerlab* but also regular cyclists, senior citizens and young people, pedalled from the Plaza del Marqués along a route that takes in some of the most emblematic parts of the city that, surprisingly, hide abandoned buildings and plots, real diamonds in the rough for a city. Attendance was open to all those who felt like getting on their bicycles to discover these more hidden sides of Gijón. The route covered buildings, plots and infrastructure in disuse, with the placing of plaques of 'last will' on the façades of these, as well as acts, performances, posing for photos and, above all, a great deal of humour.

Íñigo, a member of the group explained: «*The Last Will* has arisen as an admonishment to the administration regarding the situation of many public spaces in disuse». «The economic system has led to a large number of public works being stopped indefinitely owing to lack of funds, and in this way a low-cost alternative is offered that manages to return certain spaces of the city temporarily to their users, until their demolition, renovation or construction work is recommenced». Zoohaus is a *multidisciplinary meta-studio*, a «creative platform for the development of new artistic, social and technical practices». They are in Gijón to participate the *Summerlab* 2009. *The Last Will* is a very young project that proposes the «generation of a mechanism that allows citizens to decide on temporary uses for empty spaces in the city (plots, halted construction work, unused public amenities) and to carry out these interventions».

TESTAMENTO. Los participantes de la ruta, en un chalet abandonado de plaza de Europa. / E. C.

Zoohaus reivindica la activación de los espacios públicos abandonados con **una ruta en bicicleta por Gijón**

Edificios con voluntades

RICARDO GAYOL GIJÓN

El colectivo madrileño Zoohaus organizó ayer una ruta festivo-popular en bici por los lugares en desuso más interesantes de Gijón, reclamando su 'última voluntad', «una última vida activada por la ciudad*ania mientras* llega el fin de la crisis o el Plan E», aclara Luis Galán, arquitecto y miembro de Zoohaus.

Una treintena personas, la mayoría participantes del Summerlab, pero también ciclistas habituales, jubilados y jóvenes, pedalearon desde la plaza del Marqués, en una ruta que recorrió algunas de las zonas más emblemáticas de la ciudad, que, sorprendentemente, esconden edificios y solares abandonados, verdaderos diamantes en bruto para una ciudad. La asistencia era abierta para todo aquel que se animara a subirse a la bici para descubrir la parte más oculta de la Gijón, con un recorrido por edificios, solares e infraestructuras en desuso, con colocación de placas de 'últimas voluntades' en las fachadas, actuaciones, performances, posado para fotos y, sobre todo, mucho humor.

«Ultima voluntad surge como una llamada de atención a la administración sobre la situación de muchos espacios públicos en desuso», explica. «El sistema económico ha hecho que un gran número de obras públicas se paralicen indefinidamente por carencia de presupuesto, y de esta forma se ofrece una alternativa de bajo coste que consiga que ciertos espacios de la ciudad sean temporalmente devueltos a sus usuarios, hasta que sus obras de demolición, rehabilitación o construcción sean reanudadas», explica Íñigo, integrante del colectivo.

Zoohaus es un 'metaestudio multidisciplinar', una «plataforma de creación para el desarrollo de nuevas prácticas artísticas, sociales y técnicas». Se encuentran en Gijón participando en el Summerlab 2009, en Laboral Centro de Arte. 'Su última voluntad' es un proyecto muy joven, que propone la «generación de un mecanismo que permita a los ciudadanos decidir sobre usos temporales en espacios vacíos de la ciudad –solares, construcciones paradas, dotaciones públicas sin uso– y llevar a cabo esas intervenciones».

M_ MENCIONES

Para la presente publicación se han escogido, además de los proyectos que recibieron el primer premio en cada una de las tres categorías, las correspondientes menciones, así como aquellos proyectos que, por tener el voto de al menos cuatro miembros del jurado, entraron en la ronda final.

Los proyectos completos (de los que aquí se refleja sólo una de las láminas entregadas) en formato pdf y a escala original se pueden consultar en la web de urbanacción:
www.urbanaccion.org

M_ HONORIFIC MENTIONS

Besides the winners of the first prize in each of the three categories, the respective honorary mentions have been also chosen for inclusion in this publication, as well as the projects that received the vote of at least four members of the jury and were therefore admitted to the final round.

The projects, of which here only one of the submitted drawing sheets are shown, are available for consultation in pdf format in the urbanaccion web-site:
www.urbanaccion.org

A jugar, a la calle

Pablo Martínez + Mar Santamaría

Con este proyecto queremos reivindicar la calle y sólo la calle. Utilizamos el solar sólo como herramienta para reconquistar la calle como lugar de lo público. No estamos de acuerdo con las intervenciones que revalorizan terrenos que no pertenecen al dominio público, sobre ellos el único responsable es el propietario que deberá de responder ante su abandono.

Consideramos que el único valor que tienen los solares abandonados es su falta de codificación y de diseño.

Utilizamos los solares para albergar temporalmente usos inadecuados del espacio público, que la ciudadanía ha asumido como habituales: el aparcamiento.

Por cada solar de que dispongamos, tendremos la superficie equivalente de calle libre.

Consideramos que esta propuesta no constituye un proyecto urbano sino tan solo una estrategia de intervención.

La solución real al problema pasa por la expropiación de la propiedad privada como mecanismo frente a la vulneración sistemática del derecho a la vivienda por parte del estado neoliberal.

Bio

Barcelona, arquitectura, luminotecnia, diseño industrial, urbanismo, paisaje, profesores, upc, park attacks!, endolls, historiaenobres, la place patrimoine europeen.

Go Play Outside

Pablo Martínez + Mar Santamaría

Our aim with this project is to reclaim the street and nothing but the street. We use this vacant plots as a tool to recover the space as the place for what is public. We disagree with interventions that revitalise properties which are not in the public domain; the only agent responsible for them is the land owner, who must be held accountable for its neglect.

We believe that the only value of vacant plots resides in their lack of codification and design.

We use vacant plots to temporarily accommodate inadequate uses of public space, which citizens have accepted as commonplace: parking.

Every vacant plot we take over represents an equivalent area of freed-up street space.

We do not regard this proposal as an urban project but rather simply as a strategy of intervention.

The real solution to the problem is to expropriate private property as a mechanism against the neo-liberal state's systematic violation of the right to housing.

Bio

Barcelona, architecture, lighting, industrial design, urban design, landscape, teachers, upc, park attacks!, endolls, historiaenobres, la place patrimoine europeen.

a jugar a la calle
espacio de aparcamiento para el número de coches desplazados
huertos urbanos 738 m2
solar 1.137 m2
jardín 80 m2
placita 40 m2
jardín 80 m2
jardín 80 m2
a jugar, a la calle!
Reconquista de la calle a través de la gestión estratégica de solares
Sistema de gestión urbana para la generación dinámica de reconquista de los espacios públicos desplazando provisionalmente usos privados que los interfiere a los solares hasta su desaparición definitiva.

Cantarranas, plaza independiente

Lorenzo Rocha / OUT

El proyecto surge de la experiencia realizada en una pequeña plaza en estado de abandono en la calle Iturburu, que en vasco significa fuente, manantial u origen, y donde efectivamente solía haber un manantial que ahora está soterrado, en el barrio de Bilbao La Vieja. Allí, la *Oficina de Transformación Urbana* (OUT) lleva año y medio trabajando sobre la idea de la autogestión del espacio público a través de distintas acciones que pretenden desarrollar un proceso de afirmación de la identidad del lugar (factor crucial a utilizar como defensa de una eventual apropiación y cierre de este, o de cualquier otro, espacio público) a fin de asegurar su futuro en un barrio donde los espacios abiertos escasean.

La primera acción consistió en pintar el muro que divide la plaza de la calle provocando el interés de los moradores de la plaza.

La segunda, en colaboración con los jóvenes que frecuentan la plaza y los artistas de la colindante *Fundación Bilbao Arte*, fue decorar el muro del fondo con un diseño en barras de distintos grosores que responden a la cantidad de pintura que donó cada participante. Estos primeros pasos pretendían reforzar la red social de la plaza y fomentar la autogestión de su mantenimiento y limpieza. El tercer paso fue una indagación sobre el nombre común de este espacio al que la mayoría de las personas que lo frecuentan llaman *Cantarranas*.

La última acción consistió en pintar el nombre sobre el muro e instituir el 18 de septiembre como día de la fiesta de independencia de la plaza.

Bio

Cantarranas es un proyecto de *OUT-Bilbao*, cuya sede fue abierta por Lorenzo Rocha en la *Fundación Bilbao Arte* en 2008.
http://cantarranas-out.blogspot.com

OUT *(Office for Urban Uransformation)* es una iniciativa que busca la creación de una metodología para un urbanismo horizontal y unificado.
www.officeforurbantransformation.org

Lorenzo Rocha, arquitecto mexicano residente en Bilbao, es co-autor del proyecto OUT desde 2004. Su interés se centra en el uso experimental del espacio. Actualmente incorpora a su trabajo prácticas interdisciplinarias que le permiten explorar el impacto del diseño y la intervención en los espacios que produce.

Cantarranas, independent Square

Lorenzo Rocha / OUT

The project grew out of our experience in a small derelict square on Calle Iturburu, which in the Basque language means fountain, spring or source, and where there in fact used to be a spring before it was channelled underground, in the Bilbao La Vieja district. For the last year and a half, the *Office for Urban Transformation* (OUT) has been exploring the idea of self-management of public space through a variety of actions which aim to gradually reassert the identity of the place (a crucial factor when defending the possible expropriation or closure of this or any other public space), with a view to guaranteeing its future in a neighbourhood where open spaces are in short supply.

For the first action we painted the wall between the square and the street, sparking the interest of the square's inhabitants.

For the second action, we, in collaboration with the young people who frequent the square and the artists from the adjacent *Fundación Bilbao Arte*, decorated the rear wall with a pattern of bars. The thickness of the bars varied according to the quantity of paint donated by each participant. The aim of these first two steps was to reinforce the square's social cohesion and encourage the local community to take responsibility for its maintenance and cleaning. The third step was to investigate the popular name of the square, which the majority of the people who frequent it call *Cantarranas*. For the final action, we painted the name on the wall and designated 18th September as the square's «independence day».

Bio

Cantarranas is a project by *OUT-Bilbao*, which was established at the *Fundación Bilbao Arte* by Lorenzo Rocha in 2008.
cantarranas-out.blogspot.com

OUT *(Office for Urban Transformation)* was launched to create a methodology for a unified and horizontal urban planning.
www.officeforurbantransformation.org

Lorenzo Rocha, a Mexican architect now residing in Bilbao, has been a co-author of the OUT project since 2004. His main interest is the experimental use of space. He currently incorporates interdisciplinary practices into his work which allow him to explore the impact of design and intervention in the spaces he creates.

cantarranas

Hecho en tiza
Madlan Estudio

Hecho en tiza propone tratar los límites de un solar y convertirlos en soporte para la expresión en el espacio público. Una superficie sobre la que el ciudadano dibuja y escribe. El espacio se transforma en una gran pizarra de tiza. Un lugar dirigido a fomentar el arte urbano dándole una forma no vándalica, coordinando un impulso espontáneo y real para resaltar y desarrollar todo su potencial que, por otro lado, pretende integrar colectivos que ahora son ajenos a este movimiento artístico. Soporte de expresión de cualquiera que pase por él y lo quiera vivir.

Las pizarras se entienden como un medio de comunicación inmediata y efímera, pueden ser borradas después de su uso y sus mensajes son corregidos y revisados continuamente. Al introducir este elemento en un espacio público y al aire libre, nuevos elementos como la lluvia o el pasar de la gente harán de la caducidad una condición ineludible.

Este espacio puede ser soporte de muy distintas actividades: aula al aire libre para los colegios del barrio, lugar de reunión colectivos vecinales, zona de juegos para niños, área de deporte de los jóvenes del barrio. Además de un lugar de exposiciones tanto de peatones anónimos como de artistas reconocidos.

Para inaugurar el espacio se invitará a un artista urbano que colonice el espacio con una obra efímera. El paso del tiempo, la gente, los borrones, los nuevos dibujos, la lluvia y el viento irán transformando el espacio y su carácter y expresión.

Bio
Madland Estudio está formado por tres jóvenes arquitectos, Javier García-Rivera, Myriam López-Rodero y Cristina Navas, licenciados en la Escuela Técnica Superior de Arquitectura de Madrid, ciudad donde se asientan tras trabajar en Holanda, Francia y España. Desde que se fundó en el 2006 ha desarrollado proyectos de arquitectura, diseño de mobiliario y diseño editorial.
www.madlandestudio.com

Made With Chalk
Madlan Estudio

Made with chalk is a proposal to alter the boundaries of an empty plot and turn them into a medium for expression in the public space: a surface on which citizens can draw and write. The space is thus transformed into a huge chalkboard, a place that aims to encourage urban art by giving it an outlet that is non-vandalising, co-ordinating a real, spontaneous urge in order to highlight and explore its full potential. At the same time, it strives to integrate segments of society that know little about this artistic movement, by becoming a drawing board on which everyone who passes by and wants to participate can express him/herself.

Chalkboards are an immediate and ephemeral means of communication as they can be erased after use and their messages are constantly corrected and updated. By introducing this element in a public outdoor space, new elements such as rain or pedestrian traffic will make expiry an inevitable condition.

This space also lends itself to use for a variety of activities: it can be an outdoor classroom for the neighbourhood schools, a place of meeting for local associations, a playground for children or an athletic field for the district's young people, in addition to a gallery where both anonymous passers-by and well-known artists can exhibit their work.

An urban artist will be invited to celebrate the space's official opening by filling it with an ephemeral work. Time, people, erasures, new drawings, rain and wind will gradually transform the space along with its nature and expression.

Bio
Madland Estudio is a firm formed by three young architects: Javier García-Rivera, Myriam López-Rodero and Cristina Navas. All three are graduates of the University School of Architecture of Madrid, the city they decided to make their home base after working in the Netherlands, France and Spain. Since the studio was founded in 2006, it has pursued architectural projects, furniture design and editorial design.
www.madlandestudio.com

HECHO EN TIZA

Descripción del entorno
Hemos elegido un solar situado en la calle Fuencarral. Cruza de Sur a Norte los distritos de Centro, entre los barrios de Chueca y Malasaña (conocidos administrativamente como Justicia y Universidad), y el de Chamberí, entre los barrios de Trafalgar y Arapiles. Es una de las calles más comerciales de la ciudad.
A finales de los años noventa se realizó el proyecto de remodelación de la calle, propiciándose la completa renovación comercial, cultural y social en su tramo más próximo a la Gran Vía.
Destaca el estilo alternativo de las tiendas y su enfoque hacia un público más joven. En la calle tienen sedes las grandes cadenas comerciales pero la mayor parte de las tiendas son de carácter minorista, y están enfocadas a un estilo concreto de vestimenta. La transformación de esta calle en un centro comercial y cultural ha sido reciente, ya que en la década de 1990 la zona estaba dedicada principalmente a comercios tradicionales y cafeterías, con un mayor espacio para el tráfico rodado.

Construcción:
El suelo del solar se cubre con una plataforma formada por tableros con armazón de aluminio que asientan sobre una estructura de tubos de hierro.
Las medianeras o/y otros paramentos verticales del solar se pintan con una pintura mate negra, la misma que se utiliza para fabricar los encerados o pizarras. Esta pintura se aplica directamente sobre la superficie de las medianeras del solar. Se pretende no alterar las diferentes texturas que existen ya en los muros gracias a la mezcla o deterioro de los materiales.
Todo el espacio se tiñe de color negro creando una superficie continua sobre la que todos pueden pintar.

Estimación del presupuesto
-Pintura: Pintura de poliuretano de 2 componentes f.e 6137 negro 150l (pedido mínimo fabricación especial), 2.000€. Se aplica en paramnetos verticales (sobre fondo fijador al disolvente), horizontales(mezclado con arena de sílice) y mobiliario.

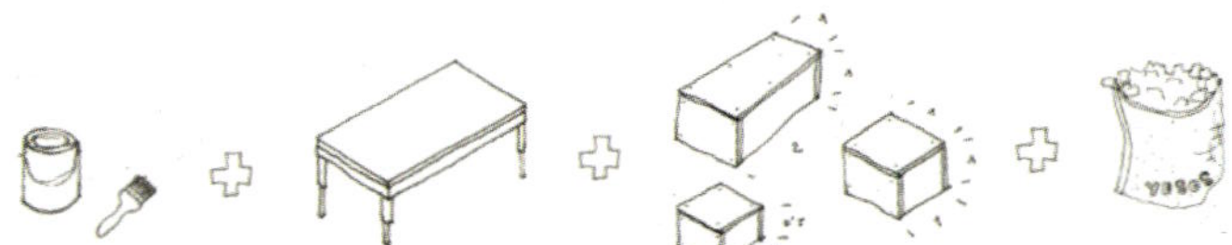

Pintura de poliuretano + Pavimento: tablero con pintura de pizarra sobre estructura de tubo cuadrado + Mobiliario + Tizas: cantos recuperados recuperados de escombros de yeso

Descripción de la actividad a desarrollar
Los espacios elegidos son solares producto del derrumbamiento de un edificio e inscritos en una trama urbana. Estos valiosos espacios por su situación dentro de la ciudad están a la espera de volver a tener un uso concreto. Son vacíos que crean oportunidades únicas para un uso especial dentro de la densa trama urbana.En concreto hemos aplicado nuestra propuesta a un solar situado en la calle Fuencarral, en una de las calles más comerciales de la ciudad. Es un solar de proporciones rectangulares limitado en tres de sus lados con antiguas medianeras llenas de irregularidades y diferentes texturas propias de una arquitectura vieja y popular. Su forma de fondo de saco, la altura de los edificios vecinos que lo convierten en un sitio sombrío y la acumulación de basura hacen de este solar un residuo urbano sin ningún aprovechamiento. La propuesta consiste en tratar los límites del espacio y convertirlos en una superficie sobre la que se dibuja y escribe. El espacio se transforma en una gran pizarra de tiza, un soporte para expresión dentro del espacio público. Es un lugar dirigido a fomentar el arte urbano dándole una forma no "vándalica", coordinando un impulso espontáneo y real para resaltar y desarrollar todo su potencial. Por otro lado integrando colectivos que ahora son ajenos a este movimiento artístico. Este espacio quiere ser soporte de expresión de cualquiera que pase por él y que lo viva.

-Suelo: Estructura de pórticos en tubo cuadrado galvanizado en caliente, equipados con roscas metálicas adecuadas para salvar desniveles del terreno. Marcos de refuerzo para asegurar le estabilidad longitudinal y bloquear la estructura. El montaje no necesita herramientas, se realiza por encaje de los elementos con un sistema de autobloqueo. 8x10m, 4041€, para instalaciones inferiores a una semana de duración, estas estructuras se alquilarán. Sobre esta estructura irán tableros de madera tratada resistencia 500 kg por metro cuadrado, sobre armazón de aluminio perfilado. Por último se tratará los tableros con una pintura con arena de sílice.
-Mobiliario: Módulos de madera revestido con pintura de poliuretano de 2 componentes f.e 6137 negro. 200x100x40 cm, 90€. Módulos 100x100x40 cm, 70€. Módulos 50x50x50 cm, 50€.
-Tizas: cantos recuperados de escombro de yeso.

Mobiliario
La intervención se adaptará a cada solar.
La adecuación se hará con dos mecanismos.
El primero plantea la posibilidad de crear una topografía gracias a las estructuras metálicas en el suelo, esto hará el solar más accesible e interesante.
El segundo mecanismo consiste en introducir módulos de diversos tamaños, dónde se puede pintar.
Estos formarán estructuras, sillas o escaleras... Podrán moverse para que los usuarios hagan el espacio suyo o puedan alcanzar la parte superior de los paramentos. Generan otra superficie de creación.
Distintas aplicaciones del concepto en las imágenes de la izquierda.

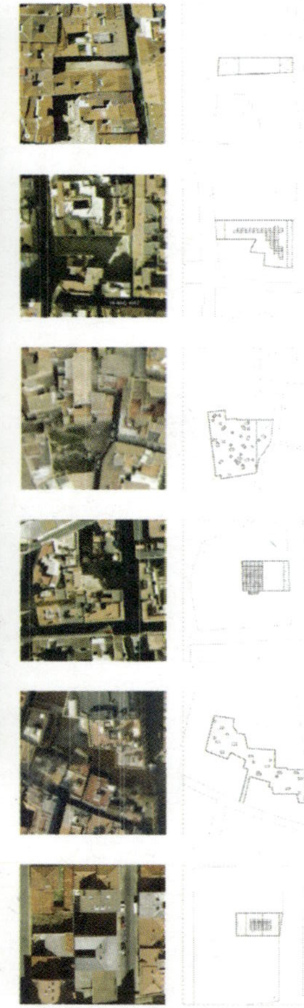

Posibles adaptaciones a distintos solares

Lugares resto
83architectos

La ciudad contemporánea se presenta como una masa de edificaciones compacta salpicada de «lugares resto», vacíos olvidados o lugares denostados y acomplejados por la frenética actividad que se desarrolla a su alrededor. En los barrios periféricos esta situación se agrava con la actividad especuladora y la falta de coordinación entre el planeamiento urbano y la iniciativa privada. Consideramos que dichos «lugares resto» constituyen una valiosa oportunidad para la ciudad y sus habitantes.

Nuestra propuesta supone una intervención sencilla y económica: una excavación y acopio de las tierras extraídas formando un gran montículo que sirva para contemplar el entorno desde un punto de vista inédito y que modifica notablemente el paisaje urbano. La naturaleza y el uso cotidiano por parte del hombre harán el resto.

Los cambios estacionales modularán el paisaje: la actividad humana generará sendas y recorridos o lugares con distinto grado de accesibilidad. Todos los usos tendrán cabida: desde deportivos hasta culturales, pero los juegos infantiles, la contemplación y el disfrute del paseo serán los predominantes.

Con el paso de los años la vegetación crecerá de forma espontánea y junto con la pequeña fauna que pudiera aparecer encontrará por sí misma la mejor ubicación posible para su desarrollo, la erosión irá produciendo cambios morfológicos en el terreno que devolverán al lugar a su estado original en un proceso de ida y vuelta que marca el fin de la vida útil de la intervención o el inicio de una nueva.

Bio
La convergencia de ideales o la simple casualidad llevó en 2007 a José Todolí García y Daniel Aragoneses López a formar el estudio *83arquitectos*. Su trabajo se ha centrado en el desarrollo de proyectos de intervención que tratan de integrar las ideas más innovadoras con el respeto por la arquitectura existente, sin prejuicios estilísticos. En el futuro pretenden explorar nuevas vías de diseño arquitectónico basadas en la economía de medios, formales, estéticos o económicos, buscando nuevas soluciones adaptadas a una sociedad cada día más sostenible.

Leftover Places
83arquitectos

The city of today is a dense mass of buildings sprinkled with «leftover places», forgotten gaps or spaces that have been rejected and belittled by the frenzied activity going on around them. In outlying neighbourhoods, this situation is made even worse by property speculation and the lack of co-ordination between urban planning officials and private entrepreneurs. We believe that these «leftover places» constitute a valuable window of opportunity for the city and its inhabitants.

Our proposal calls for a simple, inexpensive intervention. The idea is to excavate on these sites and make a huge mound with the removed earth to create a place where the surrounding area can be viewed from a new perspective, thus substantially modifying the urban landscape. Nature and everyday use by people will do the rest.

The changing seasons will modify the landscape: human activity will create tracks and itineraries or places that are more or less easy to access. Any use is possible, from sports to cultural activities, but the emphasis will be placed on children's games, contemplation and leisurely strolls.

As the years pass, plants will emerge spontaneously and, like the smaller specimens of animal life that may appear, will determine the areas where they can best grow and flourish. Erosion will gradually produce physical changes in the terrain and, as the process comes around full circle, return the site to its original state. This will mark the end of the intervention's useful life, or the beginning of a new one.

Bio
A shared vision, or perhaps the hand of fate, led José Todolí García and Daniel Aragoneses López to found the studio *83arquitectos* in 2007. They have concentrated their efforts on developing intervention projects that attempt to integrate the most innovative ideas with respect for existing architecture, without stylistic biases. In the future they plan to explore new forms of architectural design based on a minimal use of formal, aesthetic and economic resources, seeking new solutions for an increasingly sustainable society.

lugares resto

transformación estacional

invierno

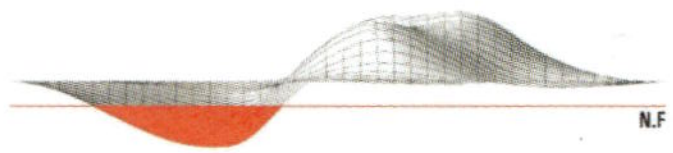

La charca de tierra se construye excavando en el terreno y recolocando la tierra extraida en el contorno en forma de media luna, creando asi un vaso de recogida de las aguas de lluvia.

En invierno el suelo se compone de un pavimento natural, continuo, blando, de paseo, agradable y formado por restos vegetales del lugar. Al caminar se levanta el olor a humedad.

primavera

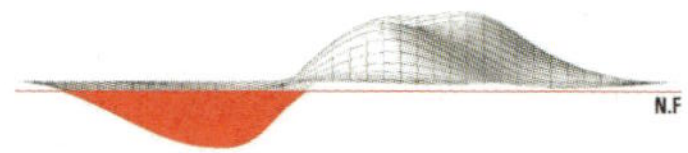

El paso del tiempo hace la charca impermeable. Acumulan limos y partículas finas del suelo, arrastradas superficialmente por el agua y depositadas en los huecos de la estructura del suelo, formando una capa impermeable que recubre con el tiempo las paredes y el suelo de la balsa.

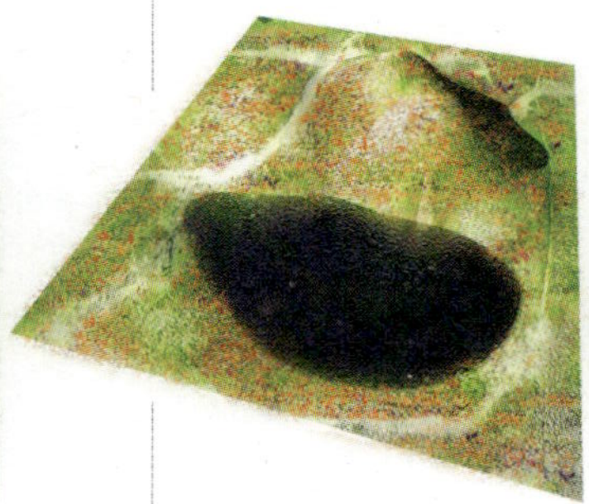

En primavera se produce de manera intensiva la vida en los espacios ignorados por el hombre en los que interviene libremente la naturaleza, germina espontánemanete la vegetación, aparecen los rebrotes que se expanden sin ninguna limitación, se acumula el agua,se suceden los estados y se superponen los ciclos.

verano

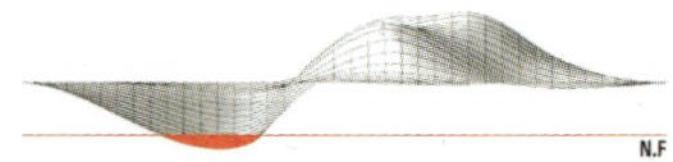

La compactación excesiva del suelo debida al "pisoteo" provoca que desaparezca en el suelo los espacios ocupados por aire y las raices vegetales mueran por asfixia. Luego las cespitosas acaban desapareciendo en las zonas excesivamente pisoteadas formando caminos decididos por los recorridos naturales del uso de los vecinos.

En verano, con suelos desprovistos de cobertura vegetal y las escasas lluvias pero intensas son uno de los motivos de la aparición de pequeños *talwegs,* un tipo de erosión en forma de profundos fosos provocados por el impacto continuo de las gotas de agua sobre el suelo. Estas formaciones incrementan su tamaño y profundidad con el paso continuado del agua.

otoño

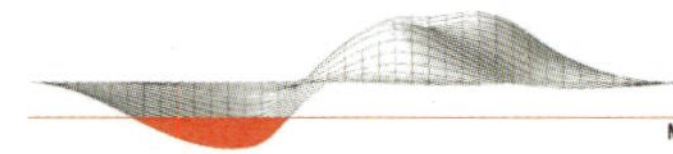

Los charcos actúan como un medidor de la cantidad de agua de lluvia. Se formarán en zonas planas con una topografía cóncava, determinada por la compactación del suelo o por el paso de vecinos formando caminos y explanadas de tierra. Estos charcos acumularán agua de forma no permanente, creando diversos escenarios y recorridos.

En otoño los desmontes toman el protagonismo del lugar. Grandes lenguas de tierra desnudas de vegetación a la espera del una nueva estación y un nuevo paisaje. Sin complejos ni mimetismos, sino de forma autónoma e independiente.

Mira hacia arriba

G+Vao

Ante el concepto de arquitectura efímera cuestionamos la existencia de alguna que no lo sea. Arquitectura /Tiempo, coordenadas inseparables, no alteran el valor del proyecto. Admitido en arte, se asume peor en arquitectura.

Nuestro proyecto consiste en colocar unidades bobina-dinamo-cuerda-globo-luminaria-vegetación en plazas y espacios abiertos.

Transformación, no ocupación: en vez de acumular objetos ocupando un espacio como en las exposiciones urbanas tradicionales, intentamos trasformarlo alterando su uso, percepción, circulación, etc. Incluyendo vegetación, no cambios en asentamiento, no huella posterior; hacemos de los espacios libres de vegetación en zonas de interés histórico artístico las ideales para su ubicación.

Interacción-Ocio: las unidades pueden/deben ser manipuladas. Serían protagonistas niños y jóvenes, cansados del “no tocar”.

Mutabilidad: mediante manipulación y viento varían constantemente la posición de los globos, intensidad y cantidad de iluminación. Desde ventanas y suelo percibimos diferencias continuas.

Sostenibilidad-Economía: cada unidad esta construida como los ready-made duchampianos por elementos prefabricados posteriormente reutilizables. La energía la producen los manipuladores. Se conservarían algunas unidades que servirían como testimonio del proyecto y para financiarlo vendiéndolas como edición limitada.

Multidimensionalidad: frente a la unidimensionalidad vertical (rascacielos) y horizontal (suburbanizaciones en mancha de aceite) iconos del siglo XX, proponemos múltiples dimensiones, volumen lleno-vacío, movimiento, luz, tiempo, acción-reacción, variabilidad.

Bio

Pablo Viña y José Antonio Guerra, colaboran desde 2005 en el estudio del proyecto arquitectónico en diferentes ámbitos, creando recientemente *G+Vao* como plataforma para el desarrollo de estos objetivos y abierta a colaboraciones e incorporaciones.
www.g-vao.com

Look Up

G+Vao

Faced with the concept of ephemeral architecture, we question the existence of any architecture that is not, indeed, ephemeral. Architecture and Time, two inseparable co-ordinates, do not alter the value of the project. Though accepted in art, the ephemeral is frowned upon in architecture.

Our project consists in placing reel-dynamo-string-balloon-light-vegetation units in squares and open spaces.

Transformation, not occupation: instead of accumulating objects that occupy a space as in traditional urban exhibitions, we want to transform the space by changing its use, perception, traffic, etc. By merely adding vegetation, making no permanent changes and leaving no lasting traces, we turn plant-less spaces in areas of historical and artistic interest into the perfect spots for accommodating plants.

Interaction-Recreation: the units can and should be touched. The stars of the show will be children and young people who are tired of hearing ‘do not touch’.

Mutability: the position of the balloons and the intensity and quantity of light will change constantly due to the wind and human manipulation. From windows and on the ground, we will always see new differences.

Sustainability-Economy: like Duchampian ready-mades, each unit is constructed of prefabricated elements that can be reused. The energy is produced by those who manipulate them. Some units will be kept to document the project, and funding for the initiative can be obtained by selling them as limited editions.

Multi-dimensionality: in contrast to the vertical and horizontal one-dimensionality of our 21st-century icons (skyscrapers and suburbs spreading like oil spills), we propose multiple dimensions, empty-full volume, motion, light, time, action-reaction, variability.

Bio

Pablo Viña and José Antonio Guerra have recently created *G+Vao* as a platform to pursue these goals which is open to collaborations and new partners.
www.g-vao.com

POLUCIÓN

Pequeñas intervenciones aisladas en la ciudad pretenden ser espacios regeneradores de la calidad ambiental.

PRESUPUESTO Y PROCESO CONSTRUCTIVO

Con la intención de abaratar costes y reducir el periodo de construcción buscamos la reutilización del mayor número de componentes, sin realizar en ellos modificación alguna para que puedan ser reutilizados al finalizar la vida del proyecto.

Prevemos unos gastos en torno a 800 € para cada base, formada por bobina, estructura, dinamo, manivela, así como su anclaje al suelo y montaje.

Los globos, anclajes de vegetación, cable... ascenderían a un coste aproximado de 1500 € por unidad.

La devolución de objetos como las bobinas o los globos, nos harán recuperar un porcentaje del dinero invertido.

MIRA HACIA ARRIBA

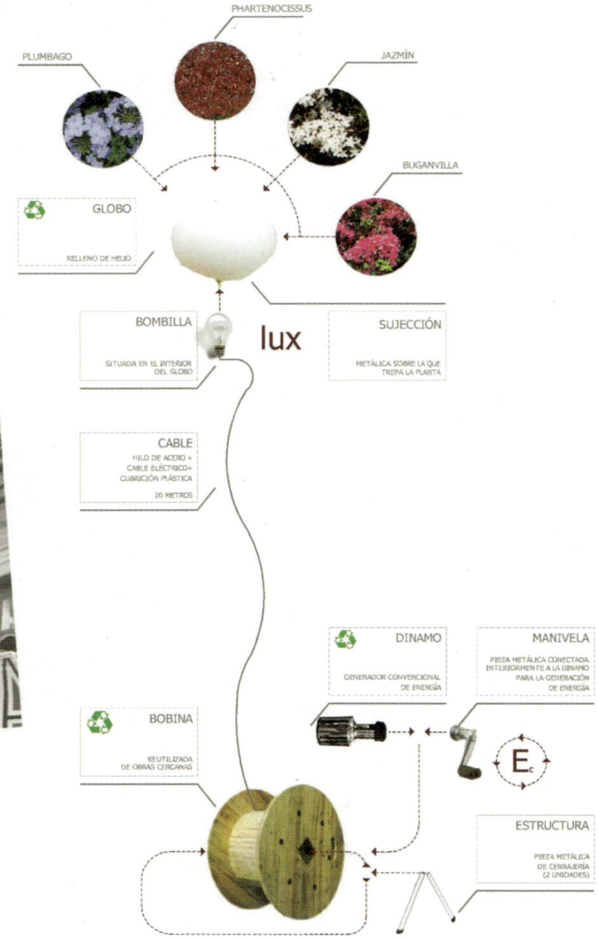

mOnOcrOmO
Casanova+Hernández

La demolición de edificios existentes en los cascos históricos de nuestras ciudades genera un conjunto de interesantes vacíos urbanos en zonas densamente edificadas que en muchas ocasiones carecen de zonas verdes ajardinadas.

La propuesta *mOnOcrOmO* consiste en una serie de intervenciones paisajísticas sobre estos solares temporalmente sin uso, en muchas ocasiones fuertemente vallados, para abrirlos al ciudadano e integrarlos en el espacio público de la ciudad.

Cada vacío urbano se identifica por un color dominante que se materializa mediante la coloración de los distintos planos que lo delimitan: los muros medianeros y el suelo del solar.

Este color se aplica al pigmento que protege la espuma de poliuretano que recubre los muros medianeros y se convierte en la tonalidad característica de la especie vegetal elegida para cubrir el suelo del solar.

La fuerte coloración del espacio interior del solar contrasta con la neutralidad de la fachada urbana de forma que el conjunto de intervenciones forma una red urbana multicolor, siempre cambiante a lo largo del tiempo, que crea un espacio público vivo, caracterizado por su intensa variedad cromática y alto valor plástico.

Bio
Casanova+Hernández es una oficina fundada en 2001 en Róterdam enfocada a la investigación y experimentación con proyectos híbridos en los campos de la arquitectura, el urbanismo y el paisajismo. La investigación llevada a cabo por la oficina ha sido internacionalmente difundida mediante conferencias, debates, exposiciones, ensayos y publicaciones, así como mediante la actividad docente en diversas universidades.

mOnOcrOme
Casanova+Hernández

The demolition of existing buildings in the historic quarters of our cities creates a series of interesting urban voids in densely occupied areas, which often lack green or landscaped areas.

The *mOnOchrOme* proposal consists of a series of landscaping interventions on these temporarily disused plots, which are often completely walled or fenced in, to make them available to citizens and integrate them in the city's public space.

Each urban void is identified by a dominant colour determined by the colouring of the different surfaces that delimit them: the ground surface of the plot and the dividing walls.

This colour is applied to the pigment that protects the polyurethane foam covering the dividing walls, and becomes the characteristic hue of the plant species chosen to cover the ground of that plot.

The intense colouring of the plots' interior space contrasts with the neutrality of the urban façade. In this way, the various interventions form a multicoloured urban network that changes constantly as time passes and creates a vibrant public space, characterised by its intense chromatic variety and strong visual appeal.

Bio
Casanova+Hernández, founded in 2001, is a studio based in Rotterdam that focuses on researching and experimenting with hybrid projects in the fields of architecture, urban planning and landscaping. The firm has shared their research with the world through lectures, debates, exhibitions, essays and publications, as well as through their teaching activity at various universities.

urbanacción

La demolición de edificios existentes en el casco histórico de Madrid genera interesantes vacíos urbanos delimitados por los planos verticales creados por los muros medianeros de las edificaciones vecinas y el plano horizontal del solar liberado.

Tras la demolición del edificio existente, los muros medianeros suelen ser revestidos de una capa de espuma de poliuretano proyectada que funciona temporalmente como fachada provisional dotando a la construcción de aislante térmico y capa impermeabilizante. Esta capa es teñida de vivos colores para proteger el poliuretano de los rayos ultravioleta.

El plano horizontal del solar suele quedar completamente vacío siendo, en algunos casos, lugar para el crecimiento espontáneo de algunas especies vegetales silvestres.

La combinación de la espacialidad del vacío urbano, la intensa coloración de las medianeras y la posible cubrición con un manto vegetal del solar dotan a estos espacios de un enorme potencial plástico.

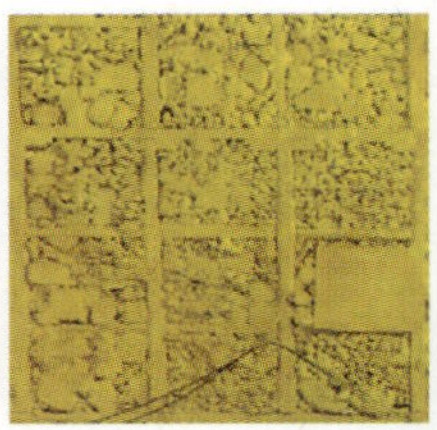

amarillo cadmio - helianthus annuus

mOnOcrOmO

Operaciones efímeras sobre la superficie de la tierra

Susana Velasco + Luis Berríos-Negrón

atravesar acomodar cavar amontonar compactar verter esparcir pastorear trazar demoler hincar señalar roturar replantear horadar desmontar

Los solares vacíos son interzonas, funcionan como agujeros negros en la trama de la ciudad escapando a las lógicas de distribución y a las relaciones habituales que se dan en la urbe. Esta propuesta parte de la idea de esta potencia de la ausencia, e intenta leer los signos que pueblan los solares vacíos. Aparecen como los últimos recortes de la superficie de la tierra en la urbe, fragmentos rezagados y fuera del tiempo. Pensamos entonces que este ser terreno de los solares vacíos, este ser de tierra, es precisamente su diferencia, e intentamos explorar la disponibilidad de la tierra a ser roturada y volteada buscando un grado cero de la arquitectura: *Operaciones sobre la superficie de la tierra*. Estos solares remiten a la ausencia de urbe, al después de la demolición. Se trata de operar en ellas transmutando la superficie de una forma sin herencia. Operaciones que inciden en esta superficie de modo diferente al del resto de la urbe y que permiten que otro tipo de relaciones comiencen a circular por el solar.
Se trata de permitir la realización de operaciones no sujetas a economías de consumo y sí a economías de intercambio. La construcción con tierra permite distintas técnicas de adobe, tapial, bloques de tierra compactada al servicio de un proyecto del común. Se trata de permitir la aparición de estas zonas como operaciones que liberan un área de la tierra, de tiempo o de imaginación, y que se autodisuelven para reconstruirse en cualquier otro lugar.

Bio

Susana Velasco es arquitecta y forma parte de *Ludotek*, un laboratorio de investigación ludogramática y sociofísica.
www.ludotek.net

Luis Berríos-Negrón es arquitecto, identifica y reproduce intersecciones culturales y tecnológicas.
www.luisberriosnegron.org

Ephemeral Operations on the Earth's Surface

Susana Velasco + Luis Berríos-Negrón

cross condition excavate pile compact tip scatter tend draw demolish thrust mark till rethink drill dismantle

Empty plots are inter-zones, they operate like black holes in the fabric of the city, defying the logic of distribution and the typical associations that exist in an urban area. This proposal is based on the notion of this potential of absence, and it tries to read the signs that populate empty plots. They appear as the latest cuts in the earth's surface in the city, straggling fragments that have fallen out of sync. Therefore, we believe that this terrain status of empty plots, this being of earth, is what constitutes their difference, and we attempt to explore the earth's willingness to be tilled and upturned in search of a zero grade of architecture: *Operations on the earth's surface*. These plots speak of the absence of the city, the aftermath of demolition. The idea is to intervene in them by transmuting the surface of a form that has no legacy: interventions that treat this surface differently from the rest of the city and make it possible for other kinds of relationships to start circulating in the plot. The goal is to facilitate the introduction of operations which are governed by bartering economies rather than consumer economies. Construction with earth allows for different kinds of adobe techniques, earthen walls, blocks of compacted soil, to be used in a project of the Commons. The idea is to permit the appearance of these zones as operations that free up an area of the earth, of time or of imagination, and that eventually self-destruct to be rebuilt on any other site.

Bio

Susana Velasco is an architect and a member of Ludotek, a laboratory for ludo-grammatical and socio-physical research.
www.ludotek.net

Luis Berríos-Negrón is an architect who identifies and replicates cultural and technological intersections.
www.luisberriosnegron.org

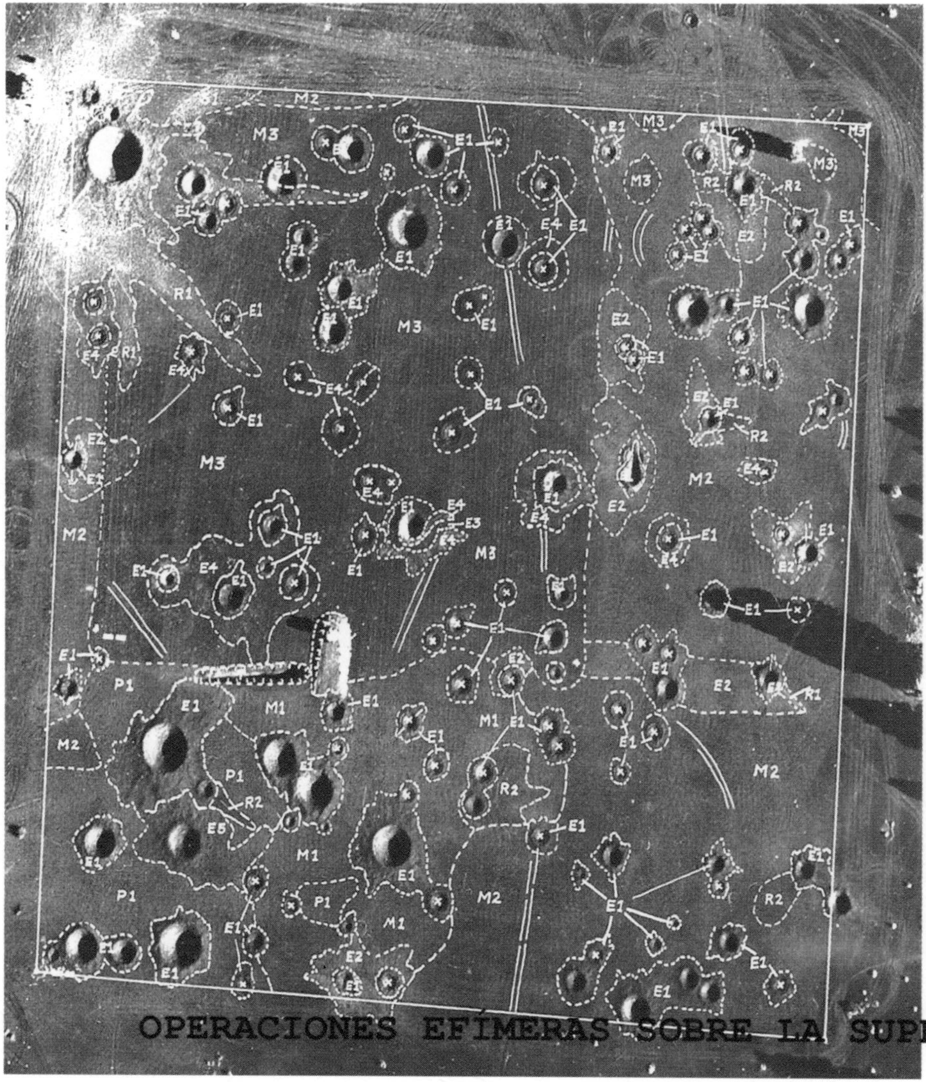

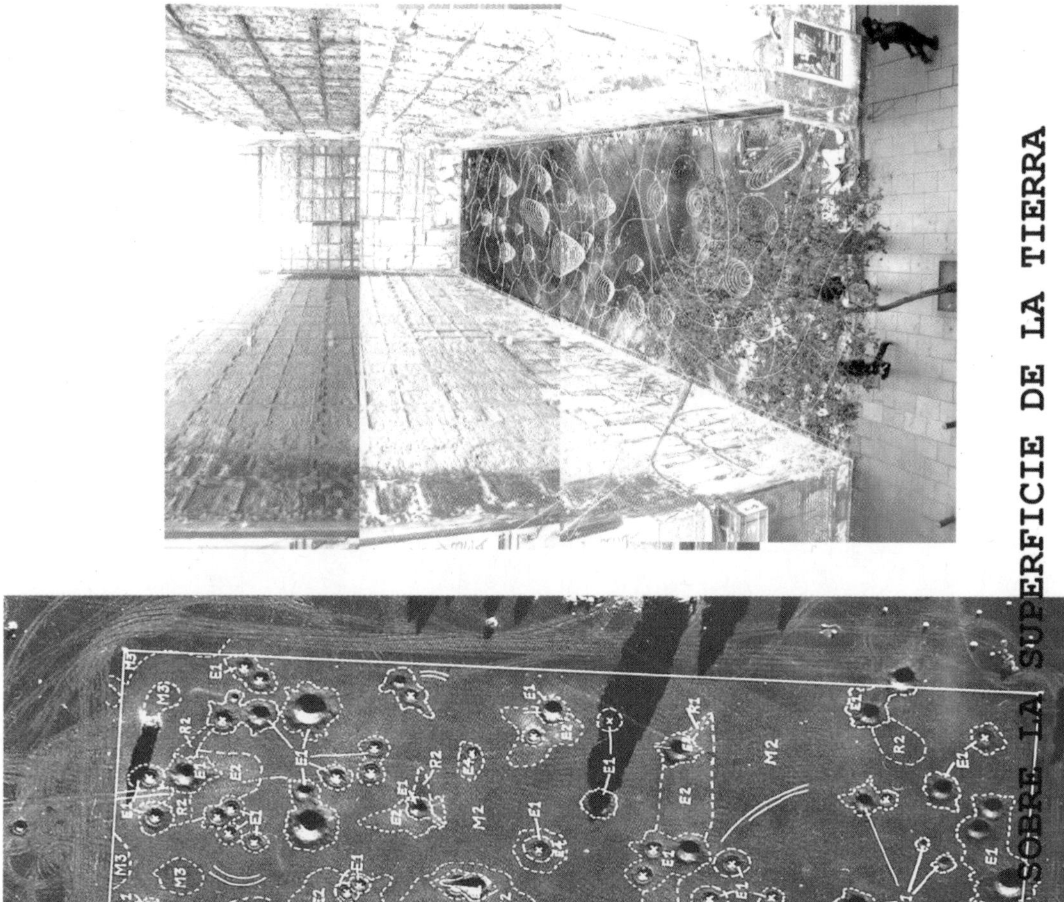
OPERACIONES EFIMERAS SOBRE LA SUPERFICIE DE LA TIERRA

Paletocio

Elena Lozano + Jordana Neira + Guzmán Rivera

La propuesta pretende reinventar los espacios vacíos de la ciudad por medio de materiales reciclados y fácilmente manejables, consiguiendo lugares de descompresión que den cabida a la auto-organización de elementos de los que la ciudad a veces carece: juegos para niños, zonas de descanso y ocio, huertos urbanos en los que se implique el vecindario, etc.

El proyecto se basa en un sistema flexible de palés que se adaptan a cada solar, apilándose en altura y ordenándose en la superficie disponible. Los solares vacíos se convierten, de esta manera, en un nuevo espacio público, más atractivo para los vecinos de la zona, en donde las áreas verdes y las de cultivo se intercalan entre las zonas de descanso y los recorridos dando vida y color a la intervención y generando una actividad inusual en el centro de Madrid.

Como complemento a la idea de utilizar los palés como un material de construcción barato y reciclado para la instalación, se une la del empleo de envases y otros materiales desechados como contenedores de vegetación.

El proceso de montaje sería sencillo y económico. La Administración sería la encargada de transportar los materiales y hacer una primera colocación de los palés, y los propios vecinos y usuarios los que terminasen la instalación a su gusto. Si en algún momento el solar fuera ocupado por una edificación, se podría desmontar la instalación fácilmente y trasladarla a otro solar.

Bio

Paletocio es un proyecto ideado por tres alumnos de último curso de la Escuela Técnica Superior de Arquitectura de Madrid, que han colaborado por primera vez para la redacción de este concurso.

Palletleisure

Elena Lozano + Jordana Neira + Guzmán Rivera

This proposal aims to reinvent the city's empty spaces by using recycled materials that are easy to handle to create decompression sites that facilitate the local organisation of elements which are sometimes lacking in the city: children's games, areas for rest and leisure activities, urban vegetable gardens maintained by the community, etc.

The project is based on a flexible system of pallets that can be adapted to each plot, stacked on top of each other and creating a layout on the available surface area. Thus, the empty plots will become a new public space that is more appealing to local residents, where green areas and kitchen gardens are scattered amid zones of relaxation and where the delineated paths give colour and life to the intervention, generating an unusual activity in the centre of Madrid.

In addition to the idea of using pallets as cheap construction materials that can be reused for the installation, we also propose using containers and other waste materials as plant pots.

The set-up process would be simple and inexpensive. The authorities would be responsible for delivering the materials and unloading the pallets, and the neighbours and users would then rearrange them as they pleased. If at some point the plot was needed for building, the installation could be easily dismantled and moved to another location.

Bio

Palletleisure is a project designed by three students in their final year of studies at the Escuela Técnica Superior de Arquitectura of Madrid.
The proposal for this competition represents their first collaborative effort.

organización

palé

tipos de palés

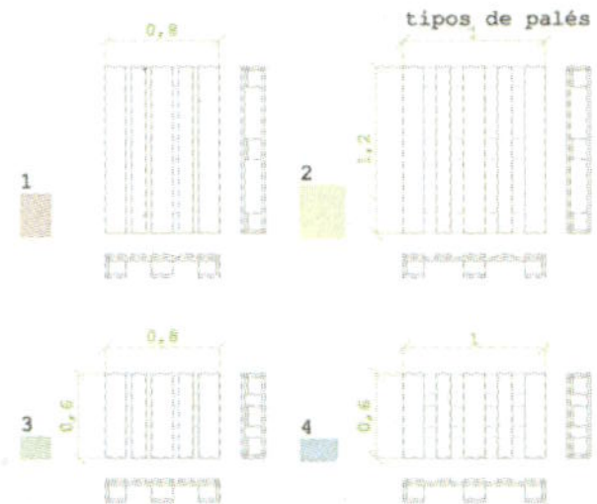

organización en planta

Se propone un sistema flexible a base de palés de madera. Este elemento como módulo se va repitiendo en altura y en superficie para poder adaptarse en cada uno de los solares y así convertirse en un nuevo y más atractivo espacio público para los vecinos de la zona.
Los palés se colocan en una primera etapa por personal especializado, pero el estado final será como un cuadro vegetal colectivo. La intervención está directamente relacionada con la implicación urbana.

huertos urbanos

Se plantea un sistema de huertos sobre los palés que se han colocado en los solares. El cuidado de las hortalizas y demás plantas se encarga a los vecinos, que se encargan de ello para su propio beneficio. Se pretende conseguir una implicación de la gente con estos espacios que antes eran residuales. Especialmente para personas desocupadas o mayores, etc.

sustrato compost natural

Lámina permeable clavada a la madera para impedir que se escape la tierra

maceteros reciclados

planteles_ estadio inicial de crecimiento de las plantas

además de los palés, se pueden usar:

PALETocio

especies que plantar

LECHUGA

● siembra ● cosecha
Duración del ciclo:60 dias
1 2 3 4 5 6 7 8 9 10 11 12
Espacio por planta: 20cm
8/palet

RÁBANO

● siembra ● cosecha
Duración del ciclo:60 dias
1 2 3 4 5 6 7 8 9 10 11 12
Espacio por planta: 8cm
84/palet

CEBOLLA

● siembra ● cosecha
Duración del ciclo:150 dias
1 2 3 4 5 6 7 8 9 10 11 12
Espacio por planta: 15cm
24/palet

ZANAHORIA

● siembra ● cosecha
Duración del ciclo:100 dias
1 2 3 4 5 6 7 8 9 10 11 12
Espacio por planta: 10cm
45/palet

JUDÍA

● siembra ● cosecha
Duración del ciclo:60 dias
1 2 3 4 5 6 7 8 9 10 11 12
Espacio por planta: 25cm
8matas/palet

BERENJENA

● siembra ● cosecha
Duración del ciclo:100 dias
1 2 3 4 5 6 7 8 9 10 11 12
Espacio por planta: 50cm
2matas/palet

PIMIENTO

● siembra ● cosecha
Duración del ciclo:100 dias
1 2 3 4 5 6 7 8 9 10 11 12
Espacio por planta: 40cm
2matas/palet

TOMATE

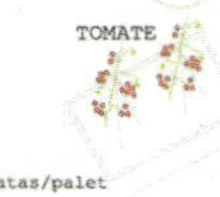

● siembra ● cosecha
Duración del ciclo:100 dias
1 2 3 4 5 6 7 8 9 10 11 12
Espacio por planta: 40cm
2matas/palet

flores de invierno

HORTALIZAS FLORES
1 2 3 4 5 6 7 8 9 10 11 12

bergenia
primula
primula
ciclamen
crocus
viola tricolor
crassula ovata
viola cornuta

Los meses de invierno se utilizan los mismos lugares donde han estado las verduras y hortalizas para plantar flores de invierno.

Street Games
Todo por la Praxis

Street Games es un proyecto que intenta corregir el déficit del equipamiento deportivo, gestionando solares vacíos que permitan un uso temporal del mismo, habilitándolos para la práctica deportiva.

Madrid, debido a la capitalidad, ha acumulado grandes equipamientos, dotados de un cierto carácter emblemático, representativo, pero existe una desproporción notable de equipamientos deportivos, predominando las grandes instalaciones de carácter urbano o metropolitano sobre el pequeño equipamiento de ámbito local, que generan grandes desequilibrios territoriales. El gran ausente de nuestra ciudad es el pequeño equipamiento local, fácilmente accesible a los residentes del barrio, no sólo en términos físicos y monetarios sino también en términos de gestión. Un equipamiento que contribuya a aglutinar y a identificar a los residentes con su entorno inmediato, contrarrestando las medidas centrípetas de la ciudad. Madrid no es sólo una ciudad mal equipada, sino notablemente desequilibrada en su dotación. Esta realidad provoca un grave problema en el distrito centro de Madrid en el que tan sólo existen cuatro equipamientos deportivos para cubrir las necesidades de todo el distrito.

En una zona de urbanismo consolidado como es el distrito centro de Madrid, y de acuerdo con los instrumentos de intervención en el mercado del suelo que brinda la legislación urbanística vigente, un posible instrumento con el que podrían contar tanto el Ayuntamiento como la Comunidad de Madrid sería el de la adquisición en el mercado privado o mediante expropiación de aquellos solares que no contasen previamente con la calificación de uso dotacional deportivo público. Mediante procesos de participación ciudadana puestos en marcha en colaboración con los movimientos sociales y vecinales del barrio, *Street Games* plantea el uso temporal de los solares como recurso destinado para equipamientos y dotaciones de los barrios en los que se inscribirá el proyecto articulando una propuesta que responda a las demandas de los vecinos directamente implicados en el proceso.

Bio
Todo por la Praxis son Javier Blanco (Informatico), Luis Antón (Bellas Artes), Marco Godoy (Bellas Artes), Luis Díaz (Fotógrafo), Rafa Turnes (Fotógrafo), Pablo Galan (Abogado), Paco Gálvez (Diseñador) Francisco Gil (Antropólogo), Fabián Acosta (Arquitecto) y Diego Peris (Arquitecto).
www.todoporlapraxis.es

Street Games
Todo por la Praxis

Street Games is a project that aims to make up for the lack of athletic facilities by taking over empty plots available for temporary use and fitting them out for sports activities.

Given its status as Spain's capital, Madrid has accumulated a number of large facilities of a fairly emblematic, even representative, nature, but there is a notable disproportion in terms of sports centres. Small local centres are outweighed by large urban or metropolitan facilities, and this situation generates significant territorial imbalances. What our city lacks is small, local sports facilities that are easily accessible to neighbourhood residents: geographically and financially, but also in terms of management. Facilities that create a sense of community, drawing residents together and helping them to identify with their surroundings, acting as a counterweight to the centripetal forces of the city. Madrid is not just a poorly equipped city, the distribution of what few facilities it does have is dramatically uneven. This situation has created a serious problem in Madrid's central district, where there are only four sports facilities to meet the needs of the entire area.

In a consolidated urban context such as Madrid's central district, and in accordance with the possibilities of property market intervention provided by the land use legislation in force, one option available to both the City Council and the Regional Government of Madrid is the purchase or expropriation of empty plots not already classified as public sports facilities. Through citizen participation processes set in motion with the assistance of social and community initiatives in the neighbourhood, *Street Games* proposes that the plots be used as temporary locations for sports facilities in the districts where the project is adopted, designing a proposal that meets the needs of the residents who are directly involved in the process.

Bio
Todo por la Praxis are Javier Blanco (computer expert), Luis Antón (artist), Marco Godoy (artist), Luis Díaz (photographer), Rafa Turnes (photographer), Pablo Galan (lawyer), Paco Gálvez (designer) Francisco Gil (anthropologist), Fabián Acosta (architect) and Diego Peris (architect).
www.todoporlapraxis.es

STREET GAMES

1. INTRODUCCION.

Tradicionalmente en Centro Europa se ha realizado un uso temporal de solares para la introducción de dotaciones y equipamientos que mejoren la calidad urbana de un barrio. La posibilidad de utilización de estos espacios supone una oportunidad para poder paliar la carencias y déficit que tienen muchos de los barrios madrileños. El suelo urbano consolidado es un espacio de gran rigidez ya que no permite ser flexible frente a las variaciones de nuevos parámetros demográficos, como un nuevo escenario de pirámide poblacional cambiante. Por ejemplo, puede ocurrir que en un periodo determinado puede la pirámide poblacional sea predominantemente joven, por lo que requiera un determinado tipo de dotación que cubra las necesidades de esta población , pero en otro periodo puede ocurrir que la pirámide cambie de orientación y el peso de la población envejecida sea predominante por lo que requiera una adecuación de las instalaciones y dotaciones dirigidos a este perfil de la población. La rigidez del suelo urbano consolidado y las limitaciones de la administración para acometer estas transformaciones, otorga a los solares un papel importante para poder acometer estas transformaciones con un mayor grado de libertad.

2. EQUIPAMIENTO DEPORTIVO.

Existe una desproporción notable de equipamientos, predominando las grandes instalaciones de carácter urbano o metropolitano sobre el pequeño equipamiento de ámbito local, que generan grandes desequilibrios territoriales. Madrid debido a la capitalidad, ha acumulado grandes equipamientos, dotados de un cierto carácter emblemático, representativo, pero estos equipamientos en la mayoría de los casos no cubren las necesidades específicas de los madrileños. Estas grandes intervenciones del sector público en la capital no se han visto correspondidas por una actuación paralela dirigida a satisfacer las necesidades básicas de los madrileños y ha contribuido a acentuar los desequilibrios. El gran ausente de nuestra ciudad es el pequeño equipamiento local, fácilmente accesible a los residentes del barrio, no sólo en términos físicos y monetarios sino también en términos de gestión. Un equipamiento que contribuya a aglutinar y a identificar a los residentes con su entorno inmediato, contrarrestando las medidas centrípetas de la ciudad. Madrid no es sólo una ciudad mal equipada, sino notablemente desequilibrada en su dotación. Esta realidad provoca un grave problema en el distrito centro de Madrid en el que tan solo existen cuatro equipamientos deportivos para cubrir las necesidades de todo el distrito.

El déficit de estas instalaciones deportivas de Madrid se percibe sobre todo en la dificultad para la práctica informal del deporte, debido a la falta de pequeñas instalaciones deportivas locales, hecho que se ve acrecentado por la elevada densidad media de la ciudad y la carencia de espacios libres.

En una zona de urbanismo consolidado como es el distrito centro de Madrid, y de acuerdo con los instrumentos de intervención en el mercado del suelo que brinda la legislación urbanística vigente, el único instrumento con el que podrían contar tanto Ayuntamiento como Comunidad de Madrid sería el de la adquisición en el mercado privado o, en su caso, mediante la vía expropiatoria, previa modificación puntual del PGOU de aquellos solares que no contasen previamente con la calificación de uso dotacional deportivo público. El coste para estos procesos de adquisición de suelo serían notablemente elevado para unas arcas públicas ya, de por sí, maltrechas. Por si fuera poco, la carencia de este tipo de equipamientos se ve incrementada por un evidente desequilibrio entre las diversas zonas de Madrid que discrimina a unos distritos en beneficio de otros. En este sentido las pocas instalaciones existentes se concentran, en una gran proporción, en el Noroeste del municipio.

Esa carencia de pequeños equipamientos deportivos afecta a la calidad de vida de los madrileños, contrastando con la existencia de grandes instalaciones de costoso mantenimiento para poca población y con la inexistencia de espacios para prácticas deportivas de gran parte de la población.

3. STREET GAMES.

Street Games es un proyecto que plantea el uso temporal de los solares, como recurso destinado para equipamientos y dotaciones de los barrios en los que se inscribirá el proyecto. Mediante procesos de participación ciudadana puestos en marcha en colaboración con los movimientos sociales y vecinales del barrio, se articulará la propuesta que responderá a las demandas de los vecinos directamente implicados en el proceso.

Street games es un proyecto que intenta corregir el déficit de equipamiento deportivo , gestionando solares vacíos que permitan un uso temporal del mismo habilitándolos para la práctica deportiva. En consecuencia, se fomentará el deporte para todos los ciudadanos, con la propuesta de pequeños espacios deportivos muy accesibles.
Se fomentarán las localizaciones que favorezcan la gestión del deporte por los propios usuarios vinculados a las asociaciones de vecinos de los barrios en los que se inscribe.

Se ha elaborado una propuesta de tres instalaciones deportivas posibles: baloncesto, petanca y frontón. Estas propuestas están sujetas a modificaciones en función del proceso de participación que se pone en marcha al inicio del proyecto. Los equipamientos propuestos intentan por un lado recoger unas propuestas diversificadas para el uso de la práctica deportiva recogiendo otras disciplinas distintas a las habituales, y, por otro lado, intenta dar una respuesta lo más amplia posible a un espectro mas grande de población. En este caso, la petanca ejemplifica esta intencionalidad, ya que recoge la práctica deportiva que atiende a la demanda de un grupo poblacional con una media de edad elevada, permitiendo de esta manera que las preferencias de los usuarios estén cubiertas a todos los niveles sin exclusión.

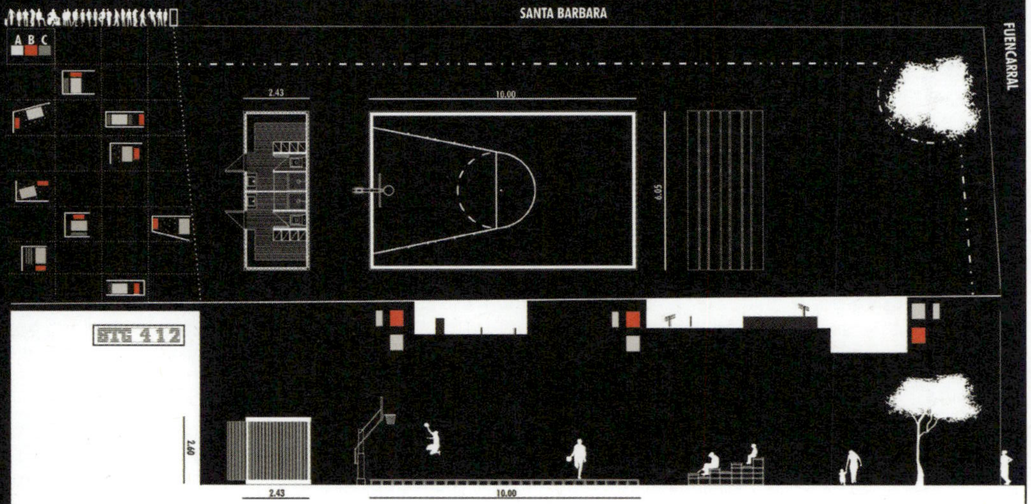

SolarisWorld

Mariela Apollonio + Llanos Gómez + Isabel González

Como tras una primera lluvia de ideas nos percatamos de la gran cantidad de actuaciones y usos posibles que se podían llegar a dar en estos vacíos urbanos y ninguna nos parecía mejor que otra, finalmente optamos por centrar nuestra propuesta en generar un sistema que pudiera englobarlas todas.

SolarisWorld es una plataforma interactiva con formato de página web que pretende materializar acciones posibles en solares de diferentes ciudades. Un medio que, sobre todo, permita su puesta en común, su funcionamiento y su expansión en red. Un medio desinteresado que pone en contacto a las partes o agentes necesarios en el proceso de localización, ideación, gestión y puesta en marcha de una actividad en un solar en desuso en nuestras ciudades.

Con motivo de la publicación y con el objetivo de llevar a la práctica la propuesta del concurso hemos comenzado un blog con el que buscamos tantear la viabilidad del proyecto y la posibilidad de empezar a funcionar. Se trata de un espacio virtual donde compartir las distintas ideas y actividades a realizar en determinados solares, y donde poder comentar y opinar.

El blog será un espacio abierto que se ofrece a todos aquellos que quieran hacernos llegar sus propuestas para su publicación y puesta en marcha de su gestión y que espera crecer y transformarse con la ayuda y la experiencia de todas.

Participa en: solarisworld.wordpress.com

Bio

Mariela Apollonio es fotógrafa. Llanos Gómez González e Isabel González Galindo son arquitectas.

SolarisWorld

Mariela Apollonio + Llanos Gómez + Isabel González

After an initial brainstorming session, we became aware of the large number of possible actions and uses that could be undertaken in these urban voids. However, none seemed to stand out above the others, so in the end we decided to focus our efforts on generating a system that could encompass them all.

SolarisWorld is an interactive platform in website format that aims to materialise possible interventions in plots in different cities. Above all, this medium makes it possible for ideas to be shared, and for the project to operate and spread online. It is an altruistic medium that brings together the parties or agents needed to identify, conceive, manage and launch an activity on abandoned plots in our cities.

On the occasion of the publication, and with the goal of putting the competition proposal into practice, we have begun a blog that aims to test the project's viability and the possibility of getting it up and running. It is a virtual space where different ideas and activities to be implemented on certain plots can be shared, and where participants can comment and give their opinions.

The blog will be a space open to everyone who wants to share their proposals to be published and set in motion, and it aspires to grow and evolve with everyone's help and experience.

Participate at: solarisworld.wordpress.com

Bio

Mariela Apollonio is a photographer. Llanos Gómez González and Isabel González Galindo are architect.

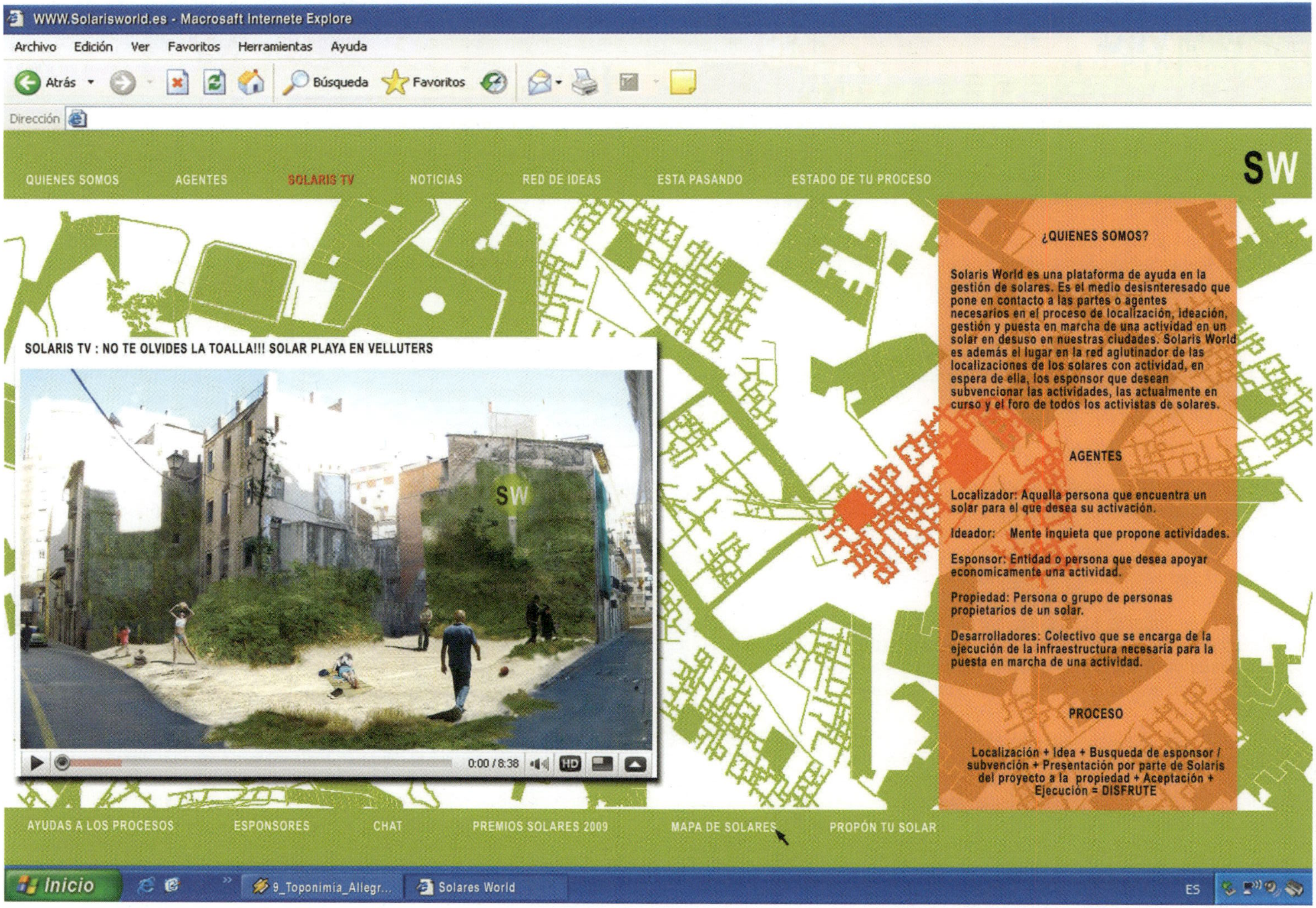
WWW.Solarisworld.es - Macrosaft Internete Explore
Archivo Edición Ver Favoritos Herramientas Ayuda
Atrás Búsqueda Favoritos
Dirección
SW
QUIENES SOMOS
AGENTES
SOLARIS TV
NOTICIAS
RED DE IDEAS
ESTA PASANDO
ESTADO DE TU PROCESO
SOLARIS TV : NO TE OLVIDES LA TOALLA!!! SOLAR PLAYA EN VELLUTERS
SW
0:00 / 8:38
HD
¿QUIENES SOMOS?
Solaris World es una plataforma de ayuda en la gestión de solares. Es el medio desisnteresado que pone en contacto a las partes o agentes necesarios en el proceso de localización, ideación, gestión y puesta en marcha de una actividad en un solar en desuso en nuestras ciudades. Solaris World es además el lugar en la red aglutinador de las localizaciones de los solares con actividad, en espera de ella, los esponsor que desean subvencionar las actividades, las actualmente en curso y el foro de todos los activistas de solares.
AGENTES
Localizador: Aquella persona que encuentra un solar para el que desea su activación.
Ideador: Mente inquieta que propone actividades.
Esponsor: Entidad o persona que desea apoyar economicamente una actividad.
Propiedad: Persona o grupo de personas propietarios de un solar.
Desarrolladores: Colectivo que se encarga de la ejecución de la infraestructura necesaria para la puesta en marcha de una actividad.
PROCESO
Localización + Idea + Busqueda de esponsor / subvención + Presentación por parte de Solaris del proyecto a la propiedad + Aceptación + Ejecución = DISFRUTE
AYUDAS A LOS PROCESOS
ESPONSORES
CHAT
PREMIOS SOLARES 2009
MAPA DE SOLARES
PROPÓN TU SOLAR
Inicio
9_Toponimia_Allegr...
Solares World
ES

Yo me lo guiso, yo me lo como

Gracia Teixidor + Laura López

A pesar de la especificidad de la propuesta de acción del concurso (los solares urbanos) la propuesta parte de un concepto global y mesurable a nivel mundial, como es la huella ecológica, para materializarse en una propuesta específica de huertos urbanos. Pensamos en éstos como una actividad con un claro compromiso social y urbanístico, que hunde sus raíces tanto en la tradición artística, a través el arte ecológico y el arte activista de la década de los sesenta, como, en el marco de la arquitectura, en las propuestas que plantean patrones de urbanización sostenibles.

Teniendo en cuenta el conflicto territorial que genera la creciente huella ecológica de las metrópolis contemporáneas, principalmente en los países desarrollados, nuestra estrategia adquiere una función compensatoria de este déficit espacial que afecta a todo el planeta y de forma especialmente clara a la ciudad de Madrid.

Con dicho fin, creamos una red de solares productivos y cambiante, cuyos nodos se manifiestan de forma limitada como nuevos espacios públicos disponibles para el uso de los ciudadanos quienes pasan de tener un solar-vertedero, a disponer de un nuevo lugar de disfrute con un importante compromiso social.

Debido al espíritu efímero de la propuesta, ésta no responde a una imagen fijada de antemano. La forma final de cada nuevo solar productivo será el resultado de los intereses de sus proyectistas, gestores y beneficiarios directos (los vecinos) a los que facilitamos ejemplos de posibles espacios móviles, diseñados con elementos reciclados y de bajo coste.

Yo me lo guiso, yo me lo como conforma un sumatorio de pequeñas actuaciones urbanas que, fomentando progresivamente la concienciación colectiva e implicación social, nos permitan avanzar por un camino más sostenible, generando una conciencia alternativa respecto al espacio público y su capacidad productiva. Proponemos una nueva forma de intervenir en la ciudad que, aunque sea a pequeña escala, refleje los avances en el conocimiento de su impacto y conlleven, en última instancia, al cuestionamiento y replanteamiento de nuestra forma de estar en la Tierra.

Bio

El proyecto nace de los intereses comunes de una estudiante de Bellas Artes y otra de Arquitectura en cuyo trabajo se entreven preocupaciones sociales y ecológicas similares aunque afrontadas de forma diferente.

Make your food and go with it (*Yo me lo guiso, yo me lo como*)

Gracia Teixidor + Laura López

Despite the specificity of the competition's action proposal (empty urban plots), this project springs from a universal concept that can be measured at the global level, the ecological footprint, and materialises in a specific idea for urban gardens. We think of these as an activity that shows a clear commitment to society and urban planning, with roots that can be traced back to both artistic tradition, through the ecological art and activist art of the 1960s, and to the context of architecture, through proposals that offer sustainable patterns of urban development.

Considering the territorial conflict generated by the growing ecological footprint of contemporary cities, primarily those of developed nations, our strategy is a way of compensating for this spatial deficit which affects the entire planet and is especially obvious in the city of Madrid.

To this end, we create a changeable network of productive plots, whose nodes are expressed in a limited way as new public spaces made available for citizens to use. Thus, residents go from having a filled with rubbish plot to enjoying a new location that underscores the importance of social commitment.

Due to the ephemeral nature of the project, it is not governed by any predetermined image. The ultimate configuration of each new productive plot will be a reflection of the interests of its planners, managers and direct beneficiaries (the local residents) whom we provide with examples of possible mobile spaces designed using recycled, low-cost elements.

Make your food and go with it (Yo me lo guiso, yo me lo como) is an accumulation of small urban interventions which, by gradually raising collective awareness and encouraging social involvement, allows us to take a more sustainable road, generating an alternative vision of the public space and its productive capacity. We propose a new way of intervening in the city which, although it is on a small scale, reflects the progress made in the knowledge of its impact and ultimately lead us to question and reconsider our way of being on the Earth.

Bio

This project was born of the shared interests of a Fine Arts student and another from the Architecture School, whose work reveals similar social and ecological preoccupations although they are approached from different angles.

Partimos de la activación de un solar base para generar una red extensiva de huertos urbanos.
Un expansión "vírica" que aumente progresivamente el número de solares recuperados.
Debido al carácter temporal y cambiante de dichos vacíos, esta red se irá modificando a lo largo del tiempo. No sólo con la incorporación de nuevos solares, también con la necesidad de desmantelamiento de solares productivos por finalización de disponibilidad, existiendo siempre la posibilidad de reubicar el material, huertos, etc a otro solar vacío o ya activado.

FINALISTAS

FINALISTS

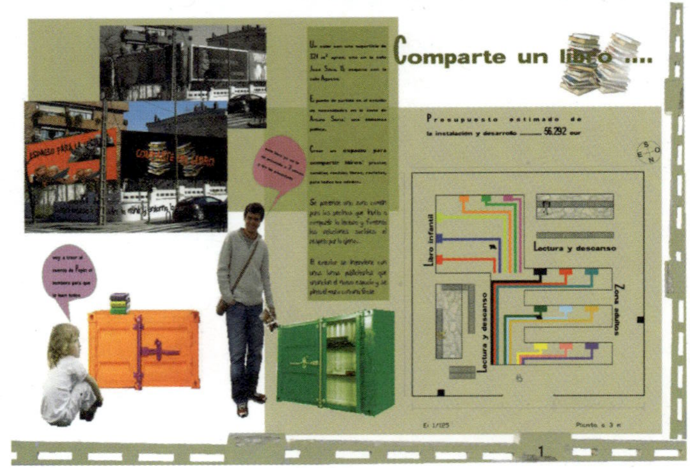

Comparte un libro: Sonia Longarela Fernández

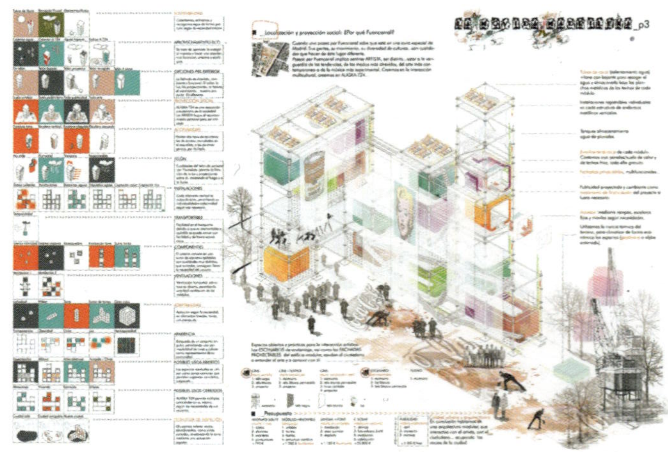

La movida madrileña: María Arroyos Chárlez, Rodrigo Escobar Dapena, Miguel González Granados

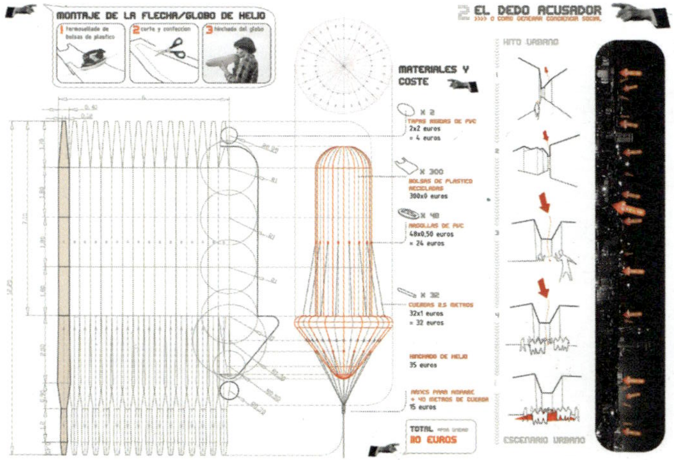

El dedo acusador: Ramón Martinez Pérez, Jose Francisco Mato Millan, Gabriel Ruiz-Larrea Fernández, Natalia Vera Vigaray

Difuso: Sonia Delgado Berrocal, Juliane Haider, Eider Holgado García

Horror Vacui Aut Pleni: Patrin Julie, Petrucci Emanuela, Rotelli Giulia

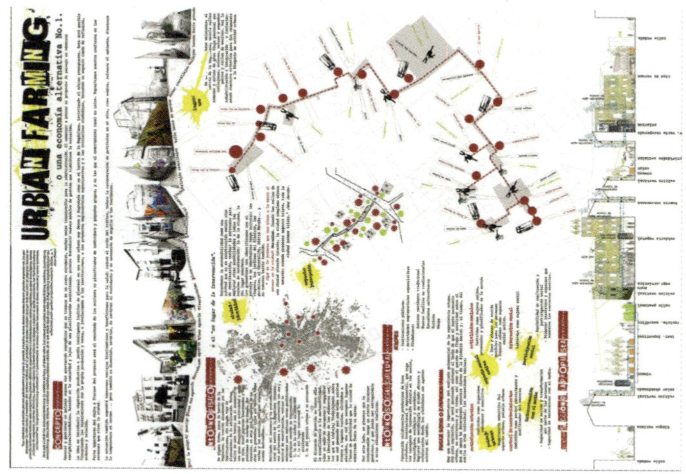

Urban Farming: Maite Zapiain Aizpuru

Ocho y Medio: Luis Climent Rosillo, Antonio Cobo Arévalo, Javier García Benítez, Elena Garicano Fernández, María Navascués Abad

1000s de solares: Bellino Gilberto

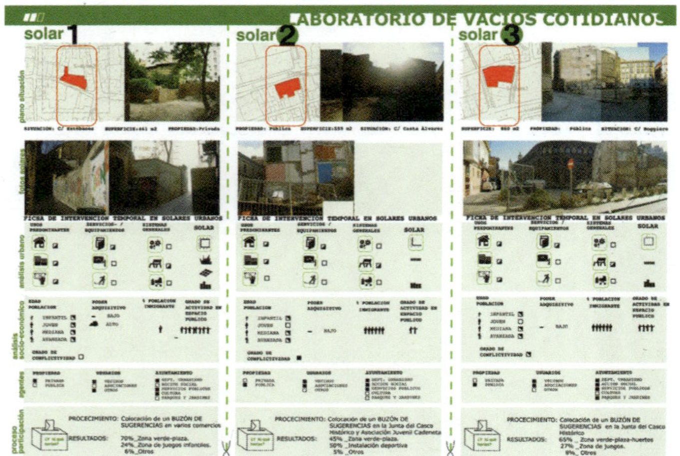

Laboratorio de vacíos cotidianos: Patrizia Di Monte, Olga Barriendo Escuín, Alicia Martinez Velázquez

La no intervencion, hazla tú: André Pires Da Silva Albuquerque Mato, Cristina Braschi Diaferia, Jérome Gottardi, Laura Riera Ros, Nuria Navarro Andrés, Olga De Marco Larrauri, Remedios Vincent Fraile, Roberta Di Nanni

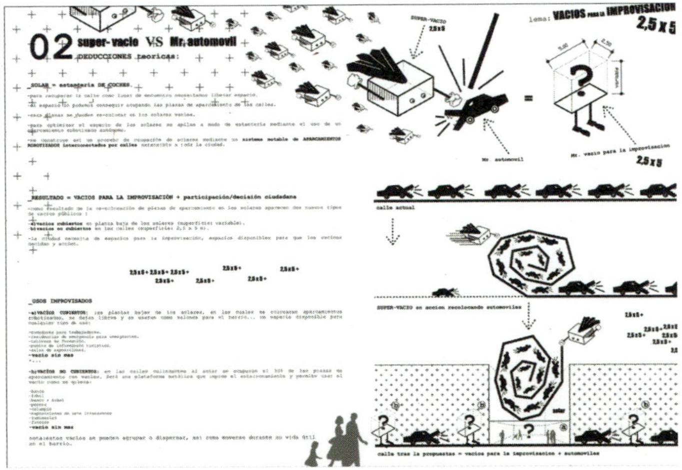

Vacíos para la improvisación: Jose Antonio Pavon Gonzalez

C2C: Luca Brunelli, Ana Bonet Miró, Juan Lobato Cabredo, Jean Baptiste Joye

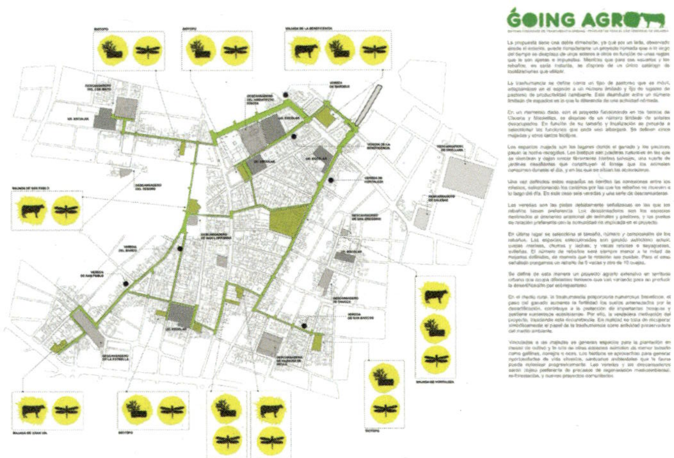

Going Agro: Santiago Govadeassi Madarro

EPÍ-
LOGO

... ZONAS DEPRIMIDAS,
ESPACIOS EN BLANCO,
VACÍOS FRONTERIZOS,
TERRENOS INDUSTRIALES
DEGRADADOS,
NEVADA CONCEPTUAL,
ZONAS MUERTAS...
SLOAPS

EPI-
LOGUE

... BADLANDS,
BLANK SPACES,
BORDER VACUUMS,
BROWN FIELDS,
CONCEPTUAL NEVADA,
DEAD ZONES...
SLOAPS

... zonas deprimidas, espacios en blanco, vacíos fronterizos, terrenos industriales degradados, Nevada conceptual, Zonas Muertas[1], áreas abandonadas, espacios elípticos, lugares vacantes, espacios liminares libres, espacios sin nombre, Tierras de Nadie, espacios educados, zonas post-arquitectónicas, espacios de indeterminación, espacios de incertidumbre, espacios lisos, tabula rasa, Zonas Temporalmente Autónomas, terrain vague, desiertos urbanos, tierras desocupados, vacíos, áreas blancas, Zonas Degradadas, ... SLOAPs (espacios residuales resultantes del planeamiento)

Gil M. Doron

«Cuando una figura va a tomar gran variedad de formas, aquello en lo que se coloca la figura, salvo que fuera informe y libre de la imprenta de todas aquellas configuraciones que va a recibir en el futuro, deberá ser preparado».[2]
«El vacío no se puede designar como «reserva de la naturaleza», «hábitat de sucesión», «campo recreativo» o con cualquier otro término similar porque darle un nombre es en cierto modo reclamarlo. Y el aspecto del vacío que puede resultar más liberador desde el punto de vista social es precisamente la ausencia de reconocimiento y la subsiguiente indiferencia hacia él. Simplemente no lo "vemos", a pesar de que rodea a la acción y la posibilita, y aunque está sustentado en un mecanismo y unas infraestructuras reguladoras invisibles»[3].

El listado que hace las veces de título, tomado del discurso arquitectónico y urbanístico, no es un glosario exhaustivo de diversos tipos de espacios urbanos. Esta lista supone un intento desesperado por parte del discurso de entender el sentido de cierto tipo de espacio que, como expondré, ha existido en la ciudad desde la antigüedad. Tal y como sugieren algunos de los nombres, desde la posición subjetiva del investigador urbano este lugar parece vago e indeterminado, si no abandonado o incluso vacío. Sin embargo, para abrirse camino por la aparente confusión de este espacio, el discurso ha tratado de definir una y otra vez su naturaleza, sus orígenes y, por encima de todo, su ubicación. Tras estos intentos subyace la presunción de que este espacio es único, una anomalía que se puede situar en un lugar concreto y que, por tanto, se puede administrar, cuando no colonizar.

A continuación intentaré trazar un mapa de la genealogía de este espacio, en el discurso y en la ciudad. Sin embargo, no pretendo ubicarlo, sino demostrar que trasciende la noción de lugar (localizado). El efecto no será redefinirlo, sino poner de manifiesto que sólo mediante su desaparición del mapa del discurso puede llegar realmente a existir. En el proceso, este espacio aparentemente incierto muestra que es en el propio discurso donde reside la incertidumbre.

El «suelo abandonado» y el elefante

«En última instancia, el abandono es una cuestión de grado. Como el elefante, puede ser difícil de describir pero es relativamente fácil de reconocer»[4].

Me gustaría comenzar con lo que se considera la clasificación más concreta y preceptiva del espacio analizado en este artículo: las categorías de suelo «abandonado» (*derelict land*) y «desocupado» (*vacant land*). Estas categorías han de ser inequívocas, dado que se trata de definiciones legales que determinan la concesión de subvenciones y permisos de construcción. La ubicación y el tamaño de estos espacios deben resultar obvios porque son la base de buena parte del parque de viviendas y los de desarrollos urbanísticos del futuro inmediato[5].

La Base de Datos Nacional de Uso del Suelo (NLUD, National Land Use Database) del Reino Unido de 2007 describe algunos de los terrenos que antes estaban en uso y que actualmente no cumplen las normas de ocupación, utilización y «aspecto aceptable» como *suelo abandonado*.

...Badlands, blank space, border vacuums, brown fields, conceptual Nevada, Dead Zones[1], derelict areas, ellipsis spaces, empty places, free space liminal spaces, nameless spaces, No Man's Lands, polite spaces, post architectural zones, spaces of indeterminacy, spaces of uncertainty, smooth spaces, Tabula Rasa, Temporary Autonomous Zones, terrain vague, urban deserts, vacant lands, voids, white areas, Wasteland... SLOAPs

Gil M. Doron

«If the model is to take every variety of form, then the matter in which the model is fashioned will not be duly prepared, unless it is formless and free from the impress of any of these shapes which it is hereafter to receive from without»[2].
«The void cannot be earmarked as 'nature reserve', 'succession habitat', 'recreational field', or any other such designation, because to name it is to claim it in some way. And what is potentially more socially liberating about the void is precisely the absence of recognition and the subsequent indifference toward it. One simply does not 'see' it, even though it surrounds and enables performance, and is itself sustained by invisible mechanisms and regulatory infrastructures»[3].

Taken from architecture and planning discourse, the title / list above is not a comprehensive lexicon of various types of urban space. This list is a desperate attempt by the discourse to make sense of a certain type of space which, as I will argue, has existed in the city since antiquity. As some of the names suggest, from the subjective position of the urban researcher this place seems to be vague and undetermined, if not derelict or even empty. Nonetheless, to muddle through the ostensible marshyness of this space, the discourse has tried to define over and over again what it is, how it came about, and more than anything else, where it is located. Behind these attempts is the assumption that this space is unique, an anomaly that can be located in a certain place and therefore managed, if not colonised.

This paper will try to draw a map of the genealogy of this space, within the discourse and within the city. However, this map will not attempt to locate it, but to show that this space transgresses the notion of a (localised) place. The effect of the map will be not to redefine it but to show that only in its disappearance from the map of the discourse can it truly come into being. In doing so this ostensibly uncertain space shows that the discourse itself is where uncertainty lies.

The 'derelict land' and the elephant

«Ultimately, dereliction is a question of degree. Like the elephant, it may be hard to describe but it is relatively easy to recognise[4]».

I would like to start with what is supposed to be the most concrete and prescribed categorisation of the space that is the subject of this paper: the categories of derelict and vacant land. These categories must be crisp and clear since they are legal definitions upon the basis of which grants and building permissions are given. The location of these spaces and their size must be apparent because they are the basis for much of the housing stock and urban developments in the foreseeable future[5].

The UK National Land Use Database of 2007 (NLUD) describes some of the land that was previously used which currently falls outside the norms of occupancy, use, and 'acceptable appearance' as Derelict Land. The term derelict land means «Land so damaged by previous industrial or other developments that it is incapable of *beneficial* use without treatment». It is somewhat equivalent to 'brown fields', which the U.S. Environmental Protection Agency describes as «sites in which real or perceived environmental contamination impedes redevelopment» and to TOADS - Temporarily Obsolete, Abandoned, or Derelict Sites (U.S. General Accounting Office 1997). Using these definitions, derelict land could be spoil heaps, excavations or pits, derelict railway land, military bases, mining subsidence or general industrial dereliction[6].

1

2

1 **SABER ESPERANZA EN ISRAEL**
KNOW HOPE IN ISRAEL

2 **ÁREA INDUSTRIAL**
INDUSTRIAL AREA

3

4

3 **SOUTHBANK EN LONDRES**
SOUTHBANK IN LONDON

4 **OKUPAS EN TEL AVIV**
SQUATTERS IN TEL AVIV

El término *suelo abandonado* significa «Suelo tan deteriorado por la explotación industrial o por otros usos urbanísticos anteriores que no se puede destinar a un fin *beneficioso* sin un tratamiento». Es un concepto parecido al de los terrenos industriales degradados (*brown fields*) que la *Environmental Protection Agency* de Estados Unidos describe como «emplazamientos en los que la contaminación medioambiental real o percibida dificulta la reurbanización» y a los denominados TOADS, *Temporarily Obsolete, Abandoned or Derelict Sites*, (emplazamientos temporalmente obsoletos, desocupados o abandonados) definidos por la *General Accounting Office* de EE.UU. en 1997. A la luz de estas definiciones, el suelo abandonado puede ser una escombrera, una excavación o una cantera, terrenos abandonados próximos a las vías férreas, bases militares, minas hundidas o abandono industrial en general abandonados[6].

Según la NLUD y la *Environmental Protection Agency* de Estados Unidos, el suelo abandonado no tiene que estar necesariamente vacío o desprovisto de «*todo*» uso. El suelo se define como abandonado cuando se ha usado con más intensidad en el pasado, probablemente de modos más lucrativos, y cuando parece tener potencial urbanístico. Al definir como abandonado un espacio que tiene algunos usos y que puede no estar vacío, estos organismos contradicen la definición más formal propuesta por el diccionario, según la cual una propiedad está abandonada cuando ha sido dejada a su suerte o descuidada. Esta es además la convención aceptada en la terminología legal[7]. Sin embargo, la definición que el gobierno del Reino Unido emplea para el suelo abandonado no tiene en cuenta el desuso o la propiedad real. Conviene señalar que, según un sondeo sobre las actitudes hacia esos emplazamientos, los ciudadanos los perciben a menudo como espacios públicos[8].

El término «abandonado» tiene algunas connotaciones morales: implica que una persona ha dejado intencionadamente atrás algo (o a alguien) que está en condiciones miserables o que ya no sirve para un fin. La implicación es comprensible si tenemos en cuenta que los lugares a los que el término se refería originalmente eran plantas de producción que, al dejar de ser rentables para sus propietarios, se cerraron para transferir el negocio a otro lugar. Sin embargo, el término tiñe estos espacios con unos matices excesivamente negativos a pesar de que, como demostraré más adelante, a menudo se consideran un activo[9]. Otro término que alude a un terreno que ha tenido un uso anterior es «suelo desocupado». El *suelo desocupado* es «suelo que ahora está desocupado y que se podría reurbanizar sin tratamiento, entendiendo por tratamiento cualquiera de las siguientes acciones: demolición, eliminación de las estructuras fijas o los cimientos y nivelación». El suelo desocupado puede ser cualquier suelo que haya sido urbanizado anteriormente, con lo que el término resulta «amplio e impreciso»[10]. Lo que hace esta definición aún más vaga es el hecho de que el «suelo desocupado» no está necesariamente desocupado. Puede incluir, por ejemplo, edificios con estructuras sólidas[11]. El vacío no es ni físico ni ocupacional: es temporal. De hecho, el suelo desocupado nunca está realmente vacío, aunque en algunos casos está libre de presencia humana. Un argumento similar es el que esgrime el *Civic Trust*: «El suelo desocupado, en general, se considera un problema cuando la desocupación es prolongada, cuando afea el paisaje urbano o cuando supone un desperdicio económico y social evidente de un recurso escaso»[12].

Al excluir áreas concretas de sus definiciones de suelo *abandonado* y *desocupado*, los organismos gubernamentales han permitido que estas categorías se deslicen hacia interpretaciones aún más confusas y abiertas; por ejemplo, «suelo dañado por una urbanización anterior en el que los restos de las estructuras o actividades se han fusionado con el paisaje a lo largo del tiempo hasta el punto de que es razonable considerarlo parte del entorno natural» o «suelo en el que hay una razón clara que pesa más que la reutilización del espacio, como su contribución a la protección de la naturaleza, o que ha tenido posteriormente un uso recreativo y no requiere reurbanización»[13].

According to NLUD and the US Environmental Protection Agency, derelict land does not have to be empty or devoid of *all* use. Land is defined as derelict when it has been used more extensively in the past, probably in more lucrative ways, and when it seems to have further development potential. By defining as derelict a site that has some uses and that might not be empty, these agencies are at odds with the more formal dictionary definition that defines a property as derelict when it has been abandoned or neglected. This meaning is also the convention in legal terminology[7]. However, the UK government's definition for derelict land is not concerned with actual abandonment or ownership. It is worth noting that in a survey of attitudes towards such sites, the public often perceived them as public spaces[8].

The term 'derelict' has some moral overtones: it implies somebody has intentionally left something (or somebody) behind that is destitute and/or delinquent. The implication is understandable considering that the places the term originally refers to were production sites that, having been deemed unprofitable by their owners, were closed down with business transferring elsewhere. However, the term colours these spaces in overly negative hues even though, as I will show later on, they are often considered to be assets[9]. Another term that refers to previously used land is Vacant Land. Vacant Land is «land which is now vacant and could be redeveloped without treatment, where treatment includes any of the following: demolition, clearing of fixed structures or foundations and levelling». Vacant land can be any land that was previously developed, thus making this term 'both broad and imprecise'[10]. What makes this definition even vaguer is the fact that 'vacant land' does not have to be vacant: it can include, for example, structurally sound buildings[11]. The vacancy is neither physical nor occupational: it is temporal. Vacant land is *de facto* never empty but is sometimes empty of human presence. A similar argument was made by the Civic Trust: «Vacant land, in general, is seen to be a problem when vacancy is prolonged, when it is an eyesore, or when it is an obvious social and economic waste of a scarce resource»[12].

By excluding particular areas from their definitions of derelict and vacant land, government agencies have allowed these categories to slip into ever more fuzzy and open interpretations: for example, «land damaged by a previous development where the remains of any structure or activity have blended into the landscape in the process of time (to the extent that it can reasonably be considered as part of the natural surroundings)'also, 'land in which there is a clear reason that could outweigh the re-use of the site (such as its contribution to nature conservation) or it has subsequently been put to an amenity use and cannot be regarded as requiring redevelopment»[13].

The problem with these exclusions is that derelict sites and buildings often contribute to nature conservation and sometimes even new natural terrain, even though they are not seen as part of the 'natural surroundings'. Take for example sunken boats that provide the platform for aquamarine life to exist or industrial ruins and wastelands that often stimulate biodiversity[14]. These ruins simply create 'new nature'[15]. Even more problematic is the exclusion, in NLUD's definition, of land that has 'subsequently been put to an amenity use'. Originating from the Latin word 'pleasant', *amenity* refers to social, cultural and aesthetic suppositions and preferences. Would NLUD, for example, exempt from the registry of derelict land a site that is known for 'amenity uses' such as raving, dogging or making bonfires? According to Tony Swindells, Brownfield Land Consultant from *English Partnerships* who is responsible for NLUD, probably not. The 'informal land uses' that would prevent land being classified as 'derelict' or vacant, would be 'recreational activities' undertaken 'by the general population', for example 'walking the dog or off road cycling etc.'[16].

Of course, the idea of 'general population' in a diverse society is problematic and excludes or marginalises various groups from using and therefore redefining sites that are exactly the kind of places that marginalised groups often use[17]. Nonetheless, the mere possibility of excluding land from the 'derelict and vacant land' registry because it is used for informal uses is an interesting anomaly, in

El problema con estas exclusiones es que los solares y los edificios abandonados contribuyen a menudo a la protección de la naturaleza y a veces constituyen incluso un nuevo terreno natural a pesar de que no se consideran parte del «entorno natural». Pensemos, por ejemplo, en los barcos hundidos que proporcionan una plataforma para la existencia de la vida submarina o en las ruinas industriales y las zonas degradadas que en muchos casos estimulan la biodiversidad[14]. Estas ruinas simplemente crean «nueva naturaleza»[15]. Más problemática aún resulta la exclusión, en la definición de la NLUD, del suelo que «ha tenido posteriormente un uso recreativo». Recreativo (amenity), procedente la palabra latina ameno que significa «agradable o placentero», hace referencia a suposiciones y preferencias sociales, culturales y estéticas. ¿Excluiría la NLUD, por ejemplo, del registro de suelo abandonado, un espacio conocido por «usos recreativos» tales como celebrar fiestas *rave*, practicar sexo en público o hacer fogatas? Según Tony Swindells, asesor de terrenos industriales degradados de *English Partnerships* y responsable de la NLUD, probablemente no. Los usos informales del suelo que impedirían que el terreno se clasificara como abandonado o desocupado serían las «actividades recreativas» desarrolladas «por la población general», por ejemplo «pasear al perro o practicar ciclismo todoterreno, entre otras»[16].

Por supuesto, la idea de *población general* en una sociedad variada es problemática y excluye o marginaliza a diversos grupos a la hora de usar y redefinir estos espacios, que son, precisamente, el tipo de lugares que suelen utilizar los grupos marginados[17]. No obstante, la mera posibilidad de excluir terrenos del registro de «suelo abandonado y desocupado» porque se dedican a usos informales es una anomalía interesante en un sistema que, desde el principio, se ha ideado para favorecer la reurbanización intensiva del suelo. La cuestión clave del tiempo y la temporalidad queda completamente excluida de las definiciones oficiales del suelo abandonado y desocupado, y es así por un buen motivo, ya que este factor puede hacer que estas definiciones resulten del todo inútiles. Este problema se reconocía en *The Wasteland Report*, de *Thames Television*, que afirmaba: «Una definición precisa es prácticamente imposible: si un solar utilizado parcialmente o un edificio que no se usa durante un periodo dado de tiempo está "abandonado" sigue siendo, en cierta medida, una cuestión de juicio subjetivo»[18].

El intento de incluir tanto suelo y espacios como sea posible debilita aún más la categoría de suelo *abandonado* y *desocupado*. Si se analiza este problema desde una perspectiva histórica, parece que mientras que la cantidad de este tipo de espacio ha disminuido en los últimos años[19], la cantidad de suelo que se percibe o podría ser tratado como desocupado o abandonado ha aumentado. Hasta los sesenta, los términos *suelo abandonado* y *suelo desocupado* se solían emplear para identificar áreas cuyos recursos naturales habían sido esquilmados por explotaciones mineras, y sólo desde la década de 1970 se ha aplicado de forma generalizada a situaciones urbanas[20]. Desde el año 2000, la NLUD ha empezado a incluir en la definición de «suelo previamente urbanizado por tipo» (terrenos industriales degradados) espacios que actualmente están en uso y tienen permiso o han sido adjudicados para la reurbanización, además de los terrenos abandonados y desocupados. Esto ha causado cierta confusión, ya que otros organismos, como *Urban Task Force* (2000) y CABE (*Commission for Architecture and the Built Environment*, 2003) han incluido en sus informes sobre terrenos abandonados solares que han tenido permiso de reurbanización. Además, la campaña desarrollada por CABE en 2003, *Wasted Space?*, incluía espacios públicos formales como parques y plazas que, como resultado del descuido o las «actividades antisociales», se percibían como abandonados. En la campaña, se pidió a los encuestados que identificaran lo que consideraban «suelo desperdiciado» en sus zonas. No se especificaron parámetros para ayudarles a determinar lo que se entendía por «desperdicio» o «zona degradada». Resultó evidente, por las respuestas del público, que el aspecto de aquellos espacios era el principal criterio para juzgarlos, en lo que podríamos denominar (d)evaluación estética.

Un enfoque generalizador similar, que usa el juicio estético para determinar lo que es suelo abandonado, desocupado o degradado, se puede encontrar en una encuesta de Mori que sondeaba las percepciones

a system that from the start has catered to 'hard' land-use redevelopments. The key issue of time and temporality is entirely excluded from the official definitions of derelict and vacant land, and for good reason, because this factor can make these definitions completely futile. This issue was recognised by Thames Television's '*The Wasteland Report*' which stated: «A precise definition is virtually impossible: whether a site in partial use or a building unused for a given amount of time is 'derelict' remains to some extent a matter of subjective judgement»[18].

The attempt to include as much land and as many sites as possible weakens the category of derelict and vacant land further. Looking at the issue from a historical perspective it seems that while the amount of this space has decreased in the past few years[19], the amount of land that is perceived or could be identified as vacant and derelict has increased. Until the 60s, the terms derelict and vacant land were usually used to single out areas sucked dry of their natural resources by mining concerns and only since the 1970s has it been applied broadly to urban situations[20]. Since 2000, NLUD has started to include under the definition of «previously-developed land by type» (brownfield land) sites which are currently in use with permission, or allocation, for redevelopment in addition to derelict and vacant land. This has caused some confusion since other agencies such as the *Urban Task Force* (2000) and CABE (Commission for Architecture and the Built Environment, 2003) have included in their audits of derelict land, sites that have had permission for redevelopment. Furthermore, CABE's 2003 campaign *Wasted Space*? included formal public spaces such as parks and squares that, due to neglect or 'anti-social activities', were perceived as derelict. As part of the campaign, the public was asked to identify what they considered was a 'waste of land' in their areas. No parameters were given to help them determine what constituted 'waste' or 'wasteland'. It was evident in the public's feedback that the appearance of such sites was used as the main criterion to judge such places (i.e. aesthetic (dis)appreciation).

A similar generalising approach, relying on aesthetic judgement to determine what is derelict, vacant or wasteland, can be seen in a Mori survey that looked at perceptions about such spaces. In this survey, commissioned by *Groundwork*, derelict land was interpreted broadly as «urban and industrial waste land. It may be vacant, unused or ineffectively used, or land which is neglected or unsightly. It can also mean land, which is likely to become any of these things»[21].

The tension between the different definitions of derelict and vacant land by the government and other organisations is not new and was already highlighted in the late 1960s. For example, in *Derelict Britain*, Barr argued that the government's definition for derelict land was «narrow and exclude[d] so much that an average observer would consider derelict [...] To most of us 'derelict land' means virtually any land which is ugly or unattractive in appearance»[22]. Relying on the appearance of places as a key to identifying wastelands was also used by CABE (2003) and *Groundwork* (2003) in their surveys, and earlier by the author of *Reclaiming derelict land*[23]. The association of a certain appearance with wasteland, I would argue, reduces the whole debate about these spaces into indeterminacy. Why? Obviously, if beauty is in the eye of the beholder, so is unsightliness. But more importantly, the seemingly disordered landscape cannot be examined just by its appearance since it is known to be harbouring various spatial, natural, architectural and social qualities that cannot be found in, and are often actively excluded from, other urban spaces including formal public space. These qualities show that these sites are not a waste of land.

Chora and the toilet on the Bartlett's ground floor

«Transgression contains nothing negative, but affirms limited being, affirms the limitless into which it leaps as it opens this zone to existence for the first time. But correspondingly, this affirmation contains notion positive: no content can bind it since by definition no limit can possibly restrict it. Perhaps it is simply an affirmation of division; but only insofar as division is not understood to mean a cutting gesture, or the establishment of a separation or the measuring of a distance, only retaining that in it which may designate the existence of difference»[24].

sobre aquellos espacios. En esta encuesta, encargada por *Groundwork*, el suelo abandonado se interpretaba en un sentido amplio como «suelo degradado urbano e industrial. Puede estar desocupado o en desuso o utilizarse de una forma poco eficaz, o puede ser suelo descuidado o antiestético. También puede significar "suelo con una alta probabilidad de convertirse en una de estas cosas»[21].

La tensión entre las distintas definiciones del suelo abandonado y desocupado empleadas por el gobierno y por otras organizaciones no es nueva y ya se señaló a finales de los sesenta. Por ejemplo, en *Derelict Britain*, Barr argumentaba que la definición de suelo abandonado aceptada por el gobierno era «estrecha y excluía muchos espacios que un observador medio consideraría abandonados [...] Para la mayoría de nosotros, el "suelo abandonado" es prácticamente cualquier terreno que tenga un aspecto antiestético o poco atractivo»[22]. Usar el aspecto de los lugares como clave para identificar las zonas degradadas fue también la estrategia empleada por CABE (2003) y *Groundwork* (2003) en sus encuestas y, antes, por el autor de *Reclaiming Derelict Land*[23]. En mi opinión, la asociación de cierto aspecto con las áreas degradadas está reduciendo todo el debate sobre estos espacios a la indeterminación. ¿Por qué? Obviamente, si la belleza está en el ojo del que mira, también lo está la fealdad. Y, lo que es más importante, el paisaje aparentemente desordenado no se puede examinar sólo por su aspecto, dado que sabemos que alberga diversas cualidades espaciales, naturales, arquitectónicas y sociales que no se pueden encontrar en otros espacios urbanos, incluido el espacio público formal, y que a veces se excluyen activamente de ellos. Estas cualidades demuestran que estos lugares no constituyen un desperdicio de suelo.

Chora y el baño de la planta baja de Bartlett

«Nada hay de negativo en la transgresión, que afirma el ser limitado: afirma lo ilimitado hacia lo que salta al abrir esta zona a la existencia por primera vez. Pero, en consecuencia, esta afirmación no contiene nada positivo: ningún contenido puede atarla, ya que, por definición, no hay ningún límite que pueda restringirla. Tal vez no es más que una afirmación de la división, pero sólo en tanto que la división no se entienda como un gesto de ruptura o como el establecimiento de una separación o la medición de una distancia, y retenga únicamente aquello que puede indicar la existencia de la diferencia»[24].
«Esta fuerza de ruptura se refiere al espaciamiento que constituye el signo escrito: espaciamiento que lo separa de los otros elementos de la cadena contextual interna [...], pero también de todas las formas de referente presente [...], objetivo o subjetivo. Este espaciamiento no es la simple negatividad de una laguna, sino el surgimiento de la marca»[25].

La «zona muerta», que encarna las características antes descritas, puede ser el resultado de cualquier acto de demarcación. Este espacio no es, sin embargo, un «Otro» dicotómico que se forma tras la frontera como un espacio secundario, sino el espacio del propio límite. Para evitar extendernos en este aspecto, se puede describir mejor recurriendo a las nociones de *transgresión* y *esparciamiento*[26].

El espacio de demarcación más obvio y antiguo, a escala urbana, es la muralla de la ciudad. Dentro de las murallas, la *polis* (ciudad estado) griega se caracterizaba por la capacidad de los miembros de las clases gobernantes de reunirse en lugares comunes. Aunque la ciudad estado se extendía a menudo fuera de las murallas, esa capacidad finalizaba en las puertas de la ciudad, es decir: dependía de la unidad geográfica. El espacio situado más allá era la *chora*, en parte suelo agrícola, y en parte naturaleza pero siempre militarizado, dado que era la tierra de nadie situada entre la ciudad estado y sus vecinos, a menudo rivales. Una indicación lingüística de que el estado de la *chora* era el de una tierra de nadie se puede encontrar en el verbo *chōreō* que, en su acepción militar, significaba ceder terreno ante el enemigo. Como tierra de nadie, los límites de la *chora* nunca alcanzaban la estabilidad y eran objeto permanente de pugna y de cambios[27].

«This force of rupture is due to the spacing which constitutes the written sign: the spacing which separates it from other elements of the internal contextual chain [...] but also from all the forms of present referent [...] that is objective or subjective. This spacing is not simply negativity of a lack, but the emergence of the mark»[25].

Embodying the characteristics I have described above, the 'dead zone' can be the result of any act of demarcation. This space is not, however, a dichotomous «Other», that forms beyond the line as a secondary space, but it is the space of the boundary itself. It can best be described through the notion of transgression and spacing[26].

The most obvious and ancient space of demarcation, on an urban scale, is the city wall. Within the wall, the Greek *polis* (city-state) was defined by the ability of the members of the governing class to meet in common places. Although the city-state often spread outside the walls, this ability ended at the city's gates: i.e., it depended on geographical unity. The space beyond was the *chora* (or *Khôra*): part agricultural land, part nature and always militarised as it was the no man's land between the city-state and its often rival neighbours. A linguistic indication that the state of the chora was a no man's land can be found in the verb *chōreō*? which, in the military sense, meant giving ground before the enemy. As a no man's land, the boundaries of the chora were never stable and always contested and in flux[27].

In the *Timaeus*, some of these attributes can be found in Plato's concept of the *chora* as one of the three dimensions of the world/reality. According to Plato, the *chora* was a unique kind of space: a receptacle in which things were formed. It was associated with maternity, with the mother's womb. In itself, it lacked essence and could not acquire permanent identity. It was 'formless'[28]. Reading Plato, Derrida sees *chōra* as a radical otherness or, more precisely, as a space that produces difference: '«It has to do with interval; it is what you open to 'give' place to things, or when you open something for things to take place' and 'chora is the spacing which is the condition for everything to take place, for everything to be inscribed»[29]. Derrida emphasises that although Plato did not present the *chora* as a void, because it was at least temporally filled with content, he did see it as 'untouched' and therefore virgin space. But it is a very special virgin (The Virgin) who produced change and gave a place for change to happen, but her surface stayed blank and unmarked. The virginity, the lack of characteristics, the passivity, are all characteristics that would constitute the dead zone imagery after that.

In reality, it seems that the *chora* was indeed a transformative place as «it was on the out-skirts of the city that the new institutions, which set it off from ancient types, found a home»[30]. But this space was not serene. Generally speaking, the *chora* was a space of contest, not only between rival city-states but also between reason and faith. The *chora* was dominated by faith, as it was here that most of the sanctuaries were located. The exception was Athens, but even here the Eleusinian Mysteries initiation ceremonies were held outside the city, as were the Dionysus anarchic celebration where sexual identity was transgressed. Even Socrates lost his mind in a state of erotic frenzy on the banks of the Ilissus when he ventured outside the city[31].

The space outside the city is also the place of dissent where politically marginal figures, women such as Antigone and the wife of Phocion, transgressed the city laws and buried their brother and husband against the will of the king and against the will of the democratic regime. These women's conduct transformed not only the marginal space where they carried out their deeds, but effected and changed the policies both of the city and of the home. Elsewhere, a transgressive act by a marginalised woman, (Rahab the whore) in a marginal place (her home within the city's wall) had even more shattering effects[32].

5

6

7

5 **DETROIT 2002**
DETROIT 2002

6 **DESUSO DOMÉSTICO**
DOMESTIC DISUSE

7 **TERMINAL DE CRUCEROS EN TEL AVIV**
CRUISING TERMINAL IN TEL AVIV

8

8 **WEST HIGHWAY EN NUEVA YORK**
WEST HIGHWAY IN NEW YORK

En *Timeo*, algunos de estos atributos se pueden encontrar en el concepto platónico de la *chora* como una de las tres dimensiones del mundo o la realidad. Según Platón, la *chora* era un tipo único de espacio, un receptáculo en el que se formaban las cosas. Estaba asociado a la maternidad, al útero de la madre. En sí mismo, carecía de esencia y no podía adquirir una identidad permanente. Era «amorfo»[28]. Leyendo a Platón, Derrida ve la *chora* como una otredad radical o, más exactamente, como un espacio que produce diferencia: «Tiene que ver con el intervalo, es lo que se abre para "hacer" sitio a las cosas o cuando se abre algo para que las cosas tengan lugar» y «la *chora* es el espaciamiento que es la condición para que todo tenga lugar, para que todo quede inscrito»[29]. Derrida subraya que, aunque Platón no presentaba la *chora* como un vacío, porque estaba al menos temporalmente rellena de contenido, la veía como un espacio «intacto» y, por tanto, virgen. Pero se trata de una virgen muy especial (la Virgen) que generaba cambio y proporcionaba un lugar en el que éste se podía producir, mientras que su superficie permanecía vacía y sin marca. La virginidad, la ausencia de características, la pasividad son características que constituirían posteriormente la imagen de la zona muerta.

En realidad, parece que la *chora* era de hecho un lugar de transformación, puesto que estaba «en las afueras de la ciudad que las nuevas instituciones, que la diferenciaban de los tipos antiguos, consideraban su hogar»[30]. Pero no era éste un espacio sereno. En términos generales, la *chora* era un espacio de contienda, no sólo entre las ciudades estado rivales, sino también entre la razón y la fe. La *chora* estaba dominada por la fe, dado que era en ella donde se encontraba la mayoría de los templos. Atenas era la excepción, pero incluso allí las ceremonias de iniciación a los misterios eleusinos se oficiaban fuera de la ciudad, al igual que la celebración anárquica de Dioniso, en la que se transgredía la identidad sexual. Incluso Sócrates enloqueció arrastrado a un estado de frenesí erótico en las orillas del Iliso cuando se aventuró a salir de la ciudad[31].

El espacio situado fuera de la ciudad era también un lugar de disidencia donde algunas figuras políticas marginales, mujeres como Antígona y la viuda de Foción, infringieron las leyes de la ciudad y enterraron a su hermano y su esposo contra la voluntad del rey y del régimen democrático. La conducta de estas mujeres no sólo transformó el espacio marginal en el que se desarrollaron los hechos: también afectó a las normas de la ciudad y del hogar modificándolas. En otra parte, el acto transgresor de una mujer marginada, la prostituta Rahab, en un lugar marginal, su casa situada dentro de las murallas de la ciudad, tuvo efectos aún más demoledores[32].

La *chora*, como señala McEwen, era un espacio de transformación y desempeñó un papel crucial en la colonización y reorganización de Micenas y de otras ciudades de la región que fueron conquistadas por los griegos. Sin embargo, la *chora* como espacio exterior y espacio de exterioridad no resultaba adecuada para ordenar y regular las ciudades arcaicas y caóticas. Para esta misión, Hipodamo, el primer urbanista, configuró una completa visión sociopolítica utópica y un estricto sistema de cuadrículas. Sin embargo, esta utopía social y espacial sólo podría haberse hecho realidad en un lugar imaginado como una *tabula rasa* o creado para serlo[33]. Así, las ciudades que pronto serían colonizadas se proyectaban con la imagen de un espacio vacío, caótico e incierto o, en otras palabras, una imagen reminiscente de la *chora*. Pero esta *chora*, como total otredad, debía ser domesticada. El medio para esta tarea era, en mi opinión, la propia *chora*, esta vez no como una exterioridad radical, sino extrapolada, repetida e interiorizada para conformar el sistema de cuadrículas. La *chora* como *Pharmakon* espacial.

In-conclusión

«La dinámica de la vida contemporánea es tal que la crisis, con su desconcertante espacio de incertidumbre y ansiedad, se acerca cada vez más al núcleo de nuestra experiencia común. ¿Hay en la puerta de al lado una tierra de nadie? Si no, es posible que ya se esté en una»[35].

The *chora*, as McEwen argues, was a transformative space, and played a key role in the colonisation and re-organisation of the Mycenae and other cities in the region that were conquered by the Greeks. However, the *chora* as an exterior space and space of exteriority was not suitable for ordering and regulating the archaic and chaotic cities. For this mission, an entire utopian socio-political vision and a strict grid system was configured by Hippodamus, the first town planner. However, this social and spatial utopia could have been realised only on a place that was imagined to be a *tabula rasa*, or was made to be such[33]. Thus, the cities about to be colonised were projected with the imagery of an uncertain, chaotic and blank space, in other words, imagery that resonated *chora*. But this *chora*, as a complete otherness, had to be tamed. The means for this task was, as I would argue, the *chora* itself, but this time not as a radical exteriority but extrapolated, reduplicated and internalised to form the grid system. The *chora* as a spatial *Pharmakon*[34].

Roma, Campo Boario, un matadero abandonado, en lo que eran los muros de la antigua Roma. Este lugar fue ocupado hace 15 años y transformado en un campamento de gitanos, centro de información kurdo, centro de arte y activismo social y mucho más. En las riveras del río Tíber, unto al Campo Boario, solían vivir homeless. Esta zona también apareció en la película de 1961 de Pier Paolo Passolini, Accattone [foto superior derecha].

Rome, Campo Boario, an abandoned abattoir, at the site of ancient Rome's walls. The place was squatted about 15 years ago, and transformed into a gypsy camp, Kurdish info centre, social art and activism centre and more. Next to the Campo Boario on the banks of the River Tiber, there used to live homeless people. The area was also depicted in Pier Paolo Pasolini's film, Accattone, 1961 [top right photo].

Por supuesto, la historia dista de terminar aquí: no hace más que empezar. Años más tarde, en la ciudad moderna, la cuadrícula racional empezó a mostrar sus rasgos *choraicos* innatos en la forma de lo que Jane Jacobs denominó vacío fronterizo y en el desconcertante «espacio residual resultante del planeamiento» (SLOAP, *Space Left Over After Planning*). La imagen del espacio vacío, pero manchado, de las colonias griegas se proyectó en otras colonias, en Asia y África, para volver a proyectarse a continuación en las áreas metropolitanas de los pobres. En las ciudades posmodernas, lejos de las *zonas muertas* de las ruinas industriales, en la expansión descontrolada, han proliferado nuevos espacios sin nombre que carecen de identidad o definición. Y, de todas las metáforas a las que se ha recurrido para aprehender este espacio, la imagen de la tierra de nadie es la que más profundamente ha arraigado: en la era del capitalismo tardío, cuando las fronteras se han trasladado al corazón mismo de las ciudades, la *chora* como lugar de exterioridad radical se ha convertido en el interior total carente de exterior.

Y a pesar de ello, en otro giro de la historia, justo en el momento en el que se nos dice que una posición externa es imposible porque la *zona muerta* está en todas partes, y que no es tan mala ni está tan muerta como se supone, se nos ofrece lo real: la *chora* resucitada en un parque suburbano que celebra los pensamientos racionales. (Aunque, debo decirlo, la incapacidad de algunas de las locuras del *Parc de la Villette* para generar cualquier actividad productiva ha terminado por convertirlas en algo realmente vacío y disfuncional y, por tanto, transgresor. Así pues, aún es posible que el proyecto tenga éxito.) En otros lugares, se nos promete que la exterioridad radical se puede generar, *deus ex máchina*, en «zonas libres de arquitectura» inscritas en algunos proyectos de enormes dimensiones[36].

Al contemplar el mapa fragmentado que he presentado aquí Campo Boario, uno de los muchos hilos que ofrece revela que la imagen de la zona muerta existe al menos desde la antigüedad y que en las últimas décadas ha proliferado en el discurso arquitectónico. Y a pesar de que este espacio parece acercarse más y más a nuestro hogar, aún no hemos logrado comprender qué es exactamente y cuáles son sus potencialidades.

Post Scríptum

«No se trata de producir algo: todo radica en el arte de desaparecer. Sólo lo que nace por medio de la desaparición es realmente otro. Y sin embargo esa desaparición debe dejar rastros, ha de ser el lugar en el que lo Otro, el mundo o el objeto, aparece»[37].

Hace algún tiempo, en la reunión de mi paso de máster a doctorado, celebrada en la Bartlett, quise demostrar la naturaleza prosaica de estos lugares aparentemente extraordinarios. Decidí guiar al comité y a unos treinta invitados en un viaje a la búsqueda de la *zona muerta*. Tras dejar la sala de conferencias de la tercera planta, nos embarcamos en una larga y peligrosa expedición a través de los caóticos estudios y de los extraños pasillos que salen de las salas de tutoría hasta llegar al baño de los hombres situado en la planta baja. La concurrencia femenina estaba entusiasmada: durante largo tiempo habían oído relatos sobre aquel agujero cochambroso y contaminado, pero apenas habían podido percibir hasta entonces un leve tufillo. Entramos. Un inquietante silencio, interrumpido tan sólo por el sonido del goteo del agua, domina el lugar. Tras comprobar que no estamos invadiendo el territorio de ningún nativo, abro con cuidado la puerta de uno de los cubículos. No hay nadie. Señalando a la partición que separa este espacio del cubículo adyacente, anuncio: «He aquí el lugar anónimo en el que uno puede dejar que todo su yo se desintegre, éste es el espacio en el que lo público y lo privado se funden, en el que las fronteras se traspasan, en el que se crean formas y programas impredecibles. Alabemos a los aspirantes a arquitectos que crearon este espacio. Su arquitectura nos muestra, una vez más, la débil línea que separa la vida pública y privada del arquitecto[38]. Esta creación arquitectónica pone de manifiesto el deseo del arquitecto de ver, de atravesar la sala de conferencias y penetrar en lo privado».

In-conclusion
«The dynamics of contemporary life are such that crisis and its discomfiting space of uncertainty and anxiety, is drawing ever nearer to the core of our common experience. Is there a no-man's land next door? if not, maybe you are already in one»[35].

The story does not end here of course, it just begins. Years after, in the modern city, the rational grid itself started showing its choraic innate traits in the form of what Jane Jacobs called 'Border Vacuum' and in the perplexing 'Space Left Over After Planning' (SLOAP). The imagery of the blank yet stained space of the Greek colonies was projected onto other colonies, in Asia and Africa, only to be projected back again onto the metropolitan areas of the poor. In post modern cities, away from the 'dead zones' of the industrial ruin, in the sprawling expanse, new 'nameless spaces' lacking identity or definition have sprung up. And from all the metaphors that have been drafted in to capture this space, the imagery of the no mans land has struck the deepest: In the age of late capitalism, when the frontiers have been brought right into the heart of cities, the *chora* as a place of radical exteriority has become the total interior with no exterior.

And yet, in another twist to the story, exactly at the moment we are told that an external position is impossible because the 'dead zone' is everywhere and it is not as bad and not as dead as has been assumed, we are offered the real thing: the resurrected *chora* in a suburban park which celebrates rational thoughts. (Although, I must say, the failure of some of *Parc de la Villette's* follies to generate any productive activity has resulted in them being truly empty and dysfunctional and thus transgressive. So, the project may yet succeed). Elsewhere we are promised that radical exteriority can be generated, *deus ex machina*, in 'zones free of architecture' inside some extra large projects[36].

Looking at the fragmented map I have presented here, one thread of the many it offers discloses that the imagery of the dead zone has existed since at least antiquity and that this imagery has in the past few decades proliferated in architectural discourse. Although this space seems to come closer and closer to home, we have yet to understand what exactly it is and what its potentialities are.

Post Script
«It isn't a question of producing: it's all in the art of disappearing. Only what comes into being in the mode of disappearance is truly other. And yet that disappearance has to leave traces, has to be the place where the Other, the world or the object, appears»[37].

Some time ago, at my MPhil to PhD transfer meeting at the Bartlett, I wanted to demonstrate the mundaneness of these ostensibly extraordinary places. I decided then to take the committee and thirty or so guests for a journey in a search for the 'dead zone'. Leaving the lecture room on the 3rd floor, we partook on a long and treacherous journey, through the chaotic studios and the uncanny corridor spaces off the tutors' rooms, to the men's room of the ground floor. The part of the female entourage was ecstatic: they for a long time they had heard stories about this contaminated shoddy pit, but could have only experienced a faint whiff of it, until now. We enter. An eerie silence is flooding the place, interrupted only by the sound of dripping water. Making sure that we are not encroaching on any natives, I cautiously open the door of one of the cubicles. The place is empty. Pointing at the partition that separates this space from the adjacent cubical, I announce: «Here is the anonymous place where you can let all yourself/ves disintegrate, this is the space where public and private mix, where boundaries are transgressed, where unpredictable forms and programmes are created. Praise the architects (to be) who created this space. Their architecture shows us, yet again, the weak boundary between the architect's private and public life[38]. This creative piece of architecture demonstrates the architect's desire to see, traverse the lecture hall and penetrate the privy».

Las caras de perplejidad de la delegación me dicen que no han visto el vacío. Entro en el cubículo, bajo la tapa del retrete, me siento y señalo un área de la partición que se encuentra a aproximadamente un metro del suelo. Y ahí, justo ahí, está el vacío. De unos dos centímetros cuadrados de diámetro, producido a base de cortes reiterados, un orificio traspasa la frontera del espacio. No es la primera vez que los arquitectos jóvenes proyectan en la arquitectura sus deseos, sus frustraciones y, permítanme insistir, sus críticas en la forma de agujeros penetrantes. Gordon Matta-Clark lo hizo con resultados espectaculares. Sin duda, estos orificios para espiar y la obra de Matta-Clark presentan diferencias importantes, pero en el contexto de nuestro análisis sobre la indeterminación y los vacíos, estos agujeros tienen un efecto similar. De manera parecida a los orificios de Clark, estas aberturas para mirar han añadido al baño un elemento de inquietud y han diversificado la relación con el acontecimiento arquitectónico, albergando, pero también engendrando, deseos que no tienen cabida cuando la arquitectura se institucionaliza. Estos orificios han creado arquitectura en la que un deseo puede vivir[39].

Post Post Scríptum

Dos meses más tarde, el aseo se reformó y el espacio adyacente se convirtió en una magnífica y cuidada galería. El vacío se desterró definitivamente del diseño.

The baffled faces of the delegation make it clear they have not seen the void. Stepping into the cubical, I lower the loo's lid, sit down and point at an area of the partition about a meter above the floor. And there, there is the void. About two square centimetres in diameter, made by a repetitive etching, a hole transgresses the boundary of the space. It is not the first time that young architects have projected their desires, frustrations and, I must insist, critique into architecture in the shape of penetrating holes. Gordon Matta-Clark did it spectacularly. Of course, peeping holes and Matta-Clarke's work have significant differences, but for our discussion on indeterminacy and voids, these holes have a similar effect. Not unlike Clarke's holes, the peeping kind has made the rest room a bit restless, diversifying the relationship with the architectural event, accommodating but also engendering desires that have no place where architecture is institutionalised. These holes have created architecture where a desire may live[39].

p.p.s.
Two months later the toilet was renovated and the space next to it became a neat lavish gallery. The void was determinately designed out.

1
El término que he empleado para describir estos espacios y que se refleja en los demás términos mencionados, es «zona muerta». Se ha tomado directamente de la jerga de los urbanistas y de un caso concreto de ese tipo de espacio situado en Tel Aviv (Gil Doron, "Dead Zones, Outdoor Rooms and the Possibility of Transgressive Urban Space" en K. Franck y Q. Stevens (eds.), *Loose Space: Possibility and Diversity in Urban Life,* Routledge, Nueva York, 2006). El término se debe interpretar de dos formas: en primer lugar, entrecomillada, para indicar mi argumento de que un área o un espacio no puede estar muerto o ser un vacío, una *tabula rasa*, etc. La segunda interpretación desmonta el propio término: donde los urbanistas ven una zona muerta, yo argumento que no es el área lo que está muerto, sino la zona o zonificación, y defiendo la convicción de que lo que quiera que exista (incluso la muerte) en esta área supuestamente delimitada, trasciende siempre los límites preconcebidos y se puede encontrar en otros lugares.

2
Platón, "Timeo" en *Ión, Timeo, Critias.* [N. de la E. Aunque existe una excelente traducción de José María Pérez Martel para Alianza Editorial, la discrepancia de términos entre dicha traducción y la cita en inglés utilizada por el autor en este caso específico ha hecho que se traduzca ésta última literalmente: Plato, 'Dialogues of Plato, vol. 3 – Republic, Timaeus, Critias [1892]' in *The Dialogues of Plato* trans. & intro by B. Jowett, 5 vols (Oxford University Press, 1892) III in The Online Library of Liberty, oll. libertyfund.org/ EBooks/Plato_0343. pdf; p. 54].

3
Daskalakis et al. (eds.), *Stalking Detroit,* ACTAR, Barcelona, 2001, p. 124.

4
Rupert Nabarro et al., *Wasteland: A Thames Television Report,* Thames Television, Londres, 1980, p. 11.

5
Urban Task Force, *Our Town and Cities: The Future: Delivering an Urban Renaissance* , Queen's Printer and Controller of Her Majesty's Stationery Office, Londres, 2000, disponible en www.odpm.gov. uk/index.asp?id= 1127174#P78886090 [consultado el 1 de agosto de 2006].

6
John F. Handley, *The Post-Industrial Landscape: A Resource for the Community, a Resource for the Nation?,* Groundwork Foundation, Birmingham, 1996, disponible en www.changingplaces. org.uk/upload/ documents/document11. doc [consultado en 2007].

7
J. Barr, *Derelict Britain,* Penguin Books, Harmondsworth, 1969, p. 38.

8
J.F. Handley, *The Post-Industrial Landscape.*

9
La definición del término *derelict* (abandonado) empleado en el original procede de Dictionary. com dictionary.reference. com/browse/derelict [consultado en agosto de 2007]. Un análisis más detallado de estas cuestiones puede encontrarse en Gil Doron, "The Dead Zone & the Architecture of Transgression", *CITY: Analysis of Urban Trends, Culture, Theory, Policy, Action*, 4(2) (2000): 247-264.

10
Ann O'm Bowman y Michael A. Pagano, *Terra Incognita: Vacant Land & Urban Strategies,* Georgetown University Press, Washington DC, 2004, p. 4.

11
National Land Use Database (NLUD) en www.nlud.org.uk [consultada en 2007].

12
S. Joseph, *Urban Wasteland Now,* Civic Trust, Londres, 1988, p. 1.

13
NLUD, 2007.

14
London Wildlife Trust, 2007.

1
The term I have used to describe these spaces, which is reflected in all the other terms mentioned above, is 'dead zone'. The term was taken directly from the jargon of urban planners, and from a particular case of such space in Tel Aviv (Gil Doron,'Dead Zones, Outdoor Rooms and the Possibility of Transgressive Urban Space' in K. Franck and Q. Stevens (eds.), *Loose Space: Possibility and Diversity in Urban Life* New York: Routledge, 2006. The term should be read in two ways: one with inverted commas, indicating my argument that an area or space cannot be dead or a void, etc. The second reading collapses the term in on itself – while the planners see a dead zone, I argue that it is not the area which is dead but it is the zone, or zoning, and the assumption that whatever exists (even death) in this supposedly delimited area always transcends the assumed boundaries and can be found elsewhere.

2
Plato, 'Dialogues of Plato, vol. 3 – Republic, Timaeus, Critias [1892]' in *The Dialogues of Plato* trans. & intro by B. Jowett, 5 vols. Oxford: Oxford University Press, 1892. III in The Online Library of Liberty, oll. libertyfund.org/EBooks/Plato_0343. pdf; p. 54; [accessed 2007]

3
G. Daskalakis et al. (eds.), *Stalking Detroit.* Barcelona: ACTAR., 2001, p. 124.

4
Rupert Nabarro et al., *Wasteland: A Thames Television Report.* London: Thames Television, 1980, p. 11

5
Urban Task Force, *Our Town and Cities: The Future: Delivering an Urban Renaissance.* London: Queen's Printer and Controller of Her Majesty's Stationery Office, 2000 at www.odpm.gov.uk/index.asp?id=1127174#P78886090; [accessed 1 August 2006]

6
John F. Handley, *The Post Industrial Landscape: A Resource for the Community, a Resource for the Nation?.* Birmingham: Groundwork Foundation, 1996 at www.changingplaces.org.uk/upload/documents/document11.doc; [accessed 2007]

7
J. Barr, *Derelict Britain.* Harmondsworth: Penguin Books, 1969, p. 38.

8
J.F. Handley (Ed.), *The postindustrial landscape.* Groundwork Trust, Birmingham, 1996.

9
Definition of 'derelict' from Dictionary.com (2007) dictionary.reference.com/browse/derelict; [accessed August 2007]:
For a further discussion these issues see, Gil Doron, "The Dead Zone & the Architecture of Transgression", *CITY: Analysis of Urban Trends, Culture, Theory, Policy, Action*, 4(2) (2000): 247-264.

10
Ann O'm Bowman and Michael A. Pagano, *Terra Incognita: Vacant Land & Urban Strategies.* Washington DC: Georgetown University Press, 2004, p. 4.

11
National Land Use Database, (NLUD) (2007) www.nlud.org.uk; [accessed 2007].

12
S. Joseph, *Urban Wasteland Now.* London: Civic Trust, 1988, p.1.

13
NLUD, 2007.

14
London Wildlife Trust 2007.

15
R. Mabey, et al. (eds.), *Secondnature.* London: Cape, 1984; T. Edensor, *Industrial Ruins.* New York: Berg, 2005.

16
T. Swindells, 'Request for Information'. 15.05.2007, personal email.

17
G. Doron, *The Dead Zone & the Architecture of Transgression*, pp. 247-264 and also G. Doron, *Dead Zones, Outdoor Rooms.*

15
R. Mabey, et al. (eds.), *Secondnature* (Londres: Cape, 1984); T. Edensor, *Industrial Ruins,* Berg, Nueva Yor, 2005.

16
T. Swindells, "Request for Information" (15.05.2007), correo electrónico personal.

17
G. Doron, "The Dead Zone & the Architecture of Transgression", pp. 247-264 y también G. Doron, "Dead Zones, Outdoor Rooms".

18
R. Nabarro et al., *Wasteland*, p. 11.

19
NLUD, 2007.

20
R. Nabarro et al., *Wasteland.*

21
J.F. Handley, *The post industrial landscape*, p. 3.1.

22
J. Barr, *Derelict Britain*, p. 14.

23
R. Oxenham, *Reclaiming Derelict Land,* Faber and Faber, Londres 1966; Nabarro et al., *Wasteland*; Doron, "The Dead Zone & the Architecture of Transgression"; Edensor, *Industrial Ruins*; INURA, *Possible Urban Worlds,* Birkhauser Verlag, Berlín, 1998.

24
Michel Foucault, "Preface for Transgression" en D.F. Bouchard (ed.), *Language, Counter-memory, Practice,* Cornell University Press, Ithaca, NY, 1997, pp. 34-35.

25
J. Derrida, *Márgenes de la filosofía,* Cátedra, Madrid, 1988, pp. 358-359.

26
Sobre la «transgresión» véase Georges Bataille, *El erotismo* (Barcelona: Tusquets, 1988) y Foucault, "Preface for Transgression"; sobre «espaciamiento» véase J. Derrida, *Márgenes de la filosofía.*

27
L. Mumford, *The City in History,* MJF Books, Nueva York, 1961; J. Bintliff, "Issues in the Economic and Ecologica Understanding of the Chora of the Classical Polis in its Social Context" en G. P. Bilde y F. V. Stolba (eds.), *Surveying the Greek Chora: The Black Sea Region in a Comparative Perspective* , Aarhus University Press, Aarhus, 2006; Indra K. McEwen, *Socrates' Ancestor: An Essay on Architectural Beginnings,* MIT Press, Cambridge, MA, 1993.

28
Platón, "Timeo" en *Ión, Timeo, Critias,* Alianza Editorial, Madrid, 2007, p. 90.

29
J. Derrida, "Architecture Where the Desire May Live. Interview with Eva Meyer" en Neil Leach (ed.), *Rethinking Architecture: A Reader in Cultural Theory,* Routledge, Londres, 1997, p. 9.

30
L. Mumford, *The City in History*, p. 144.

31
Dag Øistein Endsjø, "To Lock up Eleusis: A Question of Liminal Space", *Numen 47(4) (2000)*: 351-386; P. Dubois, "The Homoerotics of the "Phaedrus", *Pacific Coast Philology, 17*(1/2) (1982): 9-15; Platón, *Diálogos.*

32
Gillian Rose, *Mourning Becomes the Law: Philosophy and Representation,* Cambridge University Press, Cambridge, 1996; Josué, *Sagrada Biblia,* Editorial Católica, Madrid, 1965 [Josué: 2 y 6].

33
R. Paden, "The Two Professions of Hippodamus of Miletus", *Philosophy and Geography, 4(10)* (2001).

34
J. Derrida, "La farmacia de Platón" en J. Derrida, *La diseminación*, traducido por José Martín Arancibia, Fundamentos, Madrid, 1975.

35
Lebbeus Woods, "No-Man's Land" en A. Read (ed.), *Architecturally Speaking: Practices of Art, Architecture and the Everyday,* Routledge, Londres, 2000, p. 200.

18
Nabarro et al., *Wasteland*, p. 11.

19
NLUD, 2007.

20
R. Nabarro et al., *Wasteland.*

21
J.F. Handley, *The post industrial landscape*, p. 3.1.

22
J. Barr, *Derelict Britain*, p. 14.

23
J. R. Oxenham, *Reclaiming Derelict Land.* London: Faber and Faber, 1966; Nabarro et al., *Wasteland*; Doron, 'The Dead Zone & the Architecture of Transgression'; Edensor, *Industrial Ruins*; INURA, *Possible Urban Worlds.* Berlin: Birkhauser Verlag, 1998

24
Michel Foucault, "Preface for Transgression" in D.F. Bouchard (ed.), *Language, Counter-memory,Practice.* Ithaca, NY: Cornell University Press, 1997, pp. 34-35.

25
J. Derrida, *Margins of Philosophy.* Chicago: University of Chicago Press, 1982, p. 317.

26
For 'transgression' see, Georges Bataille, *Eroticism.* London: Penguin, 1962, and Foucault, "Preface for Transgression"; for 'spacing' see, Derrida, *Margins of Philosophy.*

27
L. Mumford, *The City in History.* New York: MJF Books, 1961,
J. Bintliff, "Issues in the Economic and Ecologica Understanding of the Chora of the Classical Polis in its Social Context", in G. P. Bilde and F. V. Stolba (eds.), *Surveying the Greek Chora: The Black Sea Region in a Comparative Perspective.* Aarhus: Aarhus University Press, 2006; Indra K. McEwen, *Socrates' Ancestor: An Essay on Architectural Beginnings.* Cambridge, MA: MIT Press, 1993.

28
Plato, "Dialogues of Plato", p. 50, 51.

29
J. Derrida, "Architecture Where the Desire May Live. Interview with Eva Meyer" in Neil Leach (ed.), *Rethinking Architecture: A Reader in Cultural Theory.* London: Routledge, 1997, p. 9.

30
Mumford, *The City in History*, p. 144.

31
Ibid.; Dag Øistein Endsjø, 'To Lock up Eleusis: A Question of Liminal Space', Numen 47(4) (2000):351-386; P. Dubois, 'The Homoerotics of the Phaedrus", Pacific Coast Philology, 17(1/2) (1982): 9-15; Plato, *Dialogues of Plato.*

32
Gillian Rose, *Mourning Becomes the Law: Philosophy and Representation* Cambridge: Cambridge University Press, 1996); Joshua (2001), *The Holy Bible, English Standard Version,* Crossway Bibles, (Joshua 2001: 2 and 6).

33
R. Paden, "The Two Professions of Hippodamus of Miletus", *Philosophy and Geography, 4(10)* (2001).

34
J. Derrida, "Plato's Pharmacy' in J. Derrida, Dissemination, trans. by Barbara Johnson. Chicago: University of Chicago, 1981.

35
Lebbeus Woods, "No-Man's Land" in A. Read (ed.), *Architecturally Speaking: Practices of Art, Architecture and the Everyday.* London: Routledge, 2000, p.200.

36
Jane Jacobs, *The Death and Life of Great American Cities.* New York: Modern Library, 1993; J. Marriott, *The Other Empire: Metropolis, India and Progress in the Colonial Imagination.* Manchester: Manchester University Press, 2003; Stefano Boeri, 'New nameless spaces', *Casabella* 57(597/598) (1993): 74-76 & 123-124; Paul Virilio, *The Lost Dimension*, trans. by M. Moshenberg. New York: Semiotext(e), 1991; Jameson, Frederic, "Demographic of the Anonymous" in Cynthia C. Davidson (ed.), Anyone New York: Rizzoli International Publications, 1991; Bernard Tschumi, *Architecture and Disjunction.* London: MIT Press, 1996.

37
Jean Baudrillard, *Jean Baudrillard: Photographies 1985-1998.* Berlin: Hatje Cantz Publishers, 2000, p.131.

36
Jane Jacobs, *The Death and Life of Great American Cities,* Modern Library, Nueva York, 1993; J. Marriott, *The Other Empire: Metropolis, India and Progress in the Colonial Imagination,* Manchester University Press, Manchester, 2003; Stefano Boeri, "New nameless spaces", Casabella 57(597/598) (1993): 74-76 y 123-124; Paul Virilio, *The Lost Dimension*, traducido por M. Moshenberg (Nueva York: Semiotext(e), 1991); Jameson, Frederic, "Demographic of the Anonymous" en Cynthia C. Davidson (ed.), Anyone (Nueva York: Rizzoli International Publications, 1991); Bernard Tschumi, *Architecture and Disjunction,* MIT Press, Londres, 1996.

37
Jean Baudrillard, *Jean Baudrillard: Photographies 1985-1998* , Hatje Cantz Publishers, Berlín, 2000, p. 131.

38
G. Stevens, *The Favored Circle: The Social Foundations of Architectural Distinction,* MIT Press, Cambridge, MA, 1998.

39
J. Derrida, "Architecture Where the Desire May Live".

38
G. Stevens, *The Favored Circle: The Social Foundations of Architectural Distinction.* Cambridge, MA: MIT Press, 1998.

39
J. Derrida, "Architecture Where the Desire May Live".

EX-
TRAS

D_ARCHIVO

E_POSSE

EX-
TRAS

D_ARCHIVE

E_POSSE

D_ ARCHIVO

Referencias bibliográficas sobre espacios públicos, vacíos y procesos colaborativos

AA. VV. y Colectivo [R]activa, *[R]activa 04, la ciudad, campo de experimentación: arquitectura y ciudadanía: talleres urbanos en Alcalá de Henares*, [R]activa04, Alcalá de Henares, 2004.

AA. VV., *Lara Almarcegui.* Actes du Sud /Altadis, Arlés, 2006.

David Bestué y Marc Vives, *Acciones en Mataró*, Fundación 30km/s, Barcelona, 2004.

Giovanna Borasi y Mirko Zardini (eds.), *Actions: What You Can Do With the City*, Canedian Centre for Architeture / SUN, Quebec, 2008.

Santiago Cirugeda, *Situaciones Urbanas*, Tenov Ediciones, Barcelona, 2007.

Kenny Cupers y Markus Miessen, *Spaces of uncertainty*, Verlag Müller + Busmann, Wuppertal, 2002.

Fernando Espuelas, *El claro en el bosque: Reflexiones sobre el vacío en arquitectura,* Fundación Caja de Arquitectos, Barcelona, 1999.

Ghent Urban Studies Team [GUST] (eds), *The Urban Condition. Space, Community, and Self in the Contemporary Metropolis* , 010 Publishers, Róterdam, 1999.

Florian Haydn y Robert Temel (eds.), *Temporary Urban Spaces: Concepts for the Use of City Spaces*, Birkhäuser, Basilea, 2006.

Stephan Lanz (ed.), *City of COOP*, MetroZones5/b_ books, Berlín, 2004.

Setha Low y Neil Smith (eds.), *The politics of public space*, Routledge, Nueva York, 2005
Klaus Overmeyer y Philip Oswalt (eds.), *Urban Catalyst: Strategies For Temporary Use*, Actar-d, Barcelona, 2008.

Doina Petrescu (ed.), *Altering Practices: Feminist Politics and Poetics of Space*, Routlege, London, 2007.

Doina Petrescu, Peter Blundell Jones y Jeremy Till (eds.), *Architecture and Participation*, Spoon Press, London, 2005.

Doina Petrescu, Constantin Petcou y Nolween Marchand (eds.) *Urban/ACT*, aaa-PEPRAV, 2007.

Bartolomeo Pietromarchi (ed.), *Il luogo [non] comune*, Fundación Adriano Olivetti / Actar, Barcelona, 2005.

Ingeborg de Roode y Liane Lefaivre (eds.), *Aldo van Eyck: the playgrounds and the city*, Stedelijk Museum / NAI Publishers, Amsterdam y Rottedam, 2002.

Thalia Theater Halle, *Hotel Neustadt*, Alexande Verlag, Berlín, 2004.

raumlabor berlin, *Acting in public*, Jovis Verlag, Berlín, 2008.

Roel Schoenmakers y Michiel van Oosterhout (eds.), *Cascoland: Interventions in Public Space: Drill Hall, Johannesburg, South Africa,* Episode Publishers, Paises Bajos, 2008.

Gabi Scardi, *Less: Strategie alternative dell'abitare*, 5 Continents Editions, Milán, 2006.

Ignasi de Sola-Morales, "Terrain Vague" en *AnyPlace*, Cynthia Davidson (ed.), The MIT Press, Cambridge (Massachusetts), 1995.

Studio UC/Klaus Overmeyer (eds.), *Urban Pioneers,* Jovis Verlag, Berlín, 2007.

Carlos M, Teixeira, Alexandre Campos, Renata Márquez y Wellington Cançado (coord.), *Collateral Spaces,* InstitutoCidadesCreativas/ICC, Belo Horizonte, 2008.

Carlos M, Teixeira, *Under construction: History of the void in Belo Horizont,* Cosa&Naify, Sao Paulo, 1999.

D_ ARCHIVE

Bibliographic references on public spaces, voids and collaborative processes

Bestué, D. and Vives, M. (2004) *Acciones en Mataró*. Barcelona, Fundación 30km/s.

Borasi, G. and Zardini, M. eds. (2008) *Actions: What You Can Do With the City*. Quebec, Canadian Centre for Architecture/SUN.

Cirugeda, S. (2007) *Situaciones Urbanas*. Barcelona, Tenov Ediciones.

Colectivo [R]activa et al. (2004) *[R]activa 04, la ciudad, campo de experimentación: arquitectura y ciudadanía: Talleres urbanos en Alcalá de Henares*. Alcalá de Henares, [R]activa04.

Cupers, K. y Miessen, M. (2002) *Spaces of uncertainty*. Wuppertal, Verlag Müller + Busmann.

Espuelas, F. (1999) *El claro en el bosque: Reflexiones sobre el vacío en arquitectura*. Barcelona, Fundación Caja de Arquitectos.

Ghent Urban Studies Team [GUST] eds. (1999) *The Urban Condition. Space, Community, and Self in the Contemporary Metropolis*. Rotterdam, 010 Publishers.

Haydn, F. y Temel, R. eds. (2006) *Temporary Urban Spaces: Concepts for the Use of City Spaces*. Basel, Birkhäuse.

Low, S. and Smith, N. eds. (2005) *The politics of public space*. Routledge, New York.

Overmeyer, K. and Oswalt, P. (eds.) (2008) *Urban Catalyst: Strategies For Temporary Use*. Barcelona, Actar.

Petrescu, D. ed. (2007) *Altering Practices: Feminist Politics and Poetics of Space*. London, Routelege.

Petrescu, D., Jones, P.B. and Till, J. Eds. (2005) *Architecture and Participation*. London, Spoon Press.

Petrescu, D., Petcou, C. and Marchand, N. eds. (2007) *Urban/ACT*. Aaa-PEPRAV.

Pietromarchi B. ed. (2005) *Il luogo [non] comune*. Barcelona, Fundación Adriano Olivetti / Actar.

Roode, I. and Lefaivre, L. eds. (2002) *Aldo van Eyck: the playgrounds and the city*. Amsterdam and Rottedam, Stedelijk Museum / NAI Publishers.

Thalia Theater Halle (2004) *Hotel Neustadt*. Berlin, Alexande Verlag.

raumlabor berlin (2008) *Acting in public*. Berlin, Jovis Verlag.

Schoenmakers, R. and van Oosterhout, M. eds. (2008) *Cascoland: Interventions in Public Space: Drill Hall, Johannesburg, South Africa*. The Netherlands, Episode Publishers.

Scardi, G. (2006) *Less: Strategie alternative dell'abitare*. Milan, 5 Continents Editions.

Sola-Morales, I. (1995) "Terrain Vague". In: Davidson C. (ed.) *AnyPlace*. Cambridge (Massachusetts), The MIT Press.

Studio UC/Klaus Overmeyer eds. (2007) *Urban Pioneers*. Berlin, Jovis Verlag.

Teixeira, C. M. et al. coord. (2008) *Collateral Spaces*. Belo Horizonte, InstitutoCidadesCreativas/ICC.

Teixeira, C. M. (1999) *Under construction: History of the void in Belo Horizont*. Sao Paulo, Cosa&Naif.

Vv. Aa. (2006) *Lara Almarcegui*. Arles, Actes du Sud /Altadis.

Otras referencias digitales

Urban Catalyst Project
www.shrinkingcities.com
«¡Las ciudades están menguando en todo el mundo! La ciudades menguantes (*shrinking cities*) son un desafío para nosotros.
En el proyecto *Shrinking Cities*, arquitectos, académicos y artistas investigan los recientes procesos que se dan lugar en Detroit, Ivanovo, Manchester/ Liverpool y Halle/Leipzig y hacen sugerencias».

ZwischenPalastNutzung
www.wischenpalast nutzung.de
www.revistanemesis. com/8/8.html
«A finales del 2005, [el Palacio de la República (*Palast der Republik*)] debía ser destruido para convertirse en el gran Foro Humboldt, que comprendería museos, tiendas, bibliotecas y un hotel. Pero hasta el momento de su construcción su destino era ser una gran explanada verde. Desde entonces, la asociación *Zwischen Palast Nutzung* (traducido literalmente, *Utilización Intermedia del Palacio*) puso en marcha en 2004 el proyecto temporal cultural *Volskspalast* (Palacio Popular), abierto a todo el mundo, que proponía no sólo otra relación entre público y cultura, sino también un nuevo modo de ofrecerla. Así se protestaba contra la decisión gubernamental y, al mismo tiempo y, que se presentaba al Palacio de la República como un símbolo contenedor de una parte de la historia de la ciudad».

EXYZT_ Der Berg
www.exyzt.org/?page_id=39
«*Der Berg* (berg : montaña) es una montaña artificial, una performance arquitectónica surrealista construida para reaccionar a la absurdidad de demoler parte de la historia de Berlín para reconstruir un edificio que desapareció hace mucho. Esta colaboración tuvo como resultado una estructura triangular de 20 metros de alto, hecha de un entramado de andamio y tela de fibra de vidrio. La instalación invadió el auditorio, mientras que otro equipo la extendió a través de la cubierta y hacia el porche situado frente al edificio. *Der Berg* se convirtió en un monumento dentro de un monumento. En el 2007, el *Palast der Republik* de Berlín desapareció del mapa».

Urban Catalyst Project
www.shrinkingcities.com
«Cities are shrinking all over the world! Shrinking cities are a cultural challenge to us. In the *Shrinking Cities* project, architects, academics and artists investigate recent developments in Detroit, Ivanovo, Manchester / Liverpool and Halle / Leipzig - and make suggestions».

ZwischenPalastNutzung
www.zwischenpalast nutzung.de
http://www.revistanemesis.com/8/8.html
«At the end of 2005, [*the Palace of the Republic* (*Palast der Republik*)] was to be demolished to become the Humboldt Forum, that would contain museums, shops, libraries and a hotel. But until the moment when its construction would begin, its fate was to be a big green open area. Since then the *Zwischen Palast Nutzung* (which means literally *Intermediate Palace Use*) set up the temporary cultural project *Volkpalast (People's Palace*). Open to everybody, this proposed not only a different relation between public and culture, but a new way to offer the latter. In this way they protested against the governmental decision and, at the same time, presented the *Palace of the Republic* as a symbol containing part of the city's history».

EXYZT_ Der Berg
www.exyzt.org/?page_id=39
«*Der Berg* (the mountain) is an artificial mountain, a surrealist architectural performance built to react to the absurdity of demolishing part of Berlin's history to reconstruct a long disappeared building. This collaboration resulted in a 20 meter high triangulated structure, made out of scaffolding and fibre-glass textile. The installation invaded the inside of the theatre, while another team made it spread through the roof and onto the front porch of the building. *Der Berg* became a monument inside a monument. In 2007, the *Palast der Republik* has disappeared from the Berlin map».

Frederic Ruyant
www.fredericruyant.com

«Cuando era niño, solía crear formas usando los envoltorios flexibles y ondulantes que se han convertido actualmente en mi sello. Hoy, cuando diseño, mi intención es dotar a ese sello con una vida propia, un ritmo, una sinergia entre intuición, rectitud y pragmatismo. Me gusta mezclas códigos: referencias lujosas para hacer la vida diaria más atractiva y transformar lo que es ordinario en un auténtico privilegio. Conectar opuestos es mi manera de consolarme con mi propia relación con la realidad».

Zona de Juego
zona-de-juego.blogspot.com

«*Zona de juego* es un proyecto que sirve para activar el espacio público y las distintas relaciones que en él acontecen diariamente mediante la instalación de un espacio de juego desmontable. Específicamente corresponde a una mini-cancha de fútbol que ha sido extendida en distintas plazas de Madrid, invitando a participar en el montaje, juego y desmontaje de la misma a los que habitualmente hacen uso de estos espacios así como a los transeúntes. Quienes más se han involucrado en todo el proceso han sido los niños que normalmente usan la plaza para sus juegos e interrelación».

Space Hijackers
www.spacehijackers.co.uk
brianholmes.wordpress.com/2009/10/05/open-letter-in-support-of-the-space-hijackers/

«Al ofrecer distorsionadas y francamente desternillantes parodias de las prácticas institucionales reales, grupos como los *Space Hijackers* llevan a cabo la esencial función democrática de poner un espejo frente a la sociedad y pedirle a todo el mundo que juzgue la conveniencia y belleza de nuestro reflejo colectivo. De hecho, éste es un ejemplo de lo que los sociólogos como Ulrich Beck o Anthony Giddens llaman «reflexibidad social» por la cual miembros de una sociedad representan el estado de sus instituciones, estimulando el debate sobre las mismas entre sus conciudadanos y conciudadanas e intentan, de esta manera, aumentar la consciencia sobre los hechos que se desarrollan en la actualidad, a fin de reforzar el sentido de responsabilidad hacia el presente que caracteriza a la ciudadanía en una democracia».

V – ENJEUX

10

Manifiesto del tercer paisaje
www.gillesclement.com/cat-tierspaypublications-tit-Publications

«Si dejamos de mirar el paisaje como si fuese el objeto de una industria podremos descubrir de repente una gran cantidad de espacios indecisos, desprovistos de función, a los que resulta difícil darles un nombre. Este conjunto no pertenece ni al dominio de la sombra ni al de la luz. Está situado en sus márgenes: en las orillas de los bosques, a lo largo de las carreteras y de los ríos, en los rincones más olvidados de la cultura, allí donde las máquinas no pueden llegar. Cubre superficies de dimensiones modestas, tan dispersas como las esquinas perdidas de un prado. Son unitarios y vastos como las turberas, las landas y ciertos terrenos yermos surgidos de un desprendimiento reciente».

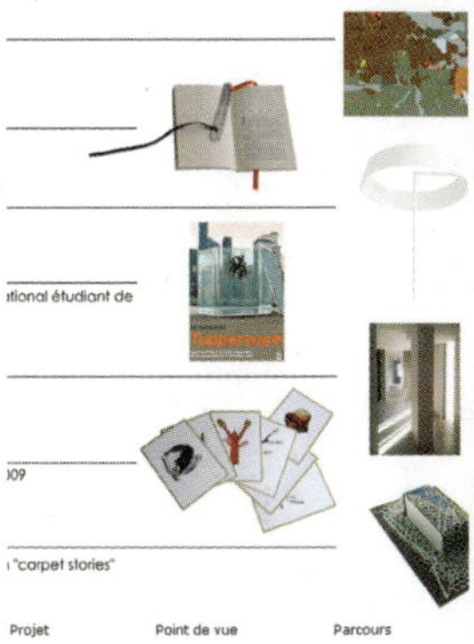

Frederic Ruyant

www.fredericruyant.com

«As a child, I used to create forms using those flexible and swaying envelopes which, to this day, remain my own markers. To-day, when designing, my aim is to endow those markers with a life of their own, a rhythm, a synergy between intuition, rectitude and pragmatism. I like mixing up codes: luxury references to make everyday life lovelier and to turn what is ordinary into genuine privilege. Linking together opposites is a way of comforting my own relation to reality».

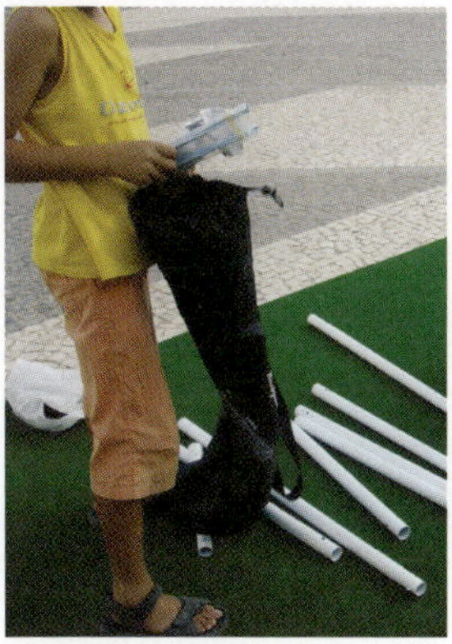

Zona de Juego

zona-de-juego.blogspot.com

«Through the installation of a dismountable playing space, *Play Ground* is a project that is used to activate the public space and the different everyday relationships taking place in it. More specifically, it takes the shape of a mini-football field that has been stretched out in different squares in Madrid, inviting the people who make use of these spaces on regular basis, as well as by-passers, to participate in the mounting, playing and dismounting of it. Kids who normally use the square for their games and interrelation are the ones who have engaged most in the process».

Space Hijackers

www.spacehijackers.co.uk
brianholmes.wordpress.com/2009/10/05/open-letter-in-support-of-the-space-hijackers/

«By offering distorted and, it must be said, hilariously comical imitations of real institutional practices, groups such as the *Space Hijackers* carry out the vital democratic function of holding up a mirror to society and asking everyone to judge as to the beauty and desirability of our collective reflection. Indeed, this is an instance of what sociologists such as Ulrich Beck or Anthony Giddens call «social reflexivity», whereby the members of a society represent the state of its institutions, stimulate debate on those institutions among their fellow men and women, and attempt in this way to increase awareness of current developments, in order to fortify the sense of responsibility to the present which defines citizenship in a democracy».

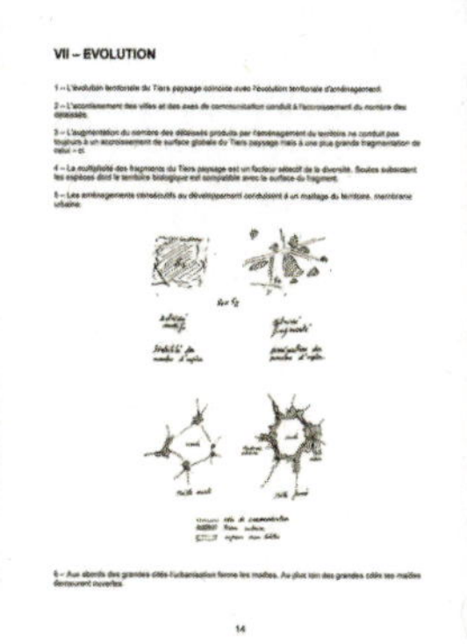
VII – EVOLUTION

The Third Landscape Manifest

www.gillesclement.com/cat-tierspaypublications-tit-Publications

«If we stop looking at the landscape as if it was an object of a certain industry, suddenly, we could discover a great number of undecided spaces, deprived of any function, to which it is difficult to give a name. This collection of spaces does not belong to the domains of shadow nor of the light. It is situated in its margins: in the edge of the forests, along the roads and rivers, in the more forgotten corner of culture, there where the machines can not reach. It covers surfaces of modest size, as dispersed as the lost corners of a field. They are unitary and vast as the peat bogs, the moorlands and certain wastelands emerged right after a rockfall».

Publicaciones

Algunos de los artículos de este libro fueron publicados originalmente:

Recetas Urbanas de Santiago Cirugeda
de Joaquín Pérez Torres, en la revista digital *Archfarm, fascículos aperiódicos de arquitectura* #6, febrero 2005. [descargable en www.archfarm.org]

Topographical Amnesias
de Carlos M Teixeira y Louise Marie Ganz, en el libro *Collateral Spaces*, InstitutoCidadesCreativas/ICC, Belo Horizonte, 2008. [versión original en portugués descargable en www.colaterais.org]

Urban Pioneers
de Klaus Overmeyer, en el libro *Urban Pioneers.* Senatsverwaltung für Stadtentwicklung. Jovis Verlag, Berlín, 2007.

Au rez de chaussée de la ville
de Doina Petrescu y Constantin Petcou, en la revista *Multitudes #20 Majeure. Architroubles: pragmatiques architecturales*, editada por Anne Querrien y Benoît Durandin, París, primavera 2005. [versión original en francés descargable en multitudes.samizdat.net/Au-rez-de-chaussee-de-la-ville]

New York City Community Gardens. A History
es una versión editada por Ana Méndez de Andés de los artículos "A History of New York City Open Spaces" de Liz Christy y "New York's Community Gardens. A History" de Donald Loggins. [versiones originales descargables en www.lizchristygarden.org/lcbh_files/liz%20christy.htm y www.treebranch.com/community_gardens.htm]

Badlands, blank space, border vacuums, brown fields, conceptual Nevada, Dead Zones ...SLOAPs
de Gil Doron, en la revista digital de la Escuela de Arquitectura de la Universidad de Sheffield *field#1 Architecture and Indeterminacy'* en septiembre de 2007. [descargable en www.field-journal.org/index.php?page=2007-volume-1]

Publications

Some of the articles of this book were originally published elsewhere:

Recetas Urbanas de Santiago Cirugeda
by Joaquín Pérez Torres (2005) in the web magazine *Archfarm, fascículos aperiódicos de arquitectura #6* [download at www.archfarm.org as September 2009]

Topographical Amnesias
by Carlos M Teixeira and Louise Marie Ganz (2008) in the book *Collateral Spaces*. Belo Horizonte, InstitutoCidadesCreativas/ICC. [original Portuguese version at www.colaterais.org as september 2009]

Urban Pioneers
by Klaus Overmeyer (2007) in the book *Urban Pioneers*. Senatsverwaltung für Stadtentwicklung. Jovis Verlag, Berlin.

Au rez de chaussée de la ville
by Doina Petrescu and Constantin Petcou (2005) in *Multitudes #20 Majeure. Architroubles: pragmatiques architecturales*. Anne Querrien y Benoît Durandin (eds). París. [original French version at multitudes.samizdat.net/Au-rez-de-chaussee-de-la-ville as september 2009]

New York City Community Gardens. A History
is an edited version of the articles "A History of New York City Open Spaces" by Liz Christy and "New York's Community Gardens. A History" by Donald Loggins. [original extended versions at www.lizchristygarden.org/lcbh_files/liz%20christy.htm y www.treebranch.com/community_gardens.htm as september 2009]

Badlands, blank space, border vacuums, brown fields, conceptual Nevada, Dead Zones… SLOAPs
by Gil Doron (2007) in the web magazine of the Architecture School at Sheffield University, *field#1 Architecture and Indeterminacy* [download at www.field-journal.org/index.php?page=2007-volume-1 as September 2009]

Biografías

Los organizadores de *urbanacción* son:

Pablo Saiz Sánchez
Ha nacido en Madrid y es arquitecto por la Escuela Técnica Superior de Arquitectura de Madrid y pre-diplomado en la *Bartlet School of Architecture*. En el 2007 funda urbanacción junto con Ana Mendez de Andés y Michael Moradiellos. Actualmente es coordinador del área de Introducción al Proyecto en la Universidad Alfonso X el Sabio.

Michael Moradiellos del Molino
Nació en 1979 en Bruselas en 2002 se graduó como arquitecto y cursó un doctorado en urbanismo en la Universidad Politécnica de Madrid, a la vez que trabajaba en un conocido estudio madrileño. En 2004 dirigió los talleres *[R]activa04* en Alcalá de Henares. En 2006 se incorporó en la estructura de *[ecosistema urbano]*.

Ana Méndez de Andés Aldama
Es arquitecta por la Escuela Técnica Superior de Arquitectura de Madrid y ha trabajado en el campo del paisajismo, el planeamiento y el diseño urbano, en Ámsterdam, Londres y Madrid. En el ámbito de la reflexión sobre el territorio y el espacio público, forma parte de las investigaciones colectivas del *Observatorio Metropolitano* y *areaciega*, y da clases de paisajismo y diseño urbano en la Universidad Europea de Madrid. En 2007 forma *urbanacción*, junto a Pablo Saiz y Michael Moradiellos, proyecto en el que participa bajo el nombre de *malashierbas*.

Los textos de esta publicación han sido escritos por los propios autores de los proyectos junto con otras aportaciones:

Merijn Oudenampsen
Es investigador independiente con base en Ámsterdam. Estudió ciencias políticas y sociología urbana en la Universidad de Amsterdam y ha escrito abundantemente sobre la ciudad creativa, gentrificación, branding metropolitano y emprendizaje. Ha estado involucrado en la organización de conferencias e iniciativas en torno a la precariedad y actualmente desarrolla un proyecto de investigación sobre populismo en la Jan van Eijck Academie de Maastricht, Holanda.

Katja Szymczak
Es historiadora del arte y ha realizado su doctorado en la TU de Berlín, donde vive. Trabaja como comisaria e investigadora independiente y ha colaborado con *raumlabor* en la definición de las categorías de su *acting in public*.

Benjamin Foester-Baldenius, Matthias Ricks y Jan Lieseganag
Son arquitectos que viven en Berlín, trabajan un poco por todas partes y forman parte del estudio/colectivo *raumlabor*. Benjamin Foerster-Baldenious recibió en 2004, junto a Manuel Castells, el premio Erich-Schelling, Matthias Rick se encarga en estos momentos de la cátedra colectiva en la Universidad de Praga y Jan Liesegang ha recibido la beca Villa Massimo en Roma.

Agustín Pérez Torres
Es arquitecto por la Escuela Técnica Superior de Arquitectura de Madrid. Escribe para diversas revistas especializadas y desde 2003 es corresponsal en Europa para la revista Pasajes. Ha sido colaborador en los despachos de arquitectura de Carmen Pinós y BIG/Bjarke Ingels Group, y actualmente reside en Róterdam donde colabora en OMA*AMO-Rem Koolhaas.

Santiago Cirugeda
Es un arquitecto sevillano que ha desarrollado proyectos arquitectónicos, escrito artículos y participado en diferentes debates, mesas redondas, congresos o bienales de arquitectura. Se tituló como arquitecto en la Escuela Superior de Arquitectura de la Universidad Internacional de Cataluña, donde entregó su PFC. En el ámbito de la realidad urbana aborda temas como la arquitectura efímera, el reciclaje, las estrategias de ocupación e intervención urbana, la incorporación de prótesis a edificios construidos o la participación ciudadana en los procesos de toma de decisión sobre asuntos urbanísticos.

Carlos M. Teixeira
Es diplomado en arquitectura por la Escuela de Arquitectura de la Universidad Federal de Minas Gerais y máster por la *Architectural Association School of Architecture*. Desde 1995 tiene su propia oficina, Vazio S/A, centrada en las contradicciones entre vacíos y llenos, construcción y destrucción, sus proyectos van desde casa unifamiliares a investigaciones a escala urbana. Su trabajo ha sido expuesto en la IV Bienal de Arquitetura de Sao Paulo, el *Pavillion de l'Arsenal*, la IX Bienal de Venecia y el *Royal Institute of British Architects*.

Biography

The organizers of *urbanacción* are:

Pablo Saiz Sánchez
Has an architecture degree from the *Escuela Técnica Superior de Arquitectura de Madrid* and a bachelor degree from the Bartlet School of Architecture. He founded, together with Ana Mendez de Andés and Michael Moradiellos, *urbanacción* in 2007. He is currently coordinator of the Introduction to Arquitecture Design area at the Alfonso X el Sabio University.

Michael Moradiellos del Molino
Was born in Brussels in 1979 and he earned his architecture degree in 2002 and did an urban planning post-graduate course at the *Universidad Politécnica* of Madrid, while he was working in a prestigious office in Madrid. In 2004 he coordinated the *[R]activa04* workshops in Alcalá de Henares. In 2006 he joined [ecosistema urbano].

Ana Méndez de Andés Aldama
Is an architect from the *Escuela Técnica Superior de Arquitectura de Madrid* and has been working in the planning, landscape and urban design fields in Amsterdam, London and Madrid. In the field of reflection on public space, she is part of the collective research projects *Observatorio Metropolitano* and *areaciega*. In addition she teaches landscape and urban design at the *Universidad Europea de Madrid*. In 2007 she set up the *urbanacción* project together with Pablo Saiz and Michael Moradiello, in which she operates under the name of *malashierbas*.

The texts included in this publication have been written by the project's own authors and other contributors:

Merijn Oudenampsen
Is a freelance researcher based in Amsterdam. He studied political science and urban sociology at the University of Amsterdam, and has written extensively on the creative city, gentrification, citybranding and urban entrepreneurialism. He has been involved in organising several conferences and initiatives around precarity and is currently connected to a research project on populism at the Jan van Eijck Academie in Maastricht, the Netherlands.

Dr. Katja Szymczak
Is an art historian and received a doctorate from TU Berlin. Based in Berlin, she works as free-lance curator and writer and has collaborated with raumlabor in the definition of the categories of their «acting in public».

Benjamin Foester-Baldenius, Matthias Ricks and Jan Lieseganag
Are architects who live in Berlin and work pretty much everywhere, and they are part of the studio/collective raumlabor. Benjamin Foerster-Baldenious got in 2004, together with Manuel Castells, the *Erich-Schelling Prize*; Matthias Rick is in charge of raumlabor and is Chair at the Prague University and Jan Liesegang has recently been granted the Villa Massimo grant in Rome.

Agustín Pérez Torres
is an architect from the *Escuela Técnica Superior de Arquitectura de Madrid.* He writes for various publications and is, since 2003, the European correspondent of Pasajes magazine. He has been collaborating in the offices of Carmén Pinós and BIG-Bjarke Ingels Group and lives in Rotterdam where he collaborates with OMA*AMO-Rem Koolhaas.

Santiago Cirugeda
Is an architect born in Seville who develops architecture projects, write articles and participates in various debates, roundtables congresses and architecture biennials. He holds an architecture degree by the *Escuela Superior de Arquitectura de la Universidad Internacional de Cataluña* in Barcelona. He works in the sphere of urban reality with issues such as temporary architecture, recycling, strategies of occupation and urban intervention, the incorporation of prosthesis to built structures or citizen participation in urban planning decision-making processes.

Carlos M. Teixeira
Has a BA from the Architecture School of the Federal university of Minas Gerais and a Master's Degree at the Architectural Association School of Architecture. Since 1995 he runs his own office, *Vazio S/A* (Void Inc.). Focusing on the contradictions between voids and fulnesses, construction and destruction, his projects range from private houses to research on an urban scale. He has shown his work at IV Bienal de Arquitetura de São Paulo, *Pavillion de l'Arsenal*, IX Venice Biennale and the Royal Institute of British Architects.

Louise Marie Ganz
Has a BA in Architecture and a Master's Degree in Visual Arts from the Federal University of Minas Gerais and has

Louise Marie Ganz
Es diplomada en arquitectura y máster en bellas artes por la Universidad Federal de Minas Gerais y especialista en Urbanismo y Gestión del Territorio por el Instituto de Arquitectura de la Universidad de Ginebra. Ha sido profesora e investigadora en el Centro Universitario de Leste y colabora con arquitectos y urbanistas en proyectos de espacios libres urbanos. Desde 2005 trabaja con Breno Silva en el proyecto *Descampados - expansiones, acciones collectivas de ocupación urbana experimental* y es co-autora de los libros *Banquetes: expansões do doméstico* y *Lotes vagos: ocupações experimentais.*

Klaus Overmeyer
Es arquitecto paisajista y Premio Nacional de Paisajismo en 2003. Con base en Berlín, ha fundado su propio despacho, *Studio UC*, en 2005. La filosofía del estudio está profundamente vinculada a una actitud optimista hacia el paisaje contemporáneo, estimulando un trabajo de investigación sobre las relaciones actuales entre lo construido y lo no construido. *Studio UC* es un producto derivado del proyecto financiado por la Unión Europea *Urban Catalyst* (2001-2003), que inició junto a Philip Oswalt. Desde 2007 es profesor asociado de arquitectura del paisaje en la *Bergische Universität* de Wuppertal.

Doina Petrescu y Constantin Petcou
Fundaron en 2001 el *atelier d'architecture autogérée* (www.urbantactics.org), plataforma colaborativa que lleva a cabo intervenciones e investigaciones sobre las mutaciones urbanas y las práticas emergentes en la ciudad contemporánea. Doina Petrescu es arquitecta y activista, profesora adjunta en la Universidad de Sheffield y ha escrito, dado conferencias y practicado, individual y colectivamente, sobre temas de género, tecnología, (geo)política y política del espacio. Constantin Petcou es arquitecto, activista y semiólogo que ha publicado en diferentes revistas de filosofía, como *Multitudes* o *Rue Descartes*, y libros de arquitectura colectivos. Colabora con diferentes socios para la instauración de una *Plataforma Europea para la Práctica y la Investigación Alternativa* y desarrolla sudoctorado en micro-políticas y prácticas urbanas en la *École des hautes études en sciences sociales* de París.

Anna Laura Jeschke
Es arquitecta paisajista y vive y trabaja en Madrid. Titulada por la Universidad de Viena y Máster en Paisajismo por la Universidad Politécnica de Madrid, ha obtenido el Diploma de Estudios Avanzados de la Escuela Técnica Superior de Arquitectura de Madrid. Su trabajo versa sobre la planificación y el diseño de zonas verdes urbanas, con especial interés en su uso por parte de niñas y mujeres. El uso temporal de los espacios urbanos acompaña su carrera desde su proyecto final *Simple Multiple 5 - Potenciales de uso temporal para el Distrito 5 de Viena.*

DI Jutta Kleedorfer
Estudió trabajo social en Alemania y planeamiento urbano y espacial en la *Technische Universität* de Viena. Ha trabajado como consultora y por cuenta propia en diferentes temas y despachos de Viena. Actualmente da clases de planeamiento del paisaje en la Universidad de Bodenkultur y trabaja en el Departamento de Desarrollo y Planeamiento Urbano del Ayuntamiento de Viena donde es, desde 1998, la Coordinadora para el uso múltiple del proyecto *Einfach/ Mehrfach.*

Liz Christy y Donald Loggins
Son miembros fundadores de los *Green Guerrillas* y del *Bowery Houston Community Farm and Garden.* Liz Christy era una artista que utilizó su sentido del color y la composición, la botánica y el planeamiento urbano para diseñar jardines comunitarios a lo largo y ancho de Nueva York. Fue también la primera directora del *Open Space Greening Program* de dicha ciudad. Donald Loggins se sigue encargando en la actualidad del jardín, rebautizado como *Liz Christy Community Garden.*

Stany Cambot
Es arquitecto y artista plástico. En 1998 funda *Echelle Inconnue*, estructura a través de la cual desarrolla un trabajo de cuestionamiento y creación alrededor de la ciudad contemporánea junto con los «excluidos del plan». Paralelamente, colabora con revistas, universitarias o especializadas, desarrollando un trabajo de creación teórica sobre cuestiones urbanas artísticas, políticas y, sobre todo, sobre las prácticas participativas.

Bruit du frigo
Son Ivan Degraz, arquitecto, Gabi Farage, arquitecto y artista plástico, Guenaelle Larvot, artista plástico, y Anne Cécile Paredes, agente de desarrollo cultural urbano.

Cascoland
Es una red organizada por Fiona de Bell y Roel Schoenmakers con la colaboración surafricana de Roger van Wyk, Joseph Gaylard, Bie Venter, Dorothee Kreutzfeldt, Vincent Truter, Rike Sitas y Doung Jahangeer.

Bronwyn Lace
Es una artista residente en Johanesburgo. Como parte de su práctica artística, ha colaborado en diferentes proyectos, centrándose en el desarrollo emergente del arte en Suráfrica. Es co-fundadora de la web saartsemerging.org y trabaja como profesora adjunta a tiempo parcial para el centro *Greenside Design* y la escuela de publicidad *AAA*, dando clases sobre la historia crítica del arte.

Equipo Meipi
Son Guillermo Álvaro Rey, ingeniero de Telecomunicaciones por la Universidad Politécnica de Madrid y *M.Sc. by Research* en el *Trinity College* de Dublín, Jorge Álvaro Rey, ingeniero informático por la Universidad Autónoma de Madrid), Domenico Di Siena, arquitecto licenciado en la Universidad *La Sapienza* de Roma, Alfonso Sánchez Uzábal, estudiante de Arquitectura en la Universidad Politécnica de Madrid que forma parte del colectivo de diseño *montera34*, Pablo Rey Mazón, arquitecto por la Universidad Politécnica de Madrid que pertenece al equipo de diseño *montera34* y, Francesco Cingolari, arquitecto e ingeniero licenciado en la Escuela de Arquitectura de La Villette de París.

Lara Almarcegui
Es licenciada por la Facultad de Bellas Artes de Cuenca y postgrado en De Atelier 63 en,

specialized in Urbanism and Territorial Management at the Architecture Institute of the University of Geneva. She has been a teacher and researcher at the Leste University Centre and collaborates with architects and artists in projects relating public urban spaces. Since 2005 she is working with Breno Silva in the project *Empty Lots - collective action of experimental urban occupation* and is co-author of the books *Banquetes: expansões do doméstico* and *Lotes Vagos: ocupações experimentais.*

Klaus Overmeyer
Is a landscape architect in Berlin and set up his own practice *Studio UC* in 2005. The philosophy of the office is deeply rooted in an optimistic attitude towards contemporary landscape, stimulating an ongoing research into the relationship of built and unbuilt environments today. *Studio UC* is a spin-off of the EU funded research project *Urban Catalyst* (2001-2003) which was initiated together with Philipp Oswalt. He is a prizewinner of the National Award for Landscape Architecture 2003. Since 2007 he is has been a visiting professor of landscape architecture at *Bergische Universität Wuppertal.*

Doina Petrescu y Constantin Petcou
Have founded in 2001 the *atelier d'architecture autogérée* (www.urbantactics.org), a collective platform, which conducts actions and research on urban mutations and emerging practices in the contemporary city. Doina Petrescu is an architect and activist, reader in architecture at the University of Sheffield. She has written, lectured and practised individually and collectively on issues of gender, technology, (geo) politics and poetics of space. Constantin Petcou is an architect, activist and semiotician who has been published in various philosophical journals (*Multitudes, Rue Descartes*) and collective architectural books. He collaborates with different partners on the initiation of an *European Platform for Alternative Practice and Research on the City* (www.peprav.net). Since 1996, he has been teaching at the University Paris 8 and he is currently completing a PhD on urban micro-politics and practices at the *École des hautes études en sciences sociales* in Paris.

Anna Laura Jeschke
Is a landscape architect from the University of Vienna, with a Master's Degree in landscape from the *Universidad Politécnica* and holds a *Diploma from Estudios Avanzados by the Escuela Técnica Superior de Arquitectura* of Madrid where she lives and works in Madrid. Her work deals with the planning and design of green areas, with a special emphasis on their use by girls and women. The temporary use of urban spaces fits well with her previous work, as her final project was on "*Simple Multiple 5 – Potential of temporary use for the 5th District in Vienna*".

DI Jutta Kleedorfer
Studied socialwork in Germany and spatial and urban planning at the TU Vienna. She has worked as a free lancer and consultant for different issues and in various offices in Vienna and Austria and she presently teaches landscape planning at the University for Bodenkultur. She works in the Vienna City Administration, Department of Urban Development and Planning and she has been since 1998 the Coordinator for multiple usage of the project *Einfach/Mehrfach.*

Liz Christy and Donald Loggins
Are founding members of the *Green Guerrillas.* Liz Christy was a visual artist who lived in the Lower East Side. She used her sense of colour and composition, botany and urban planning to design community gardens throughout New York City. She founded the *Green Guerillas* and was the first director of the *Open Space Greening Program.* Donald Loggins is still in charge of the garden, today re-named as *Liz Christy Community Garden.*

Stany Cambot
Is an architect and artist. In 1998 he founded *Echelle Inconnue*, an structure through which he develops a questioning and creative work on the contemporary city and those «excluded from the plan». At the same time, he collaborates with different publications, university or specialized magazines, in order to develop a theoretical work on urban, artistic and politic issues, and, most of all, participatory processes.

Bruit du frigo
Are Yvan Degraz, architect, Gabi Farage, architect and artist, Guenaelle Larvot, artist, and Anne Cécile Paredes, culture development agent.

Cascoland
Is a network organized by Fiona de Bell and Roel Schoenmakers with the South-African collaboration of Roger van Wyk, Joseph Gaylard, Bie Venter, Dorothee Kreutzfeldt, Vincent Truter, Rike Sitas and Doung Jahangeer

Bronwyn Lace
Is a practising artist based in Johannesburg. As part of this practice she has collaborated on many projects focusing on the development of emerging arts in South Africa. She is the co-funder of the web-site saartsemerging.org. And works as a part time lecturer for Greenside Design centre and the AAA School of Advertising, lecturing on critical art history.

Equipo Meipi
Consists of Guillermo Álvaro Rey, a telecommunications engineer educated at the *Universidad Politécnica* of Madrid, who also earned a M.Sc. by Research from the Trinity College of Dublín; Jorge Álvaro Rey, an informatic engineer educated at the Universidad Autónoma de Madrid, Domenico Di Siena, an architect graduated at *La Sapienza* University in Rome, Alfonso Sánchez Uzábal who is an architecture student at the *Universidad Politécnica de Madrid* and is part of the designers collective *montera34*, Pablo Rey Mazón an architect and part of the designers collective *montera34*, and Francesco Cingolari an architect and engineer from the Architecture school of La Villette in Paris.

Lara Almarcegui
Has a Fine Arts arts degree from the University of Cuenca and a postgraduate from the *De Atelier 63* Amsterdam. Her work deals with the signification of derelict or disused or disappearing spaces. She has carried out various projects and works in public spaces, such as opening empty plots to the public, publishing guides of

Ámsterdam, y trabaja sobre la significación de lugares abandonados o en desuso o en proceso de desaparición. Ha realizado diversas obras y proyectos en espacios públicos consistentes, entre otros métodos, en abrir descampados al público, publicar guías de descampados o proteger descampados durante varios años, en España, Bélgica, Paises Bajos, Alemania, Noruega y Reino Unido.

Alberto Marcos Flores
Es arquitecto y co-fundador del despacho de arquitectura AMPS.

malashierbas
Es la identidad bajo la que actúa, sola o en colaboraciones, Ana Méndez de Andés en la práctica profesional del paisajismo y el diseño urbano. Como tal co-organizó en la primera edición de *urbanacción*, en 2007.

Basurama
Es un colectivo dedicado a la investigación y a la gestión cultural desde 2001. Ha centrado su área de estudio y actuación en los procesos productivos, la generación de desechos que éstos implican y las posibilidades creativas que suscita esta coyuntura contemporánea. Nacido en la ETSA de Madrid, ha ido evolucionando y adoptando diversas formas desde sus orígenes.

Pied la Biche
Son Naïm Aït-Sidhoum y Thibaut Candela, arquitectos, miembros del colectivo de arquitectura *Zoom* y profesores en la *École Nationale Supérieure d'Architecture de Grenoble* y en el *Institut d'Urbanisme de Grenoble*, Pierre Bouchon Cesaro, arquitecto, fotógrafo, miembro del colectivo de arquitectura *Zoom*, Mattias Pagès, vídeo-artista y miembro del colectivo *Infraksound*, Julien Perrin, vídeo-artista y miembro del colectivo *Infraksound*, Guillaume Ballandras y Aurélien Durand, vídeo-artistas y miembros de los colectivos *Grrnd Prestige, Brutale Mollesse* e *Infraksound* y Damien Masson, doctor en Urbanismo y miembro del colectivo de arquitectura *Zoom*.

Blandine Rançon
Es arquitecta por la *École Nationale Supérieure d'Architecture de Grenoble*. Vive y trabaja en Madrid desde 2006 donde ha colaborado en la coordinación del ciclo *urbanacción* como co-comisaria de la exposición realizada en la Fundación COAM en octubre de 2007. Colabora con *Pied la Biche* en la organización de intervenciones en España.

Paloma Gómez Marí
Es arquitecta y Directora de la Oficina de Concursos de Arquitectura de Madrid (OCAM), parte de los servicios del Colegio Oficial de Arquitectos de Madrid. Como tal, fue parte del jurado del concurso *urbanacción2*.

Ángel Luis Fernández Muñoz
Es doctor arquitecto por la Escuela Técnica Superior de Arquitectura de Madrid y Catedrático de Proyectos Arquitectónicos de la Universidad Europea de Madrid. Desde septiembre de 2007 es el Director General de la Oficina de Centro del Ayuntamiento de Madrid, herramienta de gestión para canalizar todas las actividades, actuaciones y proyectos (tanto públicos como privados), encaminados a potenciar la actividad turística, cultural, social y económica del centro de la ciudad. Como tal, fue parte del jurado del concurso *urbanacción2*.

Gil Doron
Es escritor y artista, miembro fundador del grupo *Transgressive Architecture* (www.transgressivearchitecture.org). Posee un certificado de postgrado en *Learning & Teaching in Higher Education in Architecturee*, colaborando con numerosas revistas y publicaciones académicas.

vacant spaces in different cities and establishing long-term protections of vacant plots, in Spain, Belgium, the Netherlands, Germany, Norway and Britain.

Alberto Marcos Flores
Is an architect and co-director of the architecture office AMPS.

malashierbas
Is the identity under which Ana Méndez de Andés (by herself or in collaboration) operates in the professional practice of landscape and urban design, and under this name she co-organized the first *urbanacción* in 2007.

Basurama
Is a collective dealing with research and cultural production that has focused their discussion and reflection field on trash, waste and reuse in all its formats and possible meanings. It was born in the School of Architecture of Madrid (ETSAM) in the year 2001 and, since then, it has evolved and adopted diferent forms.

Pied la Biche
Consists of Naïm Aït-Sidhoum and Thibaut Candela who are both architects, members of *Zoom* architecture collective and teachers at the *École Nationale Supérieure d'Architecture de Grenoble* and part of the *Institut d'Urbanisme de Grenoble*; Pierre Bouchon Cesaro, an architect, photographer and members of *Zoom* architecture collective; Mattias Pagès and Julien Perrin, vídeo-artists and member of *Infraksound* collective; Guillaume Ballandras and Aurélien Durand who are both video-artists and members of *Grrnd Prestige, Brutale Mollesse* and *Infraksound* collectives; and Damien Masson, who is a Doctor in Urban Planning and Urbanism and a member of *Zoom* architecture collective.

Blandine Rançon
Is an architect educated at the *École Nationale Supérieure d'Architecture de Grenoble.* Since 2006, she has been living and working in Madrid where she has collaborated in the coordination of *urbanacción*'s first exhibition at the COAM Foundation in October 2007. She collaborates with *Pied la Biche* in the organization of actions in Spain.

Paloma Gómez Marí
Is an architect and the director of OCAM. As such, she was part of the jury in the *urbanacción2* competition.

Ángel Luis Fernández Muñoz
Has a doctorate in Architecture from the *Escuela Técnica Superior de Arquitectura de Madrid* and teaches at the *Universidad Europea de Madrid.* Since 2007 he has been the director of the City Centre Office at the Town Hall of Madrid, which is a management tool to channel all the activities, actions and projects (private or public) aimed at developing the city centre touristic, cultural and social activities. As such, he was part of the jury in the *urbanacción2* competition.

Gil Doron
Is a writer and an artist. He is a founding member of Transgressive Architecture (www.transgressivearchitecture.org). He holds PGC in Learning & Teaching in Higher Education in Architecture and he has taught History & Theory of Architecture as well as Design at the Universities of Brighton, Greenwich, East London and at London Metropolitan University.

Créditos de imágenes

Todas las fotos e imágenes han sido realizadas por los autores de los proyectos, excepto:

pp. 26-27, 32-33
Fotos históricas de las zonas de juego diseñadas por Aldo van Eyck cedidas por el Archivo Municipal de la ciudad de Amsterdam.

pp. 38-45
Mapa y fotos de las zonas de juego actuales realizadas por *malashierbas* como actualización del recorrido propuesto en el artículo "A psychogeographic cycle-tour of Amsterdam playgrounds by Aldo van Eyck" de Liane Lefaivre, Marlies Boterman, Suzanne Loeny y Merel Miedma, publicado en *Archis 189 3/2002.*

pp. 50, 52, 54, 56
Fotos de la instalación de la exposición en la terraza de La Casa Encendida (diseñada por Nuria Julbe), y diseño gráfico por Rafael García Sánchez (*El Último Café Estudio*)

pp. 68, 70, 72
Fotos del *Kinderstadt* por Benjamin Foerster-Baldenius y Matthias Ricks.

pp. 74, 76, 78, 80
Fotos de la *Eichbaumoper* por Matthias Ricks.

pp. 104, 106, 108, 110, 112, 114
Fotos de *Amnesisas topográficas I y II* por Eduardo Eckenfels y Carlos M. Teixeira.

p. 152
Foto de la *Bauspielplatz am Leberberg*, por *Kids Company.*

p. 154
Fotos de la *Josef-Resch-Platz* por MA18 - Departamento de Planificacion Urbana.

p. 156
Fotos del Antigua Central de Gas/*Leopoldau* por el Ente Coordinador de Uso Múltiple.

p. 158
Foto del *Mädchengarten.*

p. 160
Fotos del *Einsiedlerpark* por el Ente Coordinador de Uso Múltiple.

p. 162
Fotos del *Speilraum Underground* por MA 42 - Departamento de Parques y Jardines.

p. 164
Collage del potencial de los espacios vacíos por DI Kniefacz, MA19.

pp. 172, 174
Fotos e imágenes del Liz Chrisy Community Garden por Donald Loggins.

p. 176
Imagen y texto sacados de la web del proyecto OASIS www.oasisnyc.net.

pp. 178, 180, 182, 184, 186, 188
Fotos de los jardines y voluntarios de *Green Guerrillas* por *Green Guerrillas.*

pp. 222, 224, 226, 228, 230, 232, 234
Fotos de *Cascoland* por Bart Majoor, Ruben Abels, Andrew Turner y Jan Korbes.

pp. 240-252
Fotos de los talleres *[R]activa04* realizadas por sus participantes, excepto **pp. 244, 248** por Pablo Cruz.

p. 275
Foto del desarrollo del taller por Ojo Vivo Foto.

pp. 283-286
Fotos de la *Playa de la Bola* realizadas por Matthias Ricks, Jan Liesegang, Elvira Mejías y Ojo Vivo Foto. Imágenes editadas por Diego L. Calvín.

pp. 291-294
Fotos de *Ésta es una Plaza* realizadas por Nuria Navarro, Rubén Morillo y Ojo Vivo Foto. Imágenes editadas por Diego L. Calvín.

p. 313
Foto de la presentación del concurso *urbanaccion2* por Ojo Vivo Foto.

Graphic credits

All pictures and images of the projects have been created by authors, except:

pp. 26-27, 32-33
Historical pictures of playgrounds designed by Aldo van Eyck granted by the Amsterdam City Archives.

pp. 38-45
Map and pictures of the actual playgrounds made by *malashierbas* as an update of the tour proposed in the article "A psychogeographic cycle-tour of Amsterdam playgrounds by Aldo van Eyck" by Liane Lefaivre, Marlies Boterman, Suzanne Loeny and Merel Miedma, published in *Archis 189 3/2002*. In p. *///* the picture of Frederiksplein is by Cecilia Peláez.

pp. 50, 52, 54, 56
Pictures of the *urbanacción* exhibition at La Casa Encendida roof terrace (designed by Nuria Julbe) and graphic design by Rafael García Sánchez-*El Último Café Estudio*.

pp. 68, 70, 72
Pictures of the *Kinderstadt* by Benjamin Foerster-Baldenius and Matthias Ricks.

pp. 74, 76, 78, 80
Pictures of the *Eichbaumoper* by Matthias Ricks.

pp. 104, 106, 108, 110, 112, 114
Pictures of *Topographical Amnesias I* and *II* by Eduardo Eckenfels and Carlos M. Teixeira.

p. 152
Pictures of *Bauspielplatz am Leberberg*, by Kids Company.

p. 154
Pictures of *Josef-Resch-Platz* by MA18 – Urban Planning Deparment.

p. 156
Pictures of Leopoldau Gas Plant by the Multiple Use Coordination Entity.

p. 158
Pictures of the *Mädchengarten*, by *plansinn*.

p. 160
Pictures of *Einsiedlerpark* by the Multiple Use Coordination Entity.

p. 162
Pictures of *Speilraum Underground* by MA 42 – Parks and Gardens Department.

p. 164
Collage of the potential of empty plots by DI Kniefacz, MA19.

pp. 172-174
Pictures and images of *Liz Christy Community Garden* by Donald Loggins.

p. 176
Image and text from the OASIS project web site www.oasisnyc.net.

pp. 178, 180, 182, 184, 186, 188
Pictures of *Green Guerrillas* gardens and volunteers by *Green Guerrillas*.

pp. 222, 224, 226, 228, 230, 232, 234
Pictures of *Cascoland* by Bart Majoor, Ruben Abels, Andrew Turner and Jan Korbes .

pp. 240-252
Pictures of the *[R]activa04* workshops by the participants except **pp 244, 248** by Pablo Cruz.

p. 275
Picture by Ojo Vivo Foto.

pp. 283-286
Pictures of *Playa de la Bola* by Matthias Ricks, Jan Liesegang, Elvira Mejías and Ojo Vivo Foto. Images edited by Diego L. Calvín.

pp. 291-294
Pictures of *Esta es una Plaza* by Nuria Navarro, Rubén Morillo and Ojo Vivo Foto. Images edited by Diego L. Calvín.

p. 313
Picture by Ojo Vivo Foto.

Agradecimientos

Nos gustaría agradecer a todas las personas, colectivos e instituciones que han apoyado, intervenido, participado o se han interesado por los talleres, conferencias, exposiciones y concurso promovidos desde *urbanacción*. Especialmente a La Casa Encendida y al Colegio Oficial de Arquitectos de Madrid por apoyar financieramente esta aventura, y a la Oficina de Concursos de Arquitectura de Madrid por su ayuda en la organización del nuestro. En particular, a Carmen García Jalón, que apoyó a *urbanacción* desde el COAM, a Cristina Diaz y Efren García que nos abrieron las puertas del mismo, a Paloma Gomez y Javier Moreno, de la OCAM y a Pedro Rubio, Rosa Sierra y Carolina Martínez de LCE, por ayudarnos a hacer *urbanacción* posible.

Agradecer también a todos los participantes y colaboradores de los talleres y conferencias, así como los proyectos colectivos, estudios, profesionales y académicos que han colaborado con sus textos y material gráfico en las exposiciones y en la realización del libro.

Además, a las personas que nos alojaron, inspiraron, alentaron y soportaron durante la elaboración de este libro y la realización de nuestro trabajo. Y, por supuesto, a nuestras familias.

Entre tantos, a Blandine, Ángel Luis, Merijn, Katja, Stany, Elvira, Diego, Paula, Klara, Gavin, Bunning, Catali, Julia, Chris, Cecilia, Nuria, Rafa y el Ojo del Caracol.

A la ciudad de Berlín, por la inspiración, siempre.

Acknowledgments

We would like to thank all the people, collectives and institutions that have supported, taken part in, participated or been interested in the workshops, lectures, exhibitions and competition promoted by *urbanacción*. Special thanks go to La Casa Encendida and Madrid Architecture Association for founding this adventure, and to the Architecture Competitions Office of Madrid for helping us organizing ours. In particular, thanks to Carmen García Jalón that supported us within the COAM, to Cristina Diaz and Efren García who opened its door to us, to Paloma Gomez and Javier Moreno at the OCAM and to Pedro Rubio, Rosa Sierra and Carolina Martínez, from LCE, for helping us to make this possible.

Also, to all the people that hosted us, inspired us, encouraged us and bore us during the compilation of this book and the execution of our work. And, of course, to our families.

Of so many, to Blandine, Ángel Luis, Merijn, Katja, Stany, Elvira, Diego, Paula, Klara, Gavin, Bunning, Catali, Julia, Chris, Cecilia, Nuria, Rafa and El Ojo del Caracol.

And to the city of Berlin, for the inspiration, always.

Directora Gerente de Obra Social Caja Madrid
Carmen Contreras Gómez

Director de La Casa Encendida
José Guirao Cabrera

Coordinador del Área de Medio Ambiente
Pedro Rubio López

Equipo del Área de Medio Ambiente
Aranzazu Carrasco Ramiro
Carolina Belén Martínez
Rosa Sierra Pérez

Editora
Ana Méndez de Andés Aldama

Comisariado *urbanacción*
Pablo Saiz Sánchez
Michael Moradiellos del Molino
Ana Méndez de Andés Aldama

www.urbanaccion.org

Ayuda a la edición en inglés
Klara Jaya Brekke
Gavin Sullivan
B. Unning

Traducción
Polisemia
Art in Translation
Ana Méndez de Andés
Blandine Rançon
Julia Millán Bermejo

Corrección de textos
Catalina González Vilar
Maggie Schmit

Diseño gráfico
BaseDesign

Impresión
V.A. Impresores

ISBN
978-84-96917-61-3

Depósito legal
M-7196-2010

Managing Director of Obra Social Caja Madrid
Carmen Contreras Gómez

Director of La Casa Encendida
José Guirao Cabrera

Enviromental Department Coordinator
Pedro Rubio López

Enviromental Department
Aránzazu Carrasco Ramiro
Carolina Belén Martínez
Rosa Sierra Pérez

Editor
Ana Méndez de Andés Aldama

***urbanaccion* cuartors**
Pablo Saiz Sánchez
Michael Moradiellos del Molino
Ana Méndez de Andés Aldama

www.urbanaccion.org

English edition assistance
Klara Jaya Brekke
Gavin Sullivan
B. Unning

Translation
Polisemia
Art in Translation.
Ana Méndez de Andés
Blandine Rançon
Julia Millán Bermejo

Proofreading
Catalina González Vilar
Maggie Schmit

Graphic design
BaseDesign

Print
V.A. Impresores

ISBN
978-84-96917-61-3

Legal deposit
M-7196-2010